L'ARCHITECTURE
RELIGIEUSE A L'ÉPOQUE
ROMANE
DANS L'ANCIEN DIOCÈSE DU PUY

TEXTE PAR

NOEL THIOLLIER

ANCIEN ÉLÈVE DE L'ÉCOLE DES CHARTES
CORRESPONDANT DE LA COMMISSION
DES MONUMENTS
HISTORIQUES

NOMBREUSES GRAVURES OU HÉLIOGRAVURES
EXÉCUTÉES SOUS LA DIRECTION DE

FÉLIX THIOLLIER

MEMBRE NON RÉSIDENT DU COMITÉ DES TRAVAUX
HISTORIQUES ET SCIENTIFIQUES
CORRESPONDANT DU
MINISTÈRE DES
BEAUX-ARTS

IMPRIMERIE R. MARCHESSOU
LE PUY

EN VENTE A L'IMPRIMERIE MARCHESSOU
OU CHEZ L'AUTEUR, 28, RUE
DE LA BOURSE, SAINT-ÉTIENNE
(LOIRE)

L'ARCHITECTURE

RELIGIEUSE

A L'ÉPOQUE ROMANE

DANS L'ANCIEN DIOCÈSE DU PUY

L'ARCHITECTURE

RELIGIEUSE A L'ÉPOQUE

ROMANE

DANS L'ANCIEN DIOCÈSE DU PUY

TEXTE PAR

NOEL THIOLLIER

ANCIEN ÉLÈVE DE L'ÉCOLE DES CHARTES
CORRESPONDANT DE LA COMMISSION
DES MONUMENTS
HISTORIQUES

NOMBREUSES GRAVURES OU HÉLIOGRAVURES
EXÉCUTÉES SOUS LA DIRECTION DE

FÉLIX THIOLLIER

MEMBRE NON RÉSIDENT DU COMITÉ DES TRAVAUX
HISTORIQUES ET SCIENTIFIQUES
CORRESPONDANT DU
MINISTÈRE DES
BEAUX-ARTS

IMPRIMERIE R. MARCHESSOU
LE PUY

EN VENTE A L'IMPRIMERIE MARCHESSOU
OU CHEZ L'AUTEUR, 28, RUE
DE LA BOURSE, SAINT-ÉTIENNE
(LOIRE)

Cet ouvrage a été tiré à 25 exemplaires sur papier de luxe numérotés de 1 à 25, et à 420 exemplaires sur papier vergé à la forme numérotés de 26 à445.

N°  13

LISTE DES SOUSCRIPTEURS

Association française pour l'avancement des sciences.

Sociétés : Agricole et Scientifique de la Haute-Loire ; d'Agriculture, Sciences, Arts et Commerce du Puy; de la Diana.

Bibliothèques d'Annonay, de Saint-Étienne, du Palais Saint-Pierre à Lyon.

MM.

Dom ALBÉRIC, marquis d'ALBON, frère ANTONIUS, baron d'ARLEMPDES, ASHER and Cᵉ, Dʳ AUBERT.

BENOÎT, BERNOUX et CUMIN, Dʳ BIROT, Antoni BLANC, Émile BLANC, Paul LE BLANC, BOITAUD, baron de BONNAULT, Georges BOUDON, Jules BRIVE, comte de BRIVE (L), BRUN, Clément de BRYE.

Dʳ CARRY, comte de CHARPIN, Henri de CHAUMEILS (L), Louis CHAURANT, Charles de CHAZOTTE (L), CHEVALIER, Alexandre COADON, Marie-A. COLCOMBET, Alphée COLLET, James CONDAMIN, Louis COSTE, comte de COURTIN de NEUFBOURG, Dʳ COUTAN, baron de CROZE.

Mgr DÉCHELETTE, Joseph DESJOYAUX (L), Claude DESJOYAUX (L), Raymond DOUVRELEUR, L. DUCARUGE, DUFAURE de CITRES.

Jean-Marie ÉPITALON.

De FRAIX de FIGON, Ch. FRANCHET (L), J. de FRÉMINVILLE, Mgr FREYDIER, André FUSTIER.

Marc GACHET, Dʳ GARAND, GAUTHIER-DUMOND, Mᵐᵉ Marcel GEOFFRAY, A. GERMAIX, comte de GERMINY, Mgr GUILLOIS, Léon GIRON, GRELLET DE LA DEYTE, Pierre GIROUD.

Jean HARDION, Iwan HEDDE.

A. JACOTIN, Gabriel JEAN, baron de JERPHANION, P. JULIOT.

Waldeck LIOGIER, Mˡˡᵉ de LONGEVIALLE.

Cl. MAILLON, F. MAIREY, F. MALARTRE, G. de MANTEYER, Régis MARCHESSOU, Germain MARTIN, MAYEUR, vicomte de MEAUX, abbé MERCIER, MEY, MIMEREL, marquis de MIRAMONT, Louis MONERY (L), Emile MONNET, MONTUCLARD, abbé MOUNIER, Gabriel de MOURGUES, MULLER.

Frère NATALIDE (2 ex.), Édouard NÉRON, Émile NÉRON-BANCEL, Émile NOIROT.

Dʳ ODIN.

PALLIÈRE, Louis PASCAL, R. P. PATURLE, Pierre PAUL, Auguste PÉCOUL, Mgr de PÉLACOT, comte du PELOUX DE SAINT-ROMAIN, Jacques PEYRARD, Fernand PHILIP, PICARD (5 ex.), Joseph POIDEBARD, Jules POINAT, duc de POLIGNAC, marquis de POLIGNAC (L), abbé PONTVIANNE.

Elie RAMEL, Antonin RAVOUX, Joannis REY, RICHOND, Maxime RIOUFOL, vicomte de ROCHEMONTEIX, Th. ROCHI-GNEUX, Ernest ROGURS, Louis RONY, Gilbert ROUCHON, Dʳ ROUSSEL, ROUVIER.

Th. SIFFRE, Pierre SURREL.

C.-P TESTENOIRE, Ph. TESTENOIRE, Paul TÉZENAS DU MONTCEL, marquise de LATOUR-MAUBOURG (2 ex.).

Charles VALLETTE, Gabriel VERCHÈRE, Pierre VERDIER, Marc VERRIÈRE (L).

PRÉFACE

es pages qui vont suivre sont le développement d'une thèse présentée à l'École des Chartes en 1896.

Le petit diocèse du Puy, situé au milieu des montagnes de la France centrale, n'avait été jusqu'ici l'objet d'aucune étude archéologique un peu générale. Les gravures publiées par Taylor visent plus à l'effet qu'à l'exactitude ; l'ouvrage de Michel et Mandet, *l'Ancienne Auvergne et le Velay*, semble par son titre indiquer une étude complète des monuments ; un gros album de planches contient des reproductions lithographiques assez bonnes, mais le côté descriptif y est négligé. Il en a été de même dans les rares monographies locales publiées jusqu'à ce jour. Mérimée, bon observateur, imbu toutefois des idées de son temps, a consacré aux églises du Velay des pages intéressantes ; mais il ne traite que des monuments du Puy, de Saint-Paulien et du Monastier, et ne donne aucune vue d'ensemble sur la région. Enfin, Viollet-le-Duc ne s'est occupé que du Puy et fait simplement entrer le Velay dans l'École d'Auvergne.

Le sujet était donc presque neuf : on n'avait guère signalé jusqu'à ce jour, dans le département de la Haute-Loire, qu'une douzaine d'églises romanes. La suite de ce travail montrera que, pour la partie de ce département qui formait l'ancien diocèse du Puy, nous en avons relevé plus de quatre-vingts.

Mon père qui avait parcouru le Velay en artiste et en archéologue y avait remarqué une série d'églises rurales intéressantes ; lorsqu'il s'est agi de choisir mon sujet de thèse, il a insisté pour que ce fût une étude des églises des environs du Puy.

Les suffrages obtenus par l'ébauche de ce travail présentée à l'École des Chartes m'ayant engagé à en entreprendre la publication, j'ai tenu, pour être certain de faire œuvre complète, à visiter une à une toutes les paroisses du Velay. J'ai même étendu mes recherches au-delà de cette région, persuadé qu'on ne peut, sans sortir du diocèse que l'on étudie, chercher à résoudre la question de la délimitation des écoles d'architecture à l'époque romane. Or, aucune étude archéologique sérieuse n'avait été faite, pas plus pour le Velay que pour les provinces voisines du Gévaudan, du Vivarais, du Dauphiné et de toute la partie du diocèse de Saint-Flour qui forme aujourd'hui l'arrondissement de Brioude. Ces recherches nouvelles expliquent le retard apporté à la publication de ce livre et aussi la description d'édifices qui ne semblent pas compris dans son titre, mais que des liens historiques ou artistiques rattachent cependant au Velay.

Débuter par cette étude peut sembler téméraire. Le diocèse du Puy ne renferme-t-il pas, outre un nombre considérable d'églises rurales, une église cathédrale, originale au premier chef, dont la disposition est peut-être unique au monde et sur laquelle le champ reste ouvert à toutes les conjectures, puisqu'on ne possède aucun texte pouvant indiquer la date de l'une ou de l'autre de ses parties?

Sur son architecture je n'apporterai peut-être aucune lumière nouvelle et n'ajouterai pas grand'chose à ce qui en a déjà été dit, mais on trouvera probablement utile le tableau des réparations qui y ont été effectuées depuis le XIVe siècle jusqu'à nos jours ; on admettra aussi, je l'espère, les rectifications proposées aux dates qu'on lui avait attribuées jusqu'ici [1].

Il était indispensable aussi d'étudier les petites églises, monuments ruraux construits par les ouvriers du pays, pour arriver à connaître d'une façon complète l'architecture de la région et déterminer l'école ou les écoles dont elle fait partie ou dont elle a subi l'influence.

Les cathédrales, les églises abbatiales sont des monuments d'exception ; on disposait pour elles de grosses sommes, on appelait des artistes étrangers; leur construction, leur ornementation subissaient parfois des influences diverses ; on ne cherchait pas à les imiter.

Ce fait s'observe dans l'ancien diocèse du Puy. On a répété, à la suite de Parker et de Verneilh, que si la cathédrale du Puy n'a pas formé école, d'autres églises de la région se ressentent de son voisinage.

Cependant, aucun monument ne reproduit sa disposition générale, aucun n'est voûté comme elle d'une série de coupoles; à peine quelques détails de son ornementation semblent avoir inspiré les ouvriers du Velay.

On ne devra pas s'attendre à rencontrer dans cet ouvrage des discussions d'ordre général ou des assertions chronologiques précises. On trouvera plus loin les raisons pour lesquelles il est presque toujours impossible de dater à vingt-cinq ou à cinquante ans près les édifices romans de la région. Il était toutefois essentiel de poser des points de repère exacts et de s'appuyer, pour édifier un système chronologique, sur les quelques monuments du Velay et des régions immédiatement avoisinantes, dont on connaît la date précise. Deux seuls sont dans ce cas : Saint-Sauveur-en-Rue et Le Monastier.

Avant tout, je me suis proposé d'étudier l'architecture. J'ai cependant décrit tous les objets mobiliers remontant à l'époque romane que j'ai rencontrés dans la région et signalé les œuvres d'époques postérieures présentant un réel intérêt.

Pour fixer la division de ce livre, il y avait lieu d'hésiter entre les deux méthodes généralement suivies dans les travaux analogues.

L'une consiste à grouper par chapitres les édifices qui se ressemblent ; l'autre, à résumer d'abord les caractères généraux de l'architecture dans la région étudiée et à rejeter à la suite, comme pièces justificatives, les monographies de chaque monument.

Cette dernière a paru préférable : outre que le premier système est forcément arbitraire et qu'il aurait nécessité un chapitre spécial pour tous les édifices empreints d'originalité, assez fréquents en Velay; l'autre permet de tout résumer en quelques pages, d'embrasser d'un seul coup d'œil l'architecture romane d'une région et dispense d'une lecture longue et parfois fastidieuse les personnes étrangères au pays et que n'intéressent pas spécialement l'histoire et la description de telle ou telle église secondaire [2].

Quant au groupement même des monographies, il était indiqué de placer en tête les édifices du Puy qui forment une famille à part; pour les autres églises l'ordre alphabétique a semblé le seul possible à suivre dans une région où l'art roman a duré près de trois siècles et s'est même continué à travers l'époque gothique ; la disposition par ordre chronologique eût provoqué des hésitations continuelles.

J'ai cru bon de publier en appendice des devis ou des rapports d'architectes des XVIIIe et XIXe siècles concernant la cathédrale du Puy. C'était le meilleur moyen de donner une idée de ce qu'elle était avant les très nombreuses réparations dont elle a été l'objet.

Les reproductions graphiques ont été multipliées : le moindre croquis donnant souvent une idée plus exacte d'un monument que la description la plus minutieuse [3].

---

1. Nous ne nous sommes naturellement pas attardé à la discussion des textes légendaires relatifs à la cathédrale du Puy, tels ceux qui en attribuent la construction à l'époque où le siège épiscopal fut transféré de Saint-Paulien au Puy, soit au VIe siècle environ, pas plus que nous n'avons mentionné les guides des pèlerins et autres ouvrages qui admettent cette opinion.

2. Dans cette première partie, nous n'avons renvoyé aux planches et aux figures que pour les édifices situés hors du Velay. Pour tous ceux qui faisaient partie du diocèse du Puy, on devra se reporter aux monographies spéciales qui leur sont consacrées.

3. Nos gravures paraîtront sans doute trop foncées à beaucoup de personnes qui ne connaissent pas les monuments de la Haute-Loire. Ceux-ci sont généralement construits en matériaux très sombres et, de plus, les intérieurs sont mal éclairés. Malgré cela, il eut été facile d'obtenir à l'impression des gravures blanchâtres se rapprochant des phototypies auxquelles on est habitué. Nous avons préféré profiter des facilités que donne la gravure en taille douce et reproduire les monuments tels qu'ils nous ont apparu.

Les planches hors texte ont toutes été exécutées d'après les photographies de mon père ou d'après les miennes. Les dessins intercalés dans le texte sont en général l'œuvre de mon père; cependant certains d'entre eux sont dus à l'obligeance de MM. Paul Borel, Léon Giron, H. Gonnard, Joseph Fayon, A. Martin, Mathieu Montuclard, Émile Noirot, Joannis Rey, Paul Tardieu et Pierre Verdier.

Si quelques oublis ou quelques hésitations se sont glissés dans ce livre, on voudra bien les excuser eu égard aux difficultés du travail. Le département de la Haute-Loire, surtout dans la partie méridionale de l'arrondissement du Puy, est une des régions les plus inaccessibles de France. Il a fallu pour parvenir jusqu'à des églises dont la description tient en quelques lignes, des marches longues et pénibles dans un pays souvent dépourvu de chemins praticables.

Il est vrai que les fatigues étaient largement compensées par le plaisir de découvrir des monuments ignorés jusqu'à ce jour, par la beauté et le caractère inoubliables du pays traversé, et par l'accueil sympathique que j'ai toujours rencontré chez des personnes qui sont devenues pour moi de précieux auxiliaires.

Chaque fois du reste, au cours de ce travail, que j'ai eu besoin d'aides ou de conseils, ils m'ont été prodigués.

L'expression de ma gratitude doit aller tout d'abord à mon père, pour sa précieuse collaboration, pour son aide et ses encouragements. S'il n'a pas participé à la rédaction du texte, dont il m'a laissé l'entière responsabilité, il a conservé celle des illustrations.

Je dois remercier aussi mon maître à l'École des Chartes, M. le comte Robert de Lasteyrie, et mes aînés dans cette école, MM. Enlart, Lefèvre Pontalis et Berthelé, qui m'ont fourni avec la plus grande obligeance de précieux renseignements. Je ne saurais oublier les heures si bien remplies par nos longues conversations avec MM. Anthyme Saint-Paul et Vincent Durand, qui m'ont prodigué leurs conseils et les trésors de leur inépuisable érudition.

M. Jacotin, archiviste de la Haute-Loire, toujours prêt à aider ceux qui s'intéressent à l'histoire du Velay, a bien voulu communiquer ses notes et diverses pièces fort curieuses conservées dans les archives de la Haute-Loire. M. Viollet-le-Duc a ouvert les précieux cartons de son père et a permis d'en extraire la planche la plus intéressante de cet ouvrage. M. Paté, à la direction des Beaux-Arts, MM. Turcot et Champ Rigot, à la direction des Cultes, ont, par leur bienveillance constante, facilité mes recherches dans les dépôts dont ils ont la garde. M. Ph. Testenoire-Lafayette a partagé avec moi le travail ingrat de la correction des épreuves.

Les encouragements de la Société agricole et scientifique de la Haute-Loire et de l'Association française pour l'avancement des sciences ont permis de hâter la publication de ce livre. Je n'oublierai jamais non plus le regretté directeur de la Société française d'archéologie, M. le comte de Marsy, qui dès le début s'était intéressé à cet ouvrage, et la Société tout entière qui m'a décerné une haute récompense avant son entier achèvement.

J'ai déjà remercié les artistes qui m'ont prêté l'aide de leur crayon; il en est deux parmi eux qui ont droit à une reconnaissance spéciale : j'ai nommé MM. Émile Noirot et Mathieu Montuclard ; dès le début, ils ont partagé, avec mon père et moi, les fatigues des excursions et n'ont cessé depuis de me continuer leur bienveillant concours.

Enfin, j'ai toujours trouvé chez Messieurs les Curés du diocèse du Puy un accueil courtois, et souvent une hospitalité cordiale.

Tous voudront bien, je l'espère, agréer l'hommage public de ma sincère reconnaissance.

Noël THIOLLIER.

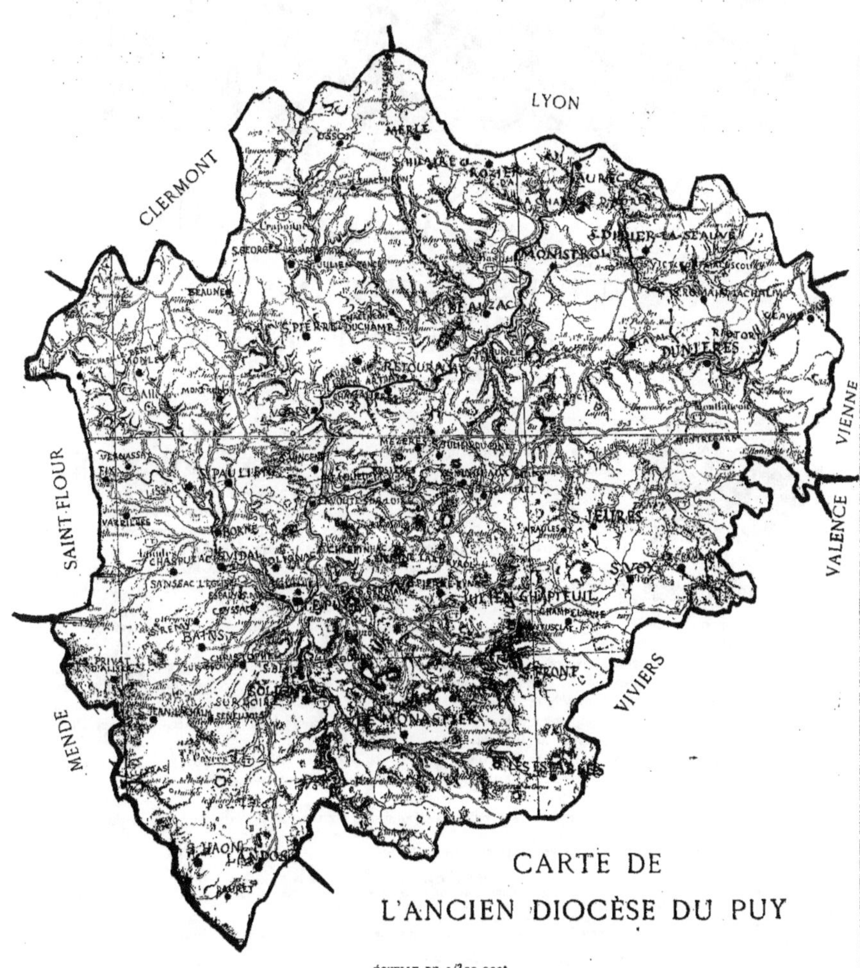

CARTE DE
L'ANCIEN DIOCÈSE DU PUY

ÉCHELLE DE 1/320,000ᵉ

INTRODUCTION

LIMITES ET DIVISIONS
DE L'ANCIEN DIOCÈSE DU PUY

A *civitas Vellavorum* est une des cités assez nombreuses de la Gaule méridionale
« dont le territoire forma un *pagus* unique, ayant conséquemment les mêmes limites
« que celles du diocèse. Le siège épiscopal, originairement à *Vellavis,* aujourd'hui
« Saint-Paulien, fut de bonne heure transféré au Puy qu'on nommait alors *Anicium*[1]. »

Le caractère des institutions de l'Église est la durée, l'invariabilité; aussi est-il à peu près certain que le diocèse du Puy ne fut pas déformé par les différents systèmes divisionnaires qui se succédèrent dans l'ordre civil. Si, aux époques mérovingienne et carolingienne, ou aux premiers siècles de la féodalité, des changements accidentels furent apportés à l'étendue de l'évêché des Vellaves, on n'en voit du moins aucune trace dans l'histoire. Par contre on semble autorisé à affirmer que, depuis le XIIIe siècle, époque à dater de laquelle les documents abondent, jusqu'à la Révolution de 1789, le territoire du diocèse du Puy n'a pas varié.

Toutefois, aucune étude sérieuse n'a été publiée jusqu'à ce jour sur ses limites aux diverses époques, et, pour arriver à établir la carte jointe à ce travail, nous avons dû reproduire les indications du Pouillé dressé en 1516 pour la levée des décimes[2], et recourir à l'obligeance de M. A. Longnon, qui a bien voulu nous communiquer les copies des comptes exécutées pour lui aux archives du Vatican et destinées à être prochainement imprimées dans les mémoires de l'Institut.

M. Charles Rocher avait entrepris de publier la liste des paroisses rédigée au Puy en 1727[3] pour la levée du don gratuit. Il faisait suivre chaque article[4] d'une série de notes intéressantes qui nous ont été d'un grand secours. Ce travail est malheureusement resté inachevé.

Le diocèse du Puy, compris dans la province de Bourges[5], était situé à l'extrémité septentrionale du

1. Longnon, *Atlas historique de la France.* Paris, 1888-1889, page 146.
2. Archives nationales. G[a] 1 folios 434 à 447.
3. Publié dans *les Tablettes historiques du Velay,* 4e, 5e et 6e années. Le Puy, 1874, 1875 et 1876 *passim.*
4. Quant au *Pouillé d'Alliot,* Paris, 1648, il fourmille d'erreurs (pour ce diocèse au moins); presque tous les noms sont défigurés et quelques-uns sont méconnaissables; aussi ne mérite-t-il pour le reste qu'une minime confiance.
Par contre, on trouve de bons renseignements dans les ouvrages suivants :
Garde des Fauchers, *Certificat authentique et notes historiques au sujet des anciennes limites du Velay.* Montpellier, Morel, 1777. Ce travail contient quelques erreurs pour la partie ancienne;
Mémoires pour servir à l'histoire du Languedoc, par feu M. de Basville. Amsterdam, Rickhoff, 1736, un volume in-12 ;
Laurent (l'abbé), *Almanach historique de la ville et du diocèse du Puy pour 1787 et 1788.* Le Puy, 1786 et 1787, in-16.
M. Chassaing a donné un excellent résumé de la question dans *Les Chroniques de Médicis,* tome II, Le Puy, 1874, pages 166 et suivantes.
Ces documents et ouvrages divers concordent tous pour les limites générales au moins, aussi est-il probable que la carte du diocèse du Puy, gravée en 1778 par ordre des États du Languedoc, et celle de Sanson, Paris, 1610, donnent à peu de choses près le territoire de l'ancien *pagus* vellave.
5. Nous disons que le Velay était compris dans la province de Bourges, quoique son évêque n'ait plus été suffragant de l'archevêque de

Languedoc et confinait : au nord, aux diocèses de Lyon et de Clermont ; à l'ouest, à ceux de Saint-Flour (dédoublement du précédent) et de Mende ; au sud, à celui de Viviers ; à l'est, à ceux de Valence et de Vienne. Il présentait à peu près dans son ensemble la forme d'un hexagone et mesurait en surface 157 lieues carrées de 25 au degré, soit 3,485 kilomètres carrés.

Au nord, en partant du point de jonction des trois diocèses de Clermont, du Puy et de Lyon, la ligne qui le séparait d'avec ce dernier diocèse se dirigeait au sud-est suivant un long contrefort qui se détache des monts du Forez à la hauteur de Saint-Bonnet-le-Château et aboutit à la Loire, en face du point où elle reçoit la Semène. Les paroisses limitrophes appartenant au diocèse du Puy étaient : Montarcher, Estivareilles, Merle, Saint-Hilaire et Rosiers.

La limite franchissait la Loire entre Aurec et Cornillon, suivait un instant le cours de la Semène et traversait les plateaux se rattachant au mont Pilat jusqu'à Saint-Sauveur-en-Rue, englobant les paroisses de Saint-Ferréol, Jonzieu et Marlhes.

A l'est, du côté du diocèse de Vienne, elle côtoyait un instant le cours de la Dunière, passait ensuite par la chaîne des Boutières et la rivière du Lignon et venait aboutir au mont Mezenc ; les paroisses frontières étaient Riotort et Saint-Bonnet-le-Froid.

Le diocèse du Puy touchait alors sur un tout petit espace celui de Valence[1], pour arriver à celui de Viviers. La ligne séparative partait de Saint-Bonnet-le-Froid, traversait les plateaux situés au pied du Mezenc et laissait à l'évêque du Puy : Montregard, Le Mas-de-Tence, Le Chambon, Saint-Voy-de-Bonnas, Champclause, Saint-Front, Les Estables ; puis, obliquant au sud, passait tout près du Béage, longeait le cours de la Loire qu'elle quittait en face d'Arlempdes, ces deux localités appartenant au diocèse de Viviers, et arrivait à la rivière d'Allier et au diocèse de Mende, en suivant la ligne de partage des eaux entre les bassins de l'Allier et de la Loire. Les villages limitrophes étaient : Freycenet-Lacuche, Présailles, Alleyrac, Saint-Pierre-de-Salettes, Goudet, Landos et Rauret.

A l'ouest, l'Allier séparait le diocèse du Puy de ceux de Mende et de Saint-Flour, depuis Jonchères jusqu'à Saint-Berain ; les paroisses extrêmes du Velay étaient : Rauret, Saint-Haon, Ouïdes, Alleyras, Saint-Jean-Lachalm, Saint-Didier-d'Allier, Saint-Privat-d'Allier et Saint-Berain.

La limite atteignait alors le diocèse de Clermont, englobant Le Vernet, Saint-Jean-de-Nay, Saint-Romain, Vazeilles, Fix, Varennes, La Chapelle-Bertin, Saint-Pal-de-Murs, Sembadel, Félines, Beaune, Craponne, Sauvessanges, Pontempeyrat, et venait aboutir au diocèse de Lyon sur le territoire d'Usson. La séparation était marquée par le chaînon de la Durande et la chaîne des montagnes de Fix et d'Allègre jusqu'au massif de La Chaise-Dieu, le ruisseau d'Arzon et la chaîne principale du Forez jusqu'à Montarcher.

Le diocèse du Puy était divisé en trois archiprêtrés : ceux de Monistrol, Solignac-sur-Loire et Saint-Paulien. Le Puy et ses faubourgs, qui se trouvaient sous l'administration immédiate de l'évêque, étaient hors de ces circonscriptions.

Il nous semble certain, et le fait a été peu remarqué, qu'en Velay le titre d'archiprêtre était en partie local et en partie personnel. Le chef-lieu de l'archiprêtré était permanent, mais le titulaire n'était pas astreint à y résider[2].

Avant 1087, les églises rurales du diocèse du Puy semblent avoir dépendu en majeure partie de l'évêque, mais Adhémar de Monteil se dépouilla lui-même de son patronage sur un grand nombre de paroisses disséminées en divers endroits du diocèse et le transféra aux abbayes de Doue, de La Chaise-Dieu et du Monastier[3].

Les Polignac avaient voué une affection particulière à l'abbaye de Tournus, qui possédait déjà Goudet en 875[4] et Saint-Julien-Chaspinhac en 1038. Par une bulle de 1120, Calixte II la confirma dans la possession de treize cures ou prieurés en Velay[5].

cette ville à partir de 1051, époque depuis laquelle il releva directement du Saint-Siège. *Gallia Christiana*, II, 698. Peut-être est-ce à cela qu'il doit de ne pas avoir été entamé par les modifications qui, en 1317, bouleversèrent les limites de la plupart des diocèses du Midi. C'est ainsi que le territoire du diocèse de Saint-Flour a été pris sur celui de Clermont.

1. Les paroisses frontières appartenant au diocèse de Valence étaient : Rochepaule, Saint-André-des-Effangeas et Beaudiner ; cf. Pouillé du diocèse de Valence de 1567-1568 et de 1739, archiprêtré de Saint-Sylvestre, ainsi que le rôle des décimes de 1781, archives de la Drôme. G. 9 et 10.
Je tiens à remercier ici M. A. Lacroix, archiviste du département de la Drôme, qui a bien voulu faire cette vérification.
On peut voir également la délimitation précise des paroisses du diocèse sur cette partie, dans les *Visites de Mgr Just de Serres*. Archives de la Loire. Cote provisoire, Bibliothèque Chaleyer, n° 613, folios 282 verso, 283 recto, 292 verso, 311 recto.

2. Voir les souscriptions de la Charte de donation de l'église de Polignac à l'abbaye de Pébrac en 1129. Elles sont ainsi conçues : « S. Trium-Archipresbiterorum. Sancti Petri de Graciaco (Grazac, paroisse de l'archiprêtré de Monistrol). Raymundi de Sancto Quintino (Saint-Quentin-Chaspinhac, paroisse de l'archiprêtré de Solignac. Gerentonis de Sancto Pauliano. *Gall. Christ.*, instr. eccl. Aniciensis II, 231. En 1626, M. Marcellin de Beget était chanoine de Notre-Dame et archiprêtre de Monistrol. Rocher (*Tablettes historiques du Velay*, 1873, tome IV, page 468) en cite d'autres exemples. La même année, Antoine André, archiprêtre de Solignac, était curé de Saint-Jean du Monastier. *Visites de Mgr Just de Serres*, fol. 387 verso. En 1720, Claude Arsac, curé de Bains, était archiprêtre de Solignac. Puyrard, *Nouvelle série de Mélanges historiques*. Le Puy, 1887, tome I, page 214. Nous avons la preuve du même fait pour quelques archiprêtrés du diocèse de Lyon.

3. Rocher, Pouillé du diocèse du Puy, *Tablettes historiques du Velay*, tome IV, 1874, page 274.

4. Juenin, *Histoire de Tournus*. Dijon, 1733, preuves, page 93.

5. C'étaient : Goudet, Saint-Pierre-de-Salettes, Landos, Présailles, Concorne, La Voûte-sur-Loire, Saint-Vincent, Seneuil, Recoux, Chaspinhac, Mercœur, Saint-Quentin et Sainte-Marie de Basac (?). (Rocher, *Tablettes*, IV, 275, et Juenin, *op. cit.*, page 145.) Tournus possédait encore l'église de Beaulieu qui n'est pas mentionnée dans la bulle. (Rocher, *op. cit.*)

Les abbayes du Monastier (ou de Saint-Chaffre) et de La Chaise-Dieu avaient, dans la région, des possessions plus importantes encore.

Quatre prieurés [1] seulement appartenaient aux prémontrés de Doue ainsi que le droit de nomination aux cures de Craponne et de Borne. Les Grandmontains eurent une abbaye à Viaye. Les Cisterciens ne furent pas possessionnés en Velay; par contre, il y eut trois abbayes de Bernardines : La Séauve, Clavas et Bellecombe. Saint-Paulien, Monistrol et Retournac furent le siège de collégiales créées à différentes époques.

Le nombre des paroisses a certainement varié et sans ajouter foi au mémoire de M. de Basville [2], — il prétend qu'à l'époque la plus ancienne, on en comptait cinq cent quatre-vingt-quinze — nous nous contenterons d'indiquer celles qui nous sont données par le Pouillé de 1516. Il y a fort peu de différence entre l'état du diocèse à cette date et celui qui existait à la fin du xviiie siècle [3].

En 1516, le nombre des paroisses était de cent trente-cinq, non comprises les huit paroisses du Puy [4].

L'archiprêtré de Monistrol, le plus important de tous, renfermait soixante paroisses : Araules, Artias, Aurec, Bas, Bauzac, Beaulieu, Brives, Chamalières, Le Chambon, Champclause, La Chapelle-d'Aurec, Chaspinhac, Dunières, Freycenet-la-Tour, Glavenas, Grazac, Jonzieu, Lantriac, Lapte, Laussonne, La Voûte-sur-Loire, les Estables, Lignon, Marlhes, Mercœur, Mezères, Monistrol, Montfaucon, Montregard ou Palhès, Montusclat, Raucoules, Recoux, Retournac, Riotort, Rochebaron, Rosières, Saint-Andéol (près Saint-Julien), Saint-André-de-Lardeyrol, Saint-Bonnet-le-Froid, Saint-Didier-la-Séauve, Saint-Étienne-Lardeyrol, Saint-Ferréol, Saint-Front, Saint-Germain-Laprade, Saint-Hostien, Saint-Jeures, Saint-Julien-Chapteuil, Saint-Julien-du-Pinet, Saint-Julien-Moleshabate, Saint-Maurice-de-Lignon, Saint-Pal-de-Mons, Saint-Pierre-Eynac, Saint-Quentin, Saint-Romain-Lachalm, Sainte-Sigolène, Saint-Victor-Malescours, Saint-Voy, Tence, Versilhac, Yssingeaux.

L'archiprêtré de Saint-Paulien, dont quelques paroisses avaient été démembrées, mais au point de vue civil seulement, au profit du Forez et de l'Auvergne, comprenait quarante-quatre cures : Allègre, Apinac, Arzon, Boisset, Borne, Beaune, Céaux, Ceyssac, Chomelix, Craponne, Estivareilles, Félines, La Chapelle-Bertin, Lissac, Merle, Monlet, Montredon, Polignac, Pontempeyrat, Rosiers-Côtes-d'Aurec, Saint-André-de-Chalencon, Saint-Badel ou Sembadel, Saint-Geneys, Saint-Georges-l'Agricol, Saint-Hilaire-Cusson-la-Valmitte, Saint-Jean-de-Nay, Saint-Julien-d'Ance, Saint-Just-Chomelix, Saint-Léger, Saint-Marcel (Espaly), Saint-Maurice-de-Roche [5], Saint-Pal-en-Chalencon, Saint-Pal-de-Murs, Saint-Paulien, Saint-Pierre-Duchamp, Saint-Romain, Saint-Vidal, Saint-Vincent, Sauvessanges, Tiranges, Varennes, Vazeilles, Vernassal, Vorey, Usson.

Enfin, l'archiprêtré de Solignac, le plus petit des trois, ne contenait que vingt-neuf cures : Alleyras, Bains, Cayres, Ceyssac, Chadron, Chaspuzac, Coubon, Cussac, Goudet, Landos, Le Bouchet, Le Brignon, Le Monastier (deux paroisses), Loudes, Présailles, Rauret, Saint-Didier-d'Allier, Saint-Christophe-sur-Dolaizon, Saint-Haon, Saint-Jean-Lachalm, Saint-Martin-de-Fugères, Saint-Médard-d'Allier, Saint-Pierre-de-Salettes, Saint-Privat-d'Allier, Saint-Rémy, Sanssac-l'Église, Séneujols, Solignac.

De plus, il y avait au Puy huit paroisses : la Cathédrale, Saint-Pierre-Latour, Saint-Vosy, Saint-Jean, Saint-Pierre-le-Monastier, Saint-Hilaire, Saint-Agrève et Saint-Georges.

Il existait, en outre, des prieurés dont il est assez difficile de préciser le nombre et une quantité de chapelles.

Ces établissements étaient, pour la plupart, de fondation antérieure au xiie siècle, car, malgré les destructions survenues depuis lors, on trouve des traces de construction romane dans plus de la moitié des édifices qui en dépendent [6].

---

1. Saint-Martin-de-Fugères, Saint-Julien-d'Ance, Saint-Germain-Laprade, Pontempeyrat.

2. Basville (de) *Mémoires pour servir à l'histoire du Languedoc*, Amsterdam. Rickhoff, 1739 in-12.

3. Il existe une liste des paroisses à cette dernière époque, Bibliothèque nationale, *Languedoc*, tome XVI, folio 80. (*Dénombrement des villes et paroisses du diocèse du Puy répandues aujourd'hui dans le Velay, le Forez et l'Auvergne*, dressé par M. A. Laffargue curé de Saint-Georges-l'Agricol, vers 1770.)

4. La liste que nous donnons ici est dressée d'après le Pouillé de 1516, nous ne mentionnons que les localités qualifiées de cures à cette époque, et non les prieurés et les simples chapelles. Il n'était pas rare qu'un même village possédât deux églises : une paroissiale, l'autre prieurale.

5. Qualifié de prieuré dans le Pouillé de 1516, mais d'autres documents *Pouillé de 1726; Almanach* de l'abbé Laurent indiquent qu'il y avait une cure.

6. Un document fort intéressant et de même nature nous a été conservé dans la *Chronique de Médicis*, édition Chassaing, tome II, pages 166-175. C'est la liste des redevances annuelles dues à l'hostier, par les curés et les chapelains du diocèse, pour la fourniture du pain azyme. Il nous donne le tableau le plus ancien de la géographie ecclésiastique du diocèse du Puy. M. Chassaing le croit de la deuxième moitié du xive siècle. Mais les églises paroissiales, les abbayes, prieurés ou chapelles n'y sont pas distingués. On voit qu'à cette époque le nombre des édifices servant au culte était de 63 pour l'archiprêtré de Monistrol, 50 pour celui de Saint-Paulien, 57 pour celui de Solignac, 19 pour la ville du Puy, soit un total de 189.

Voici la liste des paroisses et chapelles indiquées par le compte de l'hostier et dans l'ordre où elles se trouvent dans ce compte.

Archiprêtré de Monistrol : Aurec, La Chapelle-d'Aurec, Saint-Ferréol, Monistrol, Sainte-Sigolène, Saint-Pal-de-Mons, Bas, Bauzac, Retournac, Artias, Saint-Victor-Malescours, La Madeleine près Retournac (chapelle), Jonzieux, Saint-Romain-la-Chalm, Riotort, Marlhes, Dunières, Saint-Julien-Molhesabate, Saint-Bonnet-le-Froid, Montregard, Montfaucon, Raucoules, Lapte, Grazac, Saint-Maurice-de-Lignon, Yssingeaux, Araules, Saint-Jeures, Tence, Le Chambon, Saint-Voy, Bonas (chapelle), Champclause, Saint-Front, Montusclat, Les Estables, Freycenet-Lacuche et

Au point de vue civil, les limites du Velay ont légèrement varié, mais ceci nous importe peu. Retenons seulement que cette petite province a toujours dépendu du Languedoc [1]. Si, en 979, Guillaume Taillefer la donna à Guy, vicomte de Clermont [2], elle n'en demeura pas moins sous la suzeraineté des comtes de Toulouse. La domination de l'Auvergne dura jusqu'en 1173 [3], époque où on croit que le roi Louis le Jeune réunit le Velay au domaine des évêques.

A partir du traité de Paris (1229), elle fut placée sous la juridiction du sénéchal de Beaucaire [4].

Plusieurs guerres durent influer sur le sort des monuments. Les Compagnies s'emparèrent du Monastier en 1361 [5] et Pons de Langheac, de Bouzols en 1399 [6]. Les ravages des Bourguignons s'étendirent sur toute la province, de 1418 à 1421 [7], et les routiers la parcoururent en dévastateurs (1430 et 1434) [8].

Pendant les guerres de religion, la Chartreuse de Bonnefoy, Rosières, Saint-Quentin, Adiac, Chapteuil, Montgiraud, Saint-Pal-de-Mons, Bessamorel, Tence, Bellecombe, Fay-le-Froid, Chadrac, Saint-Christophe-sur-Dolaizon, Blanzac, Ceyssac, et surtout Saint-Voy, le Chambon, Clavas, Saint-Paulien et Doue, furent spécialement éprouvés [9]. Par contre, la Révolution semble avoir été moins nuisible qu'ailleurs aux monuments religieux.

Malgré tout, c'est encore notre époque qui fait le plus de ruines avec sa rage de démolition et son amour des constructions nouvelles. Heureusement pour les archéologues, les fabriques, en général, ne sont pas riches en Velay, car dans toute la région où la population est aisée, c'est-à-dire dans la partie septentrionale de l'arrondissement d'Yssingeaux, les églises neuves sortent de terre comme par enchantement. Ces dernières années ont vu disparaître celles de Bas, de Grazac, de Lapte, d'Araules, de Raucoules, etc., sans qu'on en ait conservé le moindre souvenir, et plusieurs de celles que nous avons étudiées sont menacées d'une destruction prochaine. Puisse la présente publication en sauver quelques-unes !

Freycenet-la-Tour, Laussonne, Lantriac, Saint-Germain-Laprade, Le Villard (chapelle), Servissas (chapelle), Saint-Hostien, Saint-Étienne-Lardeyrol, Saint-Pierre-Eynac, Lardeyrol (chapelle), Saint-Julien-Chapteuil, Chapteuil (chapelle), Mézères, Glavenas, Saint-Julien-du-Pinet, Rosières, Chamalières, Chaspinhac, La Voûte-sur-Loire, Beaulieu, Sanssac (chapelle), Recoux (chapelle), Mercœur (chapelle), Saint-Quentin-Chaspinhac, Doue (abbaye), Brives (chapelle), Mons (chapelle).

Archiprêtré de Saint-Paulien : Espaly, Ceyssac, Polignac, Saint-Vidal, Borne, Saint-Georges à Saint-Paulien, Saint-Paulien, Notre-Dame du Haut-Solier à Saint-Paulien, Saint-Geneys, Lissac, Céaux-d'Allègre, Allègre (église paroissiale et chapelle du château), Chateauneuf-sous-Allègre, Monlet, Saint-Paul près Monlet (chapelle disparue), Saint-Léger, Sembadel, Saint-Just, Félines, Arzon, Beaune, Chomelix, Craponne, Sauves-sanges, Usson, Estivareilles, Montarcher, Merle, Saint-Hilaire, Roslers, Saint-Pal-en-Chalencon, Apinac, Tiranges, Boisset, Saint-Georges-l'Agricol, Saint-Julien-d'Ance, Saint-Pierre-Duchamp, Saint-André-de-Chalencon, Chalencon (chapelle du château), Saint-Maurice-de-Roche, Roche-en-Régnier, Solignac-sous-Roche, Seneuil (chapelle), Vorey, Vernassal, Saint-Vincent, Saint-Pal-de-Murs. Viaye, Le Vernet.

Archiprêtré de Solignac : Coubon, Chadron, Saint-Fortunat-du-Monastier, Saint-Médard-de-Châteauneuf, Saint-Jean ou Monastier, Présailles, Saint-Pierre-de-Salettes, Saint-Martin-de-Fugères, Goudet, Rauret, Landos, Saint-Haon, le Bouchet, Alleyras, Saint-Berain, Saint-Jean-Lachalm, Saint-Didier-d'Allier, Le Brignon, Solignac-sur-Loire, Cayres, la Chapelle-Bertin, Murs, Séneujols, Saint-Christophe-sur-Dolaizon, Bains, Sanssac-l'Église, Saint-Rémy, Chaspuzac, Cussac, Loudes, Saint-Jean-de-Nay, Vazeilles, Varennes, Fix-Saint-Geneys, Saint-Benoît-sur-Vals (chapelle), Vals (couvent de religieuses).

Quant à la ville du Puy, elle fut successivement divisée en huit, puis en neuf paroisses : Saint-Vosy, Saint-Pierre-Latour, Saint-Agrève, Saint-Georges, Saint-Hilaire, Saint-Pierre-le-Monastier, Saint-Laurent, l'Hôpital-Notre-Dame et Saint-Jean-la-Chevalerie.

Voici, toujours d'après le même compte, les églises ou chapelles du Puy auxquelles l'hostier fournissait le pain azyme : maître-autel de la cathédrale, chapelle absidale du Saint-Crucifix à la cathédrale, chapelle Saint-Nicolas, chapelle fondée par Guillaume Bertrand à la cathédrale, chapelle Saint-Antoine, à la place de la sacristie actuelle de la cathédrale, chapelle Saint-Jean, chapelle au rez-de-chaussée du clocher de la cathédrale, chapelle Saint-Gilles, sous le porche, chapelle Saint-Robert, chapelle Saint-Vincent, chapelle Saint-Pierre-le-Vieux, église de l'Hôpital, églises Saint-Agrève, Saint-Georges, Saint-Vosy, Saint-Pierre-Latour, Saint-Michel, Saint-Clair à Aiguilhe, chapelle Saint-Gabriel, le long de l'escalier conduisant à Saint-Michel. Chassaing, *Médicis*, tome II, pages 166 à 175.

Les localités situées en Auvergne qui dépendaient au spirituel du diocèse du Puy, étaient, d'après les *Chroniques de Médicis* : Saint-Privat-d'Allier, Saint-Paulien, Saint-Geneys-près-Saint-Paulien, Allègre, Chomelix-le-Haut, Chomelix-le-Bas, Fix, Monlet, Sembadel, Céaux, Lissac, Châteauneuf-sous-Allègre, Sereys, Félines, Beaune et Beaumont.

Les localités qui, au point de vue civil, dépendaient du Forez et qui, au spirituel, relevaient du diocèse du Puy, étaient, toujours d'après la même chronique : Usson, Estivareilles, Saint-Pal-en-Chalencon, Bas, Montarcher, Apinac, Rosiers-Côtes-d'Aurec, Aurec, Boisset, Tiranges, Saint-Hilaire-Cusson-la-Valmitte, Pontempeyrat, Saint-Julien-d'Ance, Saint-Georges-l'Agricol, Chalencon, Saint-Ferréol, Saint-Just-Malmont, Saint-Victor-Malescours, Merle, Clavas et Riotort.

Enfin, les paroisses qui, au civil, dépendaient du Velay, mais qui, au spirituel, relevaient d'autres diocèses étaient : Vocance, Ville-Vocance, La Fare et Saint-Pierre-des-Machabées, qui appartenaient au diocèse de Vienne, Rochepaule et Devesset au diocèse de Valence, Montréal, Saint-Agrève, Saint-Romain-le-Désert, Saint-Julien-de-Boutières, Saint-Jean-Roure, Saint-Martin-de-Valamas, Chaneac, Fay-le-Froid, Le Béage, Le-Cros-de-Giourand, Arlempdes et Pradelles au diocèse de Viviers. Ces renseignements sont tirés des *Chroniques de Médicis*, édition Chassaing, tome II, pages 342 à 345, qui donne les raisons historiques de ces enclaves.

1. Si tant est qu'on puisse appeler ainsi cette province à l'époque où nous sommes.

2. Arnaud, *Histoire du Velay*. Le Puy, 1816, in-8°, tome I, page 83 ; *Histoire de Languedoc*, nouvelle édition, tome III, page 180, et tome IV, page 86.

3. Arnaud, *op. cit.*, tome I, page 126 ; *Histoire de Languedoc*, nouvelle édition, tome IV, page 90, et tome VI, page 10.

4. Arnaud, *op. cit.*, tome I, page 160 ; *Histoire de Languedoc*, nouvelle édition, tomes VI, page 640, VIII, pages 884 et suivantes, et 1401.

5. Arnaud, *op. cit.*, tome I, page 211 ; *Histoire de Languedoc*, nouvelle édition, tome IX, page 755.

6. Arnaud, *op. cit.*, tome I, page 232.

7. Arnaud, *op. cit.*, tome I, pages 239, 245, 246 ; *Histoire de Languedoc*, tome IX, page 106, et surtout Rocher, «Les Bourguignons en Velay», dans *Tablettes historiques du Velay*, 5ᵉ année, 1875, pages 386, 495, 541, et 6ᵉ année, 1876, page 313.

8. Rocher, *op. cit.*; Arnaud, *op. cit.*, tome I, pages 250 à 252 ; *Histoire de Languedoc*, tome IX, page 1113.

9. Arnaud, *op. cit.*, tome I, pages 305 à 351 et tome II, pages 6 à 45 ; *Chroniques de Médicis*, édition Chassaing, Le Puy, 1874, pages 515, 554 ; *Mémoires de Burel*, édition Chassaing, Le Puy, 1875, pages 8, 13, 36, 44, 64, 107, 108, 112, 128, 136, 170, 177, 192, 195, 218, 296, 322, 351, 353 et 485 ; *Visites pastorales de Mgr Just de Serres*, manuscrit cité ; visites de Saint-Voy, du Chambon, de Clavas, etc..., des fragments de ces visites ont été publiés par Ch. Rocher, *Tablettes historiques du Velay*, tome II, 1872, pages 40, 74, 193, 250, 281, 324 ; tome III, page 16, et tome IV, page 284 ; *Histoire de Languedoc*, tome XI, pages 523, 553, 573, 577, 579.

PREMIÈRE PARTIE

CARACTÈRES GÉNÉRAUX DE L'ARCHITECTURE ROMANE
DANS L'ANCIEN DIOCÈSE DU PUY

'ÉTUDE des écoles d'architecture à l'époque romane tient, depuis quelques années, une part prépondérante dans l'archéologie médiévale. On s'est efforcé de déterminer leurs caractères, leur étendue, leurs limites, leurs pénétrations réciproques; il semble que dans quelques cas on soit arrivé à reconnaître que les divisions ecclésiastiques ont eu sur l'art de bâtir une certaine influence et qu'un lien de parenté unit non seulement les églises d'un même diocèse, mais aussi celles qui dépendent de la même province archiépiscopale.

Toutefois cette observation, qu'on a voulu trop généraliser, n'est presque jamais d'une exactitude rigoureuse.

C'est, en effet, dans l'étendue du territoire métropolitain de Bourges que s'était créée, développée et perfectionnée l'école auvergnate; or, elle ne s'étendit guère d'une façon absolue, avec ses caractères distinctifs en dehors du diocèse actuel de Clermont [1], qu'elle était loin de comprendre tout entier, et les églises du Berry sont si loin d'avoir une homogénéité parfaite qu'on peut y reconnaître les pénétrations de quatre ou cinq écoles diverses [2].

A ce point de vue l'étude de la partie Sud-Est de cette même province de Bourges pouvait présenter un réel intérêt. Le diocèse du Puy était, en effet, compris entre les écoles auvergnate, provençale et bourguignonne, et la suite de ce travail montrera qu'il leur a emprunté à toutes trois les éléments de son art architectural. Mais à ces influences principales, d'autres, soit locales, soit étrangères, sont venues s'ajouter, se greffer; nous essayerons de les déterminer.

I. MATÉRIAUX ET APPAREILS

Toute construction emprunte aux matériaux dont elle est faite une partie de ses caractères. A ce point de vue, le diocèse du Puy était d'une richesse exceptionnelle, et les produits divers sortis de son sol, à l'époque où les volcans étaient en ignition, avaient constitué une mine abondante et variée pour les architectes futurs. On trouvait presque à la surface du sol des pierres de toutes teintes et de toute nature, et dans la plupart des localités, les constructeurs pouvaient se procurer sur place les matériaux dont ils avaient besoin.

Ils firent peu d'usage toutefois des trachytes et des basaltes, les premiers trop profonds, les seconds trop durs pour pouvoir être exploités ou taillés. Aussi, la grande majorité des églises sont construites en tuf. Cette

---

1. On sait qu'au xɪɪᵉ siècle le diocèse de Clermont comprenait l'étendue des diocèses actuels de Clermont et de Saint-Flour : or, les églises du Cantal sont loin d'être des monuments purement auvergnats. La récente étude de M. de Rochemonteix (*Les églises romanes de l'arrondissement de Mauriac. Bulletin archéologique du Comité des travaux historiques*, année 1898, pages 229 et suivantes) le démontre amplement, nous espérons que M. de Rochemonteix ne s'arrêtera pas en si bonne voie et qu'il pourra arriver à tirer de l'ensemble des monuments du diocèse de Saint-Flour, des conclusions un peu plus rigoureuses.

2. Anthyme Saint-Paul, *Revue de l'art chrétien*, nouvelle série, tome IX, 1898, page 485.

pierre se travaille très aisément, sa légèreté facilite la construction des voûtes, tandis que sa porosité lui donne une forte adhérence avec le mortier [1].

Sa texture la rendait impropre à la sculpture : les constructeurs des campagnes l'ont cependant employée pour des chapiteaux, aux églises de Montredon [2] et de Saint-Rémy par exemple. Ils y ont reproduit les motifs en usage dans le pays et les cavités qu'on observe sur les figures ou les feuilles leur donnent un aspect bizarre.

Ce n'est là qu'une exception et, en général, les sculptures sont exécutées sur du grès.

Le Velay en possédait plusieurs carrières de qualités diverses. La principale était à Blavozy [3], à huit kilomètres à l'est du Puy. C'est du grès quartzeux, dur à tailler, mais d'un grain assez fin. Il a de plus l'avantage de ne pas être trop friable sous l'action de l'air et de l'humidité. C'est lui qui a servi dans la grande majorité des cas, et notamment au Puy, au cloître comme à la cathédrale. Les sculptures placées à l'intérieur sont intactes, celles de l'extérieur sont un peu dégradées.

Par contre, du côté du Forez, on a utilisé le grès houiller, très tendre, mais friable à l'excès ; heureusement cela n'a lieu que dans fort peu d'édifices ; mais lorsqu'on s'en est servi, aucun détail ne subsiste à l'extérieur.

Enfin, dans certaines régions, surtout au nord-est, au nord et au nord-ouest, on ne trouvait que du granit ; on l'a employé aux églises du Chambon, de Saint-Voy et de Saint-Jeures, du côté du Vivarais ; à celle de Beaune du côté de l'Auvergne ; et à celle de Rosiers-Côtes-d'Aurec du côté du Forez.

Malgré tout, aucune de ces pierres n'était à la fois assez tendre et d'un grain assez homogène pour permettre d'employer la sculpture comme moyen décoratif principal ; mais, on pouvait disposer de matériaux de toute teinte, et les architectes ont remplacé par des marqueteries les sculptures que, dans d'autres régions, on trouve à l'extérieur des édifices.

C'est là une pratique auvergnate [4]. On a prétendu, bien à tort, qu'elle avait aussi été d'un usage constant en Velay. Les monuments où l'on rencontre ces sortes de mosaïques sont l'exception ; nous ne les avons vues qu'au Puy (cathédrale, cloître, Saint-Michel, Saint-Clair), à Saint-Paulien et au Monastier. Dans toutes les autres églises on n'en trouve pas de trace.

Nous devons signaler pourtant un système qui a, avec la mosaïque, une grande parenté, c'est l'alternance des claveaux, de teinte claire et de teinte sombre. Cette pratique est assez fréquente (fenêtres de Chaspinhac et de Saint-Maurice-de-Roche, voûtes de Montredon, etc.), elle a même survécu à l'époque romane ; on la remarque encore sur les arcs-boutants ajoutés après coup le long de la collégiale de Saint-Paulien, qui tous portent la date de 1627, et à une fenêtre du xv⁰ siècle de l'église de Salettes.

Les parements [5] des murs sont très soignés et les pierres bien taillées, présentent une surface lisse. On s'est servi du moyen appareil, dont les assises mesurent en général de 20 à 35 centimètres en hauteur et de 30 à 45 en longueur. Quelquefois ces dernières dimensions sont un peu dépassées ; à Beaulieu, par exemple, nous avons mesuré des pierres d'assises qui atteignent jusqu'à 65 ou même 70 centimètres ; c'est là une exception, et des matériaux de cette taille méritent plutôt le nom de grand appareil.

Nous n'avons presque pas rencontré de marques de tâcherons, mais nous reconnaissons que certaines d'entre elles peuvent nous avoir échappé, car sur des pierres rugueuses comme celles du Velay, elles sont très peu visibles et nous ne pouvons guère signaler que celles de la chapelle octogonale d'Aiguilhe ; elles ont la forme d'une croix, d'un T, d'un A, d'un N et d'un M plus ou moins déformés.

Dès le début du xii⁰ siècle les joints sont fins ; depuis lors ce genre d'appareil est constant. Les mortiers sont en général très bons. Dans les édifices plus anciens, ils débordent sur les joints, et tantôt forment boudin tantôt sont abattus à la truelle [6].

---

1. On pourrait croire que les cavités de cette pierre aient dû la rendre très-gélive, toutefois, nous n'avons pas rencontré de blocs ou de chapiteaux qui aient éclaté sous l'influence de la gelée.

2. Porte transportée à l'hôpital de Saint-Paulien.

3. Les carrières de Blavozy semblent avoir été exploitées à l'époque romaine et leurs produits furent probablement un objet d'exportation. Voir Mandet, *Histoire du Velay*, tome I, pages 218-412. — Nous sommes persuadé qu'on les utilisa à l'époque romane. Toutefois, le plus ancien titre les concernant, que nous ayons rencontré est un bail consenti par le seigneur de Brives « à Mathieu-Reymond, d'une carrière de pierres à Blavozy pour la somme de deux deniers » en 1491. Archives de la Haute-Loire, minutes de Jean Richon notaire, G 19, folio 231 recto (pièce inédite).

4. Le fait que nous signalons n'est du reste pas spécial à l'Auvergne et au Velay, on le trouve ailleurs en France (Ainay à Lyon, Firminy Loire) et aussi à l'étranger (cathédrales de Gênes, Sienne, Florence, etc.).

5. Nous devrions plutôt dire les parements *extérieurs*, car, à l'heure actuelle, il est difficile d'en juger à l'intérieur ; celui de presque toutes les églises étant couvert de badigeon : à celles qui en sont dépourvues, l'appareil intérieur est également de toute beauté : Chamalières, Bessamorel, Montredon, etc.

6. A partir du xiv⁰ siècle, l'emploi de la pierre de taille semble avoir été moins général. Cela nous a souvent permis de distinguer les constructions primitives des adjonctions qui parfois ont été greffées avec une grande habileté sur des maçonneries déjà existantes, à la place des transepts par exemple.

Si les habitants du Velay se sont montrés rebelles aux progrès de l'architecture, s'ils n'ont pas introduit chez eux les innovations de l'Ile-de-France, du moins ont-ils été de bons constructeurs; et certaines de leurs petites églises rurales présentent un véritable intérêt.

II. CHRONOLOGIE DES ÉDIFICES ÉTUDIÉS. — ÉGLISES A DATE CERTAINE

Ce que l'architecture fut en Velay avant l'an 1000, il est difficile de le dire, quoique cette province possède, nous le croyons du moins, un petit nombre de spécimens de cet art primitif : nous voulons parler de quelques soubassements informes de la cathédrale et d'une partie de la chapelle Saint-Michel d'Aiguilhe, pour laquelle on a une date de 962. Cette partie, formée d'un petit sanctuaire carré, englobé plus tard dans une autre construction, est bâtie en moëllons à peine équarris, réunis par d'épais lits de mortier. Trois absides en cul de four, une voûte en sorte de pyramide à quatre pans, très obtuse, des fenêtres petites et sans ornements, le tout de construction grossière, voilà ce qui en subsiste. C'est quelque chose, mais c'est insuffisant pour donner une idée de l'art à cette époque. On n'y trouve pas de trace d'insertion de briques ni de petit appareil allongé.

1. ÉGLISE DE SAINT-VÉNÉRAND

Ce dernier apparaît cependant sur quelques mètres carrés du mur méridional et du mur septentrional de la cathédrale; mais ces murs ont été retouchés et ne peuvent donner aucune indication de quelque importance.

Par contre, avec le XIᵉ et surtout le XIIᵉ siècle, les règles arrivent à se préciser.

A très peu d'édifices nous pouvons assigner des dates certaines. Ce sont là pour l'archéologue des points de repère bien précieux et auxquels on peut rattacher les monuments similaires. Nous ne pouvons guère mentionner que la petite église de Saint-Sauveur-en-Rue [1], située dans le diocèse de Vienne, mais sur la frontière du Velay, et qui présente les mêmes caractères que nos monuments : elle a été commencée en 1061 et fut consacrée en 1110; celle du Monastier, commencée entre 1074 et 1086 et finie avant 1136 [2]; Doue [3], bâtie après 1138, peut-être même après 1165, et Chanteuges [4] (un peu hors du Velay), probablement après 1137.

Ces édifices mis à part, nous avouons toutes nos hésitations quand il s'agit de distinguer un monument de la fin du XIᵉ ou du début du XIIᵉ siècle.

2. ÉGLISE DE SAINT-DIDIER-D'ALLIER

Du reste, dans cette région comme dans beaucoup d'autres pays de montagnes, l'art roman a persisté pendant longtemps; le peuple, attaché aux traditions, isolé dans ses vallées écartées, a dû conserver ses principes de construction jusqu'à une époque assez moderne, et nous pouvons reproduire ici l'observation faite par M. Brutails [5] pour le Roussillon : « Le type de l'église rurale romane est si simple, d'une conception si aisée, d'une exécution si facile qu'il a dû persister jusqu'aux temps modernes. » C'est ainsi que nous trouvons des églises du XVᵉ ou du XVIᵉ siècle, couvertes de voûtes en berceau. Les exemples les plus typiques sont, pour le Velay ou les régions immédiatement avoisinantes : le Brignon, Saint-Martin-de-Fugères, Saint-Pierre-de-Salettes, Saint-Vénérand (fig. 1), Présailles. L'église de Saint-Didier-d'Allier (fig. 2), quoique construite d'un seul jet, a le chevet couvert d'une voûte sur croisées d'ogive de profil prismatique, tandis que les deux travées de la nef sont voûtées en berceau [6].

---

1. Cette église avait été donnée à la Chaise-Dieu en 1061 par Artaud, seigneur d'Argental, qui put avant de mourir assister à la consécration de la nouvelle église du monastère par Guy de Bourgogne, archevêque de Vienne (en 1110 environ). Voir *Cartulaire de Saint-Sauveur-en-Rue*, publié par MM. de Charpin et Guigue, Lyon, 1881. Charte 1 et pages 1 et 2, et introduction page XII et XIII.

2 et 3. Voir, pour les dates de ces églises, l'article qui leur est consacré.

4. Pour la date de Chanteuges voir, la fin de l'article consacré à Chamalières.

5. Brutails, « *Notes sur l'art religieux du Roussillon* », dans le *Bulletin archéologique du Comité des Travaux historiques*, année 1892, numéro 4, page 530.

6. Pareille remarque a été faite par M. J. Roman pour le département des Hautes-Alpes. *Répertoire archéologique du département des*

Presque toutes les églises sont voûtées et l'ont été dès le principe. Quelques-unes ont des voûtes refaites à l'époque gothique (Bains), ou sont aujourd'hui couvertes d'un lambris (Saint-Voy, Chalencon); mais dans les unes et les autres, sauf à Apilhac, il subsiste des traces de construction permettant d'affirmer qu'il y avait eu une voûte romane.

III. PLAN

Les églises du diocèse du Puy sont construites sur des plans assez variés.

Le plus simple de tous, celui dont il existe à beaucoup près le plus d'exemples, se compose d'une nef immédiatement suivie d'une abside semi-circulaire, parfois intérieurement et extérieurement; c'est le cas à Chaspuzac, à Chaspinhac et à la petite chapelle du château d'Arlempdes en Vivarais (fig. 3). D'autres fois, et le plus souvent, celle-ci est semi-circulaire à l'intérieur, mais polygonale (à cinq pans presque toujours) à l'extérieur; Landos, Saint-Vidal, Rosières, les Estables, Beaune, rentrent dans cette catégorie.

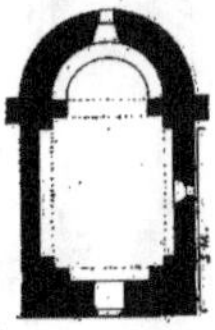

Enfin le polygone de l'extérieur se reproduit à l'intérieur à Saint-Étienne-Lardeyrol, Saint-Pierre-Eynac, Saint-Haon, Rauret et Alleyras.

Le chœur rectangulaire précédant l'abside semble avoir été à peu près inconnu dans les églises rurales (que la nef soit unique ou qu'elle soit flanquée de collatéraux); nous n'en avons trouvé d'exemples qu'à Dunières, Roziers-Côtes-d'Aurec, Doue, Chamalières, Saint-Haon et Alleyras.

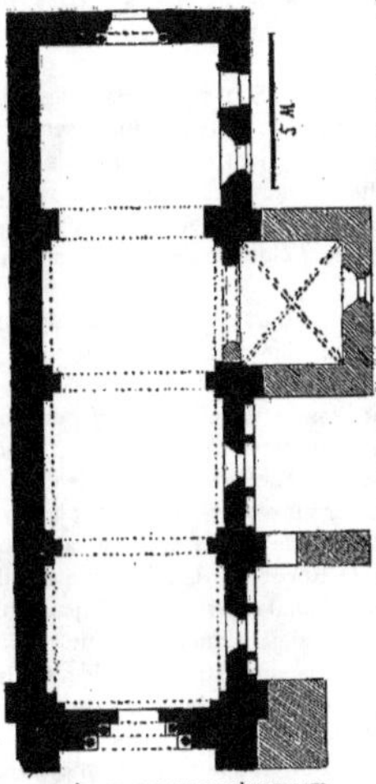

3. CHAPELLE DU CHATEAU D'ARLEMPDES.

Or, comme les cérémonies du culte exigeaient un espace assez grand, les constructeurs durent regagner en largeur ce qui leur manquait en longueur. Aussi, toute la région semble-t-elle avoir affectionné d'une façon spéciale, les absides grandes et larges. Il est rare en effet, que l'abside fasse retraite sur la nef. Le pied-droit de l'arc triomphal, une marche ou deux d'escalier, la voûte en cul de four, voilà tout ce qui la distingue. Par exception, à Glavenas l'église se termine à l'orient par une abside minuscule qui ressemble plutôt à une niche semi-circulaire sur ses deux faces.

Parfois au lieu d'une abside en hémicycle ou à pans, on trouve un chevet plat. Les monuments de ce genre ne sont pas nombreux, et il n'est guère possible d'en faire une catégorie à part, car cette disposition semble le plus souvent motivée par des circonstances exceptionnelles. A Borne, l'église bâtie sur un rocher abrupt ne pouvait s'étendre davantage. A Saint-Jean-Lachalm ou à Arlempdes [1] (fig. 4), les églises étaient adossées à un rocher ce qui forçait à économiser l'espace; et encore à Saint-Jean-Lachalm, peut-être le chevet est-il de construction postérieure, de même qu'à la Voûte-sur-Loire. Ces raisons n'existaient cependant pas à Apilhac [2].

Un plan bien plus bizarre et qui doit être fort rare, est celui de Retournac. Sur une nef unique, s'ouvre une large abside en hémicycle, et sur celle-ci se greffent deux absidioles, sortes de chapelles rayonnantes placées de biais, dans la direction du nord-est et du sud-est [3].

Un autre non moins curieux qu'on rencontre dans plusieurs régions, mais toujours à l'état isolé, sauf peut-être en Lombardie et le long du Rhin, est celui de Beaulieu. C'est toujours une nef et une grande abside, circulaire

4. ÉGLISE PAROISSIALE D'ARLEMPDES.

Hautes-Alpes. Paris, 1888, in-8, introduction, page III. C'est là, la vérification de ce que disait M. A. Saint-Paul, *L'archéologie du moyen âge, en France* dans *Congrès bibliographique international*. Paris, 1899, page 5 du tirage à part. M. Roman nous a montré dans le département des Hautes-Alpes « la renaissance donnant la main à l'architecture romane par dessus l'architecture gothique. Semblable lien avait déjà été observé dans les Pyrénées centrales et on le retrouvera sans doute *dans quelques autres pays de montagne* ».

1. Le village d'Arlempdes est situé sur la limite, quoique hors du diocèse du Puy; mais de bonne heure les évêques du Puy en acquirent la souveraineté temporelle. C'est pour cela que nous le citons: il possède deux églises romanes. Voir planche CX-CXI.

2. Il existe de même à Saint-Paul-de-Tartas en Vivarais mais tout près du Velay, une église intéressante à chevet plat ajouré d'une haute fenêtre à double ébrasement, au dessus de laquelle se trouve un oculus également à double ébrasement.

3. Nous nous demandons si cet exemple bien primitif de chapelles s'ouvrant directement sur l'abside n'aurait pas influé sur les réparations que l'on a faites à l'église toute voisine de Chamalières, quand, à la suite de remaniements, on a fait disparaître les piliers qui formaient le déambulatoire, de sorte qu'aujourd'hui les chapelles s'ouvrent directement sur l'abside; ou, si au contraire, ce ne seraient pas les réparations effectuées à Chamalières qui auraient donné l'idée de construire à Retournac une église analogue. La question est difficile à trancher. Les réparations de Chamalières et l'église de Retournac datent de la fin du XIIe siècle, sans qu'il soit facile de voir quelle des deux églises a servi de modèle à l'autre. Nous inclinerions à croire Retournac plus ancien.

à l'intérieur et à cinq pans à l'extérieur, mais dans l'épaisseur des murs sont creusées trois petites absidioles. Elles dessinent en plan des segments de cercle dont la flèche est inférieure au rayon. Un plan d'abside analogue se retrouve dans notre région, à Saint-Maurice-de-Roche. Nous le signalons ici quoique cette dernière église ait trois nefs.

Un plan du même genre est celui de l'église Saint-Jean au Puy; seulement sur l'abside, à pans à l'extérieur et semi-circulaire à l'intérieur, s'ouvre une série de cinq niches. On sait que cette disposition existait dans les salles de bains antiques. Cette particularité se retrouve du reste aux bras du transept de la cathédrale du Puy.

Enfin, à la chapelle ruinée du château de Polignac, le chevet est carré, mais dans chacun des angles s'ouvre une absidiole en hémicycle, sans qu'il en paraisse rien à l'extérieur.

Un plan un peu différent et qui paraît ancien est celui de Saint-Christophe-sur-Dolaizon. Sur la travée qui précède l'abside se greffe, à droite et à gauche, un croisillon non pourvu d'absidioles, en forme de transept.

D'autres fois, des absidioles prennent naissance sur les bras d'un transept proprement dit; elles sont toujours en hémicycle sur leurs deux faces [1]. (Riotort, Saint-Front). Dans ces églises aucune travée de chœur n'est interposée entre le transept d'une part, l'abside et les absidioles de l'autre.

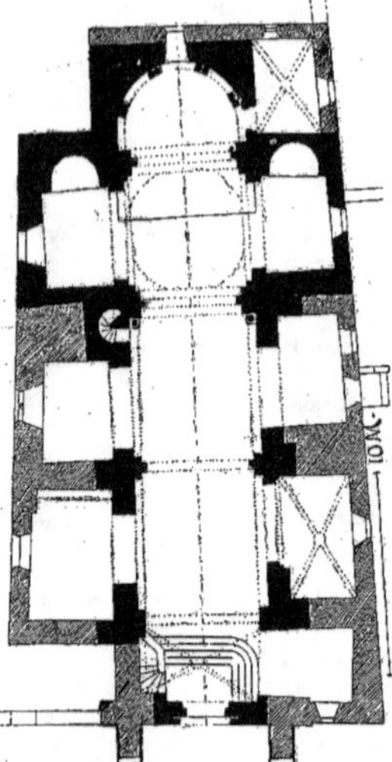

5. ÉGLISE DE SAINT-SAUVEUR-EN-RUE.

L'église déjà mentionnée de Saint-Sauveur-en-Rue (fig. 5) présente un transept pourvu d'une abside et de deux absidioles semi-circulaires intérieurement et terminées à l'extérieur par un mur plat. Sur le transept de la chapelle précitée du château de Polignac, on voit deux absidioles entre lesquelles est disposé le chevet rectangulaires dont nous avons déjà parlé. Enfin, au prieuré cluniste de Rosiers, une travée de chœur sépare le transept de l'abside.

Deux églises, celle de Saint-Didier-la-Séauve en Velay et celle de Lavaudieu, hors du diocèse du Puy (fig. 6), ont une nef flanquée d'un seul collatéral; quoique les reprises soient assez bien faites, nous croyons à un remaniement.

6. ÉGLISE DE LAVAUDIEU.

Nous en arrivons aux églises à nef pourvue de collatéraux. Dans cette catégorie, on rencontre tantôt une nef principale sans transept, accostée de deux nefs latérales, celles-ci terminées par un mur plat, tandis que sur la nef s'ouvre une abside. C'est le cas à l'église de Saint-Maurice-de-Roche qui possède une abside en forme tréflée, avec absidioles prises dans l'épaisseur des murs que nous avons déjà signalées. Tantôt les trois nefs sont terminées chacune par une abside. Celle qui se trouve sur le prolongement de la nef centrale, peut être polygonale à l'extérieur, en demi-cercle à l'intérieur, les absidioles sont toujours en hémicycle extérieurement et intérieurement [1]. Nous trouvons cette disposition à Polignac (église paroissiale).

L'église de Dunières n'a pas non plus de transept, mais une travée rectangulaire est interposée entre la nef d'un côté et les absides et les absidioles de l'autre. Ces travées de chœur communiquent entre elles par d'étroits passages [2], particularité qui existe à Polignac et qui est fréquente en Lyonnais et en Forez (Ainay, à Lyon, Saint-Rambert-sur-Loire, Sainte-Foy, Chandieu, l'Hôpital-sous-Rochefort, Montverdun, etc.).

Le plan du Monastier, grande église abbatiale, est encore différent; il comprend une nef et deux bas-côtés coupés par un large transept d'une forte saillie. Sur la partie qui déborde on voit une petite absidiole. C'est là tout ce qui reste de la construction romane, le chevet ayant été reconstruit au xve siècle.

1. Toutefois à Chanteuges, hors du Velay, c'est le contraire qui a lieu : l'abside est semi-circulaire sur ses deux faces, tandis que les absidioles semi-circulaires à l'intérieur sont à *pans* à l'extérieur.

2. Nous verrons du reste qu'une influence étrangère s'est manifestée à l'église de Dunières.

Deux autres églises présentent un plan particulier, mais qui n'est pas primitif; ainsi à l'extrémité de la nef et des bas-côtés de Chamalières, s'ouvre un transept peu débordant, sur lequel prend naissance une travée de chœur, puis une énorme abside voûtée en cul de four; elle est un peu moins large que le transept, mais plus que la nef et les collatéraux réunis. Quatre chapelles rayonnantes se greffent sur cette abside, sans l'intermédiaire d'un déambulatoire. Originairement, le plan était : une nef accostée de bas-côtés et un transept; les bas-côtés se prolongeant autour du chœur.

La collégiale de Saint-Paulien devait offrir les mêmes dispositions : elle a été horriblement mutilée, et se compose aujourd'hui d'une vaste nef, d'un transept proéminent, d'une abside de même largeur que la nef et sur laquelle prennent également naissance quatre chapelles rayonnantes.

On voit qu'à la fin du XIIe siècle, les architectes du Velay trouvèrent dans la suppression des piliers du déambulatoire un moyen expéditif d'agrandir le chœur de leurs églises. Cela nous semble répondre à des préoccupations analogues qui se manifestèrent d'abord dans le nord de la France, où l'on démolit un grand nombre d'absides pour les reconstruire sur des dimensions plus vastes, et ensuite dans la plupart des cathédrales du midi [1].

Le système employé en Velay a dû l'être aussi dans l'ouest et le sud-ouest de la France. C'est probablement ce qui s'est passé à Solignac (Haute-Vienne), mais nous ne connaissons cette église que par la gravure qu'en a donnée M. de Verneilh [2]. Par contre, cette même disposition paraît être primitive à la cathédrale d'Angoulême [3].

Les églises ainsi remaniées ont pu servir de modèle pour d'autres intentionnellement construites de cette façon [4]. Dans la Haute-Loire même, mais hors du Velay, la belle église abbatiale de Blesle est pourvue d'une abside très large, sans déambulatoire, qui a été certainement construite d'un seul jet.

Du reste, les absides tréflées ont eu ce plan dès l'origine. Dans le Velay même, n'avons-nous pas les deux églises de Beaulieu et de Saint-Maurice-de-Roche? Il en existe des exemples hors de cette région. Qu'il nous suffise de citer à Paris, l'abside de Saint-Martin-des-Champs, celle de la Cascine [5] près de Laval, dans l'Agenais, celles d'Aubiac, de Gueyze, la Sauvetat-de-Savères, les chapelles des îles de Lérins, et plus près de nous les absides de Beurières, Mailhat-la-Mongie (Puy-de-Dôme), Auzon (Haute-Loire) (pl. CXVII) [6], Roffiac, Andelat (Cantal), etc...

Enfin, la nef de la cathédrale du Puy est accostée de deux bas-côtés, à la suite desquels se trouve un transept très proéminent; et au-delà, nef et bas-côtés sont terminés par un mur plat.

IV. COUPE

Si de l'examen du plan, nous passons à celui de la coupe, constatons, comme on l'a déjà fait avant nous, [7] qu'elle présente plus d'importance que le plan.

Toute classification sérieuse doit reposer sur l'examen des voûtes [8]. Or, s'il existe une relation intime entre le plan par terre et la structure des voûtes, il est néanmoins des particularités de l'un qui sont restées sans influence sur les autres.

Cette question est d'autant plus capitale pour le Velay que, parmi les écoles d'architecture qui l'environnent ou l'ont influencé, les unes ont la voûte de la nef contrebutée par celles des bas-côtés, tandis que chez les autres, la règle contraire a prévalu.

Au reste, la question n'a aucune importance pour les églises à une nef. Toutes, nous l'avons dit, sont voûtées, et, d'une façon générale, le mode employé est la voûte en berceau plein cintre ou brisé; mais nous ne croyons pas qu'on puisse tirer de l'emploi de l'un ou de l'autre, un élément sérieux de critique. Dans l'état actuel de nos connaissances archéologiques, on ne peut constater aucun exemple authentique d'arc brisé antérieur aux dernières années du XIe siècle.

1. Les faits de ce genre sont trop nombreux pour pouvoir être énumérés ici.
2. Verneilh (de). *L'architecture byzantine en France*. Paris, 1851, page 274.
3. Verneilh (de). *Op. cit.*, planche XV.
4. On peut mentionner des églises dont les plans présentent avec ceux de Chamalières et de Saint-Paulien plus ou moins d'analogie, notamment à Saint-Martin-de-Brive, Arnac-Pompadour, le Vigeois, Beaulieu et Saint-Angel (Corrèze), à la cathédrale de Cahors, Saint-Jean-de-Cole, à Souillac; pour ces trois derniers exemples, voir de Verneilh. *L'architecture byzantine en France*, planche IX. Saint-Caprais d'Agen, etc... Tholin, *Étude sur l'architecture religieuse de l'Agenais*. Paris, 1874, planche VII, etc.
5. Voir Lefèvre-Pontalis (E.) *Étude sur le chœur de l'église de Saint-Martin-des-Champs*. Extrait de la Bibliothèque de l'école des Chartes, Paris, 1886, page 6 du tirage à part.
6. Voir pour ces églises, l'article ci-après consacré à Beaulieu.
7. Notamment Brutails. *Notes sur l'art religieux du Roussillon, Bulletin archéologique du Comité des travaux historiques*. Année 1892, page 529.
8. Quicherat, *Mélanges d'archéologie et d'histoire, Archéologie*. Paris, 1886, page 101 et Viollet-le-Duc, *Dictionnaire d'architecture*. Mot construction, tome IV, page 25.

Nous en avons d'assez authentiquement datés de la fin du xie siècle ou du commencement du xiie; l'arc triomphal de Saint-Sauveur[1] affecte à la vérité d'une façon bien timide, la courbe brisée que nous inclinons à croire primitive, quoiqu'elle puisse avoir été produite par un tassement, qui se serait plus difficilement manifesté aux arcs de décharge également brisés, plaqués contre les murs latéraux de cette église. Il en est de même à l'église du Monastier dont la construction devait battre son plein vers 1090. L'arc triomphal est franchement brisé. Il peut, il est vrai, avoir été refait, mais les grandes arcades en plein-cintre, près de l'abside, deviennent brisées à mesure qu'on se rapproche de la façade. Nous sommes donc là à une époque indécise et probablement à l'origine de l'usage systématique de cette forme. Le plein-cintre ne fut cependant pas abandonné, car à Chanteuges, église située près des limites du Velay et qui date du milieu du xie siècle on le trouve aux arcs longitudinaux et aux doubleaux des bas-côtés; il en est de même aux églises de Polignac et de Doue, toutes deux très vraisemblablement postérieures à 1140. Enfin les grandes arcades latérales des deux travées occidentales de la cathédrale du Puy, sont en plein cintre quoiqu'elles soient postérieures aux travées précédentes qui ont partout des arcs brisés.

7. ÉGLISE DE SAINT-SAUVEUR-EN-RUE (LOIRE). COUPE TRANSVERSALE.

La voûte en berceau des églises, que la nef soit unique ou flanquée de collatéraux, est, d'une façon absolue, renforcée par des doubleaux. Cette règle n'est pas constante pour les régions avoisinantes. Il ne s'agit pas seulement des grandes églises d'Auvergne qui ne sont pas toujours pourvues de doubleaux; mais à Sainte-Marie-des-Chazes (figure 9 et planche cxvi) ou, en Forez, à Pommiers et à Saint-Rambert[2], ils sont aussi absents.

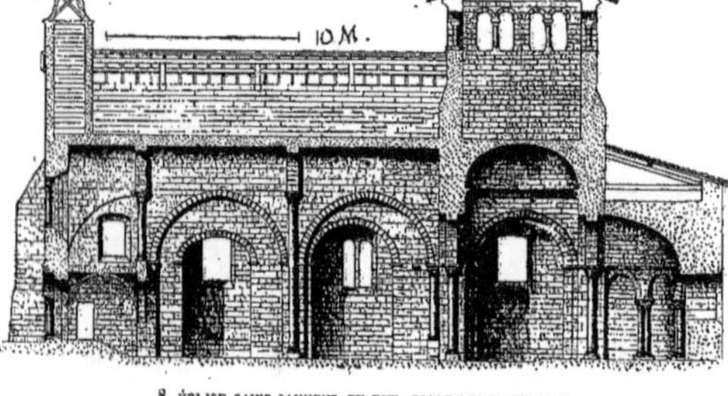

8. ÉGLISE SAINT-SAUVEUR-EN-RUE. COUPE LONGITUDINALE.

Il existe des exceptions, toutefois peu nombreuses, à la présence de voûtes en berceau au-dessus de la nef.

Nous avons déjà mentionné la pyramide obtuse qui recouvre la partie la plus ancienne de la chapelle Saint-Michel d'Aiguilhe. Quoique la voûte primitive de l'église Saint-Jean au Puy[3] soit bien détériorée, il semble probable que cet édifice ait été voûté à l'origine d'une sorte de coupole à six pans reposant sur de grands arcs d'une disposition fort curieuse.

Enfin, les nefs de Saint-Privat-d'Allier, de Riotort et de Saint-Marcel d'Espaly, ont des voûtes d'arêtes.

Nous croyons les premières, contemporaines de l'église; quant à celles de Riotort et de Saint-Marcel, leurs retombées assez gauches, nous porteraient à les croire faites après coup.

Une autre particularité est plus curieuse : les églises de Saint-Vidal, Bauzac et Saint-Étienne-Lardeyrol, ont leur dernière travée près de l'abside voûtée d'une coupole octogonale sur trompes, ajourée ou non. Cette disposition rappelle de loin, les élégantes tours-lanternes en usage dans d'autres régions : ces coupoles s'élèvent sensiblement au-dessus des voûtes voisines et il ne semble pas qu'elles aient été surmontées d'un clocher[4].

Quand il existe un clocher en forme de tour, il est situé soit sur le carré du transept, soit sur la travée qui précède l'abside (quand il n'y a pas de transept). L'étage inférieur de ces clochers est voûté d'une coupole octogonale ou ovoïde (La Voûte-sur-Loire, Polignac, Saint-Maurice-de-Roche)[5].

1. Pour la date de cette église, voir ci-dessus, page 7.

2. Il est possible que les voûtes de Saint-Rambert et de Pommiers soient postérieures à l'époque romane, et qu'à l'origine, ces églises aient été couvertes d'un lambris.

3. Il s'agit des voûtes qu'on voit sous les combles de l'église Saint-Jean, car les voûtes actuelles sont postérieures et probablement de beaucoup à 1427, époque où la partie haute de l'édifice fut détruite par un coup de foudre. *Médicis*, édition Chassaing, tome I, page 246.

4. Les églises où on trouve cette particularité, sont, en effet, toutes pourvues d'un clocher arcade.

5. A Saint-Georges-l'Agricol, la dernière travée est couverte d'une coupole sur pendentifs très basse, mais l'église a été remaniée au xviie siècle et la coupole peut n'être que de cette époque.

Le transept, quand il y en a un, est toujours voûté en berceau plein cintre, lors même que la nef est couverte d'un berceau brisé (Saint-Front, Chamalières, Saint-Christophe-sur-Dolaizon, le Monastier) [1].

Un artifice de construction est d'un usage absolument constant en Velay et dans les régions immédiatement avoisinantes. Il consiste à appliquer intérieurement le long des murs latéraux de grandes arcades, reposant sur des pilastres ou prises dans l'épaisseur du mur. Elles présentent le double avantage de rapprocher du pied du mur la résultante des poussées et de reporter une partie de celles-ci vers un point unique où elles peuvent être plus facilement combattues par le contrefort correspondant au doubleau. Elles ne font guère défaut qu'à l'église remaniée de Saint-Maurice-de-Roche, aux travées les plus anciennes de la cathédrale du Puy [2] et aux églises de Montredon et de Saint-Barthélemy au Puy. Tantôt elles montent jusqu'à l'imposte de la voûte ; d'autres fois, elles n'arrivent pas aussi haut. Par une disposition fort curieuse un de ces arcs latéraux, est, à la chapelle d'Arlempdes plaqué contre une fenêtre qu'il coupe transversalement (fig. 10, 11 et 12).

Le point de départ de la voûte n'est, en général, marqué par aucun cordon saillant ; on trouve cependant quelques exceptions au transept de Riotort, à Saint-Jean-Lachalm, Saint-Haon, Saint-Paul-de-Tartas, Bessamorel et Montredon.

Dans les églises dont la nef est flanquée de collatéraux, la grande difficulté était de maintenir la maîtresse voûte. Les deux modes de construction employés par les architectes à l'époque romane différaient beaucoup au point de vue des résultats [3]. Les uns avaient élevé les voûtes latérales assez haut, pour qu'elles soutinssent le berceau central ; chez les autres, au contraire, la hauteur de la nef dépassait de beaucoup celle des bas-côtés qui, au point de la solidité, jouaient un rôle bien moindre.

L'emploi de ces deux systèmes qui permet de subdiviser le sol de la France en grandes écoles d'art, se retrouve dans la Haute-Loire.

Comme nous l'avons dit, les églises à nef et collatéraux de la

9. ÉGLISE DE SAINTE-MARIE-DES-CHAZES.

10. CHAPELLE DU CHATEAU D'ARLEMPDES.

3 Mètres

11. CHAPELLE DU CHATEAU D'ARLEMPDES

---

1. Il serait possible que parfois le transept fut antérieur à la nef, ce qui pourrait expliquer la différence de cintre.

2. Ces arcades appliquées aux murs latéraux sont d'un usage général en Forez. (Voir F. et N. Thiollier. *Art et archéologie dans le département de la Loire*. Saint-Étienne, 1898, pages 27-28). Revoil en signale de nombreux exemples en Provence : par exemple, Saint-Gabriel près de Tarascon, Les Saintes-Maries de la Mer, etc... Revoil, l'*Architecture romane du midi de la France*, tome I, planche IX, etc. On en trouve en Bourgogne de très rares exemples, notamment à l'église de Chissey, on n'en a guère signalé dans le nord de la France. On sait que ces arcades sont fréquentes en Auvergne, mais à l'extérieur des monuments où leur efficacité au point de vue de la solidité était beaucoup moindre.

3. Nous tenons à faire remarquer ici, que le système auvergnat, qui présentait de si grands avantages et qui consistait à contrebuter la poussée de la maîtresse voûte, par la voûte en demi-berceau des bas-côtés, portée jusqu'aux imposes du berceau central, n'a été imité nulle part en Velay. Assurément, l'Auvergne a exercé sur le Velay une certaine influence, mais surtout au point de vue de la décoration, car au point de vue de la structure, nous voyons l'influence venir de la rive droite du Rhône et un peu de la Bourgogne. Le système poitevin y a été aussi connu. En un mot, le Velay semble influencé par cette école bâtarde qui régnait dans le Languedoc dont il dépendait au point de vue civil. Voir A. Saint-Paul, dans Planat, *Encyclopédie de l'architecture*, tome V, page 345. Mot *Languedoc* (école du).

Le Forez et le Lyonnais possèdent aussi des églises où la poussée de la voûte centrale est contrebutée par la voûte en berceau des bas-côtés.

M. Tholin, (*Études sur l'architecture de l'Agenais*, page 23, note), y fait brièvement allusion et mentionne les églises du Bourg-de-Thizy et de Saint-Victor-sur-Rhins, la première stupidement démolie en 1897, la seconde partiellement détruite. On peut également citer dans cette région, les églises de Pommiers et de Saint-Rambert.

région sont toutes voûtées; dans toutes aussi, sauf à Saint-Privat-d'Allier et à Saint-Marcel d'Espaly, la nef centrale est couverte d'un berceau, mais là s'arrête la ressemblance. Plusieurs comme le Monastier, Chamalières et, tout près du Velay, quoique hors de ses limites, Chanteuges (fig. 13 et pl. cxii), ont la maîtresse voûte portée bien au-dessus du niveau des collatéraux [1]. Dans ces trois édifices, les bas-côtés assez étroits sont couverts de voûtes d'arêtes barlongues et bien appareillées supportées par des doubleaux dont l'extrados est au niveau de la clef de la voûte. Bref, ils sont conçus de la même manière que les églises de Bourgogne. L'église de Langogne, en Gévaudan, présente également une nef bien plus élevée que les collatéraux qui sont voûtés en berceau.

La disposition poitevine d'églises à trois nefs d'égale hauteur, dont les impostes sont au même niveau, se retrouve à Dunières. Les voûtes primitives ont malheureusement disparu sur la nef, mais existent dans la travée qui précède les absides et les absidioles.

A Polignac et à Saint-Maurice-de-Roche les impostes des bas-côtés sont à un niveau un peu inférieur à celui des impostes de la nef, mais la hauteur des collatéraux est cependant bien suffisante pour contrebuter la poussée de la maîtresse voûte.

Dans ce cas, les bas-côtés, intacts à Polignac, peut-être refaits à Saint-Maurice et en partie primitifs à Dunières, sont voûtés en berceau.

12. CHAPELLE DU CHATEAU D'ARLEMPDES.

V. ORDONNANCE INTÉRIEURE. — FORME DES ARCS

Ces dispositions diverses influaient naturellement sur celles des ouvertures. Il est bien certain, en effet, que dans les églises construites à la manière provençale ou bourguignonne, la nef pouvait être directement éclairée; c'est le cas à Chamalières où des fenêtres assez grandes donnent une abondante lumière. Elles existaient aussi à Chanteuges, mais ont été murées lorsque, pour des raisons de défense, on a surélevé les bas-côtés. Au Monastier, nous n'avons pu en retrouver de traces. A la cathédrale du Puy, nef et bas-côtés ont leurs fenêtres distinctes.

Dans les petites églises à un seul vaisseau, l'âpreté du climat, plutôt encore que la crainte d'affaiblir les murs, semble avoir déterminé à

13. ÉGLISE DE CHANTEUGES

[1]. Chamalières seul a conservé en partie sa disposition primitive avec sa voûte en berceau plein cintre, qui a été remplacée au Monastier et à Chanteuges par une voûte sur croisée d'ogives au xve siècle. Des voûtes de ce genre en berceau plein cintre à Chamalières et légèrement brisé au Monastier et à Chanteuges, devaient exercer une très forte poussée. Il n'est donc pas étonnant qu'elles soient tombées complètement dans les deux derniers exemples, et en partie à Chamalières où le déversement des murs est très sensible.

n'ouvrir que de toutes petites fenêtres, et encore, dans la plupart des cas, n'y en a-t-il que du côté du Midi. En général, elles ont été agrandies à l'époque moderne, et de nos jours aussi quelques-unes ont été percées au Nord ; mais le plus grand nombre des monuments en sont encore dépourvus de ce côté-là.

Les absides, au contraire, sont en général très éclairées. Celles qui sont circulaires à l'intérieur et à l'extérieur ont le plus souvent une ouverture percée dans l'axe de l'église [1]. Les autres, bien plus nombreuses, dont l'extérieur est à pans coupés, ont ordinairement des ouvertures à l'Est, au Sud-Est et au Sud, ce qui les rend dissymétriques. Quelques-unes, mais c'est l'exception, en ont aussi du côté nord (Saint-Vidal, Saint-Étienne-Lardeyrol, Saint-Pierre-Eynac, Sainte-Marie-des-Chazes, etc.).

En examinant les nefs en elles-mêmes, il y a encore lieu de distinguer si elles sont ou non, flanquées de collatéraux.

Dans les églises sans collatéraux, la largeur de l'abside est, en général, égale ou très légèrement inférieure à celle de la nef unique.

14. ÉGLISE DE SAINTE-MARIE-DES-CHAZES.

C'est ici le lieu de préciser ce que nous avons entendu dire, en indiquant que la presque totalité des églises sont dépourvues de chœur. Nous croyons qu'un chœur doit être formé par une différence quelconque dans la construction et doit être distingué de l'abside, soit par une courte travée, soit par un doubleau, ou encore par une retraite du mur ; or, cette différence n'existe dans presque aucune église, et l'abside plus ou moins allongée, s'ouvre sans intermédiaire sur la dernière travée de la nef.

Fréquemment des églises, même importantes, n'ont qu'une seule nef. Le large berceau qui les couvre devait exercer une forte poussée, aussi prend-il le plus souvent naissance tout près du sol ; l'exemple type de ce genre est l'église de Solignac-sur-Loire.

Lors même que les doubleaux de la nef sont simples, celui qui la sépare de l'abside est parfois doublé : c'est qu'alors il doit souvent supporter un clocher-arcade.

Comme la voûte de la nef est soutenue par des doubleaux, la nudité des murs est interrompue par leurs piédroits, qui déterminent les travées, interrompue aussi par les arcades latérales, dans l'axe desquelles s'ouvrent les fenêtres.

Si nous passons aux nefs flanquées de collatéraux, nous avons encore la même subdivision à établir.

Lorsque le vaisseau central n'a pas de fenêtres, comme à Polignac, etc., on voit le nu du mur, puis le cintre de la voûte immédiatement au-dessus des grandes arcades. Le doubleau retombe alors sur un pilier, qui, en général, monte d'une venue depuis le sol jusqu'à la naissance de la voûte.

D'autres fois, le doubleau repose sur un petit pilastre, qui, lui-même, prend naissance sur le tailloir des piliers au niveau des grandes arcades (Monistrol).

Dans les églises où la nef est éclairée directement, le mur gouttereau qui règne entre les grandes arcades et les fenêtres est dépourvu d'ornement. Le doubleau repose sur une demi-colonne qui descend directement jusqu'au sol (Chamalières, et, hors du Velay, Langogne, Chanteuges), ou qui est tronquée à une certaine hauteur (Le Monastier).

A Chamalières où les fenêtres existent encore, elles viennent interrompre la monotonie. Là où elles ont disparu et aussi là où elles n'ont jamais existé, il y a un grand espace nu assez désagréable à l'œil (Le Monastier).

Les collatéraux nous arrêteront peu. Ils ont, en général, une largeur inférieure à la moitié de celle de la nef, sont recouverts, suivant les cas, d'une voûte d'arêtes ou d'un berceau ; leur hauteur parfois assez considérable, les fait paraître encore plus étroits.

Le clocher, quand il y en a (et le fait est assez rare), s'élève, comme nous l'avons déjà dit, sur le carré du transept ou sur la travée qui précède l'abside.

---

1. Des fenêtres étaient nécessaires à l'abside pour permettre au prêtre de lire. Elles devenaient bien inutiles aux bas-côtés quand on avait à faire à une population rurale pauvre et illettrée.

Au Monastier, il y avait un clocher à huit pans sur chaque bras du transept. L'un, celui du nord, existait encore en 1895, et a pu être photographié par nous ; il est tombé de vétusté depuis peu ; les amorces de l'autre sont visibles sous le comble sud. Rien d'apparent ne les fait deviner de l'intérieur de l'église ; des trompes ménageant le passsage du carré à l'octogone étaient construites au-dessus des voûtes. Le carré sur lequel elles s'appuyaient était déterminé sur trois faces par les murs eux-mêmes et, sur la quatrième, par un arc bandé au-dessus de la voûte, d'un mur à l'autre [1] ; par ce moyen, celle-ci reste indépendante et affranchie du poids de la tour.

Enfin, un autre arrangement ne se rencontre qu'à Saint-Germain-Laprade, où le chevet est formé par le rez-de-chaussée d'une grosse tour carrée, et voûté d'une coupole octogonale très grossière.

A peu près partout aussi, les toitures sont posées directement sur le rein des voûtes ; aussi, présentent-elles un angle très ouvert. Dans le plus grand nombre des cas, elles sont formées de laves ou de pierres plates de composition schisteuse, qui portent dans le pays le nom de *lauzes*.

Les absides sont en général absolument distinctes du reste de l'édifice. Le plus souvent elles sont moins hautes ; la partie proéminente qui termine la nef est alors formée par un mur droit.

Si nous examinons l'intérieur au point de vue de la décoration, nous voyons que, sans être aussi abondante que dans beaucoup d'autres régions (la Saintonge ou le Brionnais par exemple), elle est cependant parfois assez soignée.

Comme partout, c'est aux absides que l'on a déployé le plus de richesse. Souvent elles sont décorées d'arcatures entourant les fenêtres, arcatures dont les cintres affectent en général la forme surbaissée ou en anse de panier [2]. Elles reposent sur des colonnettes avec chapiteaux. Presque toujours, les archivoltes contiguës partent du même tailloir et ont leur sommier commun.

Il est assez curieux de noter qu'en Velay ces arcatures décoratives reposent sur une colonnette unique. Cette pratique est moins constante dès qu'on sort du Velay proprement dit : ainsi à Rosiers-Côtes-d'Aurec et à Usson, paroisses du Forez, mais qui relevaient au spirituel du diocèse du Puy, les piédroits de ces arcatures sont formés d'un pilastre entre deux colonnettes, et à Saint-Sauveur, elles retombent sur des colonnettes accouplées, partant de fond.

En Velay, ces colonnettes portent tantôt sur un bahut continu (c'est le mode ordinaire), tantôt sur des socles carrés portés à une grande hauteur (Saint-Vidal, Saint-Georges-l'Agricol) ; c'est là une réminiscence de l'art provençal.

Dans les monuments riches, les fenêtres des nefs sont également ornées à l'intérieur d'une archivolte et de colonnettes (le Puy, Chamalières, le Monastier, Retournac, etc.)

Nous traiterons ailleurs de la sculpture.

Le Velay a connu les différentes formes d'arc ; on y trouve le plein cintre, le cintre surhaussé (Le Puy, Saint-Georges-l'Agricol, le Monastier) surbaissé et en anse de panier aux arcatures appliquées à l'intérieur des absides, outrepassé à Saint-Pierre-Eynac et au porche du Puy, et brisé à partir de la fin du XIe siècle. La forme actuelle de quelques arcs peut provenir d'un tassement dans la maçonnerie, mais nous ne doutons pas que, dans quelques monuments de la fin du XIe siècle, elle ne soit intentionnelle. Nous avons déjà remarqué qu'il n'y a pas de conclusion bien rigoureuse à tirer de l'emploi de l'une ou l'autre de ces courbes [3], ou au moins de leur emploi dans les arcs qui ont un rôle efficace dans la structure même du monument ; on trouve ainsi toute une série d'arcs plein cintre à Chanteuges, édifice qui est très probablement postérieur à 1137.

Il n'en est pas de même pour les fenêtres ou arcatures décoratives qui n'avaient qu'une influence secondaire sur la solidité de l'édifice, et où l'arc brisé n'a guère été appliqué avant la fin du XIIe siècle. Il n'existe franchement qu'à l'étage ajouté à l'abside de Chamalières et très légèrement aux deux travées occidentales de la cathédrale du Puy et au clocher de Retournac [4].

---

1. Sans parler des clochers de Cluny dont on semblerait s'être inspiré au Monastier, il existe encore des clochers sur les bras du transept à Belleville-sur-Saône et à Preuilly de Touraine.

2. La forme bizarre de ces arcs nous semble provenir de ce fait, qu'ils ont été tracés avec un rayon égal à la moitié de leur corde, le centre étant placé lui-même au milieu de cette corde et non sur le mur lui-même, d'où cette conséquence que pour atteindre ce mur, l'extrémité du rayon devait s'abaisser de plus en plus en se rapprochant du sommet de la courbe, ce qui n'a pu se faire sans grande déformation.

3. Nous sommes convaincus cependant que l'on peut tirer une date au moins limitative de l'emploi de l'arc brisé, qui ne nous semble pas avoir été employé dans la région avant 1080, mais le plein cintre a continué à être employé, ainsi que nous l'avons vu, pendant une partie du XIIe siècle, à Polignac, Chanteuges, Doue, le Puy, Retournac, etc.

4. Nous ne citons pas le clocher de Polignac, car la partie supérieure nous paraît moderne.

VI. PILIERS ET SUPPORTS

Dans les petites églises, les supports, quand le doubleau est simple, sont formés soit d'un pilastre rectangulaire (c'est le cas le plus fréquent), soit d'une demi-colonne, soit encore d'une ou de deux colonnettes portées en encorbellement (Lan-

15. ÉGLISE PAROISSIALE D'ARLEMPDES.

dos, Saint-Jean-Lachalm), sans qu'on puisse voir dans l'emploi de l'un ou des autres un élément pouvant servir à les dater.

Lorsque le doubleau est lui-même doublé, les deux ressauts correspondent en général à deux pieds-droits distincts, le plus large toujours rectangulaire, le plus étroit tantôt rectangulaire aussi, tantôt en forme de demi-colonne appliquée.

Dans les églises pourvues de collatéraux, les piliers affectent les formes les plus variées.

C'est la colonne isolée qu'on trouve à Monistrol-sur-Loire, à Saint-Michel au Puy et à la crypte de Beauzac, ou encore une pile rectangulaire flanquée parallèlement à l'axe de l'église de deux demi-colonnes, agencement qu'on retrouve à la même église de Monistrol-sur-Loire. Les doubleaux prennent alors naissance sur un petit pilastre supporté par les tailloirs qui terminent ces piles. Ailleurs c'est un massif rectangulaire cantonné de quatre demi-colonnes ; on le voit à Chamalières, à Saint-Privat-d'Allier et à une partie de l'église du Monastier ; dans ce dernier édifice, on remarque une modification de ce plan. Certains piliers rectangulaires sont flanqués de demi-colonnes sur trois côtés seulement : celles qui regardent la nef sont tronquées à une assez grande hauteur et reposent sur des culots. C'est enfin le plan cruciforme simple à Saint-Maurice-de-Roche et aux travées les plus anciennes de Notre-Dame du Puy.

Quand les doubleaux et arcades sont doublés, le pilier a deux ressauts sur chaque face, c'est ce qu'on rencontre au carré de Saint-Maurice-de-Roche et aux deux travées intermédiaires de Notre-Dame du Puy.

Au lieu d'un double ressaut, on a parfois flanqué chacun des angles rentrants de la croix d'une longue colonnette, comme aux deux travées occidentales du Puy et à Polignac. Enfin, le plan à quatre feuilles, formé par quatre colonnes se pénétrant, plan qui est une des caractéristiques de l'architecture du Poitou, existe à l'église de Dunières.

Il est bon de remarquer que, dans les églises où les piliers sont de plan cruciforme à la nef, on leur a souvent ajouté un pilastre au carré du transept pour supporter plus efficacement le poids du clocher ; mais souvent aussi, on a employé dans cette partie de l'édifice des tronçons de colonne portés en encorbellement ; on trouve ce système à Polignac, à Chamalières et à Saint-Front, quoique actuellement cette dernière église n'ait pas de clocher sur la croisée du transept.

VII. ORDONNANCE EXTÉRIEURE

I. *Façade.* — Les façades sont en général beaucoup moins soignées que les absides. Aucune d'entre elles, sauf celles du Puy et du Monastier, n'est réellement remarquable. De plus leur disposition extérieure n'accuse pas toujours celle de l'intérieur : et de la présence ou de l'absence de toits en appentis, on ne peut conclure à l'existence ou au manque de bas-côtés.

Dans les églises dont la voûte des collatéraux est assez élevée pour priver la nef de fenêtres, la façade n'a parfois qu'un seul pignon (Saint-Maurice-de-Roche, Dunières). Mais il y a généralement des fenêtres percées dans l'axe des travées collatérales.

Il faut encore distinguer suivant que la porte est ou non ouverte sur la façade.

Les murs étant toujours assez épais, on n'a pas eu besoin, comme dans certaines régions, pour donner plus d'importance aux portes, de plaquer sur la façade un massif saillant de maçonnerie, permettant de multiplier le nombre des voussures. Nous ne l'avons rencontré qu'à Saint-Haon et à Saint-Jean-Lachalm. Malgré cela certaines portes sont très ornées (Bains, Le Monastier) ; d'autres sont beaucoup plus simples (Chamalières), bien qu'elles appartiennent à de riches monuments.

Souvent on voit un grand arc bandé entre les deux contreforts de la façade. Il n'est pas utile à la décoration et forme une sorte d'abri avancé pour le portail (à Bains, Saint-Rémy, Landos où il est détruit, mais où en subsistent les amorces, et surtout au Monastier); on a alors au-dessus de cet arc construit contre la façade, un mur qui en augmente l'épaisseur.

Dans les églises à une seule nef, il existe fréquemment au-dessus de la porte une rangée de trois petites arcades à plein-cintre dont celle du milieu est seule ajourée. Leur archivolte repose le plus souvent sur des colonnettes (Bains, Saint-Remy, Saint-Étienne-Lardeyrol). Parfois, au lieu de trois arcades, il y a une seule fenêtre (Chaspinhac).

Quand la façade est renforcée par un arc proéminent, les arcades des fenêtres sont ouvertes au-dessus du massif que supporte cet arc. Les extrémités Nord et Sud des façades sont le plus ordinairement flanquées de contreforts.

Les églises à collatéraux, la cathédrale du Puy exceptée, n'ont jamais trois portes sur la façade. De gros contreforts y viennent en général contrebuter la poussée des grandes arcades (Chamalières, Le Monastier).

Les pignons souvent un peu plus élevés que la toiture, ont comme elle leur angle très ouvert. Quand le portail n'est pas sur la façade, celle-ci est fermée par un mur plat (Chaspuzac, Beaune), ou pourvu de contreforts, (Dunières) dont parfois un au centre (Saint-Pierre-Eynac).

II. *Façades latérales.* — Lorsqu'il n'y a qu'une seule toiture (que l'église ne présente qu'une nef, ou qu'elle soit flanquée de collatéraux), l'élévation latérale est fort simple. Le mur est bâti en bel appareil, et les nefs étant toujours voûtées, des contreforts accusent les travées de l'intérieur. Ils sont très simples, de forme rectangulaire et terminés par un glacis sans ornement. Parfois leur saillie est considérable, et semble avoir été augmentée après coup (Solignac-sur-Loire, Arlempdes). Les fenêtres s'ouvrent constamment dans l'axe des travées.

Quand des toitures distinctes abritent la nef et les bas-côtés (Chamalières), la nef centrale n'a pas toujours de contreforts correspondant au doubleau.

A Polignac où la différence de hauteur des nefs est presque nulle, elles ont cependant chacune leur toiture propre; celle des bas-côtés n'est séparée de celle de la nef que par un mur de 75 centimètres environ.

III. *Transepts.* — Les transepts sont proéminents et d'une hauteur égale ou inférieure à celle de la nef. Ils ont leur toiture spéciale : le mur du fond est communément percé d'une fenêtre; leur élévation ne diffère en rien de celle d'une travée de la nef, sinon qu'ils sont flanqués à leurs extrémités de contreforts, et qu'ils sont terminés par un pignon.

IV. *Absides.* — Les absidioles sont toujours semi-circulaires et peu ornées; les absides, tantôt circulaires, tantôt à pans; ces dernières semblent être postérieures et sont toujours décorées avec soin, on y voit des arcatures à plein-cintre ou trilobées reposant sur des colonnettes (Saint-Pierre-Eynac, Saint-Vidal, Saint-Étienne-Lardeyrol), certaines sont des modèles d'élégance (Rosières, Polignac). Un cordon y relie les archivoltes entre elles. Enfin, ce n'est guère que dans cette partie de l'édifice qu'on rencontre des corniches à modillons.

Quant aux absides semi-circulaires, elles sont rarement décorées extérieurement; celles de Saint-Front et d'Espaly ont cependant une rangée d'arcatures en plein-cintre. Quelques absides à pans n'ont, elles aussi, d'autre luxe que la beauté de l'appareil (Landos).

Le plus grand nombre des absides n'ont pas de contreforts; lorsqu'ils existent, ils sont comme ceux de la nef, fort simples et à section rectangulaire (Saint-Voy, La Chapelle-Bertin, Dunières, Chamalières). Dans les absides très soignées, les contreforts ont la forme de colonnes engagées, avec chapiteaux, tailloirs et bases; on ne les trouve ainsi composées qu'à Saint-Paulien et au Monastier.

D'une façon générale encore, les couvertures des absides reposent, comme celles des nefs, directement sur le rein des voûtes. De même aussi que pour les nefs, là où cette disposition n'existe plus, cela provient de remaniements et on trouve sous les combles les traces de la toiture primitive (Les Estables).

VIII. PORTES ET FENÊTRES

Généralement les portes n'ont ni tympan ni linteau, et cela ne provient pas de la nature de la pierre, car les constructeurs auraient certainement trouvé des blocs de grandeur et de qualité suffisantes pour couvrir leurs baies, dont la largeur est médiocre. Les linteaux qui existent dans quelques églises ont parfaitement tenu (Le Monastier, porte latérale, Saint-Pierre-Duchamp); ils affectent la forme *en dos d'âne*. Les quelques tympans que nous avons rencontrés sont en maçonnerie. Deux seuls sont sculptés; l'un au porche nord de la cathédrale du Puy, représentant la Cène est d'inspiration auvergnate; sur l'autre, à Rosiers-Côtes-d'Aurec, on remarque une Adoration des Mages très rudement traitée (pl. cix).

Parmi les portes dont la baie est amortie en plein cintre, les unes sont assez simples et ne se composent que d'une archivolte reposant sur des colonnettes (Chamalières, Saint-Étienne-Lardeyrol); d'autres présentent

16. PORTAIL DE L'ÉGLISE DE VABRES.

deux (Vabres fig. 16)[1], trois, quatre et même cinq voussures successives. La porte la plus ornementée est celle de Bains, qui possède cinq archivoltes, dont trois sont supportées par des colonnettes. Les voussures affectent la forme soit d'un tore unique, soit d'un biseau ou d'une gorge[2] entre deux tores[3]. Parfois il arrive que les piedroits soutenant la voussure la plus intérieure des portes sont décorés de tores refouillés dans la maçonnerie (c'est le cas à Bains, à Dunières, à la porte de Vorey conservée dans le jardin public du Puy), ou se profilent en forme de pilastre cannelé (porte provenant de Montredon à Saint-Paulien) ou lisse (à Saint-Pierre-Eynac.)

Il est deux genres de décoration que les constructeurs du Velay ont affectionné et que l'on rencontre (l'un ou l'autre) dans la majorité des cas. L'un consiste en une série de lobes d'assez faible relief creusés dans la première ou la dernière des archivoltes (Bains, Chaspuzac, Saint-Vincent, Landos, Le Puy, porte extérieure du cloître... etc.). La porte d'Arlempdes a même deux séries de lobes.

L'autre est formé de bâtons[4] brisés ou zigzags (Saint-Germain-Laprade, Saint-Pierre-Eynac, cloître du Puy, porte au Puy dans l'impasse longeant la façade septentrionale de l'église Saint-Jean, Saint-Jean-Lachalm, où les angles sont plus ouverts)[5]. Un troisième motif est aussi très fréquent : il se compose de demi-sphères assez petites, sculptées dans une gorge (Chamalières, Chaspuzac, Saint-Julien-d'Ance, porte de l'hôpital du Puy).

L'archivolte extrême est souvent décorée d'une façon toute spéciale : c'est tantôt une suite de rinceaux, comme à la belle porte de Vorey (transportée dans le jardin public du Puy) ou à Dunières; tantôt une série d'animaux fantastiques (Bains).

Les voussures des portes, comme celles de tous les autres arcs, sont extradossées; elles ne sont, en général, pas clavées, et les lits des voussoirs sont normaux à l'intrados, ce qui permettait de les couper tous sur un modèle unique. Cette règle n'est cependant pas absolue et on trouve des arcs qui se terminent par une clef; il arrive même que parfois ces clefs sont proéminentes et portent une sculpture, le plus souvent en haut relief. On voit ce système appliqué à toutes les arcades du cloître du Puy et à la fenêtre de façade du Monastier[6].

17. PORCHE DE SAINTE-MARIE-DES-CHAZES.

Quant à la place occupée par les portes, elle a beaucoup varié; les unes sont à l'occident, d'autres en assez grand nombre sont au sud, disposition qui se comprend fort bien dans une région où le froid domine pendant une partie de l'année. Trois sont au nord, ce qui peut sembler plus extraordinaire. A Saint-Pierre-Eynac, cette disposition s'explique; car l'église est protégée de ce côté par une grande montagne presque à pic; à La Voûte-sur-Loire et à

---

1. En Gévaudan, mais sur les limites du diocèse du Puy.

2. On trouve aussi ce profil hors du diocèse du Puy, par exemple à Pradelles dans l'ancien diocèse de Viviers.

3. A Saint-Voy et aux Estables, les voussures reposent sur de simples retraites du mur de façade, nous n'osons affirmer que ces portes soient romanes. Mais nous croyons primitive la porte de Chaspinhac qui est également très simple.

4. *Les bâtons brisés* sont très fréquents en Normandie, nous sommes cependant loin de penser qu'il y ait eu en Velay des influences normandes; nous nous contenterons de remarquer qu'on les trouve également un peu sur tous les points de la France : Aix en Provence, Pons (Charente-Inférieure), Tulle (salle capitulaire), Angoulême, Brioude, Bury (Oise), etc.

5. On voit à la jolie porte de Saugues en Gévaudan des bâtons brisés semblables à ceux de Saint-Jean-Lachalm.

6. Ce système de clefs en relief ornées de sculptures se rencontre hors de notre région, à Charlieu par exemple et plus près de nous à Brioude, au beau portail de Bourg-Argental et aux fenêtres de l'abside de Champagne (Ardèche).

Nous devons faire remarquer que, sauf à la porte nord-est de la cathédrale du Puy, le système auvergnat de portes assez simples sans ébrasement, avec des montants carrés, n'existe nulle part en Velay; les portes sont plutôt ornées et se rapprochent ainsi de celles qu'on rencontre dans le Languedoc ou le Limousin. Cependant, les portes de Mangieu et de Menat en Auvergne ressemblent assez à celles que nous trouvons en Velay. Voir Mallay, *Essai sur l'architecture romane*, etc..., planches 35 et 46. Par contre, les billettes si fréquentes en Auvergne, ainsi que les damiers et les dents de scie, sont excessivement rares en Velay. Mallay, *op. cit.*, pages vii et viii.

Chamalières, églises prieurales, les portes ainsi orientées devaient donner accès dans les bâtiments conventuels.

L'usage des porches à l'époque romane, semble avoir été inconnu dans la région, (nous exceptons les superbes porches du Puy, nécessaires dans un lieu de pèlerinage) à moins que l'on ne veuille donner ce nom aux arcs de faible épaisseur, bandés entre les deux contreforts de la façade, et que nous avons déjà signalés. Il n'en reste presque pas des époques postérieures; on en voit un du xve siècle à Saint-Jeures; un auvent du xvie siècle, posé en appentis, protège et cache le tympan de Rosiers-Côtes-d'Aurec. Il existe un beau porche formé par l'étage inférieur du clocher, tout près du diocèse du Puy, à l'église abbatiale de Sainte-Marie-des-Chazes (fig. 17).

A l'intérieur, la première travée occidentale se distingue quelquefois des autres par une petite différence de construction : ainsi, au Monastier, les colonnes tronquées dans tout le reste de l'église descendent jusqu'au sol le long du premier pilier.

Les fenêtres sont percées dans l'axe transverse des travées. Cependant, à la façade de Saint-Pierre-Eynac [1], on a un exemple d'une fenêtre pratiquée dans le contrefort. Les plus anciennes sont étroites; leur ébrasement est alors simplement intérieur; elles sont toujours amorties en plein cintre extradossé. Parfois elles sont recouvertes d'un linteau monolithe, qui alors, a été entaillé d'une ouverture également en plein cintre, sur laquelle on a dans certains cas simulé au trait des claveaux (Saint-Michel au Puy).

Quelques unes pénètrent partiellement ou même totalement dans la voûte et paraissent primitives; on en voit à Solignac-sur-Loire, Saint-Didier-la-Séauve, Chamalières, Saint-Paulien et hors de nos limites à Blesle. L'encadrement de la baie est souvent chanfreiné.

Nous avons dit que les ouvertures de l'abside sont d'ordinaire plus grandes.

Peu à peu, les fenêtres de la nef s'agrandissent aussi; déjà au Monastier, à la fin du xie siècle, elles sont de dimensions suffisantes et elles vont en augmentant au fur et à mesure que la construction de l'édifice avance.

A Chamalières, Retournac, Polignac, etc., elles sont assez ornées et souvent entourées à l'intérieur et à l'extérieur d'une archivolte torique reposant sur des colonnettes.

Nous y trouvons les mêmes motifs de décoration qu'aux portes; le trilobe y est fréquent (Chamalières, Saint-Pierre-Eynac, Saint-Vidal, etc.), on y remarque souvent aussi la décoration en bâtons brisés (Polignac, Rosières, Chamalières).

Parfois, les ouvertures latérales sont séparées les unes des autres par des arcatures en plein cintre ou lobées [2] (Saint-Jean au Puy et Chamalières en Velay, Chanteuges et Arlempdes (fig. 18) hors du Velay).

Les œils-de-bœuf sont assez rares dans la région; on n'en trouve pas sur les façades. Deux devaient éclairer le transept du Monastier, au-dessus des bas-côtés, ils sont à double ébrasement. On en voit un au bas-côtés nord de la cathédrale du Puy, un au chevet de Saint-Paul-de-Tartas et à la façade de Saint-Michel-d'Aiguilhe. Celui qu'on a employé sur la façade de l'église neuve de Lissac, et qui est décoré de bâtons brisés, provient de l'église à demi-ruinée de Montredon.

Enfin, l'arc en mitre, si fréquent en Auvergne,

18. ÉGLISE PAROISSIALE D'ARLEMPDES.

n'existe pas en Velay. Celui de la façade de Coubon a été percé en 1875.

<hr>

1. Cette particularité a été signalée par M. Virey à l'église de Taizé. Virey, *Architecture romane dans l'ancien diocèse de Mâcon.* Paris, 1892, pages 184-187. Et par M. Mandin à l'église de Bourg-des-Maisons (Dordogne), cf. Mandin. *Une église à contrefort central ajouré en Ribéracois.* Périgueux, 1898, in-8e, extrait du *Bulletin de la Société historique et archéologique du Périgord.* On pourrait en indiquer d'autres exemples.

2. « Cette ornementation lobée aux portes comme aux fenêtres, qu'on rencontre au portail de Gassicourt, est une caractéristique de l'architecture du Centre de la France. On la trouve à Poitiers, Notre-Dame-la-Grande, au triforum de Cluny. » Lefèvre-Pontalis, *Notice sur l'église de Gassicourt.* Versailles, 1890.

Nous pouvons encore la signaler à Manglieu et à Menat (Puy-de-Dôme). Mallay, planches 35, 46, au triforum de Champagne (Ardèche), à la façade de Cruas (Ardèche), à la Motte de Galaure (Drôme), etc. Nous n'en connaissons aucun exemple en Forez. Elle est aussi fréquente en Limousin, mais les lobes n'y sont pas compris de la même façon.

IX. CORNICHES

Les corniches sont formées d'une tablette soit simple, soit portée par des modillons, soit supportée par des arcatures.

Le type, à beaucoup près le plus répandu, est la corniche à simple tablette, se profilant en forme de bandeau et de biseau ou de bandeau et de cavet : il a été employé dans les monuments même très soignés, à la cathédrale du Puy, à Chamalières, au Monastier, bref, dans la majorité des cas. Parfois, le cavet ou le biseau sont enrichis de divers ornements, de petites boules, d'étoiles, d'animaux divers; on en trouve des exemples à Rosiers-Côtes-d'Aurec, au Monastier et surtout au cloître du Puy.

Les tablettes sur modillons, si l'on excepte l'église de Montredon, ne se rencontrent guère qu'aux absides (Beaulieu, Chamalières, Doue, Polignac, et hors de nos limites, Cistrières et Blesle); ceux-ci sont ornés de têtes d'hommes ou d'animaux fantastiques, de billettes ou de feuillages, souvent même ils se profilent simplement en talon, et c'est qu'alors ils ont été probablement refaits.

Le modillon auvergnat ou modillon à copeaux n'existe pas en Velay. Il y a bien à l'abside de Beaulieu et sur la muraille orientale du bâtiment des mâchicoulis, au Puy, des modillons présentant une série de tores superposés; mais on ne peut pas les assimiler à ceux qu'on voit au pourtour des grandes églises d'Auvergne.

Enfin, les arcatures y sont presque totalement inconnues; elles n'existent qu'à Saint-Jean-Lachalm et à Saint-Haon. Dans la première de ces églises elles ont une décoration spéciale, hybride, tenant le milieu entre l'arcade et l'arcature [1]. Les arcs sont en anse de panier et ont pour tout ornement leur angle adouci en forme de tore. Ils sont hors d'échelle avec l'édifice [2]. Les arcatures de Saint-Haon, quoique de proportions plus normales, sont encore très grandes; elles ont la forme d'un cintre légèrement surhaussé. Les sommiers uniques d'où partent les deux arcades juxtaposées reposent sur des corbeaux ornés de têtes d'hommes ou d'animaux de petite dimension sculptées avec finesse et d'une conservation parfaite.

Enfin, les arcades supportées par des corbeaux en forme de mains, qui décorent la partie supérieure de la façade de Saint-Michel au Puy, et qui abritent des bas-reliefs, ont peut-être été inspirées par les corniches à arcatures.

X. CLOCHERS

Nous avons vu que la plupart des églises n'ont qu'une nef, assez large en général et comme, en outre, l'abside n'est pas précédée d'une travée plus étroite formant chœur, la base se trouvait trop étendue pour pouvoir édifier une tour centrale [3]. Ceci, joint sans doute à la persistance d'une tradition primitive, peut expliquer le grand nombre de clochers-arcades que nous rencontrons dans la région.

Ils sont invariablement placés sur la façade ou sur l'arc triomphal, et jamais ils ne s'élèvent sur l'une ou l'autre des façades latérales.

Malheureusement, en Velay, comme dans beaucoup d'autres parties du centre de la France, à l'inverse du nord, bien peu remontent à l'époque romane. Peut-être celui de Saint-Pierre-Eynac qui n'a qu'un étage, est-il primitif; peut-être aussi l'étage inférieur de celui de Bauzac, et c'est tout. Les autres ont été construits au xviie ou au xviiie siècle; bon nombre sont datés de cette époque. Il y en a peu du xvie siècle. Ils ont dû être détruits pendant les guerres de religion : les cloches qu'ils contiennent, celles au moins dont nous avons pu lire les inscriptions, ce qui n'est pas toujours chose facile, ne sont pas antérieures à cette date. Ces campaniles ont un, deux ou trois étages d'ouvertures.

Il nous paraît possible, d'après un passage du chroniqueur Médicis [4], que les arcades pratiquées dans les petits pignons de la cathédrale du Puy, aient été destinées à recevoir des cloches, mais toute cette partie de l'édifice a été reconstruite depuis le sol.

1. Nous nous étions demandé, à la vue de cette corniche bizarre, si elle remontait bien à l'époque romane. Depuis, M. Anthyme Saint-Paul, nous a montré des dessins de corniches analogues et franchement romanes ; on en trouve à Agos (Hautes-Pyrénées), à Mayrègne et à Saint-Aventin (Haute-Garonne).

2. On peut aussi mentionner des arcatures analogues à celles de Saint-Haon à l'absidiole de Vic, canton d'Oust (Ariège), voir de Lahondès, *Les églises romanes de l'Ariège* dans *le Bulletin archéologique du Comité des travaux historiques*, année, 1886, troisième livraison, page 497, de même à Ourjoux, à Mercus et à Castillon (*Ibid.*, page 460), qui toutes sont à intervalles réguliers interrompues par des contreforts descendant jusqu'au sol. A Bosost, dans le val d'Aran, *Univers pittoresque*, Espagne. Paris, Didot, 1844, p. 127. En Roussillon, aux tours de Saint-Michel-de-Cuxa et de Prades et à l'abside de Sahorre. Brutails, *Bulletin archéologique*, 1892, p. 601, 603 et 605. A l'abside de Dun (Cher), à La Grave (Hautes-Alpes), etc.

3. Voir remarque analogue faite par A. Saint Paul, pour les clochers Languedociens à l'époque gothique. Dans Planat; *Encyclopédie de l'architecture*, tome V, page 375. Mot Languedoc.

4. Médicis, édition Chassaing. Le Puy, 1869, tome I, pages 138, 139. Voir du reste l'article consacré à la cathédrale du Puy.

Une variante tient le milieu entre le clocher-arcade et le clocher ordinaire; nous la trouvons intacte à Borne et à une église du xv° siècle à Saint-Didier-d'Allier. Le mur qui s'élève sur l'arc triomphal est très large, et dans son épaisseur est pratiqué un passage qui coupe perpendiculairement le mur de séparation des baies. Cette sorte de réduit est assez large pour que le sonneur puisse s'y placer et agiter les cloches.

Passons aux clochers en forme de tour. Nous laisserons d'abord de côté ceux du Puy (cathédrale et Saint-Michel), qui semblent inspirés par des modèles venus du Périgord et du Limousin.

Il existe un beau clocher-porche, mais un peu en dehors de notre région, à Sainte-Marie-des-Chazes (fig. 19); la date de celui des Estables, disposé sur la première travée occidentale, nous inspire des doutes très sérieux, et celui de Saint-Paulien, également sur la façade, peut avoir été fait après coup, encore que cela nous paraisse peu probable.

Les clochers romans du Velay sont en règle générale, placés sur le carré du transept, ou, quand il n'y a pas de transept, sur la travée précédant l'abside. Ils sont rectangulaires et montent le plus souvent sans retraite, ou avec une retraite peu prononcée prise dans l'épaisseur des murs, ce qui donne de grosses tours massives comme à Doue ou à Retournac. D'autres fois, ils sont moins trapus (la Voûte-sur-Loire, Saint-Maurice-de-Roche, Polignac, Rosiers-Côtes-d'Aurec). L'ancien clocher de Chamalières a été détruit, celui qu'on voit aujourd'hui, construit avec des débris anciens, ne peut donner une idée de l'état primitif.

Souvent ils n'ont qu'un étage, et dans cette classe, les uns sont largement ajourés à la partie supérieure par une fenêtre sans ornements (Saint-Maurice-de-Roche, la Voûte-sur-Loire). D'autres n'ont que des ouvertures fort étroites, et présentent l'aspect de constructions militaires (Doue).

Quant ils ont deux étages, la séparation est formée par une simple corniche. Ils sont alors ajourés de deux fenêtres à chaque étage; parfois on y trouve l'arc brisé qui, à cette place indique une époque avancée (Retournac). Le plus souvent les fenêtres sont dépourvues d'ornements. A Retournac et à Rosiers-Côtes-d'Aurec cependant, elles sont accostées de colonnettes, dont les chapiteaux sommairement taillés produisent beaucoup d'effet.

Nous avons dit que le clocher de Saint-Germain-Laprade présente une disposition spéciale; il s'élève au-dessus du chevet. Il est carré à sa base, appareillé à joints épais, archaïque dans ses détails. Ce doit être une construction du xi° siècle. A la hauteur de la coupole intérieure, il passe du carré à l'octogone, ajouré sur ses huit faces par des fenêtres plein-cintre sans ornement. Plus haut, l'octogone s'amincit, se rétrécit, mais la partie supérieure semble être d'une époque plus récente. Tous ces clochers sont couverts d'un toit en charpente plus ou moins aplati.

Il y avait une belle flèche octogonale en pierre à celui du Monastier aujourd'hui détruit. Nous avons parlé de sa position sur le bras nord du transept et de sa structure intérieure; il était orné de deux rangs de fenêtres [1].

19. CLOCHER DE SAINTE-MARIE-DES-CHAZES.

XI. DOUBLEAUX, GRANDES ARCADES, ARCS LATÉRAUX, ARCATURES

Les doubleaux et grandes arcades ont en général un profil rectangulaire. Cependant on voit quelques exemples de doubleaux dont les arêtes sont adoucies en forme de tore (Bains, Saint-Voy, Saint-Christophe-sur-Dolaizon) ce profil se retrouve alors dans les pieds-droits qui les supportent.

Un profil [2] plus rare existe au carré du transept de Saint-Front, à Lavaudieu et à Langogne (ces deux derniers exemples situés hors du diocèse du Puy); le doubleau est formé d'un gros tore unique. A un doubleau du porche de la cathédrale du Puy et à l'arc triomphal de Saint-Julien-Chapteuil, on voit un profil plus curieux encore; c'est un tore appliqué dans une large gorge. Enfin, toujours à la cathédrale, les arêtes de certains doubleaux et de quelques grandes arcades sont abattues en forme de gorge.

---

1. Le type du clocher du Monastier se retrouve hors du Velay, à Saugues en Gévaudan, à Lavaudieu, etc.
2. Ce même profil se rencontre ailleurs, notamment à tous les arcs de la crypte de Sainte-Eutrope à Saintes.

Nous avons parlé du système consistant à appliquer de grandes arcades le long des murs latéraux. Généralement elles n'ont pas d'ornement, cependant, dans les églises très soignées, elles prennent la forme d'un tore dégagé par une gorge, c'est le cas à Polignac et à Retournac. Les arcades qui entourent les absides ont parfois aussi ce même profil, mais pas avant le premier ou le second quart du xiie siècle (Saint-Vidal, etc.).

XII. SOCLES, BASES, COLONNES, ASTRAGALES, TAILLOIRS, SOMMIERS, ETC.

Certaines pratiques, certains procédés anciens ont persisté longtemps en Velay; nous aurons à en signaler plusieurs. Souvent les socles sont très élevés, et par suite, les bases placées bien au-dessus du sol (Le Puy, collatéraux et transept de Chamalières, Chanteuges); c'est là un souvenir de l'école de Provence.

La base attique est presque la seule employée, et son profil a relativement peu varié. Dans les églises anciennes, les deux tores sont à peu près égaux et séparés par une gorge, qui est généralement placée entre deux listels. Puis ce sont deux tores d'inégale grosseur, isolés l'un de l'autre par une scotie. L'inférieur est parfois tronqué. Il existe enfin, mais en petit nombre, des bases dont le tore inférieur est aplati (Le Puy, cathédrale, à la porte dite porte Dorée, Chamalières, Chanteuges).

L'emploi des griffes est fort rare; nous ne pouvons guère en signaler qu'à la cathédrale du Puy (porte Dorée), aux fenêtres de Rosières et à l'abside de Saint-Hilaire-Cusson-la-Valmitte; ces dernières, très rudimentaires ont la forme d'une sphère. A une des portes de l'hôpital du Puy, les scoties des bases sont ornées de petites cannelures, motif qu'on retrouve dans l'Ile-de-France et en Picardie [1].

Aux colonnettes qui supportent les ouvertures du clocher du Puy, on voit deux et jusqu'à trois tores égaux séparés par une gorge ou même simplement superposés; deux tores disposés de cette même façon supportent une des colonnes de l'abside de Saint-Hilaire-Cusson-la-Valmitte. Enfin, à Montarcher, une des bases a la forme d'un tronc de cône.

A Dunières, les colonnes reposent sur des bases à plan cruciforme; celles du portail de Chaspuzac également cruciformes, sont formées de deux tores d'inégale grosseur, simplement superposés l'un à l'autre. Enfin le tore unique se trouve à la crypte de Bauzac.

Jusqu'à une époque avancée les colonnes sont très galbées, et par suite l'astragale est taillé dans le fût. Ce système qui, d'ordinaire est un indice d'antiquité, ne saurait être pris en Velay comme élément de critique. Nous le trouvons jusqu'au milieu du xiie siècle à Doue. On le voit aussi au portail sud-est de la cathédrale du Puy, qui est de l'extrême fin du xiie siècle. L'astragale a toujours un profil torique; parfois le tore est entre deux baguettes. Dès la première moitié du xiie siècle, on trouve cependant des astragales pris dans le bloc du chapiteau, mais c'est loin d'être la règle générale (Beaulieu). A Saint-Clair au Puy, l'astragale est formé d'un disque de pierre indépendant à la fois, de la colonne et du chapiteau.

On rencontre enfin des colonnettes dont le fût est à quatre pans (transept du Monastier) ou à huit pans (portes de Coubon et de Chaspuzac).

Les fûts des colonnes sont le plus souvent en grès.

Quant aux imposts, il arrive, dans bon nombre de cas, qu'elles ne font pas retour sur les piliers qu'elles surmontent. On ne saurait non plus y voir un signe d'antiquité. Ce système est appliqué jusqu'au xiie siècle (Chamalières, Saint-Christophe-sur-Dolaison, Solignac-sur-Loire, etc.).

Lorsque les pieds-droits des arcs sont formés par de simples piliers, ils ne sont souvent couronnés à l'imposte que d'une corniche se profilant en un bandeau et un biseau ou en un bandeau et un cavet. Le biseau est parfois orné d'un petit cartouche gravé en creux (Usson, Saint-Maurice-de-Roche). Cette autre pratique ancienne semble avoir persisté dans le diocèse du Puy et aux environs (Pommiers Loire), jusqu'au début du xiie siècle.

Les tailloirs les plus anciens se composent d'un méplat et d'un biseau, et plus tard d'un méplat en dessous duquel on voit un cavet; quelquefois, l'un ou l'autre sont ornés de palmettes (façade du Monastier et de Saint-Michel au Puy). Ceux de Saint-Pierre-Duchamp portent une tête grossière.

Un autre profil assez fréquent se compose d'un méplat, d'un onglet et d'une doucine; enfin, un autre plus avancé se rencontre aux travées occidentales de la cathédrale du Puy et à l'abside de Polignac. Il consiste en un méplat, un onglet, une gorge et un tore.

En général les sommiers ne se distinguent du reste des arcs, par aucun ornement spécial. A Saint-Jeures, on y a pourtant sculpté une petite tête. Ceux du porche sud-est du Puy ont aussi une tête ou un ornement proéminent. Sur l'un, on voit un petit personnage agenouillé.

Quant aux ogives de ce même porche du Puy, qui sont les seuls exemples dans la région pouvant

---

1. Enlart, *Monuments religieux de l'architecture romane et de transition dans la région picarde*. Paris, 1895, page 27.

remonter au xⁱⁱᵉ siècle et qui présentent avec celles de Lucheux (Somme) et de Saint-Germer (Oise) une ressemblance frappante, elles seront étudiées plus loin [1].

XIII· SCULPTURE, ORNEMENTATION DES CHAPITEAUX

Nous ne pouvons entrer ici dans beaucoup de détails au sujet des chapiteaux, d'autant plus qu'il est fort difficile d'établir entre eux une chronologie, que les mêmes motifs se sont répétés et conservés pendant toute la durée de l'époque romane et que la qualité bonne ou mauvaise de leur ornementation doit être attribuée au plus ou moins d'adresse des ouvriers. Aussi renvoyons-nous aux monographies spécialement consacrées à chaque édifice.

Nous devons tout d'abord dire que souvent le bas de la corbeille est plus étroit que l'extrémité de la colonne et que par suite les chapiteaux s'emmanchent mal avec le fût. Nous ne croyons pas, que sauf à Saint-Jean au Puy et à Saint-Marcel-d'Espaly, il y ait eu beaucoup de réemplois dans les chapiteaux ou dans les colonnes.

Dès la fin du xiᵉ siècle, la sculpture devient plus soignée et les chapiteaux sont recouverts soit de feuillages, soit de scènes historiées. A Saint-Sauveur, à la fin du xiᵉ siècle, on y voit des démons entraînant des damnés.

Souvent on trouve une tête occupant l'angle d'un chapiteau, dont le reste est couvert de feuilles ; parfois ces feuillages sortent de sa bouche. Ce motif dont il existe plusieurs exemples au Puy, se retrouve à Saint-Rémy, Saint-Germain-Laprade, Rosières, Saint-Sauveur, etc. Il semble avoir joui d'une grande vogue. Parfois ce n'est qu'une tête occupant la place habituelle de la rosette corinthienne : Saint-Julien-Chapteuil, Lavoûte-sur-Loire, Le Puy, Brioude, etc., d'autres fois le personnage est en pied.

On trouve la tentation d'Adam et d'Ève à Landos traitée d'une façon très barbare et d'une manière plus délicate à Lavaudieu ; Daniel dans la fosse aux lions, à Chamalières et à Riotort. On a aussi représenté deux à deux les animaux évangéliques ; c'est le cas à l'arc triomphal du Monastier et au cloître du Puy. Des aigles occupant chacune des faces de la corbeille, se rencontrent souvent (Saint-Vidal, Saint-Pierre-Duchamp, Saint-Michel au Puy).

Le combat de Saint-Michel contre le démon, se voit à Rosières. A Beaulieu deux hommes sonnent de la trompe dans l'oreille d'un troisième et dans cette même église on remarque encore un personnage à qui des serpents semblent parler à l'oreille ; le même motif se rencontre aussi à Saint-Paulien, mais nulle part il n'y a de scènes aussi compliquées que dans les églises d'Auvergne et il semble qu'en Velay les chapiteaux à personnages n'apparaissent pas avant la fin du xiᵉ siècle.

A cette même église de Saint-Paulien, on trouve pourtant un chapiteau symbolique fort semblable à celui de Brioude, sur lequel on voit deux démons entraînant un usurier. Le nôtre n'a pas de légende, le sujet est en tous cas analogue [2]. Les chapiteaux de ce genre sont fort rares en Velay et nous en aurons épuisé la liste quand nous aurons mentionné les représentations de la Charité figurées par un personnage distribuant des pains et d'autres soignant un malade, qu'on observe aux portes romanes de l'hôpital du Puy, des prêtres en adoration devant l'Agneau divin à la cathédrale du Puy et à Saint-Michel-d'Aiguilhe, quelques chapiteaux du Musée du Puy, provenant de démolitions, les uns très barbares, les autres au contraire très finement traités, et enfin une série de ceux de la galerie occidentale du cloître de la cathédrale.

On rencontre assez souvent des serpents aux corps entrelacés (Saint-Julien-Chapteuil, Lavaudieu), des oiseaux croisant leurs têtes, des griffons affrontés, des basilics, des sirènes et autres personnages ou animaux fantastiques dont la représentation est fort en honneur dans la sculpture romane.

On n'aperçoit nulle part de ces chapiteaux, si communs en Auvergne, dont la corbeille est recouverte de plusieurs rangs superposés de feuilles toutes semblables, dressées les unes contre les autres, et dont on voit de si beaux exemples à l'église de Saint-Genès-de-Thiers [3].

En Velay les chapiteaux à feuillages sont en général traités mollement et sans beaucoup de caractère. La feuille d'eau y a joui d'une grande vogue ; le plus souvent elle se détache à peine de la corbeille ; celle-ci est parfois divisée en deux étages, dont l'inférieur est occupé par des palmettes.

Dans certains cas cependant, les feuillages sont au contraire très fouillés ; tels notamment ceux qu'on

---

1. Enlart, *Monuments religieux de l'architecture romane dans la région picarde*, pp. 25, 134, 135.

2. Voir de Lasteyrie : *Inscription énigmatique sur un chapiteau de Saint-Julien de Brioude*. Extrait des *Comptes rendus des séances de l'Académie des Inscriptions et Belles-Lettres*, année 1890, et tiré à part de 15 pages et une gravure.

3. Mallay, *Essai sur les églises romanes et romano-byzantines d'Auvergne*, planche VIII ; donne des dessins de ces chapiteaux propres à l'Auvergne.

observe au Monastier, au cloître du Puy, à la porte de l'ancienne église de Saint-Vincent, ces derniers présentant des enroulements du plus beau style.

20. CLOITRE DE LAVAUDIEU.

Le type classique du chapiteau à entrelacs ne se trouve guère qu'à Saint-Vidal, à Riotort et au Monastier.

Des rinceaux de feuillage très habilement traités, se voient à Polignac et au Puy (Cathédrale, Saint-Clair). Des personnages se mêlent aux végétaux. Ces chapiteaux ressemblent beaucoup à ceux de la Daurade à Toulouse dont quelques-uns ont été moulés pour le Musée du Trocadéro.

A la chapelle Saint-Clair au Puy, la forme de quelques chapiteaux se rapproche de celle d'une sphère couverte d'enroulements de feuillage.

Un chapiteau à godrons très déformés se voit à la crypte de Bauzac ; c'est le seul exemple de ce motif qu'on rencontre si fréquemment dans certaines parties de la France.

Nous avons parlé de la vogue que paraît avoir eue la décoration composée de lobes ou de bâtons brisés.

Nous traiterons ailleurs de la frise du cloître du Puy qui est unique dans la région.

Enfin la statuaire dont on trouve de beaux exemples dans les environs au portail de Bourg-Argental, par exemple, n'a pas laissé en Velay d'autres spécimens que le superbe bénitier de Chamalières, les quatre personnages disposés aux quatre angles du clocher du Puy qui sont loin d'être des chefs-d'œuvre, et les quelques statues adossées à des colonnettes qu'on voit au Musée du Puy, disposition que nous pouvons encore signaler au cloître de Lavaudieu (fig. 20).

XIV. TOURELLES D'ESCALIERS, FORTIFICATIONS

Pour accéder aux clochers arcades on devait le plus souvent se servir d'échelles mobiles. Cependant à Saint-Rémy, un escalier à vis semble être de construction ancienne.

La tourelle d'escalier de Polignac est neuve; nous n'avons pas trouvé de traces de la construction primitive, mais quand on eut ajouté (au xiv° siècle probablement) un batiment élevé au-dessus d'une chapelle et destiné à la défense, on y pénétra de l'église par une échelle mobile et de ce réduit, il y eut probablement un passage ménagé dans la toiture, pour arriver au clocher.

Les montées d'escalier ont en général disparu. Celles de Chamalières et du Monastier sont prises dans un massif rectangulaire ajouté extérieurement dans l'angle rentrant du carré du transept ; ce sont toujours des escaliers à vis.

Sauf peut-être le clocher de Saint-Germain-Laprade, aucune de nos églises ne présente actuellement d'appareil de défense remontant à l'époque romane. Des trous de boulin existant au clocher de Retournac étaient probablement destinés à supporter un hourdage. De plus, certains de nos monuments ont reçu après coup des adjonctions ayant un caractère défensif, on en trouve à Polignac et à Saint-Paulien.

XV. ORFÈVRERIE, FONTS BAPTISMAUX, PORTES, BÉNITIERS, TOMBEAUX

Dans ce travail nous avons eu surtout en vue l'étude de l'architecture. Nous croyons cependant bon de signaler les objets accessoires du culte remontant à l'époque romane que nous avons rencontrés, d'autant mieux que pour la plupart ils ne l'ont jamais été. Leur nombre relativement restreint ne permet guère de tirer de conclusions quelque peu générales et on devra se reporter pour leur description aux notices qui leur sont consacrées dans la suite de ce travail.

Nous n'avons pas reconnu de peintures murales antérieures au xii° siècle, mais il y en a quelques-unes de cette époque et des siècles suivants (Chamalières, le Puy).

Le buste de Saint-Châffre au Monastier en bois plaqué d'argent, remonte à l'époque romane. Nous n'avons guère rencontré dans le Velay de ces statues de la Vierge en bois noir, d'époque incertaine, si fréquentes en Auvergne. Celle de la cathédrale du Puy a été détruite pendant la Révolution, et les gravures assez nombreuses qui en subsistent sont insuffisantes pour qu'on puisse juger de sa date; mais on en voit une à Sainte-Marie-des-Chazes qui paraît bien ancienne (fig. 21).

Le Puy et Chamalières en Velay, La Voûte-Chilhac et Blesle, un peu hors de nos limites, possèdent de belles portes en bois sur lesquelles des sujets d'un faible relief sont taillés en épargne.

Ce sont là des œuvres d'une excessive rareté, toutes les quatre peut-être ; mais, en tous cas, les portes de Chamalières et de Blesle semblent sorties de la main du même artiste. Les sujets représentés sont, au Puy, des scènes de la Bible, et ailleurs, des figures plus ou moins fantaisistes disposées par petits compartiments rectangulaires et entourées d'encadrements formés de feuillages, d'entrelacs, ou même de caractères qui paraissent tirés ou imités de l'alphabet arabe. D'autres portes au Puy sont pourvues de têtes de lions en bronze ou de belles pentures.

Les fonts baptismaux sont bien plus rares dans le Midi que dans le Nord. Nous n'avons à signaler que ceux de Saint-Jean au Puy, de Bains, sur lesquels est sculptée la scène du baptême du Christ, et ceux de Vergezac, sur lesquels on voit un évêque bénissant. Ces derniers sont postérieurs au xııᵉ siècle.

Un bénitier de toute beauté est conservé à Chamalières. Au piédestal qui le supporte sont adossées les statues en pied des quatre grands prophètes. Le style de ce morceau remarquable rappelle celui de certaines sculptures bourguignonnes.

21. VIERGE NOIRE
DE SAINTE-MARIE-DES-CHAZES.

Un autre, à Coubon, mesure 70 centimètres de hauteur; une petite tête est sculptée sur une de ses faces, mais nous n'osons affirmer qu'il soit roman. Les traditions se maintiennent, en effet, si vivaces en Velay que nous ne pouvons être plus affirmatifs pour ceux de Saint-Maurice-de-Roche et de Chaspinhac.

Nous n'avons à signaler qu'un seul autel pouvant remonter à l'époque romane, celui de la chapelle Saint-Blaise. Il est très simple et formé d'une dalle de grès reposant sur un massif de maçonnerie. Un Christ en bas-relief, conservé à Rosiers-Côtes-d'Aurec, semble avoir orné un devant d'autel (pl. cıx).

Des tombeaux en forme d'enfeux se voient à Bains, Saint-Paulien, Doue, Chaspinhac, Solignac-sur-Loire et Chamalières. Ils se composent, en général, d'un simple enfoncement pratiqué dans le mur de l'église et amorti par un arc plein-cintre ou brisé. L'un de ces enfeux, à Doue, et deux autres, à Chamalières et à Bains, sont accostés de colonnettes. Il en est de même de celui qui est pratiqué dans le mur du cimetière à Saint-Paul-de-Tartas (fig. 22). Enfin, on a disposé à l'intérieur de l'église de Chamalières des fragments d'un tombeau sculpté remontant à la fin de l'époque romane.

22. ENFEU A SAINT-PAUL-DE-TARTAS.

CONCLUSION

Si nous résumons les différents caractères que nous venons de passer en revue, nous voyons que non seulement il n'y a pas eu en Velay une école spéciale d'architecture, mais que cette petite province ne fait partie intégrante d'aucune des grandes écoles d'art.

Il ne saurait, en effet, être question, comme le dit Mallay, de faire rentrer la Haute-Loire dans l'école d'Auvergne [1]. Nous avons vu que, si en réalité l'école de Clermont a exercé sur le Velay une certaine influence,

1. « L'école de Clermont embrassait la Haute-Loire, le Cantal et la Lozère. Elle est restée dans cette enceinte vierge de toute influence étrangère. » Mallay, *Essai sur les églises romanes et romano-byzantines d'Auvergne*, page xxı.

4

on ne retrouve pas, dans le diocèse du Puy, l'élément caractéristique de l'école d'Auvergne, la voûte en quart de cercle des collatéraux épaulant celle de la nef. .

L'ornementation n'est même pas auvergnate, mais bien plutôt méridionale [1]. Les voûtes affectent deux dispositions ; l'une est le mode poitevin, l'autre celui qu'on rencontre dans l'école de Bourgogne et chez sa sœur l'école de Provence.

La structure des églises à une nef se rapproche pourtant davantage de cette dernière école ; l'absence de travée de chœur, la hauteur des socles, la grande portée et le peu de hauteur des voûtes, le manque de correspondance entre la forme de l'intérieur et celle de l'extérieur de l'abside, les arcs de décharge disposés intérieurement le long des parois latérales sont des caractères communs au Velay et à la Provence.

Des deux grandes abbayes de la région, le Monastier et La Chaise-Dieu, la première a seule conservé son église romane. Les architectes qui l'ont construite semblent avoir été envoyés par Saint-Hugues-de-Cluny, et il est certain que la structure bourguignonne de ses voûtes a influé sur les églises de Chamalières et de Langogne qui lui étaient soumises ; quant à l'église de La Chaise-Dieu, elle a été rebâtie en entier à la fin du XIVe siècle et rien ne permet de savoir quelle fut sa disposition à l'époque romane. Les deux seules églises pourvues de collatéraux qui en dépendaient en Velay et dans la région immédiatement voisine, étaient Saint-Julien-Chapteuil et Chanteuges. La première est trop remaniée pour qu'on puisse reconnaître, d'une façon certaine, la disposition primitive de ses voûtes ; quant à la seconde, sa structure se rapproche beaucoup de celle de Chamalières. Il n'est donc pas facile de dire si les moines casadéens ont exercé sur le diocèse du Puy une influence artistique.

L'imitation poitevine est indiscutable pour Dunières ; elle peut s'expliquer par une importation monastique.

Les Prémontrés ont adopté l'architecture du pays pour leur abbaye de Doue, ainsi que les Templiers pour leurs églises de Bessamorel, de Saint-Barthélemy au Puy et de Montredon, avec cette seule différence que les deux derniers de ces édifices sont dépourvus d'arcs de décharge intérieurs le long des murs latéraux.

Quant à la Cathédrale du Puy elle n'a eu qu'une influence très restreinte sur les édifices de la contrée ; c'est la seule église qui soit couverte d'une série de coupoles.

Enfin, les absides grandes et larges, l'absence de déambulatoire et la décoration lobée nous paraissent être une importation de la région limousine.

En un mot, l'architecture du Velay est analogue à celle qu'on trouve dans une partie du Languedoc, (si tant est qu'on puisse appeler ainsi cette province à l'époque où nous nous plaçons), c'est-à-dire qu'elle est surtout provençale. Mais cet art n'y est pas pur ; il est assez fortement influencé par les pratiques des écoles voisines et surtout des écoles auvergnates et bourguignonnes [2].

---

1. Il est vrai pourtant que le caractère gallo-romain de certains chapiteaux a pu être inspiré par les ruines antiques assez nombreuses dans le pays. (Le Puy, Saint-Paulien, Usson, Pontempeyrat, Margeix, etc.)

2. Cette conclusion tirée de l'étude de l'ensemble des monuments du Velay est, du reste, conforme à la théorie qu'émet M. de Baudot dans l'*Encyclopédie de l'architecture et de la construction de Planat.* Paris, s. d., tome II, page 199 : « Dans le Velay, dit-il, la cathédrale du Puy, « les églises de Chamalières et de Polignac et bien d'autres rappellent, par le détail, l'architecture auvergnate, tout en obéissant, par les disposi- « tions et le système de construction, aux influences du Lyonnais et de la Provence. »

23. CHAPITEAUX CONSERVÉS AU MUSÉE DU PUY.

DEUXIÈME PARTIE

LE PUY ET SES MONUMENTS ROMANS

I. CATHÉDRALE

'ÉTUDE des églises romanes du diocèse du Puy doit nécessairement commencer par celle de ce monument, si beau et si spécial, dont la disposition est peut-être unique au monde et sur lequel tant de conjectures ont été émises.

On est allé jusqu'à y voir un édifice du vᵉ ou du vıᵉ siècle. Telle est l'opinion que soutiennent les anciennes histoires de la cathédrale du Puy [1] ; telle est encore celle que, de nos jours, défendait le comte Résie [2]. A partir de là, toutes les dates ont été mises en avant.

Sans nous arrêter à discuter une à une des théories aussi peu vraisemblables, nous devons rappeler que, lors des grands travaux de réparation effectués par M. Mimey, en 1865 et 1866, on fit disparaître l'ancien chevet, qui existait encore en partie et on découvrit les débris très apparents, quoique bien remaniés, d'au moins une église antérieure.

Les résultats de ces fouilles nous ont été conservés dans un rapport fort détaillé de M. Aymard [3].

On se trouvait en face d'une petite basilique qui présentait en plan un rectangle de 24 mètres de longueur sur 11 m. 72 de largeur; les murs, quoique plus ou moins englobés dans des constructions d'un âge postérieur, existaient en partie au Nord et presque en entier à l'Est. Le parement extérieur de ce mur oriental, qui formait le chevet, était construit en petits moellons cubiques disposés par assises plus ou moins régulières; on y voyait également des pierres de grand appareil avec trous de crampons. Quant à l'intérieur des murs, il était en blocage imparfaitement lié par d'épais lits de mortier de chaux; on y avait noyé une quantité de débris de sculptures antiques.

Il semble que l'abside de cette église primitive ait intérieurement présenté sept pans peu accentués, avec une suite d'arcades aveugles à cintre surhaussé et sans moulures; les supports des arcs, qui avaient disparu au cours des réparations faites pendant le xvıııᵉ siècle, — réparations sur lesquelles nous aurons à revenir, — étaient, selon toute vraisemblance, des colonnes monolithes en granit ou en marbre blanc; la nef paraissait avoir été voûtée à une époque postérieure. Il y avait une fenêtre à l'Est et une ouverture rectangulaire

---

1. Trois de ces anciennes histoires ont été publiées par M. Charles Rocher, *Mémoires et procès-verbaux de la Société agricole et scientifique de la Haute-Loire*, tome I. Le Puy, 1890. On peut également consulter deux autres histoires de cette église : celle du P. Odo de Gissey, *Discours historique de la très ancienne dévotion à Notre-Dame du Puy*, Lyon, Muguet, 1620, et Le Puy, Varoles, 1644; et celle du frère Théodore, *Histoire angélique de Notre-Dame du Puy*, Le Puy, Delagarde, 1693, petit in-8ᵒ.

2. *Histoire de l'Église d'Auvergne*, Paris et Clermont, 3 volumes in-8ᵒ, 1855, tome I, page 439, et tome III, pages 187 et suivantes. Taylor, *Voyages pittoresques*, tome II d'Auvergne, page 68, émet la même opinion, ainsi que Mallay, *Description de la Cathédrale du Puy*, dans les *Annales scientifiques et littéraires de l'Auvergne*, tome XVI, 1843, pages 381 à 401.

On peut lire, dans un ouvrage plus récent encore : « L'oratoire primitif ne comprenait pas beaucoup plus que la Chambre angélique et le « rond point, actuellement occupé par les stalles des chanoines. Le ıxᵉ siècle y ajoute un clocher-lanterne au-dessus du chœur, les parties infé- « rieures des transepts et les deux premières travées. Les deux dernières travées de l'église appartiennent au xıᵉ siècle. » — Rouvier (Le P.), *Les grands sanctuaires de la Très Sainte Vierge en France*. Tours, Mame, 1899, un volume grand in-4ᵉ, page 163.

3. *Mémoires de la Société académique du Puy*, année 1867. Le Puy, Marchessou, 1868, pages 600-653.

dans le mur septentrional ; des revêtements de mortiers décorés de méandres et d'oves moulés en relief semblaient avoir recouvert les parois intérieures.

C'est dans ces mêmes murs, et surtout dans le pavé, qu'on trouva alors les beaux fragments d'entrelacs conservés au musée ; lesquels, vraisemblablement, avaient appartenu à une clôture ou chancel d'église chrétienne, antérieure par conséquent à celle qu'on avait sous les yeux. A l'extérieur, les murs étaient construits en petit appareil rectangulaire et allongé [1].

Le mur du chevet démoli par Mimey se terminait extérieurement par une ligne horizontale et non par un pignon à double pente ; au milieu se trouvait une fenêtre de grandes dimensions, accompagnée de deux arcades aveugles. M. Aymard pensait que la baie avait été agrandie après coup ; les arcades intactes étaient en plein cintre, sans moulures, formées d'un rang de voussoirs taillés dans des blocs antiques.

Les retombées de l'arc avaient pour supports des fragments d'une architrave également antique, reposant eux-mêmes sur de simples piédroits ; dans le bas de la fenêtre, on voyait trois grandes briques très épaisses et mal cuites.

On avait utilisé, pour le couronnement de la muraille, de grandes pièces richement sculptées d'une corniche antique ; on retira du mur six de ces morceaux dont deux étaient masqués par le clocher, indice de l'antériorité de cette partie de la cathédrale.

Dans tout le haut du chevet, des combinaisons très simples de petits moellons noirs et blancs formaient entre les arcades trois zones horizontales et superposées d'un dessin losangé ; seulement quelques-uns de ces moellons avaient reçu une ornementation de tiges de feuilles et de fleurs gravées en creux d'un dessin très naïf et dont on peut voir un fragment au musée du Puy.

Enfin, le tiers inférieur du mur était composé d'assises de pierres blanches en grès, d'appareil plus ou moins fort, de deux suites de pierres sculptées, provenant l'une et l'autre de monuments antérieurs et dont celle du bas avait été raccordée par un rang de briques épaisses, mais mal cuites, comme celles des arcades, le tout reposant sur une rangée de pierres à larges moulures. La première série de ces pierres était décorée d'ornements en forme d'S, la seconde de grands animaux. On voyait également à cette place l'inscription qu'on a remployée dans la construction.

Chose plus curieuse : sous la dernière assise de la muraille orientale, comme aussi sous les fondations du mur latéral Sud, le roc était taillé en forme de gradins, ainsi qu'il convenait pour régulariser la surface un peu déclive du rocher ; toutefois, ces coupes parfaites de la roche ne coïncidaient ni avec la largeur des fondations de l'église ni avec l'assiette des blocs posés comme au hasard, sans qu'on ait tenu compte des gradins creusés dans le rocher.

Il y avait donc eu là un monument plus ancien dont l'église avait en partie occupé l'emplacement.

Cette même campagne de travaux avait permis de reconnaître que les collatéraux Sud et Nord semblaient avoir été construits après coup, sans qu'on puisse cependant leur assigner une date précise ; leur extrémité orientale était rectangulaire ; le bas des murs, qui du reste subsiste encore en partie, était composé de grands blocs avec trous de crampons, puis de petit appareil allongé. Le bas-côté Sud était directement appliqué contre le mur du chœur, tandis qu'au bas-côté Nord, contre le mur du chevet et le doublant, on avait construit une muraille décorée à l'intérieur de deux arcades en plein cintre.

L'enlèvement du pavé amena la découverte d'une excavation large de 2 m. 25, profonde de 1 m. 25, et fermée par deux murs transversaux.

Telle était, d'après le rapport de M. Aymard, la disposition ancienne du chevet de la cathédrale, qu'il n'hésitait pas à dater du ve siècle [2]. Ce chevet a, depuis lors, disparu pour être reconstruit d'une manière absolument fantaisiste. Il est donc assez malaisé de savoir à quelle époque il pouvait remonter.

A en juger par les termes de ce rapport et par un dessin de Mallaÿ [3] (fig. 24), exécuté à cette époque, il nous paraît difficile d'y voir un monument antérieur à la seconde moitié du xie siècle, surtout si on considère le soin apporté à la construction et la dimension de la fenêtre du chevet, étant donné également que ce monument paraissait avoir été précédé d'un autre, d'où pouvaient provenir les sculptures d'aspect archaïque engagées dans ses murs. Du reste, nous reviendrons plus loin sur cette question.

Nous ne possédons absolument aucun texte concernant la date de construction du monument actuel. Le pays était pauvre en chroniques locales ; et les deux seules qui soient venues jusqu'à nous, la chronique de Saint-Pierre du Puy et celle du Monastier [4], ne nous en disent pas un mot. Il n'en est fait aucune mention dans les vies des

---

1. Sur les sculptures et sur le parti qu'on peut en tirer pour la date de la cathédrale, voir l'article que nous consacrons au musée du Puy.
2. Rapport cité, p. 622.
3. Publié dans l'*Ancienne Auvergne et le Velay*, de Michel et Mandet, Moulins, Desroziers 1846, Atlas, planche cix.
4. Ces deux chroniques sont données au tome V de l'*Histoire de Languedoc*, et ont été publiées en appendice au *Cartulaire du Monastier*, par l'abbé Chevalier, Montbéliard, 1888, pages 1 à 47 et 151 à 166.

papes qui passèrent au Puy à la fin du xiᵉ et dans le cours du xiiᵉ siècle. De plus, les chanoines semblent avoir empêché avec un soin jaloux de pénétrer dans leurs archives pendant les xviiᵉ et xviiiᵉ siècles, et ces archives ont été depuis détruites par un incendie.

Enfin, les diverses histoires de Notre-Dame du Puy, écrites aux xviᵉ, xviiᵉ et xviiiᵉ siècles, ne sont faites qu'au point de vue légendaire et ne peuvent apporter aucune lumière précise. M. Rocher l'a longuement démontré [1].

Ce que l'histoire nous apprend se réduit donc à peu de chose. Le siège épiscopal fut transféré de Saint-Paulien au Puy dans le cours du viiᵉ siècle; c'est du moins là l'opinion des derniers éditeurs de l'*Histoire de Languedoc* [2]; mais Le Puy existait à l'époque gallo-romaine; les inscriptions antiques qui y ont été découvertes ne laissent aucun doute à cet égard, et un texte épigraphique semble indiquer que la première église fut construite par l'évêque Scutaire avant 493. Cette inscription, gravée sur une pierre provenant d'un sanctuaire païen, établit en même temps que l'église du Puy a été élevée sur les débris d'un temple consacré aux dieux du paganisme [3]. Les découvertes archéologiques signalées par M. Aymard sont donc venues au secours de l'histoire.

Nous trouvons ensuite la donation de l'église Notre-Dame du Puy, faite par le roi Raoul à Adalard, évêque de cette ville, en 927 [4], donation confirmée par Lothaire en 955 [5]; et enfin celle de Louis le Jeune, en 1134 [6], qui accorde à l'évêque la propriété de la cité d'Anis.

Dès l'année 1020, on a la preuve que les pèlerinages au Puy étaient nombreux et fréquents; la ville abdiquait son nom d'Anicium pour prendre celui de Puy-Sainte-Marie [7].

Dans le cours du xiᵉ siècle, d'autres donations avaient été faites à l'évêque du Puy : qu'il nous suffise de citer celle du comte de Bigorre en 1062 [8], et celle du comte de Paillars en 1080 [9]. En 1038, il avait reçu le prieuré de Vielmur [10]. On trouve Notre-Dame mentionnée dans les chroniques ou histoires des croisades; c'est là que Caffaro place, bien à tort du reste, la vision du prêtre Barthélemy [11].

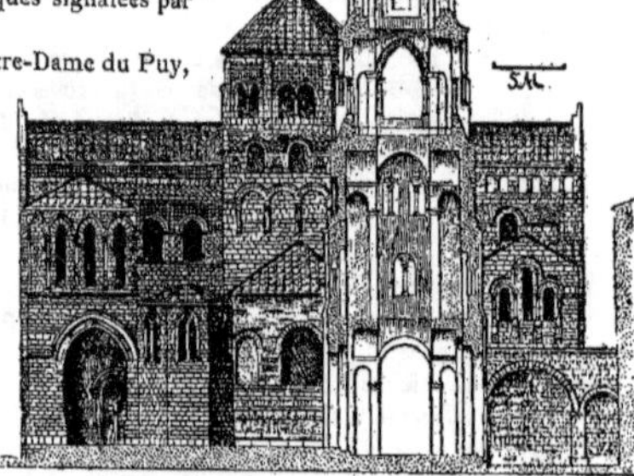

24. ANCIEN CHEVET DE LA CATHÉDRALE DU PUY.
D'après un dessin de Mallay publié dans l'« Ancienne Auvergne et le Velay ».

Un document de 1133 fait évidemment allusion au grand escalier qui y conduit. C'est une lettre d'Humbert, évêque du Puy, de Guillaume, évêque de Mende, et de Jaucerand, évêque de Viviers, par laquelle ils exhortent les chrétiens à faire la charité aux quêteurs de l'hôpital du Puy : « Notificamus vobis, quod isti fratri (*sic*) nostri « custodiant hospitale beate semperque virginis Mariae, illud scilicet quod est proprium ejusdem ecclesiae ejusque « adheret gradibus [12]. »

Tout ceci, on le voit, intéresse bien peu l'archéologie monumentale.

Si maintenant, pour épuiser la question des textes, nous passons aux réparations faites à la cathédrale, nous en trouvons toute une série depuis le xivᵉ siècle. Beaucoup d'indications sont tirées de pièces inédites ; les autres, d'un vieil inventaire des archives de l'évêché, seul débris subsistant de ce riche dépôt.

1. *Mémoires de la Société agricole et scientifique de la Haute-Loire*, tome V, 1886-1887, volume spécial : *Les vieilles histoires de Notre-Dame du Puy*, Introduction. Nous répétons que nous ne nous occupons que de l'architecture et non des origines légendaires de la cathédrale.

2. Note de E. Mabille, tome II, page 181.

3. *Histoire de Languedoc*, nouvelle édition, tome I, page 333, tome II, pages 171 à 181, et tome III, page 30.

4. *Histoire de Languedoc*, nouvelle édition, tome III, page 97.

5. *Histoire de Languedoc*, nouvelle édition, tome III, page 147.

6. *Histoire de Languedoc*, nouvelle édition, tome III, pages 709-710.

7. « Profecti sunt nuper quidam ex nostris Andegavensibus, orationis gratia, ad illustrem et populosam illam urbem quam pene deleto anti- « quiore nomine quod Anicium fuisse videtur, nunc Podium Sanctae Mariae vulgares appellant. » Texte de Fulbert, rapporté par Odo de Gissey, *Discours historique de la très ancienne dévotion à Notre-Dame du Puy*, édition de 1644, pages 138-139. Quelques années après, la bulle de Léon IX à Pierre de Mercœur atteste encore cette fréquentation : « Virginis Dei genitricis Mariae digna reverentia, cujus in hac ecclesia Aniciensi « quae et Vellavensis seu Podium sanctae Mariae dicitur specialius et praecordialius prae coeteris ecclesiis sibi dicatis, colitur, amatur, veneratur « memoria a cunctis qui circumquaque universa morantur in Gallia. » *Tablettes historiques*, tome I, page 218; *Gallia christiana*, tome II, col. 228.

8. *Histoire de Languedoc*, nouvelle édition, tome III, page 345.

9. *Histoire de Languedoc*, nouvelle édition, tome III, page 345, et Bibliothèque nationale, *Doat*, cxxvii, folio 534.

10. *Histoire de Languedoc*, nouvelle édition, tome III, page 301.

11. Pertz, *Scriptores*, tome XVIII, page 41.

12. Bibliothèque nationale, *Doat*, cxvii, folio 367.

La première mention que nous ayons à signaler remonte à 1339 ; c'est une requête du chapitre à l'évêque lui demandant de bénir certains endroits de l'église et du cloître [1]. Cet acte fait supposer des réparations notables dans ces deux édifices, car des réparations partielles n'eussent pas demandé une bénédiction nouvelle. Quatre lettres de Grégoire XI, du 26 février 1377, indiquent en termes vagues des réparations à faire à la cathédrale [2].

« En 1428, le jour de la purification Notre Dame, la terre trembla en telle sorte que le voûtement de l'église Notre-Dame du Puy devers la partie de la chapelle Saint-Nicolas en rua jus [3]. » Une bulle du pape Eugène IV, de l'année 1431 [4], contenant permission de retenir jusqu'à 1,000 florins d'or, pour être employés à la restauration de l'église, se rapporte vraisemblablement aux dépenses nécessitées par cette ruine. C'est probablement à cette époque qu'on flanqua la façade d'un grand arc-boutant, sur lequel nous aurons à revenir.

En 1516, le même coup de tonnerre qui endommagea si fort le grand clocher causa aussi de graves désordres aux voûtes de la chapelle du Saint-Crucifix [5].

Nouveaux travaux, mais peu importants, en 1560, année où un arrêt du parlement de Toulouse ordonne qu'une somme de 200 livres, provenant de la succession de l'évêque François de Sarcus, sera affectée aux réparations de la cathédrale [6].

En 1621, les chanoines demandent que l'évêque du Puy, Mgr Just de Serres, paie le montant des dépenses faites pour la cathédrale sous l'épiscopat de son prédécesseur et oncle, Mgr Jacques de Serres [7]. En 1629, l'évêque du Puy donne au chapitre une pension de 500 livres, à la condition que ledit chapitre se chargera entièrement des réparations et de l'entretien de la cathédrale [8]. Enfin, en 1632, ce sont les voûtes du croisillon Sud qui menacent ruine. Un prix-fait est consenti par l'évêque et le chapitre du Puy en faveur de Simon Montot, de Saint-Paulien, pour la consolidation de vingt brasses de la voûte du côté de l'évêché [9].

Avec le xviiie siècle, nous arrivons à des travaux bien plus importants, simple prélude de la quasi réfection exécutée au xixe.

Le 25 juillet 1737, Jean de Clapier, directeur des travaux publics de la province de Languedoc, arrivait au Puy pour constater les réparations pressantes à exécuter à la cathédrale. Il nous a laissé un mémoire et un dessin (fig. 25) qui nous indiquent l'état de dégradation dans lequel elle était tombée à cette époque [10].

Sur la façade déjà épaulée par un arc-boutant, une immense crevasse s'était produite du côté Nord et s'étendait sur la première travée occidentale dont la voûte était fendue.

L'architecte proposait, pour cette partie, la construction d'un nouveau contrefort. De plus, la voûte du croisillon Nord, bâtie en matériaux trop lourds, devait être démolie, car elle était toute lézardée et, en outre, menaçait de faire tomber les murs. La tour-lanterne recouvrant le carré du transept était également fendue. Enfin, l'architecte considérait comme nécessaire l'établissement d'une charpente sur la nef, car les tuiles reposaient sur le rein des voûtes, sans autre intermédiaire qu'une certaine épaisseur de terre.

Ces réparations ne semblent avoir été effectuées qu'en partie, car les 4 et 5 novembre 1755, les chanoines

25. FAÇADE DE LA CATHÉDRALE DU PUY EN 1737.
D'après le dessin de Jean Clapier [11].

---

1. Payrard, documents inédits relatifs à Notre-Dame du Puy et au Velay, première layette : *De Sancta Aniciensi ecclesia*, Le Puy, Marchessou 1872, in-12, page 27.
2. Le Pape y accorde des indulgences aux fidèles qui contribueront à ces réparations, le droit de consacrer à cet objet pendant quatre ans les revenus des bénéfices vacants du diocèse, la permission à l'évêque et au Chapitre de retenir pendant la même période chacun 500 florins d'or par an, etc. *Arch. Vatt. reges. 288. Gregor XI bull. divers*, fol. 133 à 135. Voir ci-après aux pièces justificatives.
3. *Médicis*, édition Chassaing, tome I, page 246. La chapelle saint Nicolas était dans le croisillon nord.
4. Payrard, *op. cit.*, page 36.
5. Chapelle terminale du bas-côté Nord (*Médicis*, édition Chassaing, tome I, page 287).
6. Archives de la Haute-Loire, G. 27, une pièce parchemin.
7. Archives de la Haute-Loire, G. 121, une pièce papier.
8. Archives de la Haute-Loire, minutes de Delafont, notaire, G. 22, folio 556.
9. Archives de la Haute-Loire, minutes de Delafont, notaire, G. 22, folio 451.
10. Voir ci-après ce rapport aux pièces justificatives. Nous croyons devoir le publier à nouveau, car il se rattache directement à notre étude ; quoiqu'il ait déjà été imprimé par M. Lascombe, *Mémoires de la Société agricole et scientifique de la Haute-Loire*, tome VI. Le Puy, 1893, pages 193 à 200.
11. Publié dans *Mémoires de la Société Agricole et scientifique*, vol. cit. page 193.

adressent au roi une demande de secours pour réparer la cathédrale [1] ; le 18 février 1757, on trouve la mention de travaux faits aux voûtes de la chapelle du Saint-Crucifix [2] ; et, le 21 septembre 1778, J.-Claude Portal, architecte du Puy, procédait à un nouvel examen de l'église [3]. Il constatait la nécessité de restaurations déjà indiquées comme obligatoires par Jean de Clapier, car la lézarde de la façade s'était augmentée malgré les griffes de fer qu'on avait mises ; elle se reproduisait à l'intérieur et s'étendait jusque sur les grandes arcades.

Il proposait donc de refaire la clé du couronnement du portail, de réparer l'ancien arc-boutant, d'en élever un second au nord, de rejointoyer avec du ciment les crevasses et de « lier avec des grippes de fer » toutes les pierres liaisonnantes qui avaient été brisées.

En même temps, il constatait que le prolongement du porche aboutissant au milieu de l'église menaçait ruine, qu'il était nécessaire de combler cette partie de l'escalier par un gros mur et de faire deux montées latérales.

Les dégradations signalées par Jean de Clapier à la « coupole en forme de dôme qui est sur le devant « de la chapelle Notre-Dame, laquelle est surmontée d'un petit clocher octogone » s'étaient accrues ; bien que la voûte en eut été étayée par quatre piliers de construction récente, il y avait plusieurs lézardes et crevasses très considérables ; cet état ne pouvait subsister et il paraissait nécessaire de la reconstruire.

Les voûtes des chapelles Saint-Jean et Saint-Laurent adossées au chœur devaient être refaites. Quant aux voûtes du reste de l'église, elles étaient fendues de tous côtés ainsi que les doubleaux et les piliers, sauf au pourtour de la chapelle Notre-Dame et au bras Nord du transept, où tout semblait avoir été reconstruit à une époque récente (probablement par Jean de Clapier). On décida de recrépir et « adoucir » en plâtre la totalité de la surface intérieure de l'église, et de boucher les crevasses avec des coins en bois de chêne pour empêcher les pierres de se détacher. On dut refaire aussi la toiture : elle n'avait pas assez de pente, les tuiles reposaient directement sur le rein des voûtes au travers desquelles l'eau filtrait ; les réparations du faîtage proposées par Jean de Clapier n'avaient donc pas été exécutées. Quant au pavé, il était inégal et raboteux presque partout, et brisé dans plusieurs endroits.

Pour subvenir aux frais de ces réparations, le roi promit 34,000 livres payables en trois ans. On mit alors à exécution le projet de l'architecte tendant à faire supprimer l'entrée si originale du porche qui aboutissait dans le chœur [4].

Les travaux durent être menés assez vite, car la consécration de l'église eut lieu le 10 juillet 1781.

On peut voir l'éloge pompeux de ces regrettables restaurations dans l'almanach de l'abbé Laurent [5].

La Révolution ne semble pas avoir endommagé le monument lui-même, mais les autels et objets du culte furent détruits et le clocher ne fut sauvé que par une subtilité du représentant du peuple Solon Raynaud [6].

La cathédrale du Puy se maintint sans changement pendant la première moitié du XIXe siècle (fig. 26) ; mais de nouvelles réparations devenaient urgentes. Dès l'année 1840, l'architecte Moiselet demandait au ministère une subvention de 4,132 francs ; cela était insuffisant, et le gouvernement s'émut de la ruine imminente d'une partie de cette église ; le 27 août 1842, le ministre des cultes écrivait au préfet de la Haute-Loire pour l'engager à prendre pour architecte

26. FAÇADE DE LA CATHÉDRALE DU PUY AU COMMENCEMENT
DU XIXe SIÈCLE.
D'après une gravure de Née.

1. *Registres capitulaires*, années 1754-1768 (Archives de la Haute-Loire, G. 123).
2. *Registres capitulaires*, années 1754-1768 (Archives de la Haute-Loire, G. 123).
3. Un fragment de ce rapport, conservé aux Archives nationales, G. 9. 658, a été publié par M. Jacotin, *Réparations à la cathédrale en 1778*, Le Puy, s. d. in-16 ; nous le publions *in extenso* ci-après aux pièces justificatives.
4. Les Archives de la Haute-Loire possèdent un devis non daté pour l'exécution de ces travaux ; il paraît possible que ce soit le devis exécuté. Nous le publions également aux pièces justificatives.
5. « Cette cathédrale, autrefois si bizarre dans sa construction, si malsaine et si peu commode, est l'une des plus belles églises du « royaume depuis sa restauration, à laquelle Sa Majesté a contribué pour une somme considérable obtenue par Mgr. de Galard. La dédicace « de ce temple eut lieu le 10 juillet 1781. L'inscription placée à côté du sanctuaire perpétuera aux yeux de la postérité le souvenir du bienfait du « roi et de la reconnaissance du prélat et de son chapitre. Laurent (l'abbé), *Almanach historique de la ville et du diocèse du Puy pour l'année* « *bisextile* 1788. Le Puy, Lacombe, p. 57.
6. Archives nationales, AD XVI, 45. Voir ci-après la notice consacrée au clocher.

M. Mallay [1]; et, le 2 décembre 1842 [2], celui-ci pouvait livrer son devis primitif. Ce devis, dans ses grandes lignes, comprenait la consolidation de la façade par des armatures en fer, la reconstruction de la partie du cloître adossée à l'église et la réparation des autres parties de ce cloître, la liaison par des tirants de fer des deux premières travées, l'enlèvement des décorations de plâtre faites par Monseigneur de Galard, le rejointoiement de la façade et la réfection des soubassements du porche de la place du For.

Le devis primitif de Mallay reçut quelques modifications; et, à la suite d'un voyage fait au Puy par M. l'inspecteur général Caristie, le Conseil des bâtiments civils, dans sa séance du 29 février 1844, décida que les réparations proposées pour la façade seraient inefficaces et qu'il valait mieux la démolir en entier, ainsi que les deux premières travées, pour les reconstruire dans leur aplomb, en remployant autant que possible les mêmes pierres et détails d'ornementation qu'on devait numéroter avec soin. Dans cette même séance, le Conseil approuva le devis général s'élevant à 534,418 francs 19 centimes.

L'adjudication de la première partie des travaux eut lieu le 25 avril 1844; elle montait à la somme de 63,087 francs et comprenait l'enlèvement des gravois déposés sur les voûtes des bas-côtés, la restauration du croisillon Nord, la reconstruction du croisillon Sud, la démolition des cloisons intérieures, la consolidation de la coupole centrale dite *clocher angélique*, du porche de l'évêché, ainsi que des portails Nord et Sud.

Au 6 août de la même année, les cintres étaient placés, le bras méridional du transept était entièrement démoli et les voûtes du bras septentrional supportées par des armatures en bois.

L'année suivante vit l'approbation du projet de reconstruction du clocher angélique [3], montant à 61,851 francs, et du projet de démolition de la tour Saint-Mayeul [4]. Une décision ministérielle du 19 juillet [5] autorisait l'exécution d'urgence de certains travaux d'étaiement.

En 1848, Viollet-le-Duc, venu au Puy, dressait un rapport fort détaillé que nous avons pu nous procurer et que nous publions plus loin; les grands travaux de la nef étaient terminés et il ne restait plus à faire que quelques réparations de détail; on avait donc à cette époque démoli et reconstruit la façade et les deux premières travées, le transept, sauf l'extrémité du croisillon septentrional et les deux dernières travées.

Les restaurations du cloître furent reprises en 1850 et paraissent avoir duré jusqu'en 1857.

Enfin, en 1865, le chevet, qui était la partie la plus ancienne [6] et qui s'était conservé presque intact, fut démoli de fond en comble pour être construit d'une façon toute différente; nous avons essayé d'en restituer la physionomie primitive d'après les documents que nous avons pu nous procurer. (Voir ci-dessus p. 29 et fig. 24.)

Dès lors, les réparations faites au corps de l'église deviennent insignifiantes. En 1870, on perce la porte allant de la cathédrale dans le cloître; en 1878, on travaille au porche Nord-Est pour lequel on alloue une somme de 9,848 francs; en 1879, on reprend quelques-uns des piliers de la nef, on fait des réparations aux voûtes dont le coût s'élève à 15,311 francs; on reconstruit en partie les deux cheminées romanes; et, en 1884, la somme de 2,906 francs est allouée pour divers travaux à effectuer à la porte papale. Enfin, les quinze dernières années ont vu reconstruire en entier le grand clocher et établir la toiture qui met à l'abri de la pluie, mais aussi de la lumière, la belle corniche du cloître.

On a pu voir, par ce résumé rapide, qu'il ne subsiste plus des constructions anciennes que les deux travées intermédiaires (la troisième et la quatrième) et une partie du croisillon septentrional.

En général, sauf pour le chevet et la tour centrale, on semble avoir assez bien suivi les données et les constructions primitives; cela n'empêche pas qu'on ait dû faire disparaître une foule de détails, de repentirs, de reprises ou de maladresses, qui pour l'archéologue eussent été d'un puissant secours.

Intact, ce monument serait d'un intérêt incomparable; refait et retouché, sa valeur diminue beaucoup à nos yeux. Nous allons cependant essayer de le décrire tel qu'il est aujourd'hui.

« La disposition de l'église est unique : en passant sous un porche très relevé comme une loge immense, « on pénètre sous le pavé de l'église, et l'on débouche par un escalier devant le maître autel. Ce degré se pro« longe au loin dans la rue percée en face du portail [7]. » Ainsi s'exprime Viollet-le-Duc. C'était là la disposition primitive, mais nous avons vu que cette entrée si originale avait été modifiée à la fin du siècle dernier, néanmoins la conception ancienne subsiste et c'est elle surtout qui donne à l'édifice un caractère à part.

Façade (pl. 1 et fig. 24, 25). Sur la façade sont pratiquées, au rez-de-chaussée, trois ouvertures : les deux extrêmes en plein cintre outrepassé, celle du milieu en cintre légèrement brisé et également outrepassé; elles sont

---

1 et 2. Archives du Ministère des Cultes. Dossier de la Cathédrale du Puy. Je tiens à remercier ici d'une façon toute particulière M. Turcot, chef de bureau, et M. Champ-Rigot, sous-chef de bureau au Ministère, de l'extrême complaisance qu'ils ont mise à faciliter mes recherches.

3. Décision du 4 avril 1845. Archives du Ministère des Cultes.

4. Décision du 25 juin 1845. *Ibid.*

5. Archives du Ministère des Cultes.

6. Archives du Ministère des Cultes, voir également un rapport de l'inspecteur général Raynaud, conservé dans le même dépôt.

7. *Dictionnaire raisonné*, tome V, page 180.

formées d'une série d'archivoltes dont la plus extérieure repose à la porte centrale sur des colonnes, et aux deux portes latérales, d'une part sur une colonne, et sur un corbeau de l'autre. Sur ce corbeau prend également naissance un petit arc trilobé qui, du côté opposé, retombe lui aussi sur une colonne.

Quatre contreforts, deux au centre, un à chaque extrémité, viennent couper verticalement les lignes de cette façade.

Au-dessus de la porte centrale, on remarque trois petites arcatures en plein cintre sur colonnettes; trois autres un peu plus grandes se voient au-dessus des ouvertures latérales; les unes sont trilobées, les autres en plein cintre, mais leur disposition est différente de chaque côté.

Ces arcatures sont placées au niveau du pavé de l'église; une corniche les sépare des fenêtres ouvertes sur la façade. Celles-ci sont grandes, à double ébrasement, entourées d'une archivolte formée d'un biseau entre deux tores, reposant sur des colonnettes. Comme pour l'étage inférieur, les arcs extrêmes sont en plein cintre, et celui du milieu légèrement brisé [1]; une petite arcature trilobée accoste la fenêtre centrale.

Une nouvelle corniche marque le point où s'arrêtent les combles des bas-côtés qui sont surmontés d'un faux pignon, percé à cet étage de deux ouvertures [2], tandis qu'au centre une fenêtre, qui éclaire la nef, est disposée entre des arcades aveugles à plein cintre placées deux de chaque côté. Il y avait autrefois trois ouvertures au-dessus des collatéraux : dans la reconstruction, la plus intérieure a été remplacée par une arcade aveugle, — probablement pour mieux épauler le pignon central.

Le mur du milieu est en avancement sur celui des bas-côtés; cette disposition se continue encore à l'étage supérieur décoré au centre de trois arcatures et recouvert d'un toit à double rampant. Au-dessus des nefs latérales un pignon de même forme, surmonte une ouverture.

Aux trois étages inférieurs, on remarque partout l'alternance des claveaux de teinte sombre et claire; la décoration formée de mosaïques n'apparaît qu'aux deux étages supérieurs; ce sont des dessins géométriques, losanges et parallélogrammes noirs et blancs, entourés d'un liseré rose.

La surélévation des pignons au-dessus des bas-côtés est un fait très rare qui nous avait d'abord semblé provenir d'une influence étrangère. La chose est bien possible; mais il est probable que l'on adopta cette disposition dans le but de pouvoir y disposer des cloches, quoique dans l'état actuel on ne voie plus de traces des encastrements destinés à recevoir l'extrémité des tourillons. Il est vrai que les arcades supérieures et les inférieures du côté Sud sont pourvues en dedans de tailloirs sur lesquels on aurait pu les faire reposer, mais ces tailloirs n'existent pas à l'étage inférieur du côté Nord. Rien ne nous garantit au surplus que les pierres de cette partie de l'édifice n'aient pas été remplacées par des matériaux neufs.

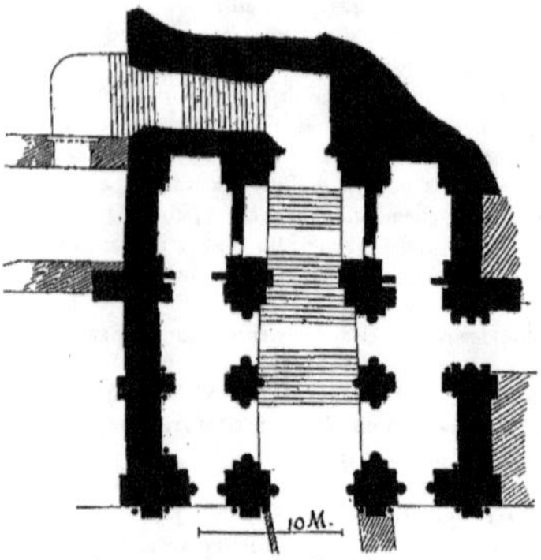

Un passage du chroniqueur Médicis indiquerait peut-être que les ouvertures de la façade étaient pourvues de cloches à la fin du xv⁰ siècle, et voici comment : après avoir passé en revue les cloches du *grand campanier* [2] de Notre-Dame, Médicis décrit celles du *petit campanier* [3] et il en mentionne huit. Ces cloches étaient-elles placées dans la lanterne qui s'élève au-dessus du carré du transept? cela paraît difficile à admettre, à moins que la disposition de cette tour-lanterne n'ait été modifiée depuis. Si elle ne l'a pas été, ce dont nous ne sommes du reste pas certain, nous ne croyons pas qu'on ait pu mettre de cloches ailleurs que sur la façade. De plus, le chroniqueur en mentionne huit, et c'est, semble-t-il, le nombre des ouvertures que l'on voyait sur les pignons avant les restaurations faites en ce siècle, au cours desquelles on en a supprimé deux.

Tous les chapiteaux, destinés à être vus de loin, sont sculptés sans trop de finesse et couverts de feuillages assez saillants, ce qui en augmente le relief. Les nombreux cordons qui coupent horizontalement les lignes de cette façade se profilent tous en un bandeau et une doucine sans ornement, sauf à la partie centrale où l'un d'eux est décoré de palmettes et de fleurettes entremêlées, comme au cloître, de têtes proéminentes et d'un bon

27. GRAND PORCHE DU PUY.
D'après un dessin exécuté par Mallay en 1840 et conservé au Ministère des cultes.

1. Le dessin de Jean de Clapier semble représenter un plein cintre.
2. *Médicis*, édition Chassaing, tome I, pages 136, 137.
3. *Médicis*, édition Chassaing, tome I, pages 138, 139.

style; au milieu de ce cordon, immédiatement au-dessus du grand portail, se voit un avancement de forme rectangulaire au-dessous duquel est sculpté un *Agnus Dei*.

Grand porche (pl. xxvii). — Le grand porche, qui autrefois se prolongeait jusqu'à l'autel, comprend trois travées; les deux premières ont une nef et des bas-côtés. A partir de la troisième, les bas-côtés sont transformés en chapelles (fig. 27).

Toutes les travées sont couvertes de voûtes d'arêtes, mais à la première on a rajouté des branches d'ogives, reposant aux bas-côtés sur les tailloirs anciens et à la nef sur des culots qui portent sculptés les quatre animaux évangéliques.

Le profil des ogives (tore avec un petit ressaut rectangulaire) et la sculpture des culots décorés de feuillages profondément découpés semblent accuser le xive siècle et pourraient se rapporter aux réparations faites en 1339.

Les tailloirs sont formés d'un méplat, un listel, une gorge et un tore. Les doubleaux et grandes arcades sont doublés, leurs moulures sont en général de profil rectangulaire, et cependant il y a toute une série de tores aux arcades de l'extérieur; et au doubleau qui sépare la première travée de la seconde, on remarque une moulure curieuse formée d'un tore se dégageant au milieu d'une large gorge [1]. Un profil un peu différent, (deux tores séparés par un méplat), se voit à l'une des arcades de la façade; enfin, on trouve aussi un méplat dont les arêtes sont taillées en forme de tore.

Neuf marches font communiquer la première travée avec la seconde; on y observe le même système de voûtes d'arêtes. Il n'y a d'ogives qu'au bas-côté Sud; elles ont le profil que nous avons [déjà signalé. Nous les croyons également du xive siècle.

28. GRAND PORCHE DE LA CATHÉDRALE DU PUY.

Ces deux travées ont été ajoutées après coup, mais encore à l'époque romane; aussi voit-on à l'endroit où se fait la soudure, une foule de repentirs, soit dans les arcs latéraux qui reposent mal sur leurs chapiteaux, soit encore dans l'archivolte qui entoure les célèbres portes en bois sculpté, lesquelles devaient se trouver sur la façade avant qu'on ne l'ait prolongée de deux travées. Cette archivolte est cachée des deux côtés par les piédroits rectangulaires qui supportent les doubleaux, les grandes arcades et les ogives; et deux colonnes appartenant à la construction primitive sont aujourd'hui sans utilité

Tous les profils des arcs de la seconde travée sont rectilignes (fig. 28). Les tailloirs ont en majorité le profil que nous avons déjà signalé. Les piliers sont formés d'un massif rectangulaire flanqué soit de pilastres, soit de colonnes engagées. Les bases toutes attiques sont plus ou moins déformées, en ce sens que le tore inférieur est plus ou moins proéminent, ou plus ou moins aplati.

La troisième travée est épaulée au Nord par un demi berceau doublé.

A partir du niveau de cette troisième travée, qui est réunie à l'autre par onze marches [2], les bas-côtés se transforment en deux petites chapelles couvertes de voûtes d'arêtes bien appareillées avec arcs latéraux et terminées par un mur plat; cette disposition est bien visible du côté Sud; quant à la chapelle septentrionale, elle est entièrement occupée par le calorifère de la cathédrale. Les portes de ces chapelles sont intérieurement entourées d'une double archivolte rectangulaire reposant d'une part sur une colonne, de l'autre sur un ressaut du mur terminé par un tailloir.

---

1. Ce profil, que nous avons déjà signalé dans la région à Saint-Julien-Chapteuil, se voit aussi à Montmajour. Revoil, l'*Architecture romane du Midi*, tome II, planche xxxviii.

2. C'est sur la septième et la huitième marche de l'escalier conduisant de la seconde à la troisième travée qu'est sculptée l'inscription :

NI CAVEAS CRIMEN CAVEAS CONTINGERE LIMEN,
NAM REGINA POLI VULT SINE CORDE COLI.

Quoique déjà usée, cette inscription paraît avoir été refaite à une époque relativement assez récente; elle existait antérieurement, car au cours des restaurations on a trouvé plusieurs débris d'une inscription identique, mais plus ancienne. Ces débris sont aujourd'hui conservés au musée du Puy.

Dès lors, le porche se réduit à la nef du milieu (fig. 29), également couverte d'une voûte d'arêtes; le premier doubleau est supporté par un pilier à deux ressauts, autour duquel les tailloirs ne font pas retour. Les moulures sont de profil rectangulaire.

Des peintures très détériorées décorent les voûtes et les arcs; elles sont, croyons-nous, du XIIIᵉ siècle et prouvent en tous cas que cette partie de l'église n'a pas été entièrement refaite.

A l'extrémité de cette travée se trouve la porte dite porte Dorée, elle est surmontée d'une archivolte en forme de gorge, sur laquelle sont sculptées des étoiles [1]. Deux colonnes en porphyre rouge les supportent, leurs astragales sont pris dans le fût; ces colonnes sont d'origine étrangère ou proviennent d'un monument antique. Leur base est composée de deux tores séparés par une scotie; l'inférieur est orné de feuillages formant griffe sur les angles.

Les sujets des chapiteaux se retrouvent ailleurs dans la région; les feuilles d'acanthe qui les recouvrent sont très profondément fouillées : à l'un des angles une tête déborde. Nulle part, dans la région, nous n'en avons vu qui soient travaillés avec autant de finesse et de soin.

Le porche se prolongeait à l'Est de cette porte Dorée pour arriver dans le chœur. A la suite des réparations dont nous avons parlé (page 31), cette particularité a disparu, et on a établi deux entrées contournant l'église et aboutissant l'une au bas-côté Nord de la cathédrale et l'autre dans le cloître.

Nous arrivons ainsi à l'église, dont la description doit être assez détaillée. Pour éviter les redites toujours fastidieuses, il nous semble préférable de la prendre travée par travée, étudiant à la fois la disposition de la nef et celle des bas-côtés. Nous partirons de l'Est pour aboutir à l'Ouest, en suivant ainsi les progrès de la construction de l'édifice.

29. GRAND PORCHE DE LA CATHÉDRALE DU PUY.

Chevet (pl. XIII et XLVIII). — Le chevet passait pour être la partie la plus ancienne; il était rectangulaire à l'extérieur, mais avait, au XVIIIᵉ siècle, subi des remaniements. L'évêque Mgr de Galard l'avait transformé à l'intérieur en y introduisant un mur circulaire ou à pans peu accentués.

Ce chevet, défiguré par Mallay lors des restaurations entreprises en 1848 [2], a été démoli par Mimey en 1865; la partie basse semble avoir été reconstruite dans son état primitif, mais nous ne savons pas sur quoi cet architecte s'est basé pour édifier la partie supérieure. (Voir ci-dessus page 29.)

C'est aujourd'hui une travée voûtée en berceau plein cintre et sans doubleau, terminée à l'Orient par un mur plat. Elle est éclairée au Nord et au Sud par deux fenêtres géminées et à plein-cintre; une autre fenêtre, de même forme, mais de dimensions beaucoup plus grandes, est dans l'axe de l'édifice. Toutes sont entourées, intérieurement et extérieurement, d'une archivolte reposant sur des colonnettes.

Un mur qui descend assez bas, et sur lequel sont appuyées quatre arcades, sépare le chevet du carré du transept. Ce mur est soutenu par un gros doubleau plein cintre et à profil rectangulaire; il est formé de deux séries de claveaux accolés, donnant l'idée d'un arc dont on aurait doublé l'épaisseur.

Le long de ce chevet se trouve le prolongement des collatéraux terminés comme lui par un mur plat. La sacristie occupe l'extrémité du bas-côté méridional, dans les flancs duquel s'ouvre une porte pénétrant sous le porche Sud-Est. Le bas-côté Nord est adossé au clocher, sur l'étage inférieur duquel est pratiquée une fenêtre en plein cintre.

Que peut-il rester d'ancien après tant de remaniements ? Extérieurement, le mur du bas-côté Sud, le long du beau porche du For sur une longueur de 4 mètres environ, et une partie du mur du bas-côté Nord ont leur soubassement formé d'un rang de grandes assises avec des trous de crampons, au-dessus desquels commence le petit appareil allongé. Ils sont percés chacun d'une petite fenêtre sans grand caractère et dont il est difficile de déterminer l'époque. Ces quelques mètres de maçonnerie, s'ils n'ont pas été retouchés, pourraient avoir fait partie d'une très ancienne construction, peut-être de la construction primitive, mais c'est en tout cas la seule portion de la cathédrale qu'il soit possible de considérer comme antérieure à l'époque romane.

---

1. Cette archivolte est obstruée en partie par la voûte actuelle, et il est possible que ce point marque la place d'un nouvel arrêt dans la construction de la cathédrale.

2. Cette première restauration avait été déjà critiquée par Viollet-le-Duc (*rapport cité*).

Le carré de ce transept repose sur quatre grosses piles rectangulaires creusées d'étroites niches, dans lesquelles des colonnes sont complètement encastrées, sauf celles qui supportent les doubleaux de la nef et des bas-côtés. Toutes, encastrées ou non, prennent naissance sur un socle rectangulaire à 2 m. 16 c. au-dessus du niveau du sol.

Le transept a subi lui aussi beaucoup d'altérations : le carré avait été tout d'abord défiguré au xviiie siècle, et, en 1847, il a été remanié de fond en comble par Mallay, qui, de l'avis de Viollet-le-Duc, n'a pas tenu compte dans sa réparation des données anciennes.

Des trompes en cul-de-four dont la première assise est simplement portée en encorbellement sont construites au niveau des arcs ; et là, reposant sur les trompes et sur une série de corbeaux, se trouve une large galerie circulaire percée au centre d'une ouverture ronde. Cette galerie avait été construite, dans le cours du xviiie siècle, pour protéger les chanoines du froid. Les réparations modernes auraient pu sans inconvénient la faire disparaître et nous nous demandons pourquoi l'architecte, en reconstruisant cette partie, s'est contenté d'agrandir l'ouverture centrale.

Au-dessus de cette galerie, la forme octogonale issue des trompes se continue par huit murs qui dépassent le niveau de la toiture de l'église, formant une tour-lanterne ajourée sur ses huit faces par de grandes fenêtres jumelles en plein cintre.

Tout cela est neuf, et, dans sa reconstruction, Mallay a cru devoir élargir la tour-lanterne d'un mètre environ, « afin de la faire porter en plein sur les quatre grands arcs doubleaux et les quatre piles du transept [1] ».

En outre, le soubassement de la coupole a dû être élevé de plus « d'un mètre au-dessus de son ancien « niveau, de manière à ce que son bandeau inférieur fût dégagé au-dessus des faîtages des combles de la nef [2] ». Nous ne savons si la solidité de l'édifice exigeait ce changement que l'archéologie réprouve.

Quoi qu'il en soit, nous sommes encore forcé d'avoir recours aux documents anciens pour en connaître la disposition primitive.

Viollet-le-Duc trouvait avec raison que la forme semi-sphérique adoptée pour la partie supérieure n'était nullement archéologique ; il pensait qu'originairement cette tour devait être composée de plusieurs étages, soit qu'un seul étage eût été reconstruit, soit qu'on eût démoli ceux qui couronnaient la tour.

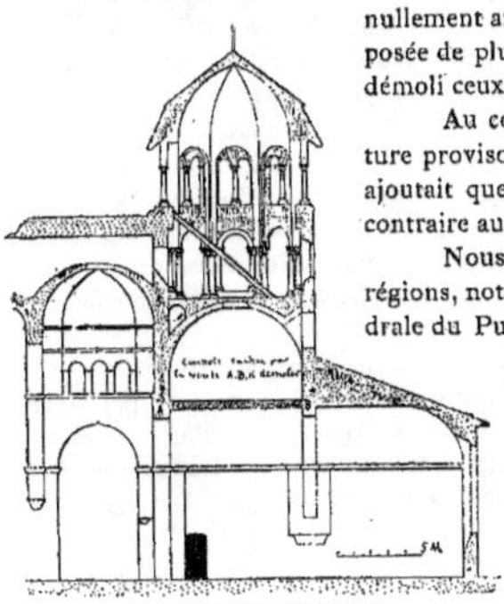

Au cours d'un de ses voyages, il avait vu sur la partie existante une ouverture provisoire qui lui faisait supposer que le monument n'était point achevé ; et il ajoutait que la coupole apparente actuelle termine le monument d'une façon contraire aux exemples connus et existant dans l'Auvergne et le Velay [3].

Nous dirons toutefois que cette particularité se rencontre dans d'autres régions, notamment à l'église Saint-Paul à Lyon, et que les architectes de la cathédrale du Puy, monument où on observe tant d'influences diverses, avaient parfaitement pu aller chercher leur modèle hors du Velay.

Une question reste à examiner, celle de savoir si cette tour a jamais contenu des cloches. Avec la disposition actuelle, la chose eut été certainement impossible ; si, d'autre part, on en juge par un mauvais dessin exécuté par l'architecte Moiselet en 1840 (fig. 30), et conservé au Ministère des Cultes, une voûte, percée au centre d'une ouverture de petite dimension, séparait l'étage supérieur de la partie inférieure ; on aurait, dans ce cas, pu y disposer des cloches.

Malgré tout, la question reste actuellement assez douteuse et nous nous demandons encore si l'expression de *Petit Campanier* de Médicis doit s'appliquer à cette tour ou aux ouvertures de la façade [4].

30. TOUR-LANTERNE ET CHEVET
DE LA CATHÉDRALE DU PUY EN 1840.
D'après un dessin de Moiselet.

En tous cas, le dessin de Moiselet, si tant est qu'on lui accorde quelque autorité, indique en outre que la

---

1. Viollet-le-Duc, *Rapport cité*. On se rendra compte de ces restaurations en comparant l'ancien état de cette partie de la cathédrale que nous publions d'après un dessin de Viollet-le-Duc (pl. xvi) et d'après un dessin de Moiselet (fig. 30), avec l'état actuel du monument que nous reproduisons pl. xlviii, n° 2.

2. Viollet-le-Duc, *Rapport cité*.

3. Viollet-le-Duc, *Rapport présenté au Conseil des bâtiments civils*, séance du 5 juin 1848. Archives du Ministère des Cultes.

4. En dehors des textes, il est d'autres considérations indiquant que la tour-lanterne devait être dépourvue de cloches ; il aurait tout d'abord fallu qu'elle eût possédé un ou plusieurs étages de plus ; dans ce cas, une telle tour centrale aurait suffi à loger un nombre considérable de cloches ; dès lors, quel besoin aurait-on eu de bâtir un autre clocher à côté ? et de plus, nul document ne permet d'affirmer l'existence de cet étage supérieur. Nous avons vu aussi que Mallay, ne jugeant pas la disposition ancienne assez solide, avait cru nécessaire de la modifier afin de faire porter la tour en plein sur les grands arcs. Cette disposition ancienne aurait-elle été compatible avec l'hypothèse d'une surcharge très lourde imposée à ces arcs ? Enfin, pour croire que les pignons ajourés de la façade ont été bâtis à usage de cloches, il y a cette raison que les constructions similaires abondent dans le diocèse.

cathédrale n'était pas destinée à recevoir de combles, car le faîtage qu'on ajouta par la suite était venu cacher les fenêtres du premier étage de la tour.

Un mur épais, décoré de trois petites arcatures aveugles en plein cintre, et porté sur des arcs de forte dimension, sépare la croisée des bras du transept. Les voûtes de ceux-ci sont élevées à la même hauteur que celles de la nef.

Les bras du transept dont la construction était liée avec celle de la nef, ce qui doit enlever toute idée de postériorité, avaient été fortement retouchés au XVIIIe siècle, et on avait même fini par les en séparer complètement au moyen d'un gros mur. Celui du Sud a été reconstruit par Mallay [1].

Plusieurs détails sont incompatibles avec la période romane. Les bras sont voûtés en berceau plein cintre ; nous serions bien étonnés si les doubleaux actuels du bras méridional, de très faible épaisseur, reposant sur des piliers de très petites dimensions, avaient été imités de ceux qui existaient précédemment.

Le transept est divisé en deux étages par une tribune (fig. 31). Le rez-de-chaussée est couvert d'une voûte d'arête soutenue du côté de la nef par trois massifs de deux colonnes chacun, et, du côté extérieur, par trois colonnes isolées, entre lesquelles on voit deux absidioles, du reste peu profondes, pratiquées dans l'épaisseur du mur, entourées d'arcatures, prenant naissance à deux mètres au-dessus du sol et dans lesquelles s'ouvrent deux petites niches, également prises dans l'épaisseur des murs. Cette disposition est primitive, du moins au bras septentrional. Cette partie du transept n'a pas été retouchée dans la période actuelle ; il est fort probable qu'elle ne l'avait pas été non plus auparavant (pl. XLVIII, n° 1).

Aussi est-ce là, ainsi que dans les deux fragments de murs dont nous avons déjà parlé, qu'il faut chercher actuellement la partie la plus ancienne de la cathédrale. Mais quoique certains chapiteaux soient bien archaïques de forme et que les feuillages qui les couvrent soient sculptés sans relief, il y a dans toute cette construction assez de soin et de recherche pour que nous croyons impossible de la faire remonter à une date antérieure à 1050.

Au surplus, le bras Nord du transept n'avait pas été exempt de restaurations, antérieurement au XIXe siècle. Nous avons vu qu'il en était question dans les devis de Jean de Clapier et de Portal. C'est ainsi que les piliers supportant les arcs latéraux ont été manifestement relancés après coup, puisqu'ils sont plaqués contre les colonnes qui soutiennent les tribunes et qu'ils les cachent en partie. Toute la partie intermédiaire a du reste été refaite en ce siècle, les reprises sont parfaitement visibles à l'extérieur où les pierres récentes sont de teinte plus claire que les anciennes. Ajoutons que les dessins de la balustrade des tribunes, de la composition de Mallay, sont peu appropriés à l'architecture de l'église.

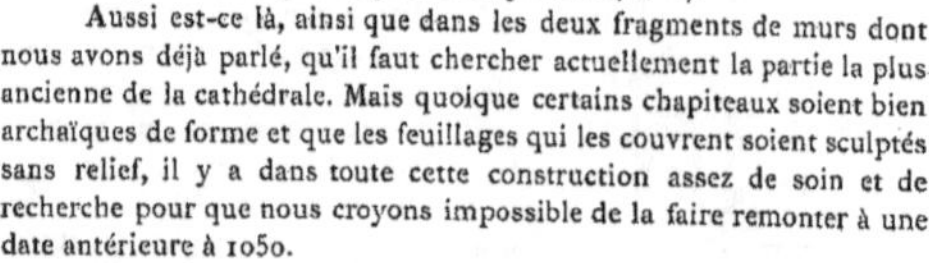

Chaque bras est éclairé à l'étage supérieur par six fenêtres en plein cintre, disposées deux par deux. Les unes, au Sud et au Nord, ne sont pas dans l'axe de la croisée ; celles de l'Est et de l'Ouest sont disposées au-dessus des bas-côtés.

Le système de piliers carrés avec des colonnes, les unes complètement engagées, les autres au contraire complètement dégagées et prenant naissance à une assez grande hauteur, n'existe qu'au carré du transept.

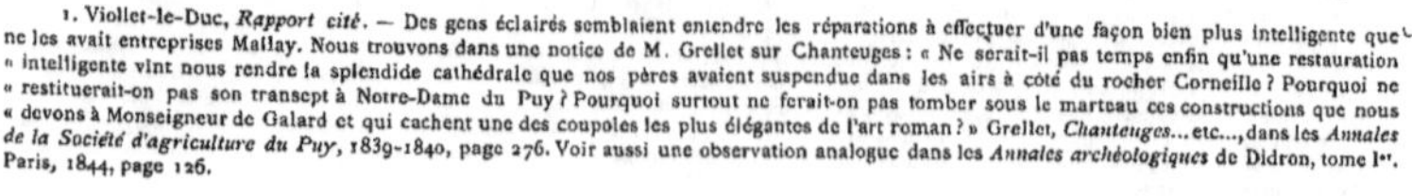

---

1. Viollet-le-Duc, *Rapport cité.* — Des gens éclairés semblaient entendre les réparations à effectuer d'une façon bien plus intelligente que ne les avait entreprises Mallay. Nous trouvons dans une notice de M. Grellet sur Chanteuges : « Ne serait-il pas temps enfin qu'une restauration « intelligente vint nous rendre la splendide cathédrale que nos pères avaient suspendue dans les airs à côté du rocher Corneille ? Pourquoi ne « restituerait-on pas son transept à Notre-Dame du Puy ? Pourquoi surtout ne ferait-on pas tomber sous le marteau ces constructions que nous « devons à Monseigneur de Galard et qui cachent une des coupoles les plus élégantes de l'art roman ? » Grellet, *Chanteuges...* etc..., dans les *Annales de la Société d'agriculture du Puy*, 1839-1840, page 276. Voir aussi une observation analogue dans les *Annales archéologiques* de Didron, tome Ier. Paris, 1844, page 126.

Les chapiteaux, déjà bien éloignés du type classique, sont néanmoins d'un travail soigné ; ils sont richement traités et peuvent être ramenés à deux types principaux : les uns couverts de rinceaux et d'enroulements de feuillages ; dans cette catégorie, certains sont séparés en deux étages par un galon perlé ; tandis que les autres ont une tête à la place qu'occupe la rosette dans le chapiteau antique (fig. 32). Malheureusement, bon nombre d'entre eux ont été refaits ou grattés. Les tailloirs sont pour la plupart formés de méplat, onglet, cavet et listel ; les bases, de tore, listel, scotie, listel et gros tore. L'appareil moyen est en belle pierre de taille volcanique ; les joints sont assez minces et les colonnes et colonnettes monolithes.

L'astragale est pris dans le même bloc que le fût, mais nous savons que cette pratique s'est conservée en Velay jusqu'en plein xiie siècle.

Nous sommes là dans la partie la plus ancienne de la cathédrale, dans celle à qui l'on a attribué une antiquité fabuleuse ; or, en admettant, que dans la reconstruction faite en ce siècle, on ait respecté les dispositions primitives, (ce qui, nous l'avons vu, n'a pas toujours eu lieu). Et en consultant les quelques documents anciens que nous possédons encore, il nous semble que si on tient compte des caractères que nous venons de signaler, et en particulier de la hauteur des voûtes, de la finesse des sculptures, de la grandeur des fenêtres et de la petite dimension des joints, du soin et de la recherche qu'on voit partout et qui apparaît notamment dans l'idée originale d'encastrer entièrement certaines colonnes dans l'épaisseur des piédroits, surtout enfin si on compare cette partie de la cathédrale à la grossièreté des monuments authentiquement datés du xe siècle ou du commencement du xie, et à ce qu'on voit au Puy même, à la chapelle Saint-Michel d'Aiguilhe, il est bien difficile de lui assigner une date antérieure à la fin du xie siècle ou même au début du xiie. Nous ne verrions pas pour notre part d'inconvénient péremptoire à avancer jusque-là la date de la construction du bras septentrional du transept à qui nous avons attribué ci-dessus le xie siècle, comme la date la plus reculée.

Mérimée, qui faisait remonter au ixe siècle le chevet, le transept et les deux dernières travées [1], s'appuyait sur la grande différence de structure entre cette partie et les dernières travées occidentales qu'il attribuait au xiie siècle. Il semblait oublier qu'aucun siècle n'a vu s'introduire autant de perfectionnements dans l'architecture que le xiie siècle. Pour nous, au contraire, l'espace de cent ans nous paraît bien suffisant, car les différences entre les diverses travées du monument ne sont pas si frappantes : on les trouve seulement dans la brisure des arcs et dans le plus ou moins d'élégance des coupoles, des piliers et des chapiteaux ; les données générales ne changent pas d'un bout à l'autre.

Sixième travée. — Autant qu'on peut le supposer à l'heure actuelle, la sixième travée a été construite en même temps que le transept et la travée suivante ; malheureusement, le tout a été rebâti depuis le sol en 1848, mais la construction ancienne a, paraît-il, été scrupuleusement copiée [2].

33. CATHÉDRALE DU PUY. 6ᵉ ET 5ᵉ TRAVÉES.

Dans chacun des piliers qui la sépare du transept, nous signalerons comme un détail curieux et bizarre une petite niche s'ouvrant à 3o centimètres du sol, supportée de chaque côté par une colonnette avec d'élégants chapiteaux ; elle a 1 mètre 85 de hauteur (fig. 33).

La coupole octogonale qui recouvre cette travée est à 19 mètres 5o du sol (pl. viii) ; elle s'appuie dans les angles sur des niches en forme de trompes reposant à leur naissance sur des pierres portées en encorbellement. Comme toutes les autres coupoles de l'église, elle est séparée de la travée voisine par un mur porté sur le doubleau ; au-dessus de ce doubleau on a évidé les tympans, ce qui diminue le poids de la construction et la

1. *Notes d'un voyage en Auvergne*, p. 213.
2. Viollet-le-Duc, *Rapport cité*.

rend en même temps plus légère à l'œil. Les fenêtres qui l'éclairent au Nord et au Sud sont ébrasées à l'intérieur et à l'extérieur.

Les grandes arcades et les doubleaux sont simples : les piliers qui les supportent sur plan cruciforme, les chapiteaux du côté de la nef ornés, au Nord d'oiseaux, ou plutôt de basilics se désaltérant dans un vase, au Sud d'un personnage au milieu de feuilles (pl. xlviii, n° 10).

Sur les autres faces, les pilastres sont terminés par des impostes, disposées plus bas que les tailloirs des chapiteaux, mais avec un profil identique, c'est-à-dire méplat, listel et cavet.

Les bas-côtés sont voûtés d'arêtes et les doubleaux, surmontés d'un mur dont l'intersection avec la voûte produit une sorte d'ellipse, sont portés assez haut pour venir contrebuter la poussée des doubleaux de la nef, qui ont eux-mêmes à soutenir une partie du poids des voûtes. Cette précaution n'a pas été inutile, mais n'a pas suffi, car le tympan en maçonnerie construit au-dessus du doubleau de la nef est déjà fendu.

Deux grandes baies geminées[1], à double ébrasement, séparées par un mur de faible largeur orné d'une colonnette, éclairent les bas-côtés qui sont séparés du chœur par un bahut de pierre un peu trop finement sculpté[2].

Cinquième travée. — Trois degrés séparent la sixième travée de la cinquième. Elle a la même ordonnance de voûtes à la nef et aux bas-côtés que la précédente. Les doubleaux de ces derniers sont plus élevés et les tympans qui les relient à la voûte moins épais. Les chapiteaux font également défaut, sauf du côté de la nef, où le même motif est répété sur chacun. C'est un personnage dont le corps, vu en entier, émerge de rinceaux de feuillages. Il est accosté sur chaque partie, faisant retour sur les parois latérales du pilier, d'animaux également entourés de feuillage. Les piliers des deux travées que nous venons d'étudier n'ont pas de base les distinguant du reste de la construction ; les doubleaux sont en plein cintre légèrement surhaussé.

Quatrième travée. — A partir de la quatrième travée, des perfectionnements sont introduits dans la structure ; de plus, cette travée et la suivante sont les seules qui n'aient à peu près pas été réparées ou remaniées. Aussi est-ce de cet endroit que nous avons de préférence donné une photographie des coupoles (pl. ix) et une coupe transversale du monument (pl. xlviii, n° 3).

Les murs de la nef, qui, dans les travées précédentes, sont nus sur une grande hauteur et d'un effet désagréable à l'œil, s'ornent de trois arcades appliquées, sorte de triforium qui vient en interrompre la monotonie. Les doubleaux, jusqu'ici simples et de profil rectangulaire, sont doublés et l'arête du second ressaut est creusée en forme de gorge. Les grandes arcades se modifient elles-mêmes ; elles sont également doublés et la seconde arête s'arrondit en tore.

La forme des tailloirs change aussi, et tout en gardant le même profil (bandeau et cavet) du côté de la nef ; ils ont, au contraire, du côté des collatéraux et des grandes arcades, un profil caractéristique d'une époque avancée. Ils sont composés soit de bandeau, onglet, boudin, onglet et cavet, soit de bandeau, onglet et doucine.

La structure des coupoles, toujours à huit pans, se modifie et se perfectionne (pl. iii, iv, v, vii et ix). Elles reposent à leur naissance sur huit arcades supportées par autant de couples de colonnettes qui s'appuient sur une corniche établie immédiatement au-dessus de la clé des doubleaux.

Cette grande coupole est supportée aux angles sur quatre trompes en cul-de-four dont la naissance est marquée par une corniche se profilant en un bandeau et un cavet qui forme le prolongement des tailloirs des colonnettes, et dont le milieu, correspondant aux quatre angles du carré, est soutenu par un pilier posé d'angle, cantonné aussi de deux colonnettes.

Les quatre autres faces de l'octogone sont percées de fenêtres, celles du Nord et du Sud servant à éclairer la nef, les autres faisant communiquer ensemble les travées.

Une disposition analogue se voit au carré du transept de Tournus, et à l'église abbatiale d'Ainay à Lyon.

Quant à la coupole elle-même, elle est construite en fort joli appareil bien taillé et à petits joints (pl. ix), elle n'a pas été remaniée. Toutes les autres étaient appareillées de même. Lors de la reconstruction presque totale de l'église, elles ont été refaites avec moins de soin, aussi les a-t-on intérieurement recouvertes de badigeon.

C'est encore à partir de cette travée que l'arc brisé apparaît dans les grandes arcades et les doubleaux (pl. iv, v, vii), mais le plein cintre n'est pas pour cela abandonné dans les autres parties de l'ordonnance.

Les doubleaux du bas-côté Sud sont surmontés d'un petit mur les reliant à la voûte (pl. x et xi), ce qu'on n'observe pas au Nord ; d'ailleurs, d'une façon générale, le bas-côté Sud est plus orné que celui du Nord. Ce dernier, adossé aux bâtiments claustraux, recevait moins de lumière ; peut-être est-ce la raison de sa pauvreté ornementale relative.

Les fenêtres qui éclairent la nef sont en plein cintre ; celles des bas-côtés, au lieu d'être doubles comme aux

---

1. A en juger par un ancien dessin des façades latérales, cette disposition ne serait pas primitive. Voir ci-après l'étude de ces façades, pages 42 et 43.
2. Les dessins en ont été donnés par Mallay.

travées précédentes, sont uniques, mais bien plus larges; celle du bas-côté Sud est très légèrement brisée et entourée d'une grande archivolte de profil torique reposant sur des colonnettes.

Au Nord, la même archivolte existe; mais au lieu d'une fenêtre, il y a un grand œil de bœuf (pl. IV et XVII) avec un ébrasement tout petit à l'intérieur, mais très large à l'extérieur. Il est probable qu'on n'a pas mis là une fenêtre, parce qu'elle aurait été en partie obstruée par un toit en appentis, disposé au-dessus du cloître.

Il faut remarquer que si, à partir du point où nous en sommes arrivés, il existe de réels perfectionnements, on ne trouve dans les chapiteaux ni plus d'art ni plus de finesse; ils portent ici, d'un côté deux lions (pl. XLVIII, n° 11), de l'autre deux aigles affrontés, et, à la travée suivante, on voit un motif que nous avons déjà signalé : un homme sortant d'une touffe de feuillages disposés en rinceaux; or, il n'est pas mieux traité.

Faut-il admettre que ces chapiteaux sont presque contemporains les uns des autres, conclure que certains de ceux qu'on voit à la partie ancienne étaient restés simplement épannelés, jusqu'au moment où on arriva à la travée qui nous occupe; ou penser, enfin, qu'on a imité ceux existant déjà? Les trois hypothèses sont plausibles, mais nous nous rallierions de préférence à celle de la presque contemporanéité.

Troisième travée. — Cette travée a une structure analogue à celle de la précédente; seulement l'acuité des doubleaux va sans cesse en augmentant. Les fenêtres du bas-côté Sud sont aussi du même genre. Il est regrettable qu'elles soient toutes plus ou moins cachées par des tableaux sans intérêt artistique, représentant les gloires de Notre-Dame du Puy, ou par des autels également dépourvus de valeur.

Au Nord, l'archivolte de la fenêtre existe, mais celle-ci a été murée [1], car c'est à cette travée qu'est appliqué le bâtiment des mâchicoulis, dans lequel on pénètre par une belle porte s'ouvrant sur l'église.

Au bas-côté Sud une grande arcade latérale entoure la fenêtre et embrasse toute la lunette de la voûte. De ce même côté on a ajouté après coup, sous la voûte d'arêtes, deux branches d'ogive se profilant en gros tore.

Les profils des doubleaux et des grandes arcades restent les mêmes, les bases des pilastres qui les supportent sont ornées de moulures, système qui dès lors se continue jusqu'à la façade.

Ainsi que nous le disions plus haut, la construction semble s'être arrêtée à ce point pour un temps, nous sommes en effet là au-dessus des petites chapelles du porche où nous avons remarqué toute une série de traces de reprises, de même dans l'église au bas-côté Nord, le cintre intérieur du doubleau doublé est porté sur une colonne en encorbellement et nous ne serions pas étonné que cette colonne eût été destinée à soutenir l'archivolte d'une fenêtre de façade.

Avec la troisième travée nous quittons la partie de l'église respectée par les architectes, et les deux premières ainsi que la façade sont reconstruites sur des fondations nouvelles qu'il a fallu établir à une profondeur considérable, pendant que les deux travées dont nous venons de parler étaient

34. CATHÉDRALE DU PUY.
Chapiteau du pillier disposé entre la 1ʳᵉ et la 2ᵉ travée côté Nord.

soutenues par un système d'étaiement bien combiné; ce travail a été mené à fin, sans qu'il se soit manifesté le moindre mouvement à la réunion des constructions anciennes avec les nouvelles [2].

Deuxième travée. — Dès lors, un nouveau changement se manifeste, non dans les coupoles, mais dans les

1. Du fait que la fenêtre existant à cette place a été murée après coup, on est autorisé à conclure que cette partie du bâtiment des mâchicoulis est postérieure à la cathédrale.

2. Viollet-le-Duc, *Rapport cité*.

piliers et dans la forme des bases. Il se produit aussi une déviation très sensible [1] dans l'axe de l'église, inclinaison qui se manifeste beaucoup plus au Sud qu'au Nord. Il nous a été impossible de savoir si cette disposition était primitive.

Le plan des piliers devient cruciforme avec une colonne placée dans les angles de la croix (pl. iii et vii), agencement qui a été imité d'une façon frappante à l'église de Polignac. Les bases sont composées de deux tores (dont l'inférieur est proéminent et aplati) placés entre deux listels et séparés par une scotie. Cette moulure se continue tout autour des piliers.

Aux bas-côtés, les doubleaux redeviennent en plein-cintre et sont doublés. On a appliqué sous leurs voûtes d'arêtes, des branches d'ogives avec des profils et des clés pendantes du xve et du xvie siècles. Cette partie de l'édifice étant neuve, nous croyons voir dans cet anachronisme voulu un indice de la fidélité de la reproduction.

Le long de ces collatéraux règnent des arcades à profil torique, reposant sur des colonnettes semblables à celles des piliers de la nef. Elles sont très longues et très galbées, composées de deux ou trois pièces; l'astragale est toujours pris dans le bloc du fût.

Les profils que nous avons signalés aux autres travées, pour les doubleaux et les grandes arcades, se reproduisent identiques. Les chapiteaux sont anciens, mais beaucoup ont par malheur été grattés : les uns, ce sont les plus nombreux, sont décorés de feuilles assez fouillées, d'autres de bustes se détachant de rinceaux. Sur l'un, au Sud, l'Agneau pascal nimbé, entouré d'une gloire circulaire, est soutenu par des Anges. Des clercs sont en adoration devant lui et lui présentent un calice [2], tandis qu'au Nord on voit deux personnages affrontés dont nous avons en vain cherché la signification (fig. 34 et 35).

35. CATHÉDRALE DU PUY.
Chapiteaux du pilier disposé entre la 1re et la 2e travée, côté Sud.

Aux colonnettes ce sont des feuillages ou des animaux sculptés dans des rinceaux, et ressemblant tellement à ceux de Polignac qu'ils paraissent sortis de la main du même ouvrier, supposition fort plausible, étant donné la similitude des piliers que nous avons déjà signalée, et l'âge respectif de ces monuments, qui, selon toute probabilité, ont été construits l'un et l'autre dans la seconde moitié du xiie siècle.

Première travée. — La première travée, qui porte dans les textes le nom de chœur de Saint-André, est plus élevée que le reste de l'église. On y accède par trois degrés; à cela près, elle ne diffère de la seconde ni par la structure ni par la décoration.

Contre le mur de façade sont appliquées des arcades, dont le cintre est légèrement brisé, et sous lesquelles s'ouvrent trois grandes fenêtres en plein-cintre aux bas-côtés, en arc brisé à la nef.

La coupole de cette travée est, comme les autres, pourvue d'ouvertures sur ses quatre faces; elle reçoit du jour par les fenêtres de l'Ouest, du Nord et du Sud. Les chapiteaux des colonnettes sont analogues à ceux de la travée précédente.

Extérieur de la cathédrale. — Si nous examinons l'extérieur, nous remarquons d'abord que la nef s'élève

---

1. Cette déviation est indiquée, quoique très légèrement, dans le plan de la cathédrale que donne Mallay dans l'ouvrage de Michel et Mandet : *L'Ancienne Auvergne et le Velay*, mais ce plan est fautif pour d'autres parties et nous n'avons en lui qu'une minime confiance.
2. Le même motif se retrouve sur le tympan de la chapelle Saint-Michel d'Aiguilhe.

bien au-dessus des bas-côtés, que leurs toitures sont distinctes et qu'à l'extérieur comme à l'intérieur, il y a une différence très sensible de construction au point de raccord de la seconde avec la troisième travée (pl. ii, xxix et xxxi).

Façade septentrionale. — Sur la partie la moins ancienne (les deux premières travées) nous n'avons pas beaucoup à dire; les parements sont en moyen appareil à joints très minces.

A l'étage supérieur, on voit une fenêtre, de dimension moyenne, flanquée de colonnettes et accostée d'arcades aveugles, tandis qu'à l'étage inférieur il n'y a qu'une fenêtre en plein-cintre entourée d'archivoltes. Entre ces fenêtres et les ouvertures du porche, on voit une série d'arcatures alternativement plein-cintre et trilobées.

Même disposition, à quelques exceptions près, aux deux travées suivantes (la troisième et la quatrième). Les fenêtres de l'étage supérieur ne sont pas accostées de colonnettes, tandis qu'au bas-côté une ouverture primitive a été murée lorsqu'on a édifié le bâtiment des mâchicoulis. A la quatrième travée, qui correspond à la galerie occidentale du cloître, se trouve un grand et bel oculus à double ébrasement; nous avons déjà indiqué la raison de cette singularité. Jusqu'à ce point les travées sont extérieurement différenciées par des contreforts qui disparaissent à partir de là [1], à moins qu'on ne qualifie ainsi le petit ressaut amorti en glacis qu'on voit à la nef entre la cinquième et la sixième travée.

Quant au contrefort placé à la hauteur du doubleau qui sépare la seconde travée de la troisième, point où la construction semble avoir subi un temps d'arrêt, il paraît avoir été construit en deux fois : du reste, nous avons dit que là se trouvait aussi le point de jonction entre les constructions entièrement neuves et les deux travées respectées au cours des restaurations modernes.

Il n'est donc pas étonnant qu'il se soit manifesté dans la construction quelques mouvements qui ont pu nécessiter des reprises, reprises dont nous ne pouvons tirer aucune conclusion puisque nous avons à faire à une partie reconstruite du monument.

Les deux travées de la cathédrale les plus rapprochées du chœur sont plus curieuses. Les fenêtres, grâce au système de structure des coupoles, sont à un niveau assez bas et surmontées d'un mur élevé; aussi, pour dissimuler l'aspect désagréable qu'aurait produit cet espace nu, les architectes disposèrent « des panneaux renfoncés, pratiqués dans l'épaisseur de la muraille et décorés de mosaïques et de colonnettes occupant les parties vagues et encadrant les baies d'une façon gracieuse, sans enlever à la construction l'aspect de solidité qu'elle doit conserver. La fenêtre est elle-même formée par une double archivolte bien appareillée, celle extérieure portant sur des colonnettes. Ainsi, d'une petite baie très simple en réalité, les architectes de la fin du xie siècle ont fait un motif de décoration d'une grande importance à l'extérieur [3] » (pl. xxix).

36. CATHÉDRALE DU PUY

Façade septentrionale avant les restaurations faites au xixe siècle, d'après un dessin de Mallay [2].

L'appareil y est aussi très beau, les joints sont fins, les chapiteaux des colonnettes très fouillés, les fenêtres des bas-côtés larges et disposées deux par travée; aussi nous serions bien tentés d'arriver au moins jusqu'au début du xiie siècle pour cette partie de l'édifice; mais, nous le répétons, sa réfection presque totale nous empêche d'être trop affirmatif.

Les corniches à simples tablettes à la nef sont, aux bas-côtés, portées sur des modillons.

Façade méridionale. — La façade méridionale de la cathédrale est adossée aux bâtiments de l'évêché dont une large terrasse cache toute la partie inférieure des bas-côtés. A cela près sa disposition est analogue à celle de la façade septentrionale. Les deux premières travées sont identiques; la troisième, pourvue au bas-côté d'une fenêtre

---

1. Nous avons dit que le doubleau du bas-côté était monté jusqu'au point où aboutissait celui de la nef, cette disposition rendait donc moins nécessaire l'emploi des contreforts à cette dernière.

2. Conservé au Ministère des cultes.

3. Viollet-le-Duc, *Dictionnaire raisonné*, V, page 372. Viollet-le-Duc avait vu cette partie de la cathédrale avant toute restauration; son opinion sur ce point est donc précieuse, et en admettant que les données générales aient été exactement suivies, nous serions tenté d'aller plus loin encore et de penser que ces constructions pouvaient s'exécuter pendant le premier quart du xiie siècle.

de grande dimension, est comprise entre de très gros contreforts : à l'oculus que nous avons signalé à la quatrième travée au-dessus de la galerie du cloître correspond ici une fenêtre de belle ouverture [1]. Là aussi le raccord entre la quatrième et la cinquième travée est fait d'une manière assez gauche ; les contreforts disparaissent également ment aux bas-côtés à partir de ce point.

Nous venons de passer en revue l'extérieur des façades latérales, telles que nous les avons vues, et comme toujours il faut nous poser la question : Était-ce bien leur disposition primitive? question qu'il n'est guère facile de résoudre.

Le Ministère des cultes possède, en effet, deux dessins exécutés par Mallay avant le début des restaurations faites en ce siècle (fig. 36 et 37). Or, en admettant que ces dessins soient exacts, on voit que, pour les quatre premières travées, on a scrupuleusement suivi les données anciennes. Mais, pour les deux dernières, il semble bien qu'il n'y avait aux bas-côtés qu'une seule fenêtre au lieu de deux par travée, et qu'en outre il ne restait pas beaucoup de traces des panneaux décorant la partie supérieure de la nef, à moins que ceux-ci n'aient été cachés à cette époque sous des plâtres ou de la maçonnerie.

La toiture du transept arrive à la même hauteur que celle de la nef; ses murs de clôture sont meublés, au Nord et au Sud, de deux étages de trois arcatures, portées sur des colonnettes. Elles sont aveugles à l'étage inférieur ; à l'étage supérieur les deux extrêmes sont seules ajourées.

Le même système de panneaux renfoncés que nous avons indiqué pour la nef, se retrouve à l'est du bras Nord du transept.

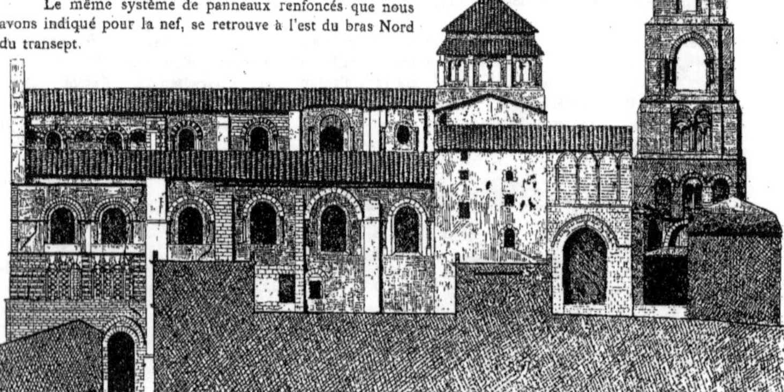

37. CATHÉDRALE DU PUY. *Façade méridionale avant les restaurations faites au xix⁰ siècle, d'après un dessin de Mallay* [2].

Les pignons sont ornés de marqueteries, composées au transept Nord d'étoiles et de rectangles incrustés dans des cercles, tandis que le bras Sud (pl. xxii) est beaucoup plus richement décoré ; les mosaïques, de dessins variés, quoique assez simples, sont réparties en plusieurs registres superposés. Une espèce de torsade côtoie les rampants du pignon, et une croix formée d'étoiles dans des cercles en occupe le milieu.

L'appareil est moins grand que dans le reste de l'église, il est surtout plus allongé. Nous ne croyons pas que cela puisse être un élément de critique; nous avons déjà dit que la hauteur des murs et la grande dimension des fenêtres nous empêchent de voir là un monument antérieur à la fin du xi⁰ siècle. Du reste, une seule portion de ce transept fait partie de la construction primitive; c'est l'extrémité du bras septentrional, encore a-t-on refait la partie intermédiaire (pl. xxix).

Quant au chevet, il est entièrement de construction moderne, et le rapport de Viollet-le-Duc indique que l'architecte n'a pas assez tenu compte des dispositions préexistantes; c'est ainsi qu'on en a presque doublé la hauteur [3] et que la disposition des fenêtres a été entièrement modifiée; toutefois, la grande frise composée d'ani-

---

1. Ces fenêtres sont restées intactes dans la partie du monument que nous étudions. Viollet-le-Duc, *rap. cit.*, les croyait refaites au xiii⁰ siècle; nous avons en vain cherché des traces de reprises; d'autre part, ces fenêtres sont d'allure franchement romane, et nous les croyons contemporaines de la partie du monument qu'elles éclairent, c'est-à-dire du second quart du xii⁰ siècle.

2. Conservé au Ministère des cultes.

3. Il suffit, pour s'en rendre compte, de comparer l'état ancien (fig. 24 et 30) avec l'état actuel (pl. xlviii, n⁰ 2).

maux, les ornements en forme d'S et l'inscription intermédiaire existaient tels quels dans la construction ancienne [1] (pl. xiii).

II. PORCHE NORD-EST

En plus de son entrée principale, la cathédrale du Puy possède deux autres portes : l'une au Nord-Est, l'autre au Sud-Est, toutes deux abritées sous des porches remarquables. Cette disposition faisait dire aux vieux chroniqueurs qu'on entrait dans l'église par le nombril et qu'on en sortait par les oreilles.

Le porche Nord-Est (pl. xviii, xix et xl) a été reconstruit presque en entier, mais la porte paraît intacte ; elle présente avec les portes d'Auvergne une similitude frappante ; les montants n'en sont ni ornés ni ébrasés. La baie est amortie par un linteau *en dos d'âne*, sur lequel est représentée la Cène.

Sur le tympan, dont le cintre est à la fois surhaussé et outrepassé, on voit le Christ dans une gloire, accosté de deux anges, le tout se détachant sur un fond orné de mosaïques et de petits trèfles à quatre et cinq lobes creusés à travers le tympan : la sculpture en est très plate ; elle a de plus été fort endommagée. On y lit l'inscription suivante : *Mirabile sanctum monimentum postremam cœnam adstantibus discipulis instituit suæ Passionis monimentum.*

La porte elle-même est ornée de fort belles pentures en fer forgé, que nous reproduisons plus loin d'après un dessin de Mallay exécuté en 1840. Ces pentures semblent avoir subi quelques altérations, c'est ainsi que la tête indiquée sur le dessin n'existe plus. Cette porte donne accès dans le transept ; une autre, de dimension moindre et dépourvue d'ornement, pénétrait dans le collatéral.

Le porche est formé d'une demi-voûte d'arêtes, s'appliquant contre le mur du transept ; les doubleaux, affectant la forme d'un

39. PORCHE SUD-EST DE LA CATHÉDRALE DU PUY AU COMMENCEMENT DU XIX° SIÈCLE
(d'après une gravure de Née).

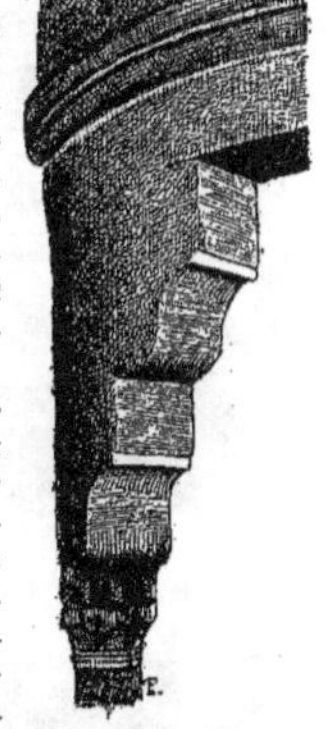

38. CATHÉDRALE DU PUY
Salle supérieure du porche Nord-Est (détail de la cheminée).

quart de cercle, se profilent en un bandeau entre deux tores.

Ce porche s'ouvre actuellement sur l'extérieur par un arc très surbaissé [2], au-dessus on voit une corniche, puis un oculus. Enfin, trois fenêtres, dont celle du milieu plus élevée, entourée d'une archivolte à cintre très surhaussé, éclairent une salle haute servant de dépôt. La voussure torique de ces fenêtres repose sur des colonnettes avec chapiteaux décorés de têtes. Les bases sont portées sur de petits pilastres cannelés. La salle supérieure du porche qui, autrefois, servait probablement de chapelle, est couverte d'une voûte en berceau plein-cintre, elle communiquait avec la tribune du transept. Dans cette pièce on voit une belle cheminée romane avec hotte conique reposant sur de petites colonnettes refouillées et couronnées de chapiteaux (fig. 38).

[1]. Cette inscription est la suivante :

Fons ope divina languentibus ŏ medicina
Subveniens gratis ubi deficit ars Ypocratis.

Elle fait allusion à l'eau d'un puits qui se trouve en cet endroit.

[2]. La disposition de cet arc surbaissé semble ne pas être primitive ; le dessin de Mallay que nous reproduisons (fig. 24) indique au contraire deux arcs en plein-cintre ; l'un de grande dimension accosté d'un plus petit.

III. PORCHE SUD-EST

Le porche Sud-Est de la cathédrale du Puy est un morceau de premier ordre. Nous ne le croyons pas antérieur à la fin du XIIᵉ siècle. C'est une construction indépendante de celle de l'église et disposée dans l'angle rentrant formé par l'intersection du transept et de la nef (pl. XXII, XXIII, XXIV, XXV, XLVIII, nᵒˢ 7, 8).

Le plan est rectangulaire. La voûte, très bien appareillée en moellons de teinte alternativement sombre et claire est supportée par des ogives qui sont l'exemple le plus ancien que nous ayons à signaler dans la région.

Ce porche s'ouvre au Sud et à l'Est par une grande archivolte formée de quatre ressauts se profilant en tores, soit unis, soit décorés de petites gorges. En des-

40. CATHÉDRALE DU PUY. *Voûtes du porche Sud-Est.*

sous est un arc isolé, concentrique et disposé là dans un but simplement décoratif.

Il « est maintenu au moyen de trois petits pilastres isolés, destinés à empêcher son relèvement ou sa déviation hors du plan vertical » [1].

Les piédroits de l'arc extérieur sont formés au Sud-Est d'un gros massif de maçonnerie, et, sur les autres côtés, de colonnes décorées de gaufrures; l'astragale est taillé sur plan carré « et la colonnette arrive du cylindre à ce plan carré par un ornement » (fig. 41) [2].

Les autres voussures reposent sur des piédroits en forme de pilastres cannelés; quelques-uns ont leurs angles abattus en rond; deux autres sont cylindriques et décorés du haut en bas d'ornements fusiformes. Bon nombre d'entre eux sont composés de tambours de pierre de teinte alternativement sombre et claire.

41. CATHÉDRALE DU PUY. *Porche Sud-Est.*

42. CATHÉDRALE DU PUY.
Chapiteau du porche Sud-Est.

1. Viollet-le-Duc, *Dictionnaire raisonné*, V, 346. Ce tour de force architectonique est très rare. M. Brutails a toutefois signalé un exemple analogue au portail de Toulouges en Roussillon. Des deux tores formant archivolte, dit-il, celui qui est le plus rapproché du centre est complètement séparé de la voussure voisine, à laquelle il est relié sur trois points par des têtes plates. *Bulletin archéologique du Comité des travaux historiques*, 1893, page 347. M. Camille Enlart nous a indiqué une disposition identique existant en Italie à une des fenêtres de la cathédrale de Plaisance.
2. Viollet-le-Duc, *Dictionnaire raisonné*, III, 497, 498.

Le support, placé à l'angle même du transept et de la nef, est une colonnette également cannelée, surmontée d'un chapiteau avec tailloir et portée en encorbellement; le culot sur lequel elle repose a la forme d'une main ouverte.

Les ogives et les formerets (fig. 40) se profilent en tores sur chacun desquels on a sculpté trois gorges (fig. 43); celles-ci sont de deux en deux claveaux, ornées d'une rosace, d'une fleurette, d'une étoile ou d'une petite tête. Ces ogives présentent une assez grande analogie avec celles de Lucheux, en Artois [1]. En plus des ogives et des formerets on a encore appliqué sous la voûte de ce porche quatre arcs secondaires se coupant à angle droit et se profilant aussi en tores sur lesquels sont sculptées de petites sphères.

43. CATHÉDRALE DU PUY. *Chapiteau du porche Sud-Est.*

La sculpture des chapiteaux comprend surtout des feuillages (en général des feuilles d'acanthe), très découpés et d'un travail très fin (fig. 43). Les sujets historiés sont moins nombreux; on voit une sirène, une tête d'homme entre deux animaux, représentation probable de Daniel dans la fosse aux lions, deux aigles affrontés, des rinceaux s'échappant de la bouche de deux animaux, etc.

Les tailloirs sont formés tantôt d'un méplat, d'un cavet et d'une doucine, tantôt d'un méplat et d'un biseau, ornés parfois tous deux de rinceaux ou de petites roses. Aux sommiers le motif de décoration est en général un peu plus proéminent qu'aux ogives. Les bases sont toutes composées de deux tores séparés par une scotie; elles sont toujours rectangulaires, même lorsque les colonnes sont rondes. Le constructeur de ce porche a certainement été influencé par un art étranger; les pilastres cannelés sembleraient être une réminiscence bourguignonne.

Viollet-le-Duc [2] datait ce porche du milieu du XIIe siècle; nous avons dit que nous étions disposé à le croire plutôt de la fin du siècle.

44. CATHÉDRALE DU PUY. *Porte sous le porche Sud-Est.*

Au-dessus du porche, et donnant sur la tribune du transept Sud, est une chapelle extérieurement décorée sur chaque face libre d'ouvertures ou d'arcades en arc brisé, entourées de nombreuses voussures toriques reposant sur des faisceaux de trois colonnettes, refouillées avec chapiteaux recouverts de feuillages d'un travail caractéristique de la fin du XIIIe ou du commencement du XIVe siècle. A l'intérieur, cette chapelle est couverte d'une voûte en berceau au-dessous de laquelle sont des ogives en bois construites probablement au début du XIXe siècle, et qui ne supportent rien. Viollet-le-Duc [3] en désirait la disparition; il est certain que cette disposition n'a aucune raison d'être.

<hr>

1. Des ogives décorées de la même manière se voient à Saint-Germer et à Saint-Bertin de Saint-Omer. Enlart, *Monuments religieux de l'architecture romane et de transition dans la région picarde.* Paris, 1895, in-4°, pages 134 à 136.
2. *Dictionnaire raisonné*, III, 251, 252; — V, 346.
3. Notes de voyages communiquées par son fils.

Ce porche abrite deux portes, l'une (pl. XXIV) donne accès dans le bas-côté méridional, elle est surmontée

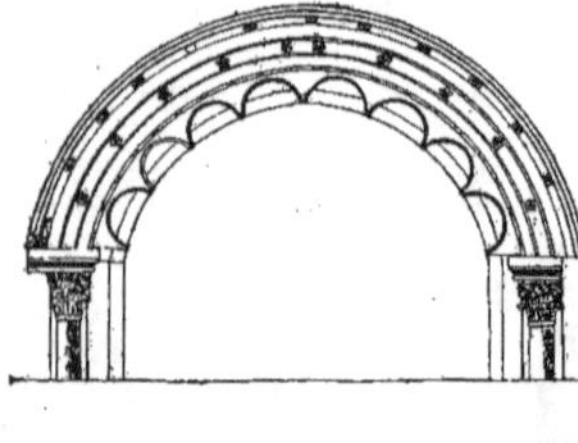

45. CATHÉDRALE DU PUY.
Porte sous le porche Sud-Est.

d'un tympan de forme triangulaire sur lequel est gravée une inscription bien connue se rapportant à Saint Scutaire [1]; ce tympan, qui a certainement appartenu à un monument plus ancien, est encadré d'une archivolte composée d'une suite d'ornements en forme d'S analogue à celle que nous avons déjà mentionnée au chevet de la cathédrale : elle repose sur des pilastres cannelés refaits à une époque moderne. L'autre, qui semble faite après coup (pl. XXIV, fig. 45), pénètre dans le croisillon méridional; elle est entourée d'une double archivolte, l'intérieure décorée de lobes, l'extérieure d'un tore disposé entre deux gorges meublées de sphères, d'étoiles ou de fleurettes. Sur le sommier on a sculpté une femme à mi-corps pourvue d'une abondante chevelure.

Les piédroits sont formés d'un ressaut du mur sans ornement et de colonnettes couronnées : au Nord, de chapiteaux à feuillage; au Sud, de deux personnages trapus vus à mi-corps, émergeant au milieu de rinceaux; leurs têtes sont très expressives et il nous paraît probable que l'artiste a dû prendre ses modèles dans la région où l'on rencontre fréquemment encore des types analogues. L'une des bases se compose de deux tores séparés par une scotie; l'inférieur très déprimé est décoré d'ornements fusiformes, une griffe déborde sur un des angles.

IV. CLOITRE DE LA CATHÉDRALE

Le long du mur septentrional de la cathédrale est adossé un cloître rectangulaire compris entre celle-ci et la construction abritant actuellement le nouveau musée diocésain, d'une part, et les deux bâtiments qui portent aujourd'hui les noms de Chapelle des Morts et de Salle des États, d'autre part. Il a été, comme tout le reste de l'édifice profondément remanié (pl. XXVIII à XXXVIII et pl. XLVIII, n° 5).

La galerie adossée à la cathédrale, celle qu'il eut été le plus intéressant de conserver intacte, avait été en grande partie démolie au XVIII° siècle; le dessin qu'en avait fait Viollet-le-Duc lors de son passage au Puy en 1848, et que nous reproduisons (planche XVII), peut donner une idée de ce déplorable état. La partie extérieure de cette galerie a donc été reconstruite presque en entier;

46. CLOITRE DU PUY. *Jonction des deux parties.*

47. CLOITRE DU PUY
Clé d'une archivolte.

les autres, heureusement, n'ont subi que des remaniements de détail.

Le cloître s'ouvre sur le préau par cinq arcades sur les deux côtés les plus petits et par dix sur les plus longs. Sauf à l'angle Nord-Est, les arcades extrêmes sont plus étroites que les autres. Les voûtes des quatre parties, toutes les mêmes, sont composées de petits compartiments d'arêtes reposant, du côté de la cour, sur de

1. Cette inscription est la suivante : SCUTARI PAPA VIVE DEO.

grosses piles carrées, flanquées de quatre colonnes dégagées, et du côté intérieur, sur des colonnes également

48. CLOITRE DU PUY. *Galerie méridionale.*

49. CLOITRE DU PUY. *Galerie méridionale.*

50. CLOITRE DU PUY. *Clé d'une archivolte.*

dégagées. Toutefois quelques piles, celles des angles et celles qui supportent la troisième travée occidentale, ont une forme irrégulière.

« Les piles portent sur un bahut épais, élevé de 45 centimètres au-dessus du pavé des galeries, formant ainsi un banc continu à l'intérieur aussi bien que sur le préau, un autre banc pourtourne le mur et sert de socle aux colonnes adossées à ce mur [1]. » Les colonnes des angles ont été placées de biais, leur disposition est fort

51. CLOITRE DU PUY. *Galerie méridionale.*

52. CLOITRE DU PUY. *Galerie méridionale.*

ingénieuse et a permis de construire partout des voûtes d'arêtes d'une régularité parfaite.

[1]. Viollet-le-Duc, *Dictionnaire raisonné*, III, 413.

Les piles sont en maçonnerie, les colonnes monolithes, l'astragale est taillé dans le fût. Les arcades sont

53. CLOITRE DU PUY. *Galerie méridionale.*

54. CLOITRE DU PUY. *Détail de la corniche.*

doublées avec moulure intermédiaire composée d'un tore, à la partie la plus ancienne

55. CLOITRE DU PUY. *Galerie occidentale,* 2e travée.

et ailleurs, de fuseaux juxtaposés. Cette dernière moulure fait défaut aux arcades occupant les angles Sud-Est et Nord-Est. A l'archivolte la plus extérieure, un seul sommier sert pour deux arcs. Les claveaux sont alternativement blancs et noirs.

La portion de mur qui surmonte les archivoltes est décorée d'une mosaïque, formée d'une suite de losanges blancs, noirs et rouges; enfin, une corniche richement sculptée termine le tout.

Les clés des archivoltes sont proéminentes et ornées de figures en relief, disposition rare dont nous avons signalé d'autres

56. CLOITRE DU PUY. *Galerie méridionale.*

57. CLOITRE DU PUY. *Galerie méridionale.*

exemples dans la région [1] : ce sont des personnages et des animaux dont quelques-uns ont une tête d'homme,

1. Charlieu, Bourg-Argental (Loire); Champagne (Ardèche); Brioude (Haute-Loire), etc.

et d'autres une tête d'animal plus ou moins fantastique tenant par les cheveux une tête d'homme (fig. 47 et 50).

58. CLOITRE DU PUY. *Galerie orientale.*

59. CLOITRE DU PUY. *Galerie orientale.*

Viollet-le-Duc attribuait au xe siècle [1] la galerie adossée à la cathédrale, tandis qu'il croyait les autres du xiie. C'est là une opinion que nous ne partageons point. Nous ne nions pas qu'il y ait une différence entre la galerie méridionale et les autres ; mais cette différence est-elle si notable ?

Les colonnes de cette galerie plus ancienne sont plus grosses, et quelques-unes ont le fût orné de spirales ou de cannelures ; quelques bases sont décorées d'oves ou d'ornements fusiformes, détails qu'on ne voit pas aux trois autres galeries ; la moulure qui relie les deux archivoltes est torique aux travées les plus anciennes, tandis qu'elle est composée aux plus récentes de fuseaux juxtaposés.

En outre, les chapiteaux ont une allure plus archaïque ; certains d'entre eux ceux par exemple dont la corbeille est de forme tronc-conique (fig. 49), où la place de la rosette corinthienne est occupée par une tête, et celle des volutes par des colombes, ne se trouvent que dans la partie ancienne, de même que ceux sur lesquels tout le bas est couvert de feuillage et sur le haut desquels on voit une tête humaine coupée par un rang de perles à la hauteur de la bouche, d'où semblent sortir de grosses volutes (fig. 56, et 57).

Mais à côté de cela, les bases sont les mêmes ; les profils des tailloirs identiques, ce qui rapproche beaucoup les époques de construction. Il n'y a de différence de détail que dans la décoration (chapiteaux et corniche).

60. CLOITRE DU PUY. *Galerie orientale.*

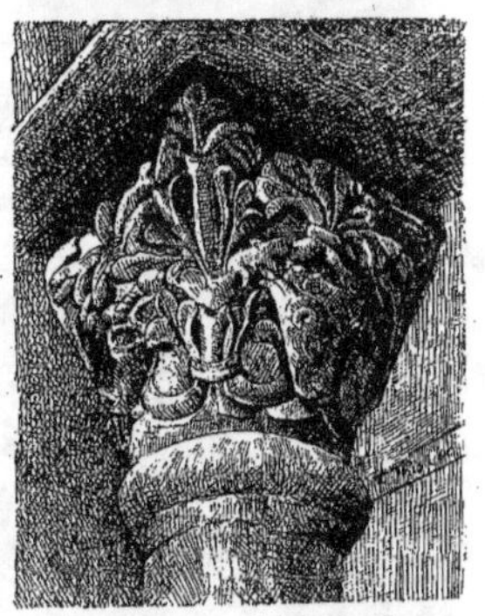

61. CLOITRE DU PUY. *Galerie orientale.*

62. CLOITRE DU PUY. *Détail de la corniche.*

Une des travées de la galerie orientale, trois de la galerie occidentale [2] font aussi partie de la construction

<hr>

1. *Dictionnaire raisonné*, III, 256-257.
2. Ces deux travées sont les seules avec celles des angles Nord-Est et Sud-Est qui n'ont pas de moulure torique ou fusiforme unissant les deux voussures.

plus ancienne. On voit bien, à l'Est, la place de la reprise ; c'est le seul endroit où les archivoltes ont deux som-

63. CLOITRE DU PUY. *Galerie orientale.*

64. CLOITRE DU PUY. *Galerie orientale.*

miers distincts, le seul endroit aussi où l'on voit deux colonnettes géminées paraissant réunies entre elles par une lanière ou une cordelette [1] (fig. 46). Mais, encore une fois, de ces différences de détail faut-il conclure qu'on a mis deux siècles à élever ces constructions ? Nous ne le croyons pas.

Le cloître ne nous paraît pas antérieur à la partie de la cathédrale à laquelle il est adossé. Le travail des chapiteaux, la forme déjà assez avancée des bases,

65. CLOITRE DU PUY. *Galerie septentrionale.*

66. CLOITRE DU PUY. *Galerie septentrionale.*

67. CLOITRE DU PUY. *Galerie septentrionale.*

semblent l'indiquer [2]. En un mot, l'extrême fin du xie ou même le début du xiie siècle est, à notre avis, la date où fut construite la galerie méridionale, tandis qu'on aurait bâti les autres dans le cours de ce même

---

1. Aurait-on voulu représenter par là la jonction des travaux anciens avec les travaux plus récents?

2. Nous ne parlons pas pour cette partie du soin apporté dans la confection des mosaïques ni de la sculpture de la corniche, car les unes et les autres peuvent avoir été refaites ainsi que quelques chapiteaux ; mais bon nombre de chapiteaux de la partie adossée à la cathédrale appartiennent à la construction primitive.

xɪɪ^e siècle [1]. C'était également l'opinion de Courajod qui ne voyait pas dans les chapiteaux les plus anciens des œuvres antérieures au xɪ^e siècle : « Un chapiteau, dit-il, présente une forme toute spéciale et très orientale; c'est

68. CLOITRE DU PUY. *Galerie occidentale.*

une sorte de corbeille surmontée aux angles de poules ou de colombes soutenant le tailloir qui est orné d'une tête tout à fait dans le caractère du xɪ^e siècle [2]. »

Nous sommes, sur ce point, de l'avis de Mérimée, qui ne voit point d'arrêt dans les travaux [3]; il observe que la construction s'est opérée d'une façon lente [4].

69. CLOITRE DU PUY. *Galerie occidentale.*

La sculpture de tout ce cloître présente du reste le plus grand intérêt. Dans le rapport que rédigea Viollet-le-Duc en 1848 à la suite d'un de ses voyages au Puy, il déclarait que les chapiteaux du cloître étaient assez

70. CLOITRE DU PUY. *Galerie occidentale.*

71. CLOITRE DU PUY. *Galerie septentrionale.*

72. CLOITRE DU PUY. *Galerie occidentale.*

bien conservés et il insistait pour qu'on n'en remplaçât aucun, il est regrettable que ces sages prescriptions n'aient pas été suivies d'une façon absolue [5]. Il est néanmoins facile, par la simple inspection des chapiteaux et de la

<hr>

1. Courajod, *Leçons professées à l'École du Louvre, publiées par Henri Lemonnier et André Michel.* Paris, Picard, 1899, tome I, page 515.

2. Le P. Caillau, *Les gloires de Notre-Dame du Puy*, Paris, 1846, in-12, page 149, écrit : « Dans une donation faite en 1134 par Raymond de Saint-Quentin pour construire une des galeries du cloître capitulaire, on lit la signature de trois illustres prélats : Pierre, archevêque de Vienne; Guillaume, évêque de Mende, et Eustache, évêque de Valence, qui se disaient tous trois chanoines de la sainte Basilique. » Le P. Caillau ne dit pas où il a pris ce texte que nous n'avons pas retrouvé; en tous cas, cette date s'accorderait parfaitement avec l'architecture de la travée septentrionale ou de la travée occidentale.

3. « Il n'est pas rare d'ailleurs de voir des galeries d'un même cloître appartenant à des époques diverses : Arles, Saint-Bertrand-de-Comminges, etc. Ces édifices n'étaient pas toujours, n'étaient même pas le plus souvent, élevés d'un seul jet; leur construction pouvait dépendre de celle des corps de logis adjacents : église, salle capitulaire ou dortoir, réfectoire, cellier. Parfois aussi on élevait des galeries provisoires en bois qu'on ne se pressait pas de remplacer. Il en est resté deux dans l'abbaye de Fluran (Gers), où elles sont encore ». *Note communiquée par M. A. Saint-Paul.*

4. *Notes d'un voyage en Auvergne*, page 229.

5. Rapport cité.

corniche, et à la vue des perfectionnements qui y sont apportés à mesure qu'on avance, de se rendre compte de la marche de la construction.

Dans les deux dernières travées de la galerie occidentale, dans toute la galerie méridionale et la première travée de la galerie orientale, on trouve sur les chapiteaux, outre les motifs que nous avons déjà signalés, des feuilles d'acanthe bien traitées et bien fouillées, mais néanmoins d'aspect encore plat et archaïque (fig. 59). A certains d'entre eux, les volutes, au lieu de se recourber hors de la corbeille, s'en détachent d'abord, puis s'en rapprochent comme dans certains chapiteaux de

75. CLOITRE DU PUY. *Galerie occidentale.*

74. CLOITRE DU PUY. *Galerie occidentale.*

la Renaissance et dans quelques chapiteaux romans bourguignons (fig. 55). A partir de la seconde travée de la galerie orientale, le diamètre des colonnes devient bien plus petit et le caractère des chapiteaux se transforme : ce sont des feuillages assez plats, divisés ou non entre eux par des cordelettes et entremêlés ou non de têtes (fig. 59, 61); ce sont encore des colombes buvant dans un calice (fig. 60); mais pas de personnages, sauf sur deux d'entre eux, couronnant des colonnettes du côté du préau et dont chacune des faces est occupée par un homme aux bras déployés et drapé dans une robe d'assez amples proportions (fig. 64). Au cloître ces deux derniers chapiteaux ont été refaits, les anciens sont au Musée; nous reproduisons l'un d'eux dans la notice que nous consacrons aux sculptures conservées dans ce dépôt.

A la galerie septentrionale, les feuillages dominent, ils ont pourtant plus de relief, parfois le bas de

75. CLOITRE DU PUY. *Galerie occidentale.*

76. CLOITRE DU PUY. *Galerie occidentale.*

la corbeille a la forme d'un tronc de cône séparé des volutes par un rang de perles ou de feuilles; on voit cependant assez souvent à la place de la rosette, des têtes d'hommes ou des animaux (lapins ou écureuils, fig. 67, 71), tandis que, vers la porte d'entrée pratiquée à l'angle Nord-Est, les animaux évangéliques sont disposés deux à deux, en face les uns des autres. Sur l'un, un ange tient une banderolle portant l'inscription : LIBER GENERATIONIS, en dessous du tailloir on remarque le mot MATTEU[s], il est accompagné du bœuf avec la légende : Lucas; en face c'est un *Agnus Dei* accosté de l'ange et du lion au-dessus desquels sont gravés les mots Joannes et Marcus (fig. 65 et 66).

Enfin, avec la galerie occidentale, nous entrons dans la série des chapiteaux historiés alternant avec d'autres couverts d'enroulements de feuillage du plus beau style. Sur l'un on voit deux moines ou un moine et une abbesse se disputant une crosse, de chaque côté, des démons semblent leur souffler la discorde (fig. 74, 75); sur un autre, deux démons coiffés de bonnets étranges veulent arracher une âme à un ange (fig. 69, 70); sur un autre encore, l'artiste avait dû vouloir représenter le Jugement dernier (fig. 80); cette scène est assez mutilée, mais on reconnaît encore aux deux angles un ange sonnant de la trompe et un autre ange tenant un livre. Ailleurs, deux animaux à têtes de

77. CLOITRE DU PUY. *Galerie occidentale.*

78. CLOITRE DU PUY. *Galerie occidentale.*

femme semblent se poursuivre (pl. XLVIII, n° 12, fig. 68), ce sont encore deux monstres ailés et affrontés dont les têtes ont été mutilées, ou deux lions enchaînés d'un caractère prononcé (fig. 76). Certains méritent d'être classés parmi les plus belles œuvres de la sculpture romane; on y remarque des rinceaux de feuillage du caractère le plus pur; une fleur s'en détache et vient s'appliquer contre la corbeille, la rosette est formée d'une petite tête humaine, véritable œuvre d'art malheureusement détériorée (fig. 78 et 79), un autre chapiteau de cette galerie est compris de la même façon, mais au lieu d'une tête d'homme à la rosette on y voit une tête d'animal (fig. 77). Ici l'extrémité supérieure de la corbeille est, au-dessous des volutes, ornée d'une série d'oves ou de zigzags; là, au contraire, c'est au-dessus des volutes qu'on voit un ruban plissé, une rangée de perles, de losanges ou de disques; ailleurs,

79. CLOITRE DU PUY. *Galerie occidentale.*

80. CLOITRE DU PUY. *Galerie occidentale.*

enfin, ce sont des têtes placées au-dessus d'une rangée d'oves (fig. 73).

Il est curieux de noter que, dans cette galerie, les chapiteaux à feuillage sont traités avec un art beaucoup plus consommé que les chapiteaux historiés; faut-il y voir la main d'artistes différents, ou plutôt de mêmes ouvriers, déjà habiles dans la sculpture ornementale, mais inaccoutumés encore à traiter les personnages?

On peut également suivre sur la corniche la même marche progressive. Aux deux travées occidentales et à la galerie méridionale, c'est une série de fleurettes interrompue par des têtes d'homme ou d'animaux très proéminentes et des plus expressives; à la galerie orientale, les fleurettes et les étoiles disparaissent peu à peu, et entre les grosses têtes, encore assez rapprochées,

81. SCULPTURE CONSERVÉE DANS LE CLOÎTRE DU PUY.

on voit des guirlandes, des pampres ou des rinceaux de beaucoup de relief, des animaux fantastiques au milieu de feuillage, ou un renard se disputant avec un oiseau. A la galerie septentrionale, les grosses têtes sont plus écartées et les sujets intermédiaires plus fantaisistes ; ce sont toujours des pampres, des licornes, où un animal ayant deux corps pour une seule tête. Enfin, à la galerie orientale, les grosses têtes disparaissent pour faire place à une suite ininterrompue de rinceaux entremêlés là encore d'animaux fantastiques ou de scènes fantaisistes ; ici, un chien mord la queue d'un démon, et plus loin ce sont des bêtes à tête humaine, le tout entouré de feuillage, de façon à faire un ensemble harmonieux et surtout du plus grand style.

Partout où existent les têtes saillantes la corniche se profile en deux bandeaux disposés à angle droit, au lieu qu'elle est formée d'un bandeau et d'une doucine dans la partie où il n'y a plus de têtes.

Nous donnons (planche XXXVIII), un grand nombre de ces têtes et, (planche XXXVII), une partie de la corniche.

On a disposé le long du cloître toute une série de débris de sculptures trouvées au cours des réparations faites à la cathédrale ; un seul mérite de retenir l'attention, c'est une tête de Christ du plus beau caractère, disposée entre les lettres A et C.

V. CLOCHER

Le clocher du Puy, dont la construction est indépendante de celle de l'église, s'élève sur le prolongement oriental du collatéral Nord. Sauf quelques modifications de détail il était demeuré intact jusqu'en 1887 ; mais depuis longtemps il menaçait ruine, des pierres s'en détachaient et sa reconstruction devenait nécessaire ; on l'a entièrement rebâti, et on paraît avoir assez scrupuleusement reproduit le monument primitif : des photographies faites par nous avant cette époque, celle notamment que nous reproduisons planche II, permettent d'en juger.

82. STATUES ADOSSÉES AU CLOCHER
DE LA CATHÉDRALE.

« Ce clocher est divisé en sept étages marqués chacun par une légère retraite et se compose à sa base d'une muraille carrée avec quatre piles isolées ; à l'intérieur, des arcs sont bandés des piles aux murs et portent des berceaux perpendiculaires aux quatre murs ; sur ces berceaux reposent les étages supérieurs, qui vont en se rétrécissant jusqu'à l'aplomb des piles, de sorte que le sommet du clocher porte sur ces piles [1] (pl. XLVIII, n° 2, et XLVIII bis). »

De la coupe nous avons peu de chose à dire ; il semble que les deux premiers étages aient été couverts de compartiments d'arêtes dont il reste les amorces, si tant est que la construction ancienne ait été exactement imitée sur ce point ; chacun de ces étages comprend une partie centrale et quatre berceaux perpendiculaires ; ces berceaux sont plus étroits au quatrième étage, à partir duquel le clocher monte d'une seule venue (pl. XX et XXI).

Si on considère l'élévation extérieure, sur chaque face, on voit au rez-de-chaussée une grande arcade doublée, sous laquelle deux portes sont ouvertes, l'une au Nord, l'autre au Sud (pl. II, XXII. XLVIII bis).

Le premier étage est occupé par trois grandes arcatures appliquées : dans celle du centre, on a pratiqué deux baies géminées, à cintre surhaussé ; au dessus, une corniche décorée de billettes, sur laquelle s'appuient quatre statues d'hommes, grossièrement traitées (fig. 82).

Deux petits contreforts rectangulaires se détachent de cette corniche ; entre eux, on voit deux grandes arcades trilobées, accostées de colonnettes, et dans chacune d'elles, deux étroites fenêtres en plein-cintre.

Nouvelle corniche avec billettes, sur laquelle s'ouvre une large fenêtre en tiers point, son archivolte est doublée, et la plus extérieure repose sur des colonnettes dont le fût est très court : la corniche qui surmonte cet étage (le troisième) est portée par des modillons fort simples.

Une fenêtre trilobée, prise sous une grande arcade en tiers point, éclaire le quatrième (pl. XLVIII et XLVIII bis).

---

1. Viollet-le-Duc, *Dictionnaire raisonné*, III, 299.

Le cinquième présente une disposition très curieuse. Au rez-de-chaussée se trouvent deux petites colonnettes, et un peu en retraite il y en a une autre ; toutes sont reliées par de petits arcs en plein-cintre, par dessus lesquels on a construit une voûte minuscule en cul-de-four. Cette demi-coupole est fort bien appareillée. En

plan, cet étage présente « une série de niches intérieures et extérieures se pénétrant avec beaucoup d'adresse, et de manière à reporter les charges sur les angles de la tour [1] » (pl. xlviii *bis*). Sur chacune des faces dont nous venons de parler ce cul-de-four supporte un grand gâble dont l'angle très aigu est terminé par une petite sphère qui ne semble pas avoir fait partie de la construction primitive.

Ce gâble, dont le point de départ sur chaque face est marqué par de grosses têtes, cache en partie d'autres ouvertures plein-cintre qui éclairent le sixième étage ; deux fenêtres, au cintre légèrement brisé, ajourent le septième ; enfin, une pyramide à quatre pans couronne l'édifice.

Peu nombreux sont les textes qui concernent le clocher. La foudre y tomba en 1516 [2] et causa d'assez grands dommages. De même, en 1544 [3], « le mercredi 4 juillet à 9 heures du matin, après plusieurs grans tonnaires, la fouldre tomba au clocher de l'église Notre-Dame où il fit merveilleuses blessures et perfora l'église et fist choses dignes d'être remémorées ». Elle y tomba encore en 1547 [4] et en 1561 [5], « la fouldre cheut sur le grand clocher de l'église cathédrale que moult l'empira ».

Il avait été sérieusement question de le démolir pendant la Révolution, et s'il existe encore, nous le devons au représentant du peuple Raynaud, qui, dans un rapport du 15 ventôse an II, concluait à sa conservation : « Le clocher du temple de la Raison, dit-il, dans lequel est placé

83. REZ-DE-CHAUSSÉE DU CLOCHER DE LA CATHÉDRALE DU PUY.

un horloge utile au public, sera seul excepté et seul conservé. Comme ce clocher affecte une forme pyramidale de laquelle on peut tirer parti pour consacrer à la mémoire les glorieux évènements de la Révolution française, et rappeler à la postérité l'heureuse époque où l'esprit humain a passé de l'abîme des préjugés à la jouissance insatiable de la raison ; en conséquence, la municipalité prendra les mesures pour mettre à profit la structure de ce clocher surmonté déjà d'un coq, qui est le symbole de la surveillance et lequel est mouvant pour fixer les regards sur tous les côtés, afin de surveiller le salut de la République [6]. »

Du reste, nous l'avons dit, le clocher a été entièrement rebâti, et quoique l'on semble avoir exactement suivi les données primitives, il a bien pu disparaître des détails de construction qui auraient été pour nous d'un grand secours.

Nous avons dit aussi que le clocher du Puy était une sorte d'annexe de la cathédrale : il est possible qu'à l'origine on ait pu y pénétrer directement de l'église, mais le mur qui le sépare du collatéral Nord a été reconstruit ; on y a enchâssé des débris romains, et toute trace de porte a disparu. Au second étage, une ouverture permet d'accéder sur le toit de la cathédrale.

Ce clocher a dû être utilisé comme beffroi municipal ; c'est l'avis de Viollet-le-Duc [7] ; il est certain aussi que l'architecte a envisagé le rôle défensif que ce monument pouvait être appelé à jouer. Les fenêtres sont très petites au premier et au second étage, et pour aller de celui-ci au troisième il n'y a qu'une ouverture verticale, où, aujourd'hui encore, malgré un système perfectionné d'échelles en fer, un homme peut difficilement passer.

Mais nous ne sommes pas de l'avis de Viollet-le-Duc quand il affirme qu'on ne pouvait y mettre des cloches qu'entre le premier et le quatrième étage. Médicis nous a laissé une description détaillée du clocher au xvie siècle, il en résulte que les deux grosses cloches étaient au troisième étage, il y en avait encore deux

1. Viollet-le-Duc, *Dictionnaire raisonné*, III, page 300.
2. *Médicis*, édition Chassaing, I, 287.
3. *Médicis*, édition Chassaing, I, 393.
4. *Médicis*, édition Chassaing, I, 410.
5. *Médicis*, édition Chassaing, II, 599.
6. Arch. nat. AD XVI. 45. Ce rapport est publié en entier aux *Pièces justificatives*.
7. *Dictionnaire raisonné*, III, 301.

au-dessus, deux plus haut encore, et enfin, « au quart [1] estaige qui est la summité dudit campanier, n'a que une cloche en laquelle est escript.... » etc.

Du reste, si, comme la chose est probable, les deux étages inférieurs étaient voûtés d'arêtes, il était bien impossible d'avoir pu y introduire des cloches à cause de l'exiguïté des fenêtres, tandis qu'au troisième on pouvait les faire passer par la grande ouverture que nous avons signalée à cet étage; c'est, du reste, là, croyons-nous, la raison d'être de sa dimension.

Quant à la date du clocher, à défaut des renseignements qu'aurait pu nous fournir la construction primitive, il nous semble que la dimension de la baie que nous venons de mentionner et aussi sa forme en tiers point doivent nous reporter au milieu du xiie siècle au moins; nous ne voyons pas de raisons pour que les étages inférieurs soient d'une époque bien antérieure.

VI. RAPPORTS ENTRE LA CATHÉDRALE DU PUY ET D'AUTRES MONUMENTS

Il paraît certain que le clocher de la Cathédrale a inspiré celui de Saint-Michel et que son plan et sa structure ont été importés en Velay, où on ne trouve aucun autre monument analogue (pl. xlviii *bis*).

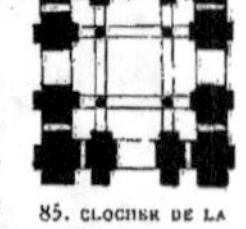

85. CLOCHER DE LA CATHÉDRALE DE LIMOGES. *D'après Viollet-le-Duc.*

Viollet-le-Duc [2] a dressé une carte indiquant l'influence exercée par les diverses formes de clochers, et il fait dériver ceux du Puy de celui de Brantôme.

Le Sud-Ouest, en effet, possède de nombreux clochers dont l'aspect et la forme se rapprochent des nôtres. Toutefois celui de Brantôme, qui y ressemble beaucoup, est compris d'une manière un peu différente, car le dernier étage ne repose pas directement comme au Puy sur des supports disposés au rez-de-chaussée; mais le plan du clocher de Limoges [3], en partie démoli, présente une analogie assez sensible avec celui du Puy, et cette ressemblance nous semble devoir être remarquée.

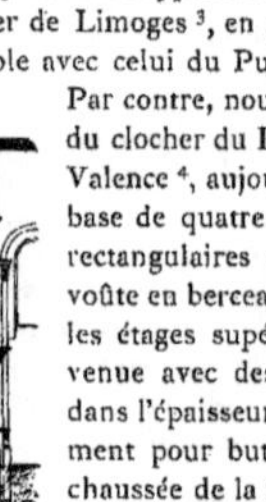

84. COUPE DE L'ANCIEN CLOCHER DE LA CATHÉDRALE DE VALENCE AUJOURD'HUI DÉTRUIT [6].

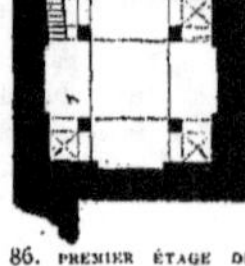

86. PREMIER ÉTAGE DE L'ANCIEN CLOCHER DE LA CATHÉDRALE DE VALENCE

Par contre, nous serions assez disposé à voir une influence du clocher du Puy sur l'ancien clocher de la cathédrale de Valence [4], aujourd'hui détruit; il se composait aussi à la base de quatre murs percés de portes et de quatre piles rectangulaires au-dessus desquelles était construite une voûte en berceau; ces piles, toutefois, ne supportaient pas les étages supérieurs de la tour qui montait d'une seule venue avec des retraites insignifiantes prises seulement dans l'épaisseur des murs. Elles paraissent avoir eu simplement pour but de donner plus de résistance au rez-de-chaussée de la tour [5] (fig. 86).

Les rapports du Puy avec le Sud-Ouest, et avec Limoges en particulier, sont une chose prouvée. Une confrérie de Notre-Dame du Puy avait été établie dans cette ville, et chaque année de nombreux pèlerins venaient du Limousin en Velay, apportant un cierge appelé la *Roda* de Limoges [7].

Nous avons mentionné aussi la redevance que le comte de Bigorre, qui se reconnaissait vassal de la Vierge du Puy, et quelques seigneurs ses voisins payaient, depuis le milieu du xie siècle, au sanctuaire de Notre-Dame du Mont-Anis.

En outre, le Puy était le siège d'un des pèlerinages les plus fréquentés du moyen âge; de nombreux

---

1. *Médicis*, édition Chassaing, I, 137-138. Il s'agit du quatrième étage à partir de celui où étaient les premières cloches, c'était donc en réalité le septième.

2. *Dictionnaire raisonné*, III, 364.

3. Viollet-le-Duc, *Dictionnaire raisonné*, III, 297.

4. Les rapports entre le Velay et Valence étaient nombreux et sont historiquement prouvés. Voir Payrard, *Documents inédits relatifs au Puy et au Velay*. Le Puy, Marchessou, 1868, in-12, page 13.

5. Voir F. Thiollier, *Étude sur l'ancien clocher de la cathédrale de Valence*, dans le *Bulletin archéologique du Comité des travaux historiques*, année 1896, page xl.

6. Ces dessins de l'ancienne cathédrale de Valence nous ont été communiqués par M. Joannis Rey, architecte à Valence.

7. *Annales de la société d'agriculture, sciences et arts du Puy*, tome XVIII, 1866-1867, page 255. Voir aussi la relation de ces pèlerinages limousins dans *Médicis*, I, page 131.

chemins en partaient : l'un entre autres se dirigeait directement du Puy à Saint-Jacques de Compostelle, en passant par Conques [1].

Guinamandus, moine de la Chaise-Dieu, était allé à Périgueux au début du xiie siècle pour construire le tombeau de Saint-Front [2].

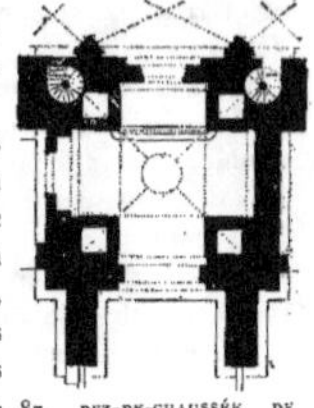

87. REZ-DE-CHAUSSÉE DE L'ANCIEN CLOCHER DE LA CATHÉDRALE DE VALENCE.

On sait aussi que les moines de La Chaise-Dieu étaient possessionnés dans le Sud-Ouest et spécialement en Poitou, à Parthenay-le-Vieux, où ils avaient transporté des pratiques auvergnates [3], telles que la voûte en quart de cercle et les modillons à copeaux, et c'est à ces mêmes moines revenus du Poitou en Velay, que nous croyons devoir attribuer la construction de l'église de Dunières. N'y avait-il pas aussi des maçons limousins capables de reproduire l'architecture qu'ils avaient vue ailleurs?

Nous nous sommes demandé si cette influence du Sud-Ouest, qui semble prouvée pour le clocher, n'aurait pas aussi inspiré la cathédrale même du Puy, laquelle, nous l'avons dit, est restée comme isolée dans la région, quoi qu'en aient pensé MM. Parker et de Verneilh [4].

En effet, nous ne connaissons guère en France que trois monuments voûtés d'une série de coupoles octogonales sur trompes : Saint-Hilaire de Poitiers

88. ÉGLISE SAINT-HILAIRE DE POITIERS.

(fig. 88), Le Puy et Champagne; or, les rapports entre les deux premières de ces villes ont été constants au moyen âge, et M. Berthelé, dans quelques pages des plus intéressantes, a résumé l'état de la question.

Il est historiquement prouvé qu'au moment des invasions normandes, les reliques de Saint-Hilaire furent portées de Poitiers au Puy ; mais, à l'époque romane, une partie de ces reliques furent rapportées à Poitiers. Il semblerait donc que les moines de Saint-Hilaire aient pu en même temps s'inspirer pour leur église des voûtes de la cathédrale du Puy; c'est là l'opinion de M. Berthelé [5].

Malheureusement, les deux monuments ont été remaniés et Saint-Hilaire a été reconstruit en entier, sauf les coupoles de l'abside et de la dernière travée.

Un texte [6], que Dom Chamard date de 1130 environ, indique qu'on fit à cette époque les coupoles de Saint-Hilaire [7].

Nous avons attentivement examiné la seule coupole ancienne de cette église [8], et il nous paraît bien difficile de dire avec certitude, d'après sa structure, si elle est antérieure ou postérieure à celles du Puy. Nous avouons toutefois que nous croirions un peu trop rajeunir les cinquième et sixième travées de notre cathédrale en admettant qu'elles aient été construites après 1130, et nous croyons, comme M. Berthelé, que l'architecte de Poitiers a

1. Fidel Fita, *Le codex de Saint-Jacques-de-Compostelle*, Paris, Maisonneuve, 1883, in-16 : « quatuor Viæ sunt ad Sanctum Jacobum tendentes alia per Sanctam Mariam Podii et Sanctam Fidem de Conquis », etc.

2. « Cujus tempore Guinamandus monachus Casæ dei Sepulchrum sancti Frontonis mirabiliter sculpsit. Stephanus Iterius canonicus sancti Frontonis et cellerarius, omnia necessaria huic operi ministravit, » tiré de *Fragmentum de Petragoricensibus episcopis* dans Labbe, *Bibliotheca nova manuscriptorum*, édition de 1657, tome II, page 738.

3. Berthelé, *Recherches pour servir à l'histoire des arts en Poitou*, Melle, 1889, pages 76-77. D'autres relations entre Le Puy et l'Espagne sont historiquement prouvées : les seuls exemplaires du denier du roi Raoul, frappé au Puy, ont été trouvés en Espagne. Voir Chassaing, *Notice sur un denier du roi Raoul frappé au Puy*. Le Puy, Marchessou, 1868. D'après Vincent de Beauvais, les Sarrasins occidentaux auraient continué d'envoyer des offrandes à Notre-Dame du Puy pour être préservés de la foudre. *Speculum historiale*, chap. de Sacrilegio locali. Enfin, un mémoire officiel de 1420 indique que les Catalans venaient s'y approvisionner de mulets. Chassaing, *op. cit.*

4. Verneilh, *L'architecture byzantine en France*. Paris, 1851, page 268.

5. Berthelé, *op. cit.*, pages 56 à 65 ; *Carnet de voyage d'un archéologue poitevin*. Paris et Montpellier, 1896, pages 300 à 303, et *Revue poitevine et saintongeaise*, 1893, pages 390-392.

6. Bibliothèque nationale, lat. 5316, chapitre xxiii.

7. Berthelé, *op. cit.*, pages 62-63.

8. Voir sur Saint-Hilaire de Poitiers, La Bouralière (de), *Notice historique et archéologique sur l'église Saint-Hilaire-le-Grand de Poitiers*. 2e édition. Fontenay-le-Comte, 1891, in-4° avec de belles planches.

dû s'inspirer de la cathédrale du Puy [1] (fig. 88). Nous devons ajouter toutefois que dans cette question on ne doit pas faire trop entrer en ligne de compte la présence des modillons à copeaux à Saint-Hilaire, car nous avons vu qu'ils n'existent ni au Puy, ni dans le reste du Velay.

On ne peut donc en l'état être trop affirmatif, et sans chercher à nier en quoi que ce soit l'intérêt que présentent ces questions d'influence à distance, il nous semble, comme le faisait remarquer M. Brutails dans un article consacré à Saint-Front de Périgueux et aux églises à coupoles sur pendentifs, qu'on a en général établi une séparation trop absolue entre les coupoles isolées et les séries de coupoles couvrant la nef [2].

Il en est de même pour la coupole sur trompes ; qu'elle soit au transept, sous le clocher ou sur une travée de nef, sa place n'est qu'un accident.

Il nous paraît, en effet, possible qu'à la fin du XIᵉ siècle et au début du XIIᵉ, alors qu'on cherchait de tous côtés à trouver un genre de voûte solide, l'architecte de Notre-Dame du Puy ait eu l'idée d'employer, pour couvrir toute la nef, un système dont il avait pu apprécier la solidité et les avantages dans une partie de l'édifice [3]. C'est à cette dernière idée que nous nous arrêtons de préférence ; toutefois, il nous a paru bon de reprendre les opinions émises sur ce sujet et de faire ressortir les quelques éléments nouveaux que l'étude détaillée des monuments du Velay pouvait apporter à la question, d'autant plus qu'un certain nombre des auteurs qui s'en sont occupés, ont été influencés par une phrase de M. de Verneilh, qui, dans les quelques pages, excellentes du reste, consacrées par lui à la cathédrale du Puy [4], indique, d'après M. Parker, que cette église a fait école ; la chose, nous l'avons vu, est inexacte, c'est le seul des édifices religieux du diocèse qui soit couvert d'une série de coupoles ; son influence a été très restreinte, nous avons déjà dit ne l'avoir constatée que dans la disposition des piliers et dans les chapiteaux de l'église de Polignac.

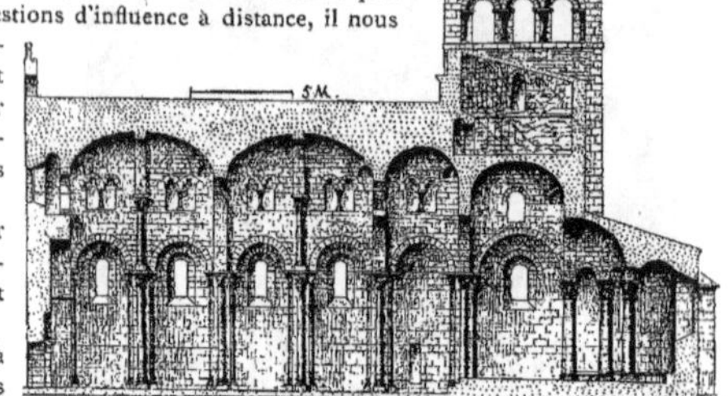
89. ÉGLISE DE CHAMPAGNE (ARDÈCHE). *Coupe longitudinale.*

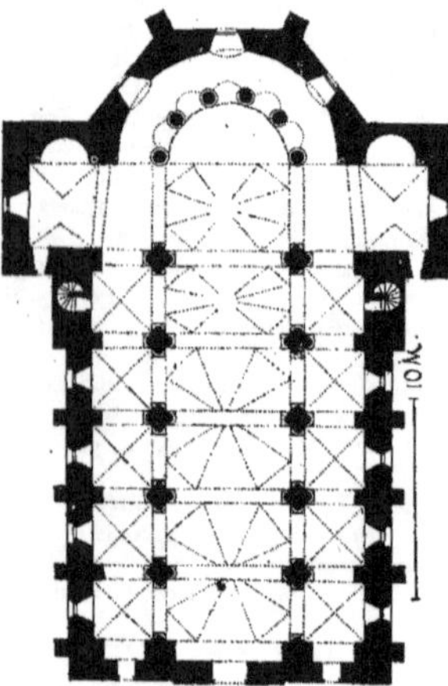
90. ÉGLISE DE CHAMPAGNE (ARDÈCHE). *Plan par terre.*

91. ÉGLISE DE CHAMPAGNE (ARDÈCHE). *Vue prise de l'entrée.*

1. Nous devons faire remarquer que les trompes ménageant la transition du carré à l'octogone sont en *cul-de-four* au Puy, tandis qu'elles sont *coniques* à Poitiers.

2. *Bulletin monumental*, 6ᵉ série, tome X, 1895, pages 121-122 et *L'Archéologie du Moyen âge et ses Méthodes*, Paris, 1900, p. 63.

3. Voir à ce sujet Quicherat, *Mélanges d'archéologie*, tome II, Paris, 1886, page 488.

4. Verneilh, *op. cit.*, pages 266 à 270.

Nous ne pensons pas non plus qu'il faille suivre de trop près l'influence que, toujours d'après M. de Verneilh, auraient exercée sur les coupoles octogonales du Puy, les berceaux transversaux de l'église de Tournus qui paraissent lui être antérieurs d'un demi-siècle au moins. Il est certain qu'au point de vue de la poussée, les résultats de ces deux systèmes étaient presque identiques[1] ; mais il y a trop de différence entre la construction presque rudimentaire des voûtes et des piliers de Tournus et la disposition élégante des coupoles du Puy et de leurs piédroits pour qu'on puisse penser à une influence exercée par les premiers sur les seconds.

Nous avons dit qu'une église trop peu connue du Vivarais, celle de Champagne (Ardèche), présente également une nef couverte d'une série de coupoles sur trompes, comprises d'une façon un peu différente de celles du Puy. Celles qui recouvrent le carré du transept et la travée orientale sont sur plan barlong ; les deux autres, plus longues que larges, embrassent deux travées et sont partagées transversalement par un doubleau passant par la clé. De plus, la voûte en berceau des tribunes épaule celle de la nef principale (fig. 89 à 93).

Cette église est certainement postérieure aux travées les plus anciennes de la cathédrale du Puy qui peuvent en avoir donné l'idée, d'autant plus qu'on trouve à Champagne des caractères que nous avons signalés au cloître du Puy[2] ; c'est ainsi que toutes les fenêtres de

92. ÉGLISE DE CHAMPAGNE (ARDÈCHE). *Vue prise de l'abside.*

l'abside sont clavées et ces clés portent une sculpture en relief. Mais, à côté de cela, d'autres parties de l'édifice semblent non moins certainement inspirées de l'école provençale, d'une part, et de l'école auvergnate de l'autre.

Arrivé au terme de cette étude sur la cathédrale du Puy, nous croyons devoir résumer ici, en quelques lignes, la question de la date de ses différentes parties, question dont les éléments sont épars dans cette monographie.

On ne peut songer, nous l'avons dit, à s'appuyer sur des textes : nous n'en possédons aucun[3], et les dates que nous proposons sont uniquement établies d'après les caractères architectoniques de l'édifice ; on ne doit donc leur attribuer d'autre valeur que celle d'une opinion basée sur des hypothèses plausibles.

Si, à deux ou trois exceptions près, tous les auteurs qui ont écrit sur la cathédrale l'ont autant vieillie, c'est qu'ils ont pris pour le monument actuel celui ou ceux dont il est question dans les textes anciens, dont beaucoup sont légendaires, et nous avons vu qu'il a été précédé de deux et peut-être de trois autres constructions.

Comme le fait judicieusement observer M. de Verneilh[4], il n'y a d'édifice antérieur à l'an 1000 que celui dont l'appareil est romain, dont l'ornementation est latine, et ce n'est pas le cas au Puy.

93. ÉGLISE DE CHAMPAGNE (ARDÈCHE). *Vue prise du transept.*

1. Voir les excellentes remarques faites à ce sujet par Choisy, *Histoire de l'architecture*. Paris, Gauthier-Villars, tome II, 1899, page 138.

2. Voir sur Champagne, Quicherat, *Mélanges*, II, page 488 ; — Morel (L.-P.) *L'église de Saint-Pierre de Champagne*, dans *la Revue du Lyonnais*, 5ᵉ série, tome IV. Lyon, 1887, pages 325 à 338 et pages 410 à 433.

3. Nous avons dit (page 52) pour quelles raisons on ne peut se fier à la date de 1134 citée par le P. Caillau pour le cloître.

4. *L'Architecture byzantine*, page 268.

Pour nous, autant qu'on peut en juger par les documents que nous avons signalés, le chevet démoli au milieu de ce siècle, ainsi que quelques portions du mur des bas-côtés à l'Est du transept, auraient pu être assez anciens, quoiqu'il nous paraisse difficile de les croire antérieurs à 1050 ; mais, nous le savons, tout le chevet a été reconstruit. A partir du transept, qu'on le veuille ou non, tout est postérieur à l'an 1000.

Sans doute la partie inférieure du croisillon Nord présente des chapiteaux archaïques, mais la hauteur des voûtes et la grandeur des fenêtres nous le font croire postérieur à 1050. Les deux travées suivantes avec leurs fenêtres également grandes et la décoration des parties hautes des murs auraient été construites à la fin du xie siècle [1] et pendant les premières années du xiie. Les deux travées intermédiaires seraient l'œuvre du milieu de ce même siècle ; enfin, c'est à partir de cette époque qu'on aurait bâti les deux premières travées et la façade.

Pour la galerie méridionale du cloître, la question est plus embarrassante. Nous reconnaissons que certains chapiteaux ont un caractère archaïque très marqué, et que l'un d'eux (fig. 55) ressemble beaucoup à quelques-uns de ceux de la fameuse crypte de Jouarre [2] ; mais en tenant compte de la structure même de cette galerie, en considérant que les monuments anciens étaient nombreux au Puy, que l'on pouvait même trouver sur les manuscrits de la bibliothèque du chapitre des modèles d'un âge antérieur (les chapiteaux représentés sur la bible de Théodulphe, et que nous donnons pl. cix, en font foi), nous ne pensons pas que, là non plus, on puisse voir un monument antérieur au xie siècle [3], tandis que la construction des autres galeries se serait continuée jusqu'à une époque assez avancée du xiie siècle.

Quant au clocher, certainement postérieur au chevet, nous ne le croyons pas antérieur à la deuxième moitié du xiie siècle.

Mais dussions-nous être accusé de continuelles redites, nous ne proposons cela que sous toutes réserves à cause des reconstructions nombreuses que nous avons signalées.

VII. AUTRES DÉPENDANCES DE LA CATHÉDRALE

La cathédrale du Puy est entourée d'édifices du plus haut intérêt remontant à l'époque romane, et quoiqu'ils n'aient pas un caractère spécialement religieux, nous devons néanmoins en dire quelques mots.

Le plan d'ensemble, que nous reproduisons ici d'après un dessin de Mallay [4], peut donner une idée de ces constructions (fig. 96).

I. *Bâtiment dit « chapelle des Morts »*. — Il se trouve à l'Est du cloître sur le prolongement du bras Nord du transept. Le rez-de-chaussée communique avec le cloître par six arcades au milieu desquelles est ouverte une belle porte avec archivolte décorée de bâtons brisés reposant sur des pilastres ornés de cannelures disposées en zigzag ; les chapiteaux qui terminent ces pilastres sont d'un travail remarquable (fig. 94 et pl. xxxv).

Le bâtiment lui-même est une vaste salle couverte d'un berceau brisé sans doubleau : sur le mur adossé au transept, est une grande peinture représentant le Crucifiement et qui semble être du xiiie siècle. Cette salle paraît re-

95. CHEMINÉE ROMANE.
D'après un dessin de Viollet-le-Duc.

94. CHAPITEAU DE LA PORTE DONNANT ACCÈS DANS LA « CHAPELLE DES MORTS ».

monter au xiie siècle et nous nous demandons sur quoi Mérimée se basait pour la dater du xive [5]. Nous ne nous expliquons guère non plus d'où lui vient cette dénomination de *Chapelle des Morts*, car, il semble bien plutôt que cette place soit celle d'une salle capitulaire.

---

1. Viollet-le-Duc, *Dictionnaire raisonné* (VIII, page 201) les croit de la première moitié du xie siècle. Nous devons ajouter que, tome III, page 413, il date cette même partie du xe siècle, preuve que son opinion ne reposait pas sur des indices bien sérieux.
2. Rethoré, *Les cryptes de Jouarre*. Paris, 1889, in-8, fig. II, n°s 3 et 5.
3. Nous avons donné pages 51 et 52 les raisons de cette opinion.
4. Publié dans *l'Ancienne Auvergne et le Velay*, pl. 107 et 108.
5. *Notes d'un voyage en Auvergne*, page 230.

Au-dessus est une série d'appartements divisés par des cloisons modernes. Ils ont intérieurement perdu tout caractère et ne mériteraient pas une visite s'ils ne renfermaient une belle cheminée romane (fig. 95 et 97).

Elle est d'assez petites dimensions et comme un grand nombre de monuments similaires de la même époque, elle est « tracée sur un plan circulaire, le foyer formant un segment de cercle et le manteau l'autre « segment » [1], et surmontée d'une hotte conique sous laquelle s'engouffre la fumée. Les supports sur lesquels repose le bas du manteau sont disposés en encorbellement et supportés à leur naissance par de petits pilastres cannelés couronnés de chapiteaux à feuillages.

« Cette cheminée est terminée au-dessus du pignon de la salle à laquelle elle est adossée par un beau tuyau cylindrique formé d'assises de pierres noires et rousses alternées, avec mitre en forme de lanterne couverte par un cône [2] (fig. 97). »

Il faut encore signaler les deux jolies fenêtres romanes ouvertes dans le mur septentrional de ce bâtiment; elles se composent de deux baies geminées encadrées par un grand arc dont elles sont séparées par un tympan orné de marqueteries; les voussures des baies, décorées d'élégantes fleurettes, reposent sur des colonnettes ou des pilastres avec chapiteaux.

Entre cette construction et celle qui est adossée à la galerie septentrionale du cloître, on voit une porte romane assez simple, avec décoration lobée, que nous avons déjà signalée.

II. *Constructions adossées à la galerie septentrionale du cloître.* — Elles ne présentent pas un bien grand intérêt artistique. C'est d'abord une vaste salle servant de dépôt, recouverte d'un plancher, et dont les poutres reposent sur trois doubleaux en plein cintre de forte dimension. Nous ne connaissons pas dans la région d'autres exemples de ce système qu'on rencontre assez fréquemment ailleurs.

En-dessous de cette salle, deux pièces juxtaposées, toutes deux voûtées en berceaux, servent de caves : l'une est étroite, l'autre plus large; le long des murs de cette dernière règnent de grands arcs de décharge, tandis qu'au dessus on voit une autre vaste pièce voûtée en berceau sans doubleau et dépourvue de caractère. C'était peut-être le réfectoire; on y a, ces dernières années, installé le musée diocésain qui renferme

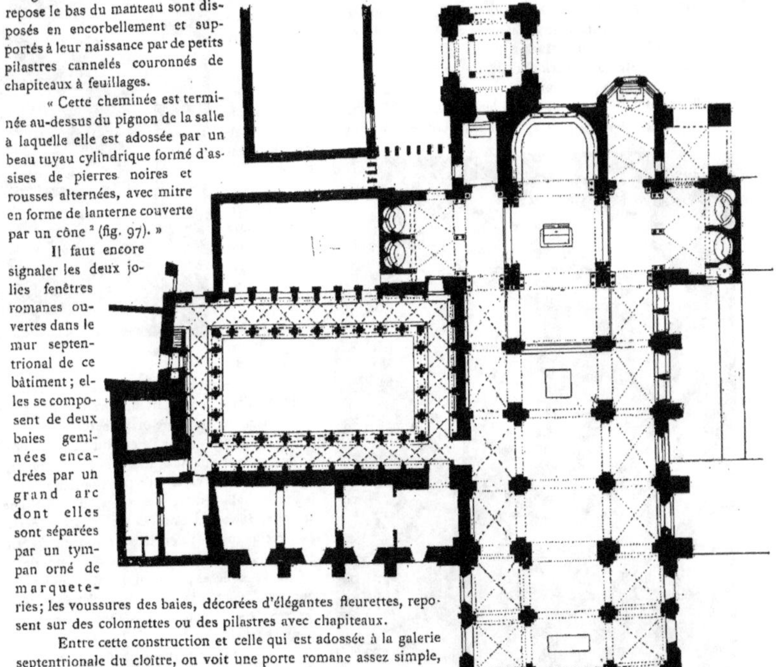

96. PLAN D'ENSEMBLE DE LA CATHÉDRALE DU PUY.
D'après des dessins de Mallay [3].

déjà des pièces remarquables. Enfin, dans l'angle Nord-Ouest, se voit le rez-de-chaussée de la tour Saint-Mayol, monument défensif, malheureusement démoli en 1845.

A en juger par l'ancienne gravure que nous reproduisons (fig. 98), cette tour se composait de quatre étages marqués par de légères retraites ; la beauté de l'appareil permet de penser qu'elle était contemporaine de la partie du cloître à laquelle elle était adossée.

III. *Bâtiment des Mâchicoulis.* — Mais le plus intéressant des édifices anciens environnant la cathédrale est à beaucoup près celui qui porte le nom de « bâtiment des Mâchicoulis ».

Cette vaste construction a été élevée en deux fois. Elle fut montée à l'époque romane jusqu'au point où on voit encore sur le cloître une série de modillons, puis fut surélevée dans le courant du XIIIᵉ siècle probablement, pour être appropriée à un usage défensif. L'intérieur a de même subi quelques modifications.

97. CHEMINÉE ROMANE.
D'après une photographie.

Il comprend aujourd'hui quatre étages, dont deux sont au-dessous du niveau du sol de la cathédrale ; mais, autant que nous avons pu en juger, le premier a été séparé en deux, tandis qu'on a fait disparaître un plancher qui divisait le troisième étage actuel.

On pénètre dans l'étage du bas par l'hôpital en descendant quelques marches (pl. XLVIII *bis*, P).

C'est une vaste salle rectangulaire bâtie sur le rocher ; elle est très basse et voûtée, à l'heure actuelle, de voûtes d'ogives toriques avec petit ressaut rectangulaire ; c'est là un profil du XIVᵉ siècle, et ces voûtes ont été ajoutées après coup, de façon à faire deux pièces ; cela est d'autant plus probable que cette cave n'est aujourd'hui éclairée par aucune fenêtre. Nous signalerons à l'intérieur un cuvage pour la fabrication du vin. Les cuves au nombre de trois sont construites en belles pierres de taille avec un fouloir disposé entre chacune d'elles, d'une façon à la fois très originale et très pratique. Il est assez difficile d'en indiquer l'époque, quoiqu'elle paraisse certainement antérieure au XVIᵉ siècle ; c'est en tout cas un monument fort rare, et qui n'a jamais été signalé, croyons-nous.

98. CLOITRE DE LA CATHÉDRALE ET TOUR SAINT-MAYOL AU COMMENCEMENT
DU XIXᵉ SIÈCLE.
D'après une gravure de Née.

Le second étage, auquel on pénètre également de l'hôpital par une porte étroite, est couvert d'une voûte en berceau divisée par quatre doubleaux ; des fenêtres très étroites à ébrasement intérieur l'éclairent, les doubleaux reposent sur des pilastres avec chapiteaux sculptés, à l'Ouest, de têtes et de feuillages ; à l'Est, il n'y a pas de sculptures (pl. XLVIII *bis*, N).

Le troisième étage est de plain-pied avec la cathédrale : c'est une vaste salle voûtée en berceau brisé avec doubleau de profil rectangulaire dont l'arête est adoucie en forme de tore (pl. XLII) reposant sur des colonnes engagées terminées par des chapiteaux à feuillage Les colonnes sont elles-mêmes supportées par des pilastres.

En 1848 [1], cette salle était divisée en deux étages par un plancher ; cette disposition devait être primitive

---

1. Viollet-le-Duc. *Rapport cité.*

car cette salle a deux étages de fenêtres, et de plus, sur le premier tiers des pilastres sur lesquels reposent les colonnettes sont des tailloirs très proéminents placés là probablement pour supporter des poutres (pl. xlviii *bis*, Q).

Le quatrième étage, enfin, est de construction postérieure à l'époque romane ; il a été bâti dans un but défensif (pl. xlviii *bis*, O).

IV. *Portes romanes de l'Hôpital, rue de Becdelièvre.* — Sans sortir des bâtiments adjacents à la cathédrale, nous devons une mention aux deux superbes portes romanes qui donnent aujourd'hui accès dans les bâtiments de l'hôpital.

99. CHAPITEAU DE LA PORTE DE L'HOPITAL.

L'une, la plus intéressante (pl. civ), est entourée d'une archivolte torique reposant sur une retraite du mur et d'une autre voussure se profilant en un tore séparé, par une demi-gorge, d'une gorge meublée de petites sphères et de fleurettes ; cette dernière voussure est supportée par deux colonnettes non galbées, terminées par des chapiteaux du plus haut intérêt (fig. 99) dont nous avons parlé : sur l'un, on voit un personnage distribuant des pains ; l'inscription KARITAS qu'on y lit ne laisse aucun doute sur le sujet qu'a voulu représenter le sculpteur ; sur l'autre, quatre personnes d'une facture assez barbare soignent un malade alité ; le lit est fort simple et se compose d'une planche soutenue par deux montants, l'oreiller supporte le buste et non la tête du patient qui paraît être maintenu de force par ses voisins. L'astragale, pris dans le bloc du chapiteau, est décoré de torsades.

On sait que l'hôpital du Puy est de fondation très ancienne, et on reconnaîtra qu'il était impossible de trouver deux représentations mieux appropriées à l'entrée de cet établissement.

Il est assez curieux de remarquer qu'on voit au musée du Puy, sous les nos 173 et 174, deux chapiteaux absolument identiques, non seulement comme sujets représentés, mais aussi comme dimensions (ils mesurent tous o m. 19 à la partie la plus large). Ils proviennent également de l'hôpital. Le même artiste avait donc répété ailleurs les sujets que nous venons de décrire.

Mais revenons à notre porte. Les bases pourvues de griffes sont ornées de cannelures et d'un rang de perles. C'est le seul exemple de cette ornementation que nous ayons vu dans la région.

La porte elle-même est pourvue de pentures en fer assez simples, mais formées d'enroulements du plus beau style.

L'autre porte est encadrée d'une triple voussure dont la plus extérieure est de même décorée de fleurettes, les autres sont toriques et reposent sur des colonnettes cylindriques ; les chapiteaux sont couverts de feuillage et de têtes d'un bon caractère. Les bases sont fort déprimées.

Ces deux beaux morceaux appartiennent à une époque assez avancée du xiie siècle [1].

VIII. MONUMENTS ACCESSOIRES REMONTANT A L'ÉPOQUE ROMANE

I. *Portes en bois sculpté.* — Nous avons dit, dans notre première partie, que le département de la Haute-Loire possède cinq portes en bois sculpté remontant à l'époque romane, et nous ne croyons pas qu'on ait signalé en France d'autres monuments du même genre aussi anciens.

Au point de vue de la construction proprement dite, elles sont toutes comprises de la même façon et formées d'une série de planches jointives et doublées par d'autres planches reliées aux premières par des clous ; sur celles-ci sont sculptés des sujets d'un faible relief, mais pourtant assez détachés du fond pour qu'ils ressemblent à des découpures appliquées sur des panneaux unis ; ils sont cependant taillés dans la masse du bois, ce qui suppose un travail considérable.

Les sujets figurés, assez simples à Chamalières, à Blesle et à La Voûte-Chilhac, offrent au contraire au Puy toute une série de scènes plus compliquées.

Ces portes donnent accès aux deux petites chapelles ouvrant sur la deuxième travée du porche ; elles se composaient originairement de deux vantaux, et sur chaque vantail on voyait une série de quatre motifs représentant, au Sud, des scènes se rapportant à la Passion ou à la Résurrection de Jésus-Christ, et au Nord, des sujets [2]

1. M. Anthyme Saint-Paul nous signale une analogie remarquable entre ces deux portes de l'hôpital et celles de Pons (Charente-Inférieure) qui sont également du xiie siècle.

2. Peut-être est-ce à cause de cela qu'on lit dans toute une série d'ouvrages récents, notamment Mérimée, *op. cit.* ; Mandet, *Histoire du Velay*, que l'une des chapelles servait à administrer le baptême et l'autre à déposer les morts ; ceci ne nous paraît pas exact, car il y a au Puy le très ancien baptistère Saint-Jean qui servit jusqu'à la Révolution à l'administration de ce sacrement (Chassaing, *Médicis*, II, page 173).

ayant trait à la Nativité. La porte du Sud est encore entière, quoique la partie du bas soit bien endommagée, tandis que les deux panneaux inférieurs de celle du Nord ont en partie disparu.

Chaque sujet est expliqué par une légende tracée en lettres liées d'une façon bizarre, ce qui en rend la lecture assez difficile.

La porte Sud (pl. xxvi) mesure 4 m. 10 c. de hauteur et 2 m. 36 c. de largeur. Le premier sujet représenté est l'Ascension du Christ qu'on voit dans une gloire ovale tenant une croix à la main ; dans la partie supérieure on lit :

CETUS APOSTOLICUS CHRISTUM — MIRATUR EUNTEM.

Le motif figuré en face est la descente du Saint-Esprit sur les apôtres, il est accompagné de la légende :

IGNIS AB IGNE DEI VENI — ENS PERLUSTRAT ALUMNOS.

Sur le second panneau à gauche, c'est le Crucifiement expliqué par les mots :

VITA CRUCIS LIGNO PATI — TUR DISCRIMINA MORTIS.

En face, l'ange annonce aux Saintes Femmes la Résurrection du Christ :

ANGELUS ALLOQUITUR VENI — ENTES UNGERE IESUM.

A partir du troisième panneau, lettres et sujets sont déjà bien effacés. A gauche, autant qu'on peut en juger, c'est le baiser de Judas, accompagné de la légende :

IMMITIS MITEM SUMIT MALE — PRODITOR. . . .

A droite, saint Pierre coupe l'oreille du soldat :

DECIDIT HIC MALCUS A FER — RO VINDICE PETRI.

La légende du quatrième panneau de gauche est bien mutilée. Il semble pourtant que l'artiste ait voulu représenter l'entrée de Jésus à Jérusalem le jour des Rameaux ; on remarque, en effet, un personnage nimbé monté sur un âne ou un cheval suivi d'un autre animal plus petit ; sur la partie de la légende qui subsiste : on lit :

TURBA JAL. . . . . — CESES . . . FLO . . . .

A droite, il y a tout lieu de croire qu'on voyait la résurrection de Lazare. En voici le texte avec les restitutions que nous croyons devoir y faire :

[LA]ZAR[US] EN JUSSU DO — [MINI DE MOR]TE RESURGIT.

La porte septentrionale (pl. xxvi *bis*) mesure dans son état actuel 2 m. 67 c. de hauteur et 2 m. 33 c. de largeur. Le quatrième panneau a disparu ainsi qu'une partie du troisième ; par contre, ceux qui subsistent sont dans un état de conservation bien meilleur. On remarquera que les légendes sont tracées en vers léonins.

Le premier sujet à gauche représente Hérode sur un trône ordonnant le massacre des Innocents ; des soldats exécutent ses ordres. Les deux sujets sont disposés sous des arcs en mitre. On y lit :

MACTAT AB UBERIBUS — RAPTOS SINE LEGE TIRAN[US].

En face, sous deux arcs en plein cintre, la Vierge tient l'enfant Jésus et le présente au vieillard Siméon ; la légende porte les mots :

ECCE SENEX GESTAT PUER — UM QUEM PRONUS ADORAT.

Sur le second panneau, c'est l'arrivée de deux Mages à cheval ; le sujet est expliqué par les mots :

PANDE SYON PUERUM CUJUS — JAM VIDIMUS ASTRUM.

En face, Hérode, sur un trône surmonté d'un arc trilobé, est effrayé de leur venue. On y lit :

ECCE VIDENS ARABES, SE — VUS TURBATUR ERODES.

Les sujets du troisième panneau sont presque invisibles ; les légendes permettent toutefois de restituer les scènes effacées : d'un côté, c'était la Nativité annoncée aux Bergers par un Ange qui subsiste encore en partie :

PASTORES VOBIS ANNUN — CIO GAUDIA GENTIS.

De l'autre, on voyait l'Adoration des Mages :

MISTICA JAM NATO DANT — PERSE MUNERA CHRISTO.

Enfin, sur la lamelle de bois qui recouvre la jonction des deux battants, on lit :

GAUZFREDUS ME FECIT PETRUS EDI....

La fin de cette inscription a été lue de diverses manières : Longpérier [1] et Mandet [2] y voyaient les mots : PETRUS EPI[SCOPUS ME JUSSIT], tandis que le P. Caillau [3] lisait PETRO SED[ENTE]. Il est certain que les mots PETRUS EDI sont distinctement écrits et que, selon toute vraisemblance, la phrase doit être complétée ainsi : « Petrus edi[fica-vit]. » Il en résulte que l'inscription étant ainsi restituée, il n'est pas certain que le nom de Petrus se rapporte à un des évêques du Puy, mais qu'il peut tout aussi bien s'appliquer au maître de l'œuvre de la Cathédrale, de sorte qu'on ne peut pas chercher dans la liste des évêques du Velay une indication relative à la date des portes. Elles nous paraissent contemporaines de la partie de l'édifice dont elles font partie, c'est-à-dire qu'elles remonteraient au milieu du xii⁰ siècle.

Nous avons dit que ces portes n'étaient pas uniques en Velay et qu'on en voyait de similaires à Chamalières, à La Voûte-Chilhac et à Blesle. La façade de Chamalières a, selon toute vraisemblance, été construite à l'extrême fin du xi⁰ ou au début du xii⁰ siècle. L'église de Blesle est du milieu du xii⁰; quant à la porte de La Voûte-Chilhac, elle a été mutilée pour être adaptée à une baie du xv⁰. Nous pensons que la porte de Chamalières a dû être faite après coup aux dimensions de la baie qu'elle ferme, et il nous paraîtrait étonnant qu'à Blesle et au Puy on eût utilisé des portes ayant appartenu à un monument antérieur et que les maîtres de l'œuvre de ces deux édifices eussent calculé les dimensions des ouvertures de façon à pouvoir y disposer des portes déjà existantes. Nous croyons que toutes quatre sont dues sinon au même artiste, tout au moins à la même école, et qu'elles peuvent être datées du milieu du xii⁰ siècle [4].

Chacun des sujets de ces portes est encadré d'ornements composés d'entrelacs sur la porte du Sud et sur celle du Nord, d'ornements qui paraissent tirés de l'alphabet arabe [5].

Elles sont trop connues pour qu'il soit utile d'insister davantage; nous avons seulement voulu rectifier et compléter l'interprétation qu'on avait donnée de certaines légendes [6].

Restées longtemps exposées aux injures des passants, on s'est enfin décidé à les protéger par une barrière de fer. Cela ne suffit pas et nous croyons qu'il serait urgent de les déposer, ainsi que celles de Chamalières, de La Voûte-Chilhac et de Blesle, dans un des musées de la région, et de préférence, pensons-nous, dans le musée d'archéologie chrétienne que l'autorité diocésaine a fait établir dans une salle dépendant de la Cathédrale. Elles seraient ainsi dans une atmosphère plus saine qui assurerait leur conservation pendant de longues années encore.

IX. PENTURES ANCIENNES, TÊTES DE BRONZE

La porte Nord-Est de la Cathédrale conserve encore ses anciennes pentures de fer appliquées sur des planches recouvertes d'une peau tannée ; ces pentures d'un bon style sont, les unes formées de lames de fer simplement recourbées à leur extrémité, tandis qu'entre celles-ci on en voit d'autres ajourées en forme de losange, de façon à former un dessin plein de caractère et que nous reproduisons en grand comme bandeau à la page 27 de cet ouvrage.

1. *De l'emploi des caractères arabes dans l'ornementation, chez les peuples chrétiens de l'Occident*, dans la *Revue archéologique*, 1846, page 700.

2. *Histoire du Velay*. Le Puy, 1861, tome IV, pages 104 et suivantes.

3. *Les gloires de Notre-Dame du Puy*. Paris, 1846, pages 34 et 35.

4. M. Aymard, qui du reste a donné le premier la lecture que nous croyons être la bonne (*Église du xv⁰ siècle et porte sculptée du xi⁰ siècle à la Voûte-Chilhac*, dans les *Annales de la Société d'agriculture, sciences, arts et commerce du Puy*. Le Puy, 1851, tome IV, pages 208 et suivantes), admet que le nom de *Petrus* peut bien ne pas s'appliquer à un évêque ; mais il pense que, dans le cas où on pourrait y voir le nom d'un prélat, ce prélat serait Pierre II, qui occupa le siège épiscopal du Puy de 1053 à 1073. C'était aussi l'avis de Longpérier. Il faudrait donc que ces cinq portes aient toutes appartenu à des monuments plus anciens : or, il nous paraîtrait étrange que dans ce transport d'un édifice à l'autre, on n'ait pas été amené soit à les recouper, soit à les modifier d'une façon quelconque ; et elles paraissent toutes intactes.

La théorie de M. Aymard est du reste ingénieuse et mérite d'être rappelée ici. L'évêque Pierre II était issu de la famille de Mercœur qui avait fondé le monastère de la Voûte ; il aurait donc été admissible que ce prélat, continuant les libéralités de ses ancêtres, eût donné à ce monastère des portes dans le goût de celle de la cathédrale. Mais, d'une part, M. Aymard, considère les portes de la cathédrale et celles de la Voûte comme isolées dans la région et ne tient pas compte de celles de Chamalières et de Blesle (ces dernières, du reste, paraissent n'avoir jamais été signalées jusqu'à ce jour) et il admet que la partie de la cathédrale dans laquelle se trouvent celles du Puy pouvait avoir été construite en 1073 : nous croyons la chose inadmissible. Il nous semble donc plus plausible de penser qu'à l'époque où se construisait la cathédrale (c'est-à-dire autant qu'on peut en juger par les caractères architectoniques du monument, au milieu du xii⁰ siècle), un artiste fut appelé pour en faire les portes et que trois des monastères les plus riches de la région lui demandèrent des monuments identiques.

Il valait toutefois la peine de reprendre les théories émises, car nous ne considérons pas comme absolument certaine la thèse que nous soutenons. Il nous paraît cependant bien difficile de croire ces portes aussi anciennes qu'on a voulu le dire, et si on admettait que le nom de *Petrus* doive s'appliquer à un évêque du Puy, ce serait, croyons-nous, à Pierre III ou à Pierre IV qui occupèrent le siège épiscopal, le premier de 1145 à 1155 et le second de 1159 à 1189. Il faut avouer surtout que ne connaissant pas en France de monuments similaires nous manquons d'éléments pour les dater par comparaison.

5. Longpérier, *op. cit.* ; — *loc. cit.*

6. Voir Mandet, *Histoire du Velay*. *Loc. cit.*

Nous en donnons ici (fig. 100) une reproduction d'après un relevé de Mallay, conservé au Ministère des Cultes ; depuis l'époque où ce dessin a été exécuté il manque dans la partie supérieure une petite tête d'animal.

100. PORTE NORD-EST DE LA CATHÉDRALE DU PUY.

101. TÊTE DE BRONZE CONSERVÉE AU MUSÉE DU PUY. *Vue de face.*

Nous avons déjà mentionné les belles pentures de la porte de l'hôpital.

Enfin, sur la porte Sud-Est de la Cathédrale, on voyait deux têtes d'animal en bronze d'un grand caractère, analogues à celles de Brioude, mais dépourvues de légendes. Déjà bien détériorées, on les a enlevées et elles

102. AUTRE TÊTE DE BRONZE CONSERVÉE AU MUSÉE DU PUY.
Vue de profil.

sont aujourd'hui déposées dans une des vitrines du musée du Puy. Elles ont été remplacées à la porte de la Cathédrale par d'autres têtes, également en bronze, mais d'un caractère bien différent.

X. GRILLES DU CLOITRE ET DU PORCHE DE LA CATHÉDRALE

On peut voir encore en place, dans la galerie occidentale du cloître, un des spécimens de ferronnerie les plus anciens et les mieux conservés qu'on ait signalés jusqu'à ce jour. Nous ne pouvons mieux faire que de reproduire ici la description qu'en donne Viollet-le-Duc (fig. 103).

« Une des plus anciennes grilles que nous connaissions, dit-il, et qui soit une œuvre d'art, se trouve dans « le cloître de la Cathédrale du Puy-en-Velay ; cette grille ouvrante à un seul vantail se compose d'un châssis de « o m. 04 sur o m. 02 d'épaisseur, contenant quatre traverses séparées par des montants de o. m. o15 sur o m. 02

« entre lesquels sont disposés des rinceaux de fer très artistement composés. Elle date, pensons-nous, du commen-
« cement du XIIᵉ siècle. Dans la hauteur on compte cinq
« panneaux de brindilles soudés à des embases et
« arrêtés au montant par des embrasses ; ces embrasses
« ne sont pas soudées, mais simplement contournées
« à chaud.

« Le fer, forgé à la main, présentait toujours des
« irrégularités ; le forgeron, pour dissimuler ces défauts,
« a eu l'idée de couvrir les montants, les brindilles et
« leurs embases de coups de poinçon et de burin, qui
« donnent à cette ferronnerie un aspect brillant, pré-
« cieux et fin. » Le détail que nous publions ici et la
vue d'ensemble de cette porte (planche-XXVIII), peuvent
donner une idée de ce genre d'ouvrage fait à froid.

« L'irrégularité même du travail donne un
« charme particulier à ces pièces de forge dans lesquelles
« on sent partout la main de l'homme. Les montants
« de cette grille sont posés de champ et portent, ainsi
« que nous l'avons dit, o m. o15 sur o m. o2, les brin-
« dilles ont en moyenne o m. oo7 sur o m. o15. La
« porte elle-même mesure 2 m. 49 de hauteur sur
« 1 m. 29 de largeur [1]. »

Enfin, dans le bas et dans le haut de la porte en
fer qui se trouve sous le grand porche, on a employé
d'autres fragments de ferronneries romanes : ceux du
bas ressemblent beaucoup à la grille du cloître et sont
composés de la même façon : nous reproduisons, comme
bandeau en tête de la troisième partie de cet ouvrage,
le dessin formé par les fragments utilisés dans le haut
de cette même porte [2] ; le mode de structure est
identique, mais l'aspect du dessin est cependant plus
lourd.

103. DÉTAIL DE LA GRILLE DU CLOÎTRE.

XI. CHAPELLE SAINT-JEAN

Nous ne croyons pas qu'on ait jamais compris la chapelle Saint-Jean du Puy dans les diverses listes de
baptistères publiées jusqu'à ce jour [3].

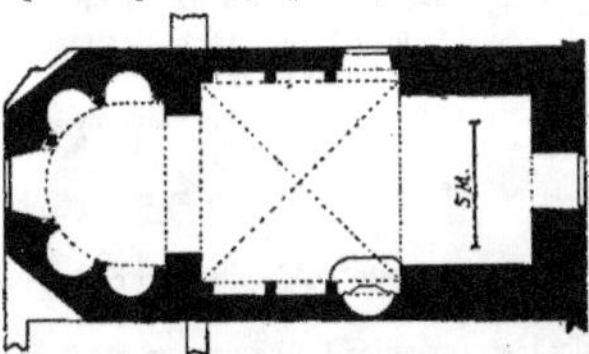

104. CHAPELLE SAINT-JEAN. PLAN AU NIVEAU DU SOL. *État actuel.*

Construite au Nord-Est de la cathédrale, cette chapelle a
servi, jusqu'à la fin du siècle dernier, de baptistère unique aux
paroisses de la ville [4]. Elle était desservie par un vicaire per-
pétuel qui portait le nom de prieur et qui tenait sa nomination
du prévôt de la Cathédrale. Nous en trouvons des mentions
dès le début du XIIIᵉ siècle [5], mais ses dispositions architectu-
rales prouvent qu'elle existait bien avant cette époque.

Trois portes, dont l'une est récente, permettent d'accéder
dans ce monument : les deux entrées anciennes sont à l'Ouest
et au Sud. Quand on pénètre par celle de l'Ouest, on se trouve
d'abord sous une grande voûte basse, mesurant 4 m. 3o de
longueur sur 6 m. 8o de largeur et dépourvue de caractère.

1. Viollet-le-Duc, *Dictionnaire raisonné*, VI, 55.
2. Des fragments de cette grille sont publiés dans l'*Ancienne Auvergne et le Velay* (pl. CVI).
3. Voir notamment Martigny (l'abbé), *Dictionnaire des antiquités chrétiennes*, Paris, 1865, in-8, pages 71 à 76. Mot : Baptème.
4. Chassaing, *Médicis*, II, page 173.
5. Payrard, dans *Tablettes historiques de la Haute-Loire*, tome I, le Puy, 1871, page 253. L'original de la charte publiée est aux archives
de la Haute-Loire, fonds des chanoines pauvres.

Cette disposition n'est pas ancienne et, ainsi que nous le verrons, il faut monter sous les combles pour savoir ce qu'était à l'origine le baptistère Saint-Jean.

La chapelle elle-même se compose aujourd'hui d'une seule travée, le long de laquelle sont disposées trois arcades reposant sur des pilastres rectangulaires pourvus de tailloirs. Les deux plus occidentales sont plus larges que les autres : celle du Nord a été creusée en forme de niche, c'est là que se trouvent encore les anciens fonts baptismaux dont il sera question plus loin.

Cette travée est actuellement voûtée d'arêtes, disposition qui n'est pas primitive, car les voûtes viennent maladroitement obstruer une partie des fenêtres et nous savons, en outre, par le chroniqueur Médicis que les voûtes anciennes furent détruites en 1427 par un tremblement de terre [1].

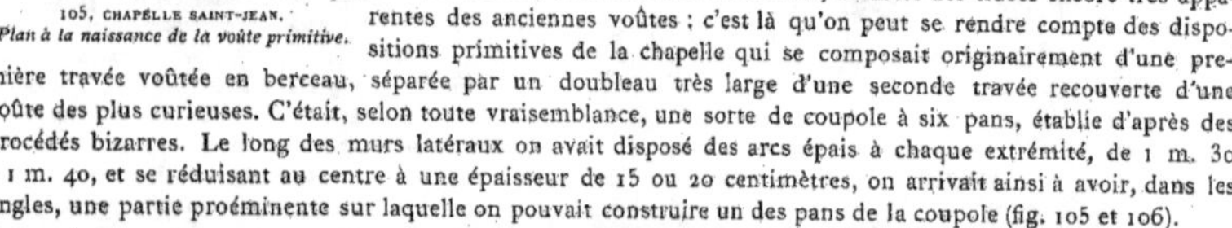

105. CHAPELLE SAINT-JEAN.
Plan à la naissance de la voûte primitive.

Du reste, sous les combles actuels, il existe des traces encore très apparentes des anciennes voûtes : c'est là qu'on peut se rendre compte des dispositions primitives de la chapelle qui se composait originairement d'une première travée voûtée en berceau, séparée par un doubleau très large d'une seconde travée recouverte d'une voûte des plus curieuses. C'était, selon toute vraisemblance, une sorte de coupole à six pans, établie d'après des procédés bizarres. Le long des murs latéraux on avait disposé des arcs épais à chaque extrémité, de 1 m. 30 à 1 m. 40, et se réduisant au centre à une épaisseur de 15 ou 20 centimètres, on arrivait ainsi à avoir, dans les angles, une partie proéminente sur laquelle on pouvait construire un des pans de la coupole (fig. 105 et 106).

Dans le mur occidental on voyait autrefois trois fenêtres, aujourd'hui murées à l'extérieur, mais visibles à l'intérieur ; elles avaient un très fort ébrasement recouvert d'une demi coupole (fig. 105).

Au rez-de-chaussée de la chapelle, deux forts piliers rectangulaires, surmontés d'un tailloir, séparent la nef d'une grande abside semi-circulaire, terminée à l'est par un enfoncement qui paraît fait après coup, au sommet duquel est une fenêtre également de construction postérieure. De chaque côté de cet enfoncement, on voit dans l'épaisseur du mur, des niches ou petites absidioles [2] qui dessinent en plan une portion de cercle dont la flèche est inférieure au rayon (fig. 104). Les arcs qui les précèdent ont pour supports des colonnes dont deux en marbre sont certainement antiques. L'astragale est taillé dans le fût, et les chapiteaux en grès, d'un profil corinthien, mais d'un travail assez barbare, ont un diamètre beaucoup moindre que celui des colonnes. Celles-ci sont de grosseur inégale, les bases se composent de deux tores à peu près égaux séparés par une gorge.

106. CHAPELLE SAINT-JEAN. *État actuel de la voûte primitive.*

Il est probable qu'à l'origine il y avait, dans l'axe de la nef, une niche analogue aux autres, et qu'on l'a ensuite agrandie.

Au-dessus de ces sortes d'absidioles se trouve un second rang d'arcatures, de plus petites dimensions et à plein cintre ; il y en a quatre de chaque côté (fig. 107).

Si nous sortons, nous voyons que la porte occidentale, bien remaniée à une époque moderne, est sans ornement : elle a un tympan et un linteau. La porte méridionale pourrait avoir été refaite après coup : elle devait être précédée d'un petit porche dont les colonnes reposaient sur des animaux en grès qui actuellement sont arrachés, mutilés et exposés à toutes les dégradations.

Les soubassements sont en grand appareil ; certaines pierres ont des trous de crampons, ce qui semble prouver leur origine romaine. Il est inutile de dire ce que nous pensons et ce que doivent penser tous les

---

1. « L'an MCCCCXXVII et le jour de la Purification Notre Dame, deuxième jour de febvrier, la terre trembla en telle sorte que le voultement de l'église Notre-Dame du Puy devers la chappelle de Sainct Nicolas, en rua jus. Pareillement partie du ciel ou voultement du lieu sus lequel on baptise les enfans en l'église Sainct Jehan, en tomba semblablement. » *Médicis*, édit. Chassaing, le Puy, 1869, tome I, page 246.

2. On sait que les baptistères ont imité cette disposition des salles de bains antiques.

archéologues, des réparations récentes qui ont remplacé ces grands blocs de pierres par du petit appareil (pl. XLI).

Dans le haut, l'appareil devient plus petit, et le mur méridional est décoré à la hauteur des fenêtres, de six arcades appliquées contre le mur. Chacune repose sur des pilastres carrés terminés par un tailloir; leurs archivoltes sont formées de claveaux blancs et noirs.

Les deux fenêtres qui éclairent l'intérieur sont pratiquées sous deux de ces arcades. Au-dessus d'elles, commence le moyen appareil.

Le chevet est actuellement plat et légèrement incliné du Sud-Est au Nord-Ouest; il présentait probablement trois pans à l'origine et ne semble pas avoir été primitivement éclairé. Les murs sont très épais, et on a employé dans la construction toute une série de débris antiques. Mais nous croyons que le mur terminal de cette chapelle qui se trouvait sur la ligne des remparts a été augmenté après coup.

La cuve baptismale dont nous avons parlé a extérieurement une forme pyramidale; elle est accostée d'une piscine, et mesure dans sa plus grande largeur 2 m. 20, y compris la piscine; en plan elle présente à l'intérieur l'image d'un quatrefeuilles plus large que profond et dont les dimensions sont de 1 m. 26 en largeur et de 0 m. 84 en profondeur; sur le rebord est sculpté un animal, sorte de serpent ou de salamandre d'aspect très barbare. La piscine circulaire mesure 0 m. 32 de diamètre. Nous avons vu dans l'abside une seconde cuve de forme troncconique et de dimensions beaucoup plus

107. VUE INTÉRIEURE DE LA CHAPELLE SAINT-JEAN.

petites; elle a disparu depuis peu sans que nous ayons pu savoir ce qu'elle est devenue.

Tout, dans cet édifice, a un aspect archaïque; il n'y a point de décoration, à part celle des chapiteaux. Les joints sont assez épais; tous les arcs sont en plein cintre, sauf celui de la porte méridionale qui peut avoir été faite après coup. Aussi le croyons-nous d'une date très ancienne : du milieu, peut-être même du début du XIᵉ siècle.

XII. CHAPELLE SAINT-CLAIR OU CHAPELLE OCTOGONALE D'AIGUILHE

L'histoire locale n'a fourni jusqu'ici aucune donnée certaine sur la destination de ce curieux édifice; le champ reste donc ouvert à toutes les conjectures et les hypothèses les plus diverses ont été émises. Caumont [1] et Paul le Blanc [2] en faisaient un baptistère; Mérimée [3], une chapelle de templiers; Mangon de la Lande [4], une chapelle d'hôpital; Gailhabaud [5] et Viollet-le-Duc [6], une chapelle funéraire.

Nous verrons, après l'étude du monument, s'il n'est pas possible, sinon d'arriver à un résultat certain, tout au moins de restreindre le nombre des hypothèses plausibles.

Cette petite chapelle, appelée parfois Chapelle Saint-Clair [7], mais plus connue dans le pays sous le nom de

<hr>

1. *Bulletin monumental*, tome VIII, 1842, page 36.
2. *Congrès scientifique de France, 1855*. Le Puy, 1856, tome I, pages 138-140.
3. *Notes d'un voyage en Auvergne*, page 242.
4. *Essai historique sur les antiquités du département de la Haute-Loire*, Saint-Quentin, 1826, p. 91. À la page 95 du même ouvrage l'auteur voit dans cet édifice les restes d'un temple de Diane ce qui paraît inadmissible.
5. *Architecture du vɪᵉ au xvɪɪɪᵉ siècle*, tome I.
6. *Dictionnaire raisonné*, tome VII, page 443.
7. C'est à tort qu'à la planche XLVIII *bis* de cet ouvrage le nom de cette chapelle a été écrit Sainte-Claire.

temple de Diane, s'élève dans un des faubourgs du Puy, sur une place de la petite commune d'Aiguilhe, près du pied du rocher Saint-Michel.

Elle présente un spécimen unique en Velay d'un plan architectural assez rare, mais dont cependant le xɪᵉ et le xɪɪᵉ siècles offrent d'autres exemples.

C'est un octogone régulier terminé à l'orient par une abside semi-circulaire. Sur une espèce de soubassement, qui sert de support, s'élèvent extérieurement huit arcades en plein cintre supportées par des colonnettes séparées par des pilastres angulaires.

A l'intérieur, des arcades analogues reposent sur des colonnes engagées d'un quart. Les tambours qui les forment font queue dans le mur et se confondent avec le reste de l'appareil. Ces colonnes reposent sur des bases composées de deux tores superposés, séparés par une scotie; celui du bas est proéminent et aplati; ces bases sont placées sur des socles carrés, qui eux-mêmes sont posés sur un bahut de pierre et placés à chaque angle rentrant de l'octogone, de sorte qu'ils font saillie au-dessus du vide. L'astragale est taillé dans le bloc du fût.

Les arcades intérieures ne sont pas ornées; l'arête a seulement été abattue. Au-dessus de ces arcades on remarque une corniche, indiquant le point de naissance de la coupole, dont chacune des huit sections est indépendante l'une de l'autre; toutes se réunissent autour d'une ouverture circulaire qui occupe le sommet de la voûte.

Des fenêtres sont percées sur six faces; les parois orientales et occidentales en sont dépourvues; c'est là, en effet, que se trouvent la porte et l'abside. Ces fenêtres sont d'assez grandes dimensions; les unes à double ébrasement, les autres à ébrasement simplement intérieur sont actuellement murées, à l'exception d'une seule. Quatre se trouvent dans l'axe des arcades, mais non les deux plus rapprochées de l'abside; les dimensions de ces dernières sont également moindres (pl. xLvɪɪɪ bis). Était-ce pour ne pas trop affaiblir le mur à cette place?

Les chapiteaux sont couverts de feuillages sculptés avec plus ou moins de finesse. Ceux qui reçoivent la retombée de l'arc par lequel la nef communique avec l'abside s'emmanchent mal avec le fût. La colonne placée au Nord n'est pas assez haute, et il a fallu, pour racheter le manque de hauteur, disposer entre le chapiteau et le tailloir un dé en pierre de forme conique. Peut-être y a-t-il eu un réemploi; ce qui semble plus probable, c'est que les chapiteaux n'ont pas été faits par l'ouvrier chargé de l'exécution du fût et que les dimensions avaient été mal prises.

Deux portes d'entrée en plein cintre donnaient accès dans la chapelle; l'une plus grande à l'Ouest, l'autre plus petite au Nord. Cette disposition, qui se retrouve à Montmajour (avec cette différence que la porte secondaire est au Sud), est digne d'être remarquée.

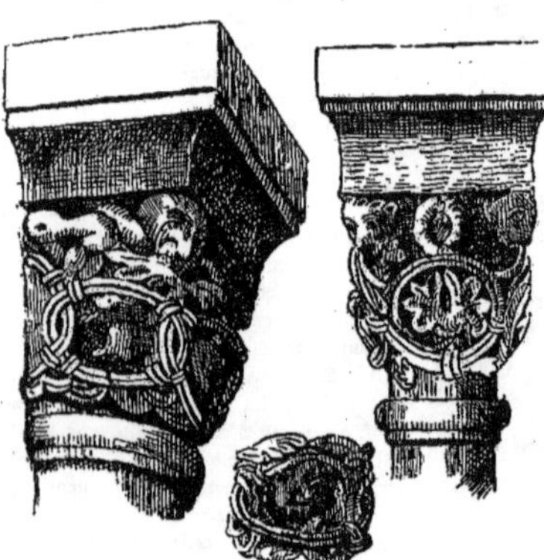

108. CHAPITEAUX DE LA CHAPELLE SAINT-CLAIR.

Une petite abside s'ouvre à l'Est; elle est voûtée en cul-de-four (voir pl. xLvɪɪɪ). Une fenêtre l'éclairait, elle a été murée; on a pratiqué au Nord une ouverture carrée à une époque plus récente.

Semi-circulaire sur ses deux faces, cette abside est pourvue intérieurement de trois arcatures appliquées reposant sur quatre colonnettes formées de deux morceaux; la base est prise dans le bloc inférieur, l'astragale dans le supérieur [1].

Leurs chapiteaux sont décorés de feuillages; l'un au Sud a la forme d'une sphère, sur laquelle sont sculptés des rinceaux finement exécutés. Au-dessus de cette sphère et entre celle-ci et le tailloir deux têtes occupent la place des volutes (fig. 108).

Ces colonnettes sont disposées sur un bahut de pierre. Les tailloirs de forte dimension supportent les deux arcades contiguës, par l'intermédiaire d'un sommier unique, et plus étroit que ces tailloirs. Il n'en est pas de même pour le reste de la chapelle, où chaque arcade a un sommier distinct.

Le niveau du sol semble avoir été abaissé vers l'abside, qui devait être séparée de la chapelle par des marches dont il reste encore des traces le long du mur, et l'appareil en pierres de taille s'arrête à 20 centimètres au-dessus du sol actuel. Il est probable que cela devait être à l'origine caché par le pavé de l'abside.

---

1. M. Brutails (L'Archéologie du Moyen Age et ses méthodes, Paris, 1900, page 81), donne la raison d'être de cette singularité dont il signale des exemples plus typiques encore. Les ouvriers donnaient d'abord au bloc la section que devait avoir la base; après quoi mettant le bloc sur le tour, ils tournaient à la fois et la base et la colonne. Nous trouverons dans la région d'autres dispositions semblables à la chapelle Saint-Michel et à celle du château d'Artias.

De chaque côté de l'autel, deux crédences ont été pratiquées dans le mur, elles sont rectangulaires, sans ornement et paraissent contemporaines de la construction.

A l'extérieur, sept faces sont conçues de la même façon (celle où s'ouvre l'abside est différente). Chacun des angles de l'octogone est terminé en forme de pilastre, avec astragale et chapiteau sur lequel sont sculptées de grandes feuilles d'eau. Ces sortes de pilastres sont flanquées de deux colonnes ; le tout est, en général, recouvert par le même tailloir.

Les colonnes assez galbées sont presque toutes formées de deux pièces : par une particularité curieuse, l'astragale est fait d'un petit disque de pierre, indépendant à la fois et du fût et du chapiteau.

Les claveaux des archivoltes sont alternativement blancs et noirs. La partie extérieure est pareille à chaque arcade : c'est une gorge dans laquelle sont sculptées de petites sphères. La partie intérieure est alternativement ornée, soit de lobes en assez faible relief, soit d'une gorge ; et, dans ce cas, un sujet est sculpté sur chaque claveau de teinte claire [1] ; on y voit des crapauds, des serpents, des lions, des têtes d'hommes et de chats. Les clés sont en général ornées d'une sculpture un peu plus proéminente ; sur l'une d'elles est représenté le type bien connu de la sirène.

L'espace compris entre chaque archivolte est rempli par des décorations en mosaïque : ce sont des losanges alternativement blancs et noirs. Ces mosaïques ne dépassent pas en hauteur le niveau des archivoltes.

Une corniche à simple tablette, formée d'un bandeau et d'un cavet, règne à la partie supérieure des murs ; et par dessus, une toiture reposant sur une charpente moderne, recouverte en tuiles creuses, a remplacé très probablement une couverture primitive en dalles plates.

L'appareil est formé de belles pierres de taille à petits joints.

L'abside a en plan la forme d'un arc outrepassé (pl. xlviii *bis*) ; elle est également construite en très bel appareil. Une corniche pareille à celle du reste de l'édifice règne au-dessous de la toiture.

La décoration des portes est assez spéciale. Toutes deux sont conçues de la même façon ; la baie est recouverte d'un linteau en dos d'âne surmonté d'un arc de décharge plein-cintre, avec claveaux alternativement blancs et noirs. Le tympan est garni de décorations d'appareil : au Nord, ce sont des losanges noirs, se détachant sur un fond blanc et disposés de façon à former des étoiles ; à l'Ouest, la mosaïque du tympan se compose de petits disques noirs et blancs tangents les uns aux autres.

« Au milieu du linteau on remarque une croix grecque sculptée, et de chaque côté de cette croix, deux cercles qui diminuent de diamètre proportionnellement au rétrécissement du linteau. Les deux derniers cercles, à droite et à gauche, se détachent de la pierre en très bas-relief et ressemblent à des boules aplaties [2]. » L'un de ces cercles est divisé en deux par une courbe figurant un croissant, l'autre contient un cercle intérieur. Plusieurs auteurs y ont vu le soleil et la lune ; la chose n'a rien d'impossible.

Les chapiteaux de l'extérieur ressemblent à ceux de l'intérieur et sont presque tous couverts de feuillages ; sur d'autres ce sont des rinceaux très délicatement sculptés. Malheureusement, on a employé le grès de Blavozy, qui, quoique de bonne qualité, n'en est pas moins friable quand il reste exposé à l'air ; aussi quelques-uns de ces chapiteaux sont-ils assez dégradés. Par contre, ceux des pilastres, exécutés avec moins de soin et taillés dans la pierre volcanique, sont parfaitement conservés.

L'appareil très beau et à petits joints, la dimension relativement grande des ouvertures, la forme élancée des arcades, et surtout l'élégance des chapiteaux semblent nous reporter à une date assez avancée dans le xiie siècle.

De chaque côté des portes, les colonnes reposent sur de hautes bases d'une composition bizarre. Au Nord, ce sont, à l'une, des ressauts carrés séparés par des onglets et des gorges ; à l'autre, quatre colonnettes. A l'ouest, une colonne manque, la base de l'autre est ornée de torsades.

Quelle fut la destination de ce monument ? Bien entendu, nous laissons de côté l'opinion de Faujas de Saint-Fond [3] et des nombreux auteurs à sa suite, qui ont dépensé beaucoup d'encre pour prouver que c'était un temple de Diane.

Ce n'était pas non plus un baptistère. Aiguilhe ne fut jamais une paroisse et le Puy avait son baptistère qui subsiste encore et qui est d'une date antérieure. Or, jamais on n'aurait construit, aussi près l'un de l'autre, deux édifices servant à la même destination.

Était-ce une chapelle de Templiers ? On sait, en effet, que cet ordre affectionnait les monuments circulaires ou polygonaux, construits à l'imitation du Saint-Sépulcre et qu'ils nous en ont laissé des exemples à Metz ou à Laon entre autres.

Ils avaient un établissement au Puy ; leur église était sous le vocable de Saint-Barthélemy. Mais il semble résulter de leur cartulaire publié par A. Chassaing, qu'ils n'avaient pas de possession à Aiguilhe. L'historien

---

1. Les claveaux de teinte claire sont tous en grès de Blavozy.
2. Mérimée, *op. cit.*, page 241.
3. *Recherche sur les volcans éteints de l'Auvergne et du Velay*. Grenoble et Paris, 1778, in-folio, page 428.

Arnaud prétend bien qu'il y avait beaucoup d'analogie entre ce monument et l'église Saint-Barthélemy « pour les détails [1] » ; mais on ne peut rien conclure d'un texte aussi peu explicite, d'autant plus que si le gros œuvre de l'église Saint-Barthélemy existe encore, les détails de sculpture et autres ont complètement disparu.

A défaut de toute autre preuve, il nous est peut-être permis de penser que nous sommes en présence de la chapelle de l'hôpital d'Aiguilhe mentionné, dès 1088, dans une charte conservée aux archives de l'Hôtel-Dieu [2] du Puy.

Des textes nombreux, du xiiie [3] et du xive siècles, concernent ce même hôpital des pauvres d'Aiguilhe [4].

Il semble que cette chapelle n'ait été dédiée à Saint-Clair qu'au xviie siècle [5], et, en 1789, elle servait de grenier à fourrage : une gravure de Née la représente sans toiture et à demi-ruinée [6]; elle a été réparée depuis [7].

Ce qui est certain, c'est qu'on peut dire avec Viollet-le-Duc : « Qu'on y trouve l'expression la plus délicate de l'art roman d'Auvergne arrivé à son apogée, et qu'il est difficile de produire plus d'effet à moins de frais [8]. »

XIII. CHAPELLE SAINT-MICHEL

A quelques pas de la chapelle Saint-Clair, s'élève une masse volcanique, haute de 85 mètres, de forme conique et isolée dans tous les sens.

Ce rocher, curieux de forme et de tons, est couronné d'une petite chapelle romane, dédiée à saint Michel, qui serait inaccessible sans un escalier de deux cent vingt marches taillé dans le rocher même.

C'est encore un de ces monuments sur lesquels on a beaucoup écrit, mais à propos duquel aussi bien peu de personnes ont été d'accord [9]. Une partie de cette chapelle a pour nous l'avantage d'être authentiquement datée de la seconde moitié du xe siècle.

L'acte de fondation [10] relate en termes fort clairs que le doyen Truannus, après en avoir obtenu la permission de l'évêque Gottescalc, fit faire un chemin le long de cette montagne où, jusqu'alors, les hommes les plus agiles pouvaient à peine monter et construire au sommet un oratoire dédié à l'archange saint Michel. Ce monument aurait été terminé le 18 juillet 962, époque où Truannus en fit don au chapitre du Puy.

Cette date a été une source d'erreurs pour beaucoup d'érudits qui ont voulu faire remonter jusqu'à cette époque la construction de tout l'édifice ; à peine quelques-uns ont-ils excepté la porte d'entrée. Seuls, Paul Le Blanc, Mérimée et Caumont ont vu la vérité ; les deux premiers expriment même leur opinion avec doute. Or, aucune hésitation ne saurait subsister après une visite attentive du monument, qui est formé de deux parties fort distinctes et mal soudées entre elles [11].

L'oratoire primitif se composait d'un petit sanctuaire carré, encore très reconnaissable (pl. xlvi *bis*) : il est pourvu d'une abside à l'Est, et de deux absidioles en forme de transept au Nord et au Sud, toutes trois voûtées en cul-de-four. La porte d'entrée ancienne, bien visible encore, quoique murée, s'ouvrait dans le mur méridional, elle était dépourvue d'ornement, couverte d'un simple linteau et donnait sur l'escalier actuel à l'Ouest de l'absidiole méridionale.

Cette absidiole a été ouverte lors de l'agrandissement de la chapelle pour donner accès à une sorte de

1. Arnaud, *Histoire du Velay*, Le Puy, 1816, tome II, page 380.

2. Série A, n° 1, orig. parchemin. Confirmation par Guillaume de Goudet, doyen du Puy, Adhémar de Monteil et le Chapitre de l'hôpital d'Aiguilhe et de son cimetière, 15 mars 1088 : « Anno ab incarnatione domini nostri Jhesu Christi millesimo octoagesimo octavo, defuncto « videlicet Domno Balduino, aniciensis ecclesiae venerabili decano, cum Bernardus custos ecclesiae sancti Michaelis apud aculeam jam perfecisset « xenodochium pulcherrimum quoque atque honestam domum », etc. Le texte de cette charte sera du reste prochainement publié in extenso dans les *Preuves de la Maison de Polignac*, que prépare M. A. Jacotin.

3. Hommage rendu en 1314 à l'évêque du Puy, par Guillaume Veziat, clerc de l'hôpital des pauvres d'Aiguilhe. Archives départementales, G. 34.

4. Une histoire manuscrite du Puy, écrite en 1814, connue sous le nom de manuscrit de Durançon, que M. Jacotin a bien voulu nous communiquer, indique aussi cette destination; on y lit le passage suivant : « Joignant ce monument et sur la gauche en entrant on distingue les restes d'un ancien bâtiment, où jadis était un petit hospice. »

5. Paul Le Blanc, dans le *Congrès scientifique de France*, 1855. Le Puy, 1856, I, page 140.

6. *Voyage pittoresque de la France avec la description de toutes ses provinces*, département de la Haute-Loire, 1re livraison, page 2.

7. Nous donnons, planche xliv, la vue de ce monument, exécutée d'après une photographie, et planche xlviii *bis*, des relevés assez complets d'après des dessins de M. Petitgrand.

8. *Dictionnaire raisonné*, VII, 443. Nous contestons toutefois le mot : Auvergne, qui nous semble trop absolu.

9. Voir le *Congrès scientifique* du Puy, 1855. Le Puy, 1856, page 146. — *Rapport de M. Paul Le Blanc sur la visite faite à Saint-Michel*. — Degré (P.), dans le *Bulletin monumental*, 5e série, tome II, quarantième de la collection, pages 168 et suivantes. — Mérimée, *Notes d'un voyage en Auvergne*, Paris, 1838, page 235. — Mandet, *Histoire du Velay*, VI, pages 137, 156. — Arnaud, *Histoire du Velay*. Le Puy, 1816, tome II, page 379. — Mangon de la Lande, *Essai sur les antiquités de la Haute-Loire*, 1826, page 86. — Raguenet, *Petits monuments historiques*, 23e livraison, 1894.

10. *Gallia Christiana*, tome II, pages 755, 756. Cet acte, comme le reconnaît l'abbé Chevalier : *Cartulaire du Monastier*, page xviii, mérite toute confiance. On doit donc, par suite, rejeter l'affirmation de la *Chronique* de Saint-Pierre-du-Puy, publiée par le même, dans le même ouvrage, page 153, qui en rapporte la fondation à l'évêque Guy II d'Anjou, lequel occupa le siège épiscopal de 998 à 1014.

11. Nous donnons (pl. xlvi *bis*) des relevés complets de cette chapelle d'après des dessins de M. Pierre Verdier.

réduit ou de tribune, situé au-dessus de l'entrée actuelle construite postérieurement. Une petite fenêtre est pratiquée dans le fond de ces absides qui s'ouvrent directement sur le sanctuaire carré.

Du côté de la nef ajoutée après coup, on voit une grande arcade en plein cintre sur laquelle on remarque des traces évidentes de reprises. Au-dessus de cette arcade et de chacune des absides s'ouvre une fenêtre en plein cintre à ébrasement simplement intérieur et sans aucun ornement.

La voûte de ce sanctuaire est des plus curieuses et n'a été, croyons-nous, signalée par personne : c'est une sorte de pyramide très basse, très obtuse, s'élevant sur un plan carré et construite en appareil très grossier. M. Anthyme Saint-Paul a signalé une voûte analogue à Saint-Orens dans les Pyrénées [1].

L'appareil de cette partie de l'édifice assez grossier, n'est formé que de simple blocage, de moellons à peine dégrossis et noyés dans le mortier.

A l'extérieur, absides et absidioles sont semi-circulaires. Les archivoltes des petites fenêtres qui les éclairent sont prises dans un bloc de pierre.

La toiture actuelle est supportée par une série de corbeaux de bois, reposant eux-mêmes sur des corbeaux de pierre en saillie sur la muraille. Cette disposition n'est pas primitive, et la toiture était à l'origine posée directement sur la voûte ; il subsiste encore des traces de l'ancienne corniche.

Telle est la seule partie très ancienne de l'église Saint-Michel. Peut-être, ce monument était-il plus grand et s'étendait-il plus loin du côté de l'ouest, en tous cas il n'en subsiste rien autre, mais nous ne voyons pas de raison nous empêchant d'en placer la construction au xe siècle. De tous les édifices religieux de la région c'est certainement celui dont l'aspect est le plus archaïque.

Autour de cet oratoire primitif sont venues se greffer d'autres constructions plus soignées et plus ornées que nous ne croyons pas antérieures à la fin du xie siècle. C'est probablement même après cette époque que l'on a prolongé extérieurement

109. CHAPELLE SAINT-MICHEL. *Vue extérieure de l'abside.*

l'entrée, de façon à pouvoir construire le portail sur un emplacement assez large.

Actuellement, on pénètre dans l'église par une très belle porte, située à l'Est et dont il sera question plus loin. Elle donne accès dans une sorte de vestibule, d'où, après avoir gravi sept marches, on pénètre dans l'église proprement dite. Cette espèce de narthex, comprenant deux travées voûtées d'arêtes, se continue dans l'intérieur de l'église, dont il fait le tour en décrivant une courbe elliptique contournant le rocher, formant ainsi une sorte de déambulatoire de forme ovale, qui se compose de neuf travées toutes également couvertes de compartiments d'arêtes irréguliers, de façon à racheter la forme bizarre du sol ; les voûtes n'ont pas de doubleau et reposent à leur naissance sur des colonnes peu élevées, trapues et renflées près de la base (pl. xlvi et fig. 110).

Cette galerie se termine, au Nord, à une abside semi-circulaire, éclairée par deux petites fenêtres donnant, l'une à l'extérieur, l'autre sur le sanctuaire primitif. Elle entoure une nef voûtée en berceau plein cintre, qui vient aboutir obliquement, d'une façon maladroite et avec une interruption très visible dans les joints, à la partie rectangulaire de l'oratoire plus ancien.

La première travée montante du vestibule qui donne accès à la chapelle, est séparée en deux étages par de larges blocs de pierre reposant d'un côté sur des corbeaux sortant du mur, de l'autre sur une colonne qu'il a fallu surélever au moyen d'un cône de pierre renversé. Ces blocs de pierre sont traversés par de longues colonnettes partant du bas pour venir supporter directement la voûte de l'étage supérieur. Celui-ci est couvert d'une coupole minuscule, reposant sur des trompes en cul-de-four excessivement petites. Il est réuni au sanctuaire carré par une allée de nef, formée de deux travées également voûtées d'arêtes. Pour les faire communiquer on a dû ouvrir le fond de l'absidiole méridionale, dont il subsiste encore une partie de la courbure. Le point de raccord entre la construction de l'allée et celle de l'abside est du reste très visible.

Un oculus et trois fenêtres plein cintre, dont l'une est fort petite, ajourent cette sorte de tribune.

Les supports sont tous formés de colonnettes peu élevées, très galbées, avec astragale adhérant au fût.

---

1. *Collection des Guides Joannes. Itinéraire général de la France. Les Pyrénées*, 4e édition. Paris, 1874, page 343. « Sur la croisée M. A. Saint-Paul a remarqué une sorte de pyramide creuse à quatre pans. » Il nous paraît difficile de comparer cette pyramide grossière avec les fameux *dubes* de Loches, quoique l'idée semble la même.

Les chapiteaux, en grès de Blavozy, sont ornés de feuillages assez grossièrement traités. Les plus rapprochés de la porte sont d'un travail bien meilleur, tous semblables et divisés en deux parties, l'inférieure couverte de

rinceaux d'un grand style, la supérieure décorée de palmettes [1]. Cette différence dans la sculpture paraît indiquer que l'allée conduisant au portail, ainsi que ce dernier, sont d'une date un peu postérieure (pl. XLVI).

Les tailloirs sont formés d'un bandeau, d'un onglet et d'une doucine ; les bases se composent de deux tores de grosseur inégale entre deux listels séparés par une scotie.

L'église est en entier recouverte d'enduits sur lesquels étaient exécutées des peintures. Là où cet enduit manque on voit apparaître le moyen appareil à joints moins épais. Les peintures ne subsistent que dans la partie la plus ancienne, elles paraissent remonter à l'époque romane ; malheureusement, elles sont très abîmées.

Elles avaient été recouvertes d'un épais badigeon ; et quand, en 1850, on essaya de les dégager, on trouva, trois couches superposées de décoration [2].

Extérieurement, une différence sensible d'appareil distingue les constructions des deux époques. La partie ancienne, nous l'avons dit, est en appareil irrégulier, noyé dans un lit de mortier fort épais ; dans la partie la plus récente, l'appareil est beaucoup plus soigné, et les joints sont plus fins.

Les contreforts sont peu proéminents au Sud : cela s'explique d'abord par le manque de place, et, de plus, l'absence de doubleaux permettait de s'en dispenser ; au Nord, ils sont un peu plus épais et le mur s'élargit en

110. INTÉRIEUR DE LA CHAPELLE SAINT MICHEL.

se rapprochant du sol.

La partie la plus riche est, sans contredit, le portail (pl. XLVII) : de chaque côté de la porte, on voit deux colonnettes, sur les chapiteaux desquelles sont sculptés un homme et un aigle au milieu de feuillage ; ces colonnettes supportent un arc de décharge à trois lobes, sur lequel sont sculptés des personnages tenant des rinceaux. Deux sirènes décorent le linteau.

Le centre du tympan n'est pas orné ; mais, sous le lobe central, est sculpté un *Agnus Dei ;* et, dans les deux autres, des clercs en adoration présentent un calice.

Le biseau du tailloir des chapiteaux est décoré de palmettes et, de chaque côté du portail, deux animaux à mi-corps semblent sortir de la muraille.

Une archivolte, décorée de losanges alternativement blancs et rouges, entoure l'arc lobé du portail ; de chaque côté de cette archivolte, on remarque d'autres mosaïques analogues.

La façade est divisée par une corniche aux deux tiers de sa hauteur ; la partie supérieure est de même ornée de mosaïques ; plus haut, cinq arcades sont supportées à leur naissance par des corbeaux en forme de mains ouvertes (pl. XLV).

Ces arcades, réminiscence probable des corniches à arcatures, communes dans d'autres régions, font une légère saillie sur le mur et encadrent cinq bas-reliefs : au centre, le Père Éternel bénissant de la main droite et

---

1. Notons ici une particularité, c'est qu'à la colonne la plus rapprochée de la porte, le chapiteau est pris à la fois dans le même bloc que l'astragale et qu'un morceau de la colonne. Là, du reste, comme ailleurs, on a, en plusieurs endroits, été forcé de placer entre la base et le fût un dé de pierre en forme de tronc de cône.

2. Voir rapport de A. Dauvergne dans le *Journal de la Haute-Loire,* des 16 et 20 mars 1851.

tenant de la gauche un livre ouvert ; à sa droite, la Vierge ; à sa gauche, saint Michel, et, aux deux extrémités, saint Pierre et saint Jean.

En dessous, un petit oculus entouré de rinceaux est placé sans symétrie ; d'autres mosaïques enfin occupent la partie supérieure de la façade : « Toutes ces mosaïques font ressortir les sculptures avec beaucoup d'avantage », tel était l'avis de Mérimée et tel est aussi le nôtre.

Un chemin de ronde, reposant tantôt sur le rocher et tantôt soutenu par de grands arcs, entoure le monument. On voit, au Nord, les ruines d'un bâtiment ; là devait être la cellule de l'ermite ou du desservant de la chapelle (pl. XLV).

Le long de l'escalier, il existait, avant 1793, trois oratoires dédiés : l'un à saint Gabriel, l'autre à saint Raphaël, le troisième à saint Guinefort ; ce dernier seul était ancien.

Enfin, au bas de la montagne, l'escalier aboutissait à une porte semblable à celles qu'on rencontre dans la région. L'archivolte extrême est ornée de petites sphères ; les autres formées d'un biseau entre deux tores, le tout reposant sur des colonnettes qui avaient disparu (pl. XLVI), mais qui viennent d'être remplacées par les soins de la Commission des Monuments Historiques. Une différence la distingue pourtant des autres portes du Velay : elle a un linteau droit et un tympan d'appareil.

A l'extrémité Ouest de la chapelle, s'élève un clocher absolument indépendant du reste de la construction. Il a certainement subi les mêmes influences que celui de la cathédrale et nous le croyons postérieur (pl. XLVI *bis*).

Une phrase rapportée par Médicis et trouvée par lui « dans un ancien mémoire », est ainsi conçue : « Anno domini MCCXLV in festo beati Dominici, fulgur dirupit clocherium Aculeae [1] .» C'est le plus ancien texte en faisant mention que nous ayons rencontré ; mais la destruction dont il s'agit ne dut être que partielle ; et il est probable que le clocher fut rétabli suivant sa forme primitive, car il est certainement une œuvre du XIIe siècle.

Il prend naissance sur le chemin de ronde ; le premier étage est au niveau de la chapelle avec laquelle il communique par une porte sans ornement. Des corniches, formées d'un bandeau, d'un onglet et d'un cavet, marquent extérieurement la division des étages, division accentuée aussi par de légères retraites prises dans l'épaisseur des murs.

Les deux premiers ne sont éclairés que par de fort petites ouvertures carrées ; le troisième l'est sur chaque face par deux baies géminées, dont l'archivolte composée de claveaux alternativement blancs et noirs, repose à chaque extrémité sur des colonnettes.

Au quatrième étage, une seule grande baie, avec la même disposition de claveaux, est entourée d'une archivolte prise dans l'épaisseur du mur. Une autre archivolte intérieure repose sur des colonnettes. Au dernier étage, enfin, il n'y a qu'une seule ouverture sans autre ornement que des claveaux de diverses teintes ; elle est surmontée d'un gable terminé par une sphère, disposition que nous avons déja signalée au clocher de la cathédrale. Nous croyons les sphères de Saint-Michel, comme du reste celles de la cathédrale, postérieures aux clochers. Une pyramide en pierre, à quatre pans, recouvre ce clocher.

Nous avons dit qu'une porte le fait communiquer avec la chapelle. Le long des deux premiers étages sont disposées de grandes arcades formant une saillie au niveau des fenêtres du troisième. Peut-être y eut-il un plancher. Deux ouvertures carrées qu'on voit encore dans le mur, auraient permis de disposer des poutres.

XIV. ÉGLISE SAINT-BARTHÉLEMY

Saint Barthélemy du Puy était le chef des commanderies du Temple dans le Velay : en passant aux hospitaliers, cette maison devint l'annexe et la filleule de Saint-Jean-la-Chevalerie [2].

Voici en quels termes s'exprime sur l'église, le visiteur de l'ordre de Malte de l'année 1616 : « Et à l'ins-« tant sommes entrés dans la dicte chapelle, laquelle avons trouvée avoir quinze cannes de long et quatre de large, « toute voultée, le cœur séparé d'une muraille de pierre, dans le cœur y a ung autel en entrant à costé de l'entrée « d'iceluy. Dans la nef sur une arcade y a une tribune dans laquelle y a ung autre autel de pierre lequel n'est sacré « non plus que les autres sus écrits : au dessus duquel autel qui est en la tribune est l'image de saint Barthélemy « relevée en bosse : Fermant ladicte chapelle avec ses portes ferrements serrures et clés. Laquelle chapelle n'est « paroisse ains seulement un oratoire de dévotion [3]. »

On n'y célébrait plus la messe qu'aux fêtes de saint Jean-Baptiste et de saint Barthélemy.

1. *Médicis,* édition Chassaing, tome I, page 210.
2. Chassaing, *Cartulaire des hospitaliers du Velay*. Paris, 1888, in-8°, page XXVI.
3. Visite de l'ordre de Malte du 5 juillet 1616. Archives du Rhône H. 138, folio 977 verso.

Les bâtiments claustraux servent aujourd'hui de brasserie, tandis que l'église est transformée en habitation particulière ; une partie de l'abside englobée dans les maisons voisines a été démolie, et le reste de la construction a perdu beaucoup de son caractère; il nous a été cependant possible d'en dresser le plan (fig. 111). C'est un rectangle terminé à l'Orient par une abside semi-circulaire à l'intérieur et présentant cinq pans au dehors; les deux fenêtres qui éclairent cette abside sont extérieurement accostées de colonnettes : l'arc triomphal repose sur des demi-colonnes engagées. La nef est couverte d'une voûte en berceau brisé. On ne voit plus de traces de doubleaux, quoique les contreforts extérieurs puissent laisser croire que cette église en était originairement pourvue. Les fenêtres ont été extérieurement murées, on peut les voir à l'intérieur; elles sont longues et étroites avec un large ébrasement dont le glacis inférieur est, comme à Chamalières, disposé en gradins.

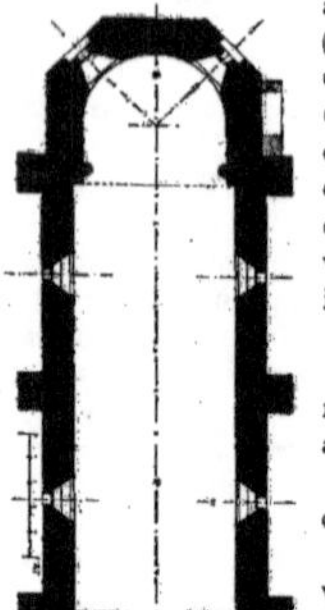

Église Saint-Barthélemy.

A l'extérieur, on remarquera des contreforts assez épais, construits en bel appareil.

La façade a été dénaturée, la porte ancienne démolie et remplacée par une baie rectangulaire; au-dessus se trouve une ancienne fenêtre murée; l'arête de l'archivolte est abattue et se profile en tore.

La forme brisée de la voûte et la disposition des fenêtres de l'abside permettent de dater cette église du milieu du xiie siècle.

Une vaste salle est construite perpendiculairement à l'abside. Elle est couverte d'une voûte en berceau sans doubleau avec un pilier rectangulaire au centre ; de petites fenêtres viennent en pénétration dans la voûte.

On voit encore dans le mur septentrional de cette salle, les débris d'une ancienne cheminée construite en bel appareil et pourvue d'une hotte conique.

Le sol de cette salle a été surélevé ; elle devait, selon toute probabilité, originairement servir de réfectoire à la commanderie.

XV. ÉGLISE SAINT-GEORGES

L'ancienne église collégiale Saint-Georges sert aujourd'hui de chapelle au Grand-Séminaire. Il n'en subsiste que l'abside et les deux travées qui la précèdent. Autant qu'on peut en juger, elle devait être de fort petites dimensions.

L'abside, extérieurement épaulée par des contreforts rectangulaires, est circulaire sur ses deux faces; une demi-coupole la recouvre. Les deux travées de l'intérieur sont voûtées en berceau avec doubleaux rectangulaires reposant sur des chapiteaux à feuillages, supportés eux-mêmes par des demi-colonnes postérieurement tronquées. C'est vraisemblablement un édifice de la fin du xie siècle.

XVI. ÉGLISE SAINT-VOSY

On peut voir les derniers vestiges de l'ancienne église paroissiale Saint-Vosy dans un jardin rue de Vienne; ces débris ne comprennent plus que la moitié de l'abside qui semble avoir présenté à l'extérieur cinq pans, probablement ajourés chacun d'une fenêtre en plein cintre à double ébrasement.

XVII. CHAPELLE SAINT-PIERRE-LE-VIEUX

Il y a une dizaine d'années, la chapelle romane Saint-Pierre-le-Vieux servait encore au culte; l'abside s'écroula à cette époque, il n'en subsiste plus qu'un contrefort en bel appareil englobé dans la sacristie des pères observantins. Ces derniers ont recueilli dans leur jardin les chapiteaux et les colonnettes qui ornaient le sanctuaire : ces chapiteaux sont décorés de feuillages peu fouillés et ne présentent rien de remarquable.

En face de la porte d'entrée du couvent de ces mêmes pères observantins, existe une porte remontant vraisemblablement au xiie siècle et dont l'archivolte est décorée de bâtons brisés se profilant en tore et retombant sur leurs piédroits sans l'intermédiaire de chapiteaux.

XVIII. MUSÉE DU PUY

Le Musée municipal du Puy eut la chance bien rare de posséder successivement, depuis le premier quart du XIXᵉ siècle, des directeurs qui surent comprendre l'intérêt que présentait l'art du moyen âge, et cela à une époque où il n'était guère en honneur. Nous avons nommé M. de Beçdelièvre et M. Aymard ; tous deux, sans cesse à l'affût des découvertes archéologiques, surent abriter tous les morceaux qui leur semblèrent présenter un certain intérêt ; ils firent, en outre, mouler les principaux détails de sculpture de la région ; aussi a-t-on réuni dans le Musée du Puy une grande quantité de sculptures dont l'étude est facilitée par leur réunion dans un même local. Quelques-unes d'entre elles proviennent de monuments disparus ; d'autres ont été recueillies au cours de restaurations faites à la cathédrale. Notre intention n'est pas d'en dresser ici un catalogue dont le besoin se fait sentir, nous devions cependant les comprendre dans notre étude ; car, certaines d'entre elles peuvent éclairer d'une façon utile l'histoire de l'art architectural dans la région.

112. SCULPTURES DU MUSÉE DU PUY.

Nous ferons toutefois remarquer que ces objets ont été groupés d'une façon un peu fantaisiste et qu'on ne doit pas prendre à la lettre leur classification actuelle. Il est certain, en effet, que beaucoup d'entre eux ont été trop vieillis, et il y aurait matière à un remaniement ou tout au moins à un changement dans les étiquettes. Grâce à la bonne volonté que ne cessent de montrer en ces matières les sociétés savantes de la Haute-Loire, nous espérons que ce travail ne saura trop tarder.

Ces sculptures sont réparties par travées. Sur la première, qui porte la légende : *du* IVᵉ *au* VIIᵉ *siècle*, on a disposé des fragments de monuments de l'époque gallo-romaine, les moulages d'une partie de la frise qui décore le chevet de la cathédrale et une reproduction du chevet primitif démoli par Mimey. On y voit des marqueteries en petit appareil : d'après l'étiquette, nous aurions là les

113. MUSÉE DU PUY.
Chapiteau provenant de l'Hôpital.

114. MUSÉE DU PUY. *Ancien chapiteau la Cathédrale.*

seuls restes de la cathédrale primitive. Nous ne voyons pas en quoi ces marqueteries diffèrent de celles qui existent en Auvergne sur des églises du XIe ou du XIIe siècle et de celles qu'on remarque sur d'autres parties de la

cathédrale, sur la chapelle octogonale d'Aiguilhe, ou sur les églises de Saint-Paulien et du Monastier. Nous avons dit qu'à notre avis, il n'y avait pas de raison pour leur attribuer une antiquité aussi fabuleuse et que le milieu du XIe siècle paraissait être l'époque où fut construit ce chevet.

Sur la seconde travée on lit les mots : *du* VIIe *au* X[e] *siècle;* il faut, là encore, rajeunir la plupart des pièces. Il y a toutefois, dans la partie inférieure, un panneau composé de dix morceaux (n°s 41 et 42) sur lesquels sont représentés des entrelacs : ils ont été tous découverts dans les décombres de la cathédrale et ont appartenu à une clôture ou chancel d'église; ils sont sculptés avec soin et pourraient avoir fait partie d'un monument du Xe ou peut-être du XIe siècle; de celui qui aurait immédiatement précédé l'édifice actuel (fig. 115). Plus haut (n°s 30 à 40) ce sont des chapiteaux de la cathédrale qui ont été refaits lors des restaurations du XIXe siècle; nous reproduisons (fig. 114) l'un des mieux conservés; ils sont recouverts de feuillages entrelacés et dans le caractère de la fin du XIe siècle : on voit donc ce qu'il faut penser de l'étiquette qui les fait remonter à l'époque de Charlemagne.

115. SCULPTURES DU MUSÉE DU PUY.

Le n° 45 (fig. 113) montre deux animaux se désaltérant dans un vase, il provient des décombres de l'Hôtel-Dieu. Là, encore, il nous paraît difficile de voir une œuvre antérieure au XIe siècle. Enfin, la partie supérieure est occupée par des moulages de détails provenant de l'église Saint-Michel, et principalement des bas-reliefs de la façade : nous les avons décrits plus haut et nous avons dit que, pour nous, ils dataient du XIIe siècle.

116. MUSÉE DU PUY. *Ancien chapiteau de l'église Saint-Michel.*   117. MUSÉE DU PUY. *Chapiteau du cloître.*

Les objets composant la troisième travée sont, toujours d'après les étiquettes, compris dans la même période (VIIe *au* X[e] *siècle, suite*). Nous avons encore des restrictions à faire à ces attributions. Ce sont, dans le bas, des fragments antiques provenant de la partie inférieure de l'escalier de Saint-Michel et, plus haut, quelques débris d'entrelacs anciens (n° 87), puis des chapiteaux de la cathédrale n°ˢ 76 à 84, que nous croyons dater aussi de la fin du xiᵉ siècle ; et enfin des débris d'une inscription identique à celle qu'on voit sous le grand porche, n°ˢ 88 et 89. Ces fragments, qui portent les lettres NI.. AM RE ont été trouvés dans les décombres de ce même grand porche. L'inscription actuelle en a donc remplacé une autre plus ancienne : il est, du reste, certain que la fréquentation du grand escalier devait user assez rapidement les pierres. Les numéros 90 et 91 sont des fragments de la corniche du cloître.

Mais les sculptures les plus curieuses de cette partie du musée portent les unes les numéros 94 et 95, et se composent de fragments d'archivoltes d'un porche ayant précédé celui qu'on voit en face de l'église Saint-Jean ; ils furent en partie découverts sur place par Mimey, et ne sont pas antérieurs à l'époque romane.

119. MUSÉE DU PUY. *Provenances diverses.*

Leur ornementation se compose de billettes et de palmettes ; les autres sont inscrites sous les numéros 85 et 86. Ce sont des chapiteaux couverts de sculptures de deux époques bien distinctes. D'un côté, on voit des entrelacs remontant vraisemblablement à la fin du xᵉ ou au commencement du xiᵉ siècle ; sur l'autre face, l'exécution du travail révèle une œuvre de la fin de ce même xiᵉ siècle ou du début du xiiᵉ. On peut donc là toucher du doigt les transformations subies par la cathédrale, et, à défaut d'autres preuves, on aurait là la certitude que deux édifices se sont succédés à bien peu d'intervalle.

118. MUSÉE DU PUY.

Les numéros 101 à 104 sont des colonnes en marbre blanc et des chapiteaux provenant de l'église Saint-Marcel-d'Espaly, dont il sera question plus loin.

Avec la quatrième travée, nous trouvons des attributions plus rationnelles. Les objets qu'on y a disposés sont, en effet, datés des xiᵉ et xiiᵉ siècles : le plus grand nombre appartient à cette dernière période. On y voit le moulage d'un chapiteau historié bien connu de l'église de Brioude, des spécimens des marques de tâcheron de la chapelle Saint-Clair à Aiguilhe (n°ˢ 148 et 149), et toute une série de moulages ou de pierres originales provenant du cloître (n°ˢ 110

121. MUSÉE DU PUY.

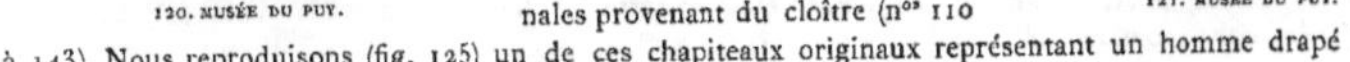

120. MUSÉE DU PUY.

à 143). Nous reproduisons (fig. 125) un de ces chapiteaux originaux représentant un homme drapé levant les bras (celui qu'on voit à la galerie orientale du cloître n'est qu'une reproduction) et (fig. 117) un autre de ces chapiteaux recouvert de feuillages.

Les sculptures réparties dans la cinquième travée remontent presque toutes au xiiᵉ siècle ; parmi elles sont des morceaux réellement remarquables ; en dehors des moulages de la corniche et des chapiteaux les plus intéressants de la partie la moins ancienne du cloître (nᵒˢ 150 à 170), une série de fragments de premier ordre provient de l'hôpital du Puy. Ce sont des colonnettes auxquelles sont adossés un ou deux personnages (nᵒˢ 172 à 174) (fig. 119). Les chapiteaux qui les surmontent sont absolument identiques, comme sujets et dimensions, à ceux des belles portes de ce même hôpital : nous avons déjà si-

122. MUSÉE DU PUY.

123. MUSÉE DU PUY.

signalé cette ressemblance. Les bases des colonnettes sont décorées de perles. Les nᵒˢ 175 et 176 proviennent aussi des décombres de l'Hôtel-Dieu ; le premier est un chapiteau sur lequel on voit deux griffons affrontés ; le second, un claveau d'archivolte dont l'arête extérieure se profile en forme de boudin.

Six colonnettes, dont les fûts sont décorés de cannelures, de torsades, de chevrons ou de losanges et surmontés de chapiteaux d'un décor assez naïf, ont été trouvées dans la maison Gallien au pied du grand escalier de la cathédrale (nᵒˢ 177 à 181, fig. 112).

Mais les quatre pièces les plus belles sont sans contredit les chapiteaux en marbre blanc provenant vraisemblablement de l'église des Cordeliers du Puy : l'un, nᵒ 193 (fig. 123), représente deux animaux à tête unique, tenant un fleuron ; sur l'autre, nᵒ 194, on voit un rinceau profondément fouillé et du plus beau style (fig. 122). Sur

124. MUSÉE DU PUY.

125. MUSÉE DU PUY. *Chapiteau du Cloître.*

celui qui porte le numéro 171 est sculptée la scène de l'Annonciation (fig. 124) et sur le numéro 167 la Visitation et la Nativité (fig. 120 et 121). Ces chapiteaux peuvent être classés parmi les plus beaux morceaux de la sculpture romane.

Enfin, nous avons reproduit plus haut (fig. 23) des sculptures au contraire très barbares trouvées rue du

Bachat; ce sont des hommes à l'aspect trapu, accostés d'un animal qu'on pourrait prendre pour un porc ou un chien. Sur un autre de ces chapiteaux ayant la même provenance, on voit un personnage de facture identique, aux yeux très ouverts, tenant un boucler d'une main, et de l'autre une sorte de sceptre ; au-dessus de sa tête on lit le mot Justicia. Le quatrième de ces chapiteaux est orné de feuillages très simples (fig. 119).

126. VUE DE LA VILLE DU PUY.

Arrivé à la fin de cette description des monuments du Puy, nous croyons devoir ajouter à nos dessins archéologiques des croquis indiquant la situation des principaux édifices que nous avons étudiés. Tous ceux qui connaissent le merveilleux pays de la Haute-Loire sont impressionnés par son aspect pittoresque et grandiose. Fidèle au plan que nous nous sommes tracé, nous avons voulu rester dans notre sphère. Si nous avons été tenté plus d'une fois de représenter les monuments dont nous nous occupons avec leur entourage pittoresque, nous avons complètement renoncé à cette idée, à moins de cas de force majeure. Il était en effet impossible de photographier

127. CHAPELLES SAINT-CLAIR ET SAINT-MICHEL.

128. CATHÉDRALE DU PUY ET ROCHER CORNEILLE.

certaines églises telles que celles de Chalencon, de Saint-Michel et d'Arlempdes autrement que nous ne l'avons fait. Pour ce qui concerne la ville du Puy, on nous pardonnera les modestes croquis reproduits à cette dernière page. Ils étaient loin d'être indispensables, mais nous ne les croyons pas sans intérêt.

TROISIÈME PARTIE

MONOGRAPHIES DES ÉGLISES RURALES

DE L'ANCIEN DIOCÈSE DU PUY

I. ALLEYRAS

Il y avait à Alleyras un prieuré dépendant de La Voûte-Chilhac, monastère qui lui-même relevait de Cluny [1].

L'église, dédiée à Saint-Martin, se compose d'une nef de deux travées couvertes après coup de voûtes d'ogives du xve siècle avec clés pendantes dont la sculpture, assez grossière, rappelle la manière romane. Sur l'une, on voit le père éternel, sur l'autre, un abbé avec sa crosse.

L'arc triomphal, également ment décoré de moulures du xve siècle, est suivi, chose rare dans la région, d'une travée rectangulaire formant chœur, séparée de l'abside par un arc légèrement en retraite et reposant sur des culots en encorbellement. Cette abside a, en plan, la forme d'un demi-octogone, dont chaque face est, à l'intérieur, décorée d'un arc en plein cintre de profil rectangulaire. L'arc est supporté par des colonnes trapues couronnées de chapiteaux ornés de sculptures, soit en creux, soit de faible relief, toutes empruntées au règne végétal (fig. 129). Les colonnes reposent sur un banc de pierre de 25 centimètres de hauteur faisant le tour de l'abside, qui est voûtée d'une demi coupole à pans peu accentués. La naissance de cette voûte est marquée par une corniche composée d'un méplat et d'un biseau ; des chapelles ont été ajoutées après coup, au xve siècle vraisemblablement, de chaque côté de l'église.

129. INTÉRIEUR DE L'ÉGLISE D'ALLEYRAS.

Une porte fort simple donne, au Sud, accès dans la première travée ; elle se compose d'une double archivolte torique, reposant sur des piédroits également toriques dont elle est séparée par de gros tailloirs de profil

---

[1] Rocher, *Pouillé du diocèse du Puy. Tablettes historiques*, VI, 1876, pages 306 et suivantes.

identique à celui de la corniche de l'abside. Celle-ci présente cinq pans à l'extérieur, dont trois sont pourvus de fenêtres sans caractère, retouchées après coup. Les travées qui en sont privées sont épaulées par de puissants contreforts.

Les soubassements s'élargissent au moyen d'un mur formant fruit qui monte jusqu'à 2 mètres environ au-dessus du sol et aboutit à une corniche(fig. 130); une autre corniche, supportée par des modillons fort simples, règne au-dessous de la toiture.

Nous pensons que cette Église peut dater du commencement du xiiᵉ siècle.

II. APILHAC

La petite chapelle romane d'Apilhac, près d'Yssingeaux, est aujourd'hui transformée en grenier à fourrage. Elle était dédiée à Saint-Martin; mais nous n'avons rencontré nulle part de textes anciens de nature à nous renseigner sur sa destination primitive.

L'extérieur est dépourvu de caractère. Sur la façade on a ouvert une porte rectangulaire : l'ancienne entrée était au Sud, elle est en partie démolie; il ne subsiste plus que le cintre de la baie, cintre du reste fort bien appareillé. Le surplus de la

130. ÉGLISE D'ALLEYRAS.

construction est dépourvu d'intérêt : ce sont des blocs de granit noyés dans des lits de mortier assez épais et dont les joints sont rabattus à la truelle.

Il n'y a pas de contreforts à la nef; un léger retrait indique l'entrée du chevet qui est rectangulaire et dont l'extrémité est épaulée de chaque côté par un contrefort.

Il ne semble pas que la nef, actuellement recouverte d'un lambris, ait jamais été voûtée; le long des murs s'ouvrent des arcs de décharge assez étroits reposant sur des tailloirs qui ne font pas retour d'équerre et sur chacun desquels est gravé un petit cartouche. Au-dessus du chevet on voit une voûte en berceau.

Le caractère archaïque de cette chapelle, l'absence de voûte sur la nef, le profil et la décoration des tailloirs semblent indiquer un monument assez ancien que nous ferions volontiers remonter au milieu du xiᵉ siècle.

III. ARTIAS

L'ancienne chapelle du château d'Artias [1], dont les ruines pittoresques dominent la vallée de la Loire, entre Chamalières et Retournac, avait, avant la Révolution, le titre d'Église paroissiale [2].

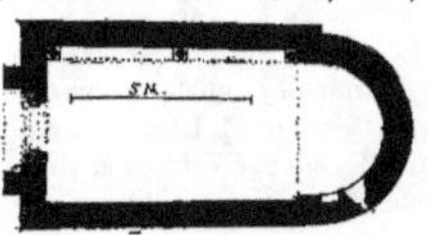

131. CHAPELLE D'ARTIAS. *Plan par terre.*

Elle est aujourd'hui bien délabrée. La porte d'entrée, abritée sous un grand arc bandé entre deux contreforts, a été refaite au xviᵉ ou au xviiᵉ siècle; le campanile qui s'élève sur la façade est dépourvu de caractère; il paraît remonter à la même époque. L'intérieur présente une disposition assez curieuse : le mur méridional est lisse, mais contre la paroi septentrionale sont appliqués deux arcs de décharge en plein cintre, reposant sur des colonnettes : l'une est monolithe avec la base taillée dans le même bloc que le fût et l'astragale pris dans celui du chapiteau; les deux autres sont formées de deux morceaux; la base est sculptée dans le bloc infé-

1. Voir sur Artias : Teillère (L'Abbé), *Le château d'Artias dans les trois premiers siècles de son existence.* (*Tablettes historiques,* 4ᵉ année, 1873-1874, pages 1 et suivantes.)
2. Voir ci-dessus page 3.

rieur et l'astragale fait partie du bloc supérieur. Sur l'un des chapiteaux on remarque des personnages levant les bras; sur les autres ce sont des feuillages ou de simples volutes. Les tailloirs assez épais se profilent en un bandeau, un onglet et un cavet. Au-dessus des tailloirs prennent naissance de petits pilastres rectangulaires.

132. ARTIAS.

Il n'est guère possible, dans l'état actuel du monument, de savoir s'il était voûté à l'origine : les arcs de décharge intérieurs sembleraient l'indiquer, tandis que l'absence de contreforts ferait plutôt penser à un lambris ; toutefois, lors même que l'édifice eût été pourvu

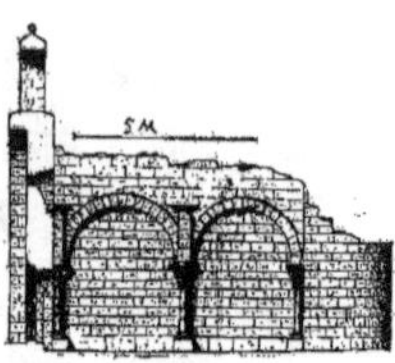

133. CHAPELLE D'ARTIAS. *Coupe longitudinale.*

d'une voûte, ses dimensions très restreintes ne nécessitaient pas la présence de contreforts. L'abside est semi-circulaire sur les deux faces (fig. 131).

Ainsi que beaucoup de chapelles castrales, celle d'Artias semble avoir été placée sur une des lignes du rempart, où elle pouvait être utilisée comme ouvrage défensif. Aussi, dans le mur septentrional, à un mètre environ au-dessous de la toiture, sont pratiquées de petites meurtrières rectangulaires dirigées sur le chemin qui donnait accès au château. Il devait y en avoir à l'abside, mais cette partie de l'église est démolie (fig. 132).

La sculpture des chapiteaux semble indiquer que ce monument remonte à la première moitié du XIIe siècle.

IV. AUREC

Le prieuré d'Aurec relevait de l'abbaye de Saint-Michel-de-l'Écluse au diocèse de Turin, à qui il avait été donné, vers l'année 1018, par le comte de Forez, Gérard II [1]. L'église est dédiée à saint Pierre. La façade paraît être d'une époque assez récente, l'abside semble dater de la fin du XVIe siècle. L'église est divisée en trois nefs par des piédroits rectangulaires terminés par de simples tailloirs qui se profilent en un bandeau et un cavet et qui supportent des arcs en plein cintre. Trois travées sont romanes; la plus orientale, qui pourrait être l'ancien chœur, est bien plus étroite que les autres. Il existe, le long du bas côté Sud, des arcs de décharge intérieurs; ceux-ci ont disparu au bas côté Nord où ils devaient pourtant exister. Tout le reste de la construction a été dénaturé ; les murs sont déjetés hors de leur aplomb; les voûtes primitives se sont écroulées et ont été remplacées par une voûte d'arête assez grossière portant, à la nef, la date de 1690, qui paraît assez bien s'accorder avec le caractère de la construction.

L'aspect archaïque des piliers et des tailloirs peut permettre de dater la partie romane de cette église de la fin du XIe siècle.

V. BAINS

Le prieuré de Bains avait été donné en 1105 à la célèbre abbaye de Conques en Rouergue [2]. Il fut sécularisé en 1537 et annexé au Collège des Jésuites de Lyon en 1613 [3]. Son église, sous le vocable de Sainte-Foy, a été bien remaniée il y a quelques années. Elle a été agrandie par les soins de M. Léculée, architecte du département, qui a allongé l'abside et construit un clocher-arcade monumental au-dessus de l'arc triomphal, mais il n'a rien été changé aux dispositions de la nef.

134. ÉGLISE DE BAINS. *Plan par terre de la partie romane.*

1. *Visites pastorales de Mgr Just de Serres*, manuscrit cité, folio 333 recto, et La Mure, *Histoire des ducs de Bourbon et des comtes de Forez*, Paris, 1860, in-4°, tome I, pages 88-89.

2. *Cartulaire de Conques*, édition Desjardins, Paris 1879, charte 475, et *Journal de voyages de Dom Boyer*, édition Vernière, Clermont, 1886, page 198.

3. Rocher, *Pouillé, Tablettes historiques*, IV, pages 263, 264.

Une voûte sur ogives, qui ne paraissent pas antérieures à la fin du xiii⁰ ou au début du xiv⁰ siècle[1], a remplacé la voûte romane : on a relancé après coup et construit, contre les murs anciens, des piliers sur lesquels reposent.

136. INTÉRIEUR DE L'ÉGLISE DE BAINS.

les doubleaux, ogives et formerets actuels. Cette réfection paraît certaine pour plusieurs raisons, en effet, d'une part, les voûtes cachent actuellement une partie de la fenêtre ouverte sur la façade, tandis que, d'autre part, en arrière des piédroits actuels, on aperçoit, plaqués contre les murs, les arcs de décharge qui existent dans la plupart des églises de la région ; enfin, sur le mur primitif contre lequel est adossé le formeret actuel, on voit l'ancienne corniche romane se profilant en un bandeau et un biseau, corniche qui marquait probablement à l'origine le point de départ de la voûte. Les colonnes supportant l'arc triomphal sont franchement romanes.

135. ÉGLISE DE BAINS.
Chapiteau de la porte.

A en juger par la place de la corniche, la voûte romane, en berceau selon toute vraisemblance, était bien plus haute que la voûte sur croisées d'ogive actuelle ; la fenêtre de la façade devait être ainsi entièrement dégagée.

Les murs au Nord et au Sud ont été percés pour faire communiquer la nef avec des chapelles latérales ajoutées après coup. Des fenêtres étaient ouvertes dans l'axe transverse des travées ; elles ont été partiellement murées.

La façade est sans contredit le morceau le plus intéressant (pl. L) ; c'est une des plus riches de la région. En dessous du pignon on voit trois arcatures plein cintre, de dimensions égales : celle du milieu était seule percée, ainsi que nous l'avons déjà fait remarquer ; mais l'ouverture en est aujourd'hui partiellement obstruée par la voûte. Les contreforts sont reliés par un grand arc plein

137. ÉGLISE DE BAINS.
Détail de la cuve baptismale.

138. ÉGLISE DE BAINS. *Enfeu le long du mur méridional.*

cintre, sous lequel est abrité le portail encadré de quatre voussures.

Nous avons déjà mentionné la grande archivolte, ornée de lobes et de figures grimaçantes, qui encadre les

---

1. Peut-être même sont-elles postérieures au 13 juillet 1368, époque où le prieuré était en ruines. Denifle, *La désolation des Églises*, Paris, 1899, page 668. D'après le profil des ogives nous pourrions les croire antérieures à cette date, mais on sait que pour l'architecture gothique le Velay était très en retard.

trois autres voussures en retraite, décorées de gros tores côtoyés de fines moulures; il nous reste à signaler les

139. ÉGLISE DE BAINS. *Détails de l'archivolte du portail.*

élégantes colonnettes sur lesquelles elles retombent et qui sont couronnées de chapiteaux à feuillages d'un galbe exquis; sur l'un d'eux l'on voit une sirène au milieu des feuilles (fig. 135). Leurs bases sont formées de deux tores séparés par une scotie entre deux listels; le tore inférieur est aplati et proéminent (pl. XLIX).

Le long des murs on remarque plusieurs enfeux (fig. 138).

Un haut campanile, dans le style du monument, fait partie des constructions modernes.

La portion ancienne de l'édifice peut remonter à la première moitié du XIIe siècle [1].

A l'intérieur de l'église, se trouve la cuve baptismale dont nous avons déjà parlé (pl. CIX); elle est de forme hexagonale : Saint-Jean, vu de face, au nimbe lobé, verse de l'eau sur la tête du Christ; un ange tient les vêtements de celui-ci; sur l'autre face, on voit une vierge assise (fig. 137); la sculpture est assez grossière et a quelques rapports avec celle des chapiteaux historiés d'Auvergne. Cette cuve mesure 80 centimètres de hauteur, 90 dans sa plus grande largeur et 78 dans sa plus petite.

Il est fâcheux qu'un objet de cette valeur ait été encastré dans le mur au niveau du sol, ce qui empêche d'en voir une partie et expose en même temps à toutes les dégradations [2] la portion contre laquelle se pressent les fidèles.

VI. BEAULIEU

Dépendance de Tournus, dont on trouve l'abbé comme collateur à partir de 1120 [3], Beaulieu possède une église fort intéressante, remaniée, mais non défigurée. A une époque toute moderne, une travée y a été ajoutée et le campanile refait. Le portail a été respecté et rapporté sur la façade neuve; on doit seulement regretter que les chapiteaux, les tailloirs et les bases aient été grattés.

Extérieurement, la nef est bâtie en moyen appareil dont les dimensions ordinaires sont cependant parfois dépassées pour certains moellons : il en est qui atteignent jusqu'à 75 centimètres de longueur sur 35 de hauteur. Les joints sont assez épais, les contreforts proéminents; la corniche est une simple tablette.

L'abside présente cinq pans à l'extérieur (pl. LI); elle est d'assez grandes dimensions. La corniche est portée sur des modillons généralement ornés de têtes; sur l'un d'entre eux (fig. 142) on voit une série de tores superposés, dont le profil rappelle de loin les modillons à copeaux auvergnats.

A l'intérieur, la disposition primitive comprend deux travées voûtées en berceau brisé, séparées par des doubleaux également brisés, reposant sur des demi-colonnes. De grands arcs latéraux de même forme, montent jusqu'au niveau de l'imposte de la voûte (pl. LII).

141. ÉGLISE DE BEAULIEU. *Coupe sur l'abside.*

140. ÉGLISE DE BEAULIEU. *Plan parterre.*

La partie la plus originale du monument est sans contredit l'abside. Elle

1. Caumont (*Abécédaire d'archéologie*, 5e édition, 1870, page 181) donne une médiocre reproduction de cette façade.
2. Nous devons toutefois exprimer un doute sur la date de ces fonts baptismaux. Certainement, la scène du baptême du Christ est d'allure franchement romane; mais les moulures de la partie supérieure ressemblent beaucoup à celles qu'on voit sur les fonts de l'église voisine de Vergezac; or la statue du saint qu'on remarque sur ce dernier monument ne nous semble pas antérieure au XIVe siècle.
3. Rocher, *Pouillé du diocèse du Puy* (*Tablettes historiques*, tome IV, pages 517, 518). D'autres actes nombreux, mais inédits, aux archives de la Haute-Loire, mentionnent Beaulieu en cette qualité, en 1345, par exemple, G 10, folio 45.

est semi-circulaire intérieurement. Sur elle, viennent se greffer trois chapelles également semi-circulaires, dont deux sont presque perpendiculaires à l'axe de la nef, de façon à donner en plan la forme tréflée, sans qu'il en paraisse rien à l'extérieur (fig. 140).

Les chapelles s'ouvrent sur la grande abside par trois arcades aigües qui embrassent la courbure de cette abside. Les arcades sont ornées de moulures malheureusement défigurées par un empâtement de ciment; elles reposent sur des colonnettes.

Faut-il voir dans ces chapelles une réminiscence du transept? La chose est possible; mais cependant on peut aussi trouver leur raison d'être dans les nécessités du culte, en même temps que dans la persistance d'une tradition antique.

Les Romains avaient souvent pratiqué des niches dans l'épaisseur des murs de leurs salles de bains; cette disposition avait, en outre, l'avantage « d'éviter les complications de tracé et des angles rentrants qui auraient conservé une humidité préjudiciable à la pierre [1] », et de simplifier la construction des charpentes.

Quoi qu'il en soit, les exemples de cette disposition sont assez nombreux dans le Sud de la France.

Saint-Guilhelm du Désert, les chapelles des îles de Lérins, Saint-Quinin de Vaison [2] ont des niches ouvertes dans l'épaisseur des murs; mais, dans ce dernier cas, elles sont disposées plus obliquement.

Ailleurs, elles ont la même direction qu'à Beaulieu, notamment à Saint-Pierre de Reddes (Hérault) [3], à Gueyze (Lot-et-Garonne) et surtout dans le Roussillon où M. Brutails en signale un bon nombre d'exemples [4].

On sait que la disposition qui nous occupe est fréquente dans l'école rhénane ainsi que dans l'école lombarde [5].

Enfin, dans le Velay même, nous retrouvons un plan identique à Saint-Maurice-de-Roche, plan qui existe aussi aux absides d'Auzon (Haute-Loire), de Beurières et de Mailhat-la-Mongie (Puy-de-Dôme) et de quelques églises du Cantal [6].

Si nous revenons à l'église de Beaulieu, nous constatons que les chapiteaux de la nef sont d'une élégance relative : ils sont généralement divisés en deux parties par un bandeau orné d'oves ; en dessous, des feuilles d'eau ; en dessus, des volutes entre lesquelles une tête assez bien sculptée occupe la place de la rosette.

Nous avons mentionné les chapiteaux de l'abside : sur l'un, un homme et un animal sonnent de la trompe dans l'oreille d'un personnage ; sur l'autre, deux serpents semblent parler à l'oreille d'un homme (fig. 142).

142. ÉGLISE DE BEAULIEU.
Chapiteaux intérieurs et modillon de l'abside.

Les tailloirs sont formés d'un méplat et d'un cavet; les bases, d'une scotie entre deux tores inégaux.

Contrairement à ce qu'on trouve en général dans la région, l'astragale est taillé dans le bloc du chapiteau. Ce caractère joint à certaines recherches qu'on remarque dans la construction nous permet de dater cette église du milieu du XIIᵉ siècle [7].

VII. BEAUNE

La nef de cette église a été refaite au XVᵉ siècle ; le portail, qui semble remonter à la même époque, s'ouvre au Sud.

L'abside romane est conservée. L'arc triomphal repose sur des demi-colonnes couronnées de chapiteaux à feuillages. L'abside, voûtée en cul-de-four, est circulaire à l'intérieur et présente cinq pans à l'extérieur. Elle prend jour par une toute petite fenêtre au Sud; une autre, plus petite encore, existait à l'Est : elle est actuellement murée.

C'est un des rares monuments du Velay construits en granit : l'appareil en est soigné, et les joints de grosseur moyenne, ce qui, en l'absence de tout autre détail, semble indiquer une époque voisine du début du XIIᵉ siècle.

La cure de Beaune était à la nomination de l'évêque du Puy.

1. Enlart, *Monuments religieux de l'architecture romane et de transition dans la région picarde*, Amiens et Paris, 1895, page 120.
2. De Lasteyrie, *Saint-Quinin de la Cathédrale de Vaison*, dans les *Mémoires de la Société des antiquaires de France*, 5ᵉ série, tome IX, 1888, pages 35 à 56, planche II, et Revoil, l'*Architecture romane du Midi de la France*, 1, planche XXI.
3. Tholin, *Études sur l'architecture religieuse de l'Agenais*, Agen, 1874, page 134, planche XX.
4. Brutails, *Notes sur l'art religieux du Roussillon* dans le *Bulletin archéologique du Comité des travaux historiques*, 1892, pages 535, 536.
5. Enlart, *op. cit.*, *loc. cit.*, donne toute une liste d'églises de ces régions ayant une disposition analogue.
6. Voir ci-dessus, page 10.
7. Hauteur totale de l'église sous voûte, 9 m. 05.

VIII. BAUZAC

L'église de Bauzac dépendait du Monastier; elle est mentionnée dans une bulle d'Alexandre III du 1er avril 1179 [1]. Il ne subsiste malheureusement, de l'édifice primitif, que la crypte, la travée centrale de l'église, l'abside et une partie du campanile. L'ordonnance du monument, quoique assez simple, n'est pas sans distinction.

143. INTÉRIEUR DE L'ÉGLISE DE BAUZAC.

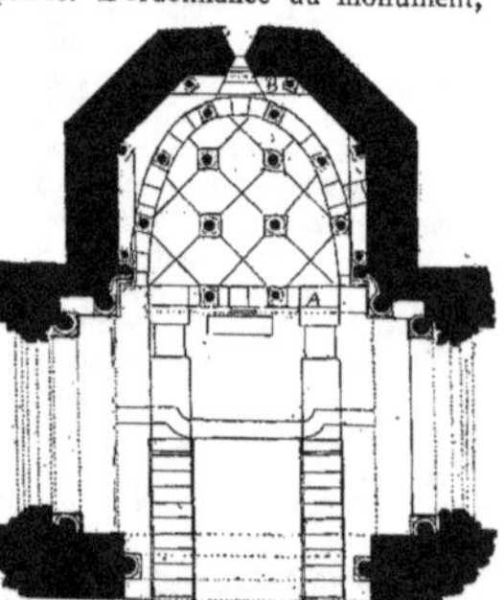

144. CHŒUR DE L'ÉGLISE ET CRYPTE DE BAUZAC.
Les murs teintés en noir sont ceux de l'église supérieure.

L'abside, couverte d'une voûte en quart de sphère, présente cinq pans, à l'extérieur comme à l'intérieur. Elle est séparée de la nef par une légère retraite et ornée de cinq arcatures d'inégale grandeur dont les courbes affectent les formes brisée, plein cintre et outrepassée.

Elle est éclairée par deux fenêtres ouvertes au Sud-Est et au Nord-Est.

Toutes les arcades entrant dans la composition de l'édifice reposent sur des colonnes au fût peu galbé; l'arc triomphal est légèrement outrepassé; les arcades latérales sont brisées.

Les chapiteaux ont tous une ornementation à peu près identique, consistant en larges feuilles d'eau : quelques-unes se terminent en forme de volute. Les tailloirs sont composés d'un méplat, d'un onglet et d'un cavet; les bases, d'une scotie entre deux tores dont l'inférieur est proéminent; l'astragale est pris dans le même bloc que le chapiteau.

Une voûte en coupole ovale couvre la travée centrale; elle est d'assez faibles dimensions et repose sur quatre arcs en encorbellement; au-dessous de trois d'entre eux une tête grimaçante regarde le sol (fig. 143).

Cette coupole n'était pas destinée à recevoir un clocher, car l'église est surmontée d'un simple campanile. Des réparations assez récentes l'ont élevé bien au-dessus de sa hauteur primitive.

Avant 1848, c'était une sorte de mur épais (1 m. 08) formant le prolongement vertical de celui qui sépare l'abside du corps de l'édifice [2]. Après une retraite assez prononcée au niveau de la toiture, il y avait un étage percé de quatre ouvertures à cintre surhaussé et dont la largeur varie entre 0 m. 97 et 1 m. 27 (fig. 146).

145. EXTÉRIEUR DE L'ÉGLISE DE BAUZAC. *État actuel.*

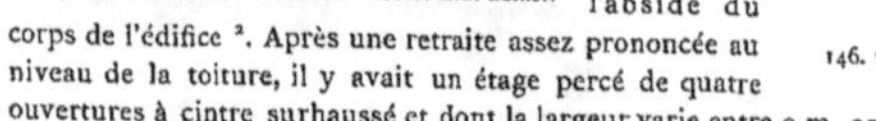

146. EXTÉRIEUR DE L'ÉGLISE DE BAUZAC AVANT LES RESTAURATIONS.
D'après un dessin de Mallay.

1. *Cartulaire du Monastier*, édition Chevalier, Paris, 1888, page 179. Cette église est mentionnée aussi dans une bulle de 1266, *id., ibid.,* page 192. — Sur Bauzac, Voir Aymard, *Crypte et église de Bauzac*, dans les *Mémoires de la Société académique du Puy*, 1848, et tiré à part de 16 pages et une planche hors texte.

2. Aymard, *op. cit.*, page 15.

Cette partie est très sobre d'ornements : à peine deux cordons de moulures formées d'un méplat et d'un cavet, à l'exception toutefois des deux ouvertures du milieu qui ont à leur côté interne une sorte de boudin, sans doute pour renforcer le support des cloches. Les réparations de Mallay ont défiguré ce campanile par l'adjonction d'un étage de baies.

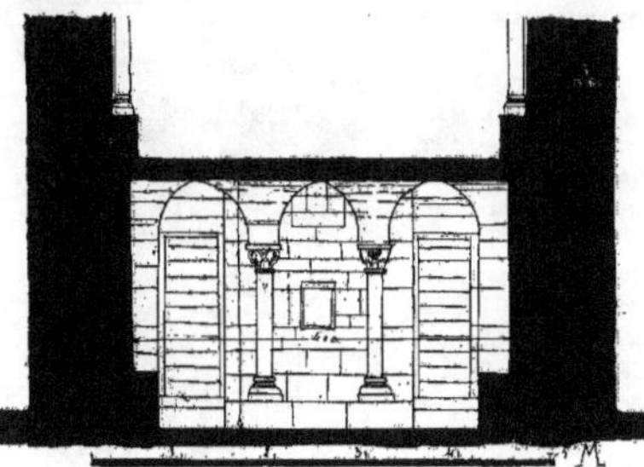

147. CRYPTE DE BAUZAC. *Coupe transversale.*

148. CHAPITEAU DE LA CRYPTE DE BAUZAC.

Le surplus de l'église est de construction moins ancienne : la nef unique se compose de trois travées séparées par des doubleaux : deux sont voûtées, la troisième est couverte en planches.

De chaque côté de la travée centrale, voûtée en coupole, on a construit une chapelle à la place qu'occupent d'ordinaire les bras du transept ; l'une et l'autre sont du XVe siècle.

Crypte de Bauzac. — Sous l'église se trouve une crypte d'autant plus curieuse qu'elle est l'unique exemple de monuments de ce genre existant en Velay [1].

Deux particularités de structure assez importantes distinguent la crypte de Bauzac du sanctuaire supérieur.

L'abside, pentagonale à l'église, est curviligne à la chapelle inférieure. Cinq arcades règnent autour de l'abside supérieure, tandis qu'il y en a sept à l'inférieure (fig. 144).

Située sous le sanctuaire dont elle ne dépasse pas les dimensions, elle diffère profondément des cryptes de l'Auvergne par une grande simplicité de structure, l'absence de chapelles rayonnantes, l'élégance de ses colonnes de granit et le faire varié de ses chapiteaux. Sa largeur dans œuvre est de 3 m. 70, sa longueur de 4 m. 10, sa hauteur sous clé de 2 m. 69.

Elle est divisée en trois nefs, recouvertes par des voûtes d'arêtes à plein cintre surhaussé, dont les retombées sont portées sur douze colonnes avec chapiteaux sculptés. Quatre de ces colonnes sont isolées au centre de l'édifice et les huit autres s'élèvent sur un bahut pourtournant les murs.

Deux portes ouvertes sur le grand côté de la crypte correspondent à des escaliers conduisant à l'église supérieure.

La lumière pénètre par une petite baie amortie en plein cintre, percée dans l'axe de l'édifice.

150. CHAPITEAU DE LA CRYPTE DE BAUZAC.

149. CHAPITEAU DE LA CRYPTE DE BAUZAC.

Dans le massif de maçonnerie placé entre les deux escaliers, on avait pratiqué une assez large ouverture qui semblait devoir correspondre à la plus haute marche du sanctuaire.

Trois niches rectangulaires ont été ménagées dans l'épaisseur des murs.

La surface de la crypte est plus petite que celle de la partie correspondante de l'église supérieure ; l'appareil

1. Il est peut-être bon de remarquer que Bauzac se trouve sur les frontières du Forez, et que, dans cette province, on rencontre fréquemment, des monuments présentant avec celui qui nous occupe, de frappantes analogies. Citons les cryptes de Chandieu, Pélussin et Saint-Jean-Soleymieux. La crypte de Saint-Romain-le-Puy est un peu différente. Voir F. Thiollier, *Le Forez pittoresque et monumental*, Lyon, 1889, pages 373, 392, 273 et 401 ; F. et N. Thiollier, *Art et archéologie dans le département de la Loire*, Saint-Étienne, 1898, pages 70 à 72.

est aussi de dimensions moindres en bas qu'en haut ; nous croyons, malgré cela, ces deux monuments de la même époque, du second quart du xiie siècle probablement. Le galbe et les sujets des chapiteaux sont, en effet, les mêmes aux deux étages ; on y voit, soit une série de volutes (fig. 149), soit des feuillages assez plats, entremêlés ou non de fruits (fig. 151), soit un motif qui rappelle de loin les godrons si fréquents en Normandie (fig. 152). Deux bases des colonnes de la crypte sont formées d'un simple tore ; les autres, comme du reste celles du sanctuaire supérieur, se profilent en deux tores inégaux séparés par une scotie. Les tailloirs sont partout composés d'un bandeau, d'un onglet et d'un cavet ; ceux de l'église sont pourtant bien plus saillants.

L'astragale fait corps avec le fût : il est sculpté en forme de tore et d'onglet.

151. CHAPITEAU DE LA CRYPTE DE BAUZAC.

152. CHAPITEAU DE LA CRYPTE DE BAUZAC.

IX. BELLECOMBE

L'église de Bellecombe, abbaye cistercienne de femmes, fille de Mazan en Vivarais, fondée en 1148, dans une vallée sauvage et écartée [1], a presque complètement disparu ; les murs en sont rasés au niveau du sol, et c'est à peine si l'on peut suivre le tracé du plan. Il semble que l'édifice ait été terminé en hémicycle. Autant qu'on peut en juger d'après l'état de ruine dans lequel ils se trouvent, les bâtiments conventuels étaient disposés suivant un plan rectangulaire, dont l'église occupait le côté occidental. Mais ce ne sont là que des données assez vagues.

Quelques maisons de paysans, élevées dans le voisinage, ont été construites avec les matériaux de l'abbaye. Une autre paraît être du xve siècle : on y remarque une tourelle portée en encorbellement. Nous n'avons point vu, dans les environs, de sculptures pouvant remonter à l'époque romane [2].

X. BESSAMOREL

Les Templiers du Puy possédaient à Bessamorel une commanderie qui figure dans l'hommage rendu par eux à l'évêque en 1270 [3]. Elle tomba en 1574 aux mains des protestants ; ils rasèrent la grande tour carrée et la maison forte servant d'habitation au commandeur, ainsi que les bâtiments d'exploitation. En 1615, on n'en voyait plus que les fondations ; le presbytère et l'église avaient été respectés [4]. Cette dernière, devenue paroissiale, est orientée et se compose d'une nef voûtée en berceau plein cintre, formée de trois travées dont la plus occidentale a été ajoutée en ce siècle.

Les travées sont divisées par de larges doubleaux légèrement brisés reposant sur des piédroits rectangulaires

1. Rocher, *Tablettes historiques*, 4e année, 1874, page 529.

2. Les archives nationales possèdent un dossier important sur l'abbaye de Bellecombe. On voit, d'après les mémoires fournis par les religieuses, l'évêque et l'intendant, qu'elle était, en 1729, dans un état assez précaire. L'abbaye avait été refaite au début du xviiie siècle, sauf l'église. « L'église, dit le mémoire des religieuses, assez belle et très solide, est tellement enterrée au-dessous du niveau de la maison, que dans les temps de pluie et fonte de neige, le sol en est inondé, ce qui la rend froide et malsaine. L'architecte est d'avis d'élever le sol et carrelage et de construire dessous, de petites voûtes ou aqueducs pour l'assainir. » Archives nationales, G. 9, 622 et 658.

3. Chassaing, *Cartulaire des Templiers du Puy*, Paris, Champion, 1882, page xiv. Les titres de cette maison paraissent avoir en partie disparu. Il existe toutefois, aux archives de la Haute-Loire, une procuration donnée en 1474, par Jean Cottet, prieur de la maison de Bessamorel, à Robert Pichon, de la maison de l'hôpital de Saint-Jean-de-Jérusalem du Puy, à l'effet de percevoir les revenus de la Commanderie de Bessamorel. Archives de la Haute-Loire, G 14, folio 207.

Voici en quels termes s'exprime, au sujet de l'église, le visiteur de l'ordre de Malte :

« Sommes entrés dans ladite église, laquelle avons trouvée avoir six cannes de long et trois de large, voûtée et couverte de bois et lauzes à deux pendants, laquelle couverture a besoin d'être réparée ayant plusieurs chevrons de pourris ; un clocher ouvert à deux cloches, le cœur séparé de barreaux de bois, deux fenestres dans icelluy et ung autel de pierre au-dessus duquel repose le Saint Sacrement dans une custode de cuivre. Ung autre autel de pierre dans la nef, une tribune sur la grande porte fait faire à neuf par les paroissiens de bois de sapin où l'on monte par un escalier de bois droit ; deux portes en ladite église, la grande fermant avec serrure et clef et à l'autre n'y a que des ais sans ferrement. » A côté se trouvait une tour et des bâtiments en ruines. *Visite de Malte*, 3 juillet 1616. — Archives du Rhône, H. 138, folio 235r°.

4. Chassaing, *Cartulaire des hospitaliers du Velay*. Paris, Picard, 1888, in-8°, page lx, et *Mémoires de Burel*. Le Puy, Marchessou, 1874, in-4°, page 37.

sans ornements et terminés par un simple tailloir qui se continue dans l'intervalle des travées, formant ainsi une corniche à la naissance de la voûte. Corniche et tailloirs se profilent en un bandeau, un onglet et un biseau, sauf à la seconde travée septentrionale où ils ont la forme d'un bandeau et d'un tore placé entre deux onglets.

L'église n'a pas de fenêtre au Nord, mais au Sud il y en a une très largement ébrasée.

En 1866 et 1867, deux chapelles latérales formant transept ont été ajoutées; les reprises sont faites avec beaucoup d'habileté, et, à première vue, on pourrait croire que ce transept remonte à l'époque romane.

L'abside est précédée d'un arc triomphal doublé; elle est circulaire à l'intérieur et voûtée d'une demi-coupole appareillée avec le plus grand soin : de chaque côté, deux ouvertures formant crédence s'ouvrent chacune sous un arc en plein cintre.

Le portail se trouve au Sud à la travée ajoutée après coup; il est assez curieux, mais s'écarte sensiblement des données habituelles de la région; son ancienneté paraît sujette à caution; il est formé de trois voussures semi-hexagonales qui se prolongent jusqu'au sol, sans être interrompues, par un tailloir ou par un chapiteau. Un clocher carré s'élève en avant de l'abside, il est d'assez jolies proportions et porte la date de 1752.

Quant à l'abside, elle présente cinq pans à l'extérieur; sous la toiture règne une corniche se profilant en un bandeau et un biseau; elle est éclairée au Sud par une fenêtre carrée retouchée à une époque récente; une autre fenêtre bien romane, dans l'axe de l'église, a été murée depuis peu de temps; elle est amortie par une voussure en plein cintre creusée dans un bloc de pierre.

L'absence de tout détail caractéristique empêche d'attribuer avec quelque certitude une date à cette église; il nous paraît toutefois impossible de la faire remonter au-delà des premières années du xiiᵉ siècle.

XI. BORNE

L'abbé de Doue avait le droit de nomination à la cure de Borne [1]. L'église, sous le vocable de Sainte-Marie, a un caractère sauvage et primitif, elle a été remaniée postérieurement à la construction.

Il ne subsiste guère de l'édifice roman que le chevet, la travée qui le précède et le campanile (fig. 153). Le reste de l'église a été construit vraisemblablement dans la première moitié du xixᵉ siècle; le curé et le conseil de fabrique paraissent n'attendre qu'une occasion favorable pour faire disparaître ce qui reste d'intéressant.

Le chevet, rectangulaire, est décoré extérieurement de deux arcatures reposant sur de grossiers pilastres en maçonnerie (pl. lxv). Le campanile s'élève sur la travée qui le précède. C'est une sorte d'intermédiaire entre le clocher arcade et le clocher proprement dit. Il a un plan barlong très prononcé; un passage étroit est ouvert dans l'épaisseur du mur et aboutit aux deux arcades en plein cintre, sous lesquelles les cloches sont abritées; celles-ci sont protégées en outre par une toiture assez proéminente recouverte en tuiles.

Ce clocher repose sur l'arc triomphal qui est épaulé par de gros contreforts.

L'intérieur n'est remarquable que par sa simplicité barbare qu'on a le droit de préférer à tout le luxe d'une construction moderne; on l'a défiguré en simulant une abside semi-circulaire, bâtie en briques et en plâtre, séparant l'église du chevet primitif, qui sert aujourd'hui de sacristie. Les murs latéraux sont décorés d'arcatures en plein cintre très frustes, reposant sur des piliers sans ornement.

Le jour ne pénètre que par des fenêtres ouvertes au sud et agrandies après coup. L'appareil est grossier, formé de moellons à peine équarris, reliés entre eux par un épais lit de mortier dont la partie débordante a été rabattue à la truelle.

Une corniche règne le long du chevet; elle a un profil rectangulaire.

153. ÉGLISE DE BORNE.
Plan par terre.

Tous ces caractères réunis nous font croire que cette église n'est guère postérieure à la première moitié du xiᵉ siècle.

On voit encore quelques vestiges d'une litre peinte à l'extérieur du chevet.

1. *Gallia Christiana*, II, col. 770. Voir aussi la *Correspondance des Curés avec dom Vaissète*, publiée dans les *Tablettes historiques du Velay*, tome VI. Le Puy, 1876, page 213.

XII. BOUZOLS

La chapelle du château de Bouzols se compose d'une nef voûtée en berceau plein cintre, terminée par un chevet dépourvu d'ouverture.

Sur la façade méridionale, une fenêtre a été ajoutée après coup ; une autre, à la fois très étroite et très haute, semble primitive ; l'archivolte qui la recouvre est prise dans une seule pierre.

La porte a été ajoutée d'une façon maladroite au xve ou au xvie siècle. Le reste de la construction semble dater de la fin du xie siècle.

XIII. CEYSSAC

Le petit village de Ceyssac possède une église étrange, construite entre deux coulées volcaniques qui ont dispensé de bâtir des murs latéraux.

On s'est contenté de jeter une voûte en berceau entre ces deux parois naturelles. Il n'y a pas de doubleaux.

La façade semble avoir été remaniée (pl. LXXI), mais la porte est franchement romane ; elle est accostée de deux colonnettes dont les chapiteaux sont ornés, l'un de

154. CEYSSAC. *Chapiteau provenant de la tour Saint-Gilles au Puy.*

155. CEYSSAC. *Chapiteau provenant de la tour Saint-Gilles au Puy.*

simples feuillages, l'autre d'une tête aux deux angles extérieurs [1].

Dans le bas de ce même village de Ceyssac, on peut voir, au-dessus de la porte d'une habitation particulière, deux beaux chapiteaux couverts de feuillages très rapprochés et profondément fouillés, ils proviennent de la tour Saint-Gilles au Puy (fig. 154 et 155).

156. CHAPELLE DU CHATEAU DE CHALENCON. *Détail de l'abside.*

XIV. CHALENCON

La chapelle du très ancien château de Chalencon (pl. LXIX) semble dater de la fin du xie siècle ; elle comprend une nef de deux travées. La voûte, primitivement en berceau, a été détruite et remplacée par un lambris. L'unique doubleau de la nef reposait sur des pilastres rectangulaires sans ornement, surmontés d'une imposte formée d'un bandeau et d'un cavet peu prononcé. Les arcs latéraux n'ont pas d'imposte saillante. L'arc triomphal de profil rectangulaire en cintre brisé et très surhaussé repose sur | des colonnettes cylindriques. L'abside voûtée en cul-de-four est circulaire sur ses deux faces, entourée intérieurement de cinq arcatures dont les extrêmes sont en tiers point, les autres en plein cintre (fig. 156) ; les deux plus méridionales ont été détruitres au xve siècle pour

1. Le village de Ceyssac était compris dans l'archiprêtré de Saint-Paulien (Compte de l'Hostier. Voir ci-dessus page 4). Le rédacteur du Pouillé de 1516 l'a placé dans l'archiprêtré de Solignac ; c'est pour cela qu'à la page 3 de cet ouvrage il a été porté dans les deux archiprêtrés. Nous ignorons si cette paroisse a passé d'un archiprêtré dans l'autre ou s'il y a eu une erreur de rédaction. La cure, à la nomination de l'évêque, était sous le vocable de Saint-Jean-Baptiste.

faire place à une grande fenêtre à remplage flamboyant. La nef reçoit du jour par deux fenêtres (une par travée)

157. CHAPELLE DU CHATEAU DE CHALENCON. *Vue intérieure.*

percées au Sud et agrandies après coup (fig. 157).

La façade a été refaite, ainsi qu'une partie de la travée qui la précède; les chapiteaux, ornés de feuillages, sont en mauvais grès; quelques-uns ont beaucoup souffert. L'astragale fait partie de la colonne; les tailloirs sont formés d'un bandeau et d'un biseau; les bases de deux tores inégaux séparés par une scotie.

La chapelle de Chalencon renferme un trésor dont quelques pièces présentent un réel intérêt. L'un des reliquaires en forme de châsse paraît provenir d'ateliers limousins.

XV. CHAMALIÈRES

Le prieuré conventuel de Chamalières [1] est situé au fond d'une vallée étroite, baignée par les eaux de la Loire et formée par les monts Mione et Gerbizon. Il avait été donné à l'abbaye du Monastier entre 939 et 949. Dans la suite, le prieuré s'affranchit peu à peu de la domination de l'abbaye.

Les textes qui auraient pu nous renseigner sur la construction de sa remarquable église font à peu près défaut. La chronique du Monastier indique bien qu'à l'époque où elle fut rédigée, c'est-à-dire au début du XIIᵉ siècle, il existait à Chamalières une belle église; mais c'est là un texte vague dont il est difficile de pouvoir tirer une conclusion [2].

De toutes les églises du Velay, celle de Chamalières est peut-être la mieux conservée; aucune des réparations, qu'y ont effectuées l'administration des Monuments Historiques ou d'autres, ne l'ont défigurée.

On constate, au premier aspect, la marque d'une transition très caractérisée. La nef, les bas-côtés, le transept et la partie inférieure de l'abside sont d'un style homogène et semblent dater de la fin du XIᵉ siècle ou du début du XIIᵉ.

Les parties supérieures du chœur et de l'abside ont été complètement remaniées à une date postérieure.

1. On peut consulter sur Chamalières, Mandet, *Histoire du Velay*, tome VI, pages 331-343; — Normand, *Rapport sur l'église de Chamalières*, (*Annales de la Société d'Agriculture, sciences et arts du Puy*, tome XVIII, année 1853, pages 106 et suivantes).

2. « Acquisivit enim [Dalmatius abbas 939-949] locum Camalariæ in pago Vellaico, in haereditate parentum suorum, tunc quidem parvum oratorium in honore beatæ semper Virginis Mariæ, nunc vero per divinam gratiam nobile monasterium effectum propter sanctorum patrocinia quae ibi venerantur et praecipue beati Ægidii meritis, cujus corporis maxima pars in eodem loco reposita conservatur : quod qualiter peractum sit ut ibi sanctissima membra deferentur a loco proprii sepulchri pleniter in eadem ecclesia litteris descriptum habetur. » Ce document, auquel le cartulaire de Chamalières fait également allusion (pages 3 et 4), semble perdu. (*Chronicon Sancti Theoffredi*, publié par *l'abbé Chevalier*, dans son *Cartulaire du Monastier*, 1888, pages 57, 58.) Il existe aussi un cartulaire de Chamalières, rédigé vers 1160, par Pierre de Beaumont, qui devint prieur en 1162. Les premiers feuillets qui contenaient peut-être, comme le cartulaire du Monastier, l'histoire de la construction de l'église ont malheureusement disparu. Dès les premières pages qui subsistent, Pierre de Beaumont fait une énumération des richesses de son couvent, comparant cet état avec celui de pauvreté dans lequel il se trouvait auparavant. Ce cartulaire a été publié en appendice aux *Tablettes historiques du Velay*, à partir de la seconde année de cet excellent recueil, 1871-1872. L'introduction en avait été écrite par l'abbé Fraisse, *Tablettes historiques*, I, pages 129, 268.

M. Chassaing en avait entrepris une seconde édition achevée par M. Jacotin, archiviste de la Haute-Loire. Celui-ci a bien voulu nous en communiquer les bonnes feuilles; nous renvoyons aux deux éditions; malheureusement la seconde, achevée depuis près de deux ans, n'a pas encore été mise en vente.

La nef se composait de trois travées voûtées en berceau plein cintre et supportées par des doubleaux.

Cette voûte assez élevée n'était pas contre-butée par celle des bas-côtés; elle a par suite exercé une forte poussée sur les murs qui ont subi, de ce fait, un dérangement dans leurs aplombs, et la partie qui recouvrait les deux premières travées de la nef s'est effondrée. Elle avait été remplacée par un lambris également disposé en plein cintre, sur lequel était figurée en peinture la continuation de l'appareil.

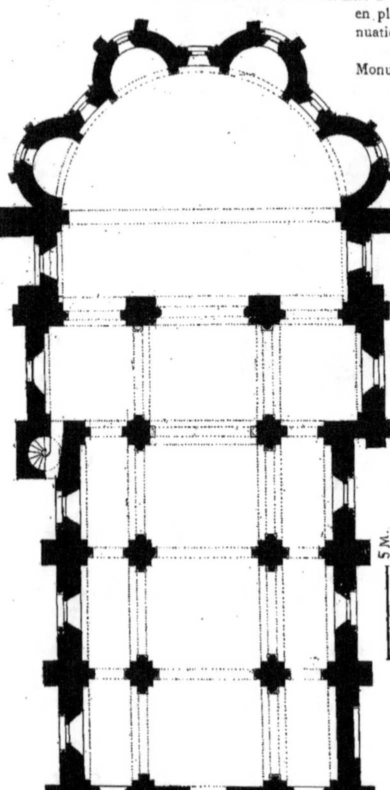

158. ÉGLISE DE CHANALIÈRES. *Plan, par terre.*

Une importante subvention de la Commission des Monuments Historiques vient de permettre de remplacer le lambris de la nef par une voûte en briques creuses. Ces réparations, effectuées sous la direction de M. H. Nodet, architecte des Monuments Historiques, s'achèvent au moment où nous écrivons ces lignes. Elles n'ont rien enlevé à l'aspect du monument. La prochaine campagne de travaux verra l'exécution du clocher.

Le seul doubleau ancien actuellement en place repose sur des colonnes engagées d'un quart; il a un profil rectangulaire.

Les colonnes du doubleau effondré subsistent avec leurs chapiteaux. Au Sud, l'un semble représenter Daniel dans la fosse aux lions, l'autre des sirènes; au Nord, l'un est mutilé, l'autre recouvert de feuillages.

Cette nef est éclairée à l'Ouest par une fenêtre en plein cintre aussi large que la porte (pl. LX). Elle reçoit en outre du jour par six fenêtres placées trois de chaque côté dans l'axe transverse des travées; elles sont toutes encadrées par une voussure en plein cintre qui repose sur deux colonnettes.

Trois compartiments d'arête de forme très barlongue recouvrent les bas-côtés; ces voûtes sont renforcées par de gros doubleaux plein cintre et sans ornement qui reposent eux aussi sur des colonnes engagées d'un quart et couronnées de chapiteaux à feuillage. Ces voûtes sont appareillées d'une façon parfaite; leur clé est au même niveau que l'extrados du doubleau.

Les bas-côtés, sauf la première travée méridionale, ont une fenêtre sur la façade et une fenêtre par travée, toutes à plein cintre et à large ébrasement, disposé dans le bas en forme de gradins.

Les piliers de la nef sont formés d'un massif carré, flanqué de quatre colonnes engagées d'un quart. Les chapiteaux, sauf ceux des doubleaux de la nef, sont simples et ornés de feuillages.

Le long de chaque bas-côté règnent des arcades en plein cintre, sous lesquelles s'ouvrent les fenêtres; ces arcades ainsi que les doubleaux latéraux sont de profil rectangulaire.

Les tailloirs des grandes arcades, formés d'un bandeau et d'un cavet, ne font retour ni sur la nef ni sur les bas-côtés. Les bases se composent d'un tore, d'un filet, d'une scotie et d'un autre tore aplati et tronqué. Les socles qui ont à la nef des dimensions ordinaires, sont élevés au contraire de 1 m. 06 le long des murs extérieurs des bas-côtés.

Il faut observer qu'au pilier le plus rapproché du transept, les colonnes qui supportent les grandes arcades sont plus hautes que les autres, ce qui occasionne une déformation de l'arc (pl. LXI), déformation qu'on retrouve dans l'arcade latérale du bas-côté. Peut-être voulait-on construire des collatéraux plus élevés ; peut-être aussi y eut-il une interruption dans la construction, car, à partir de là, on remarque intérieurement et extérieurement une différence dans l'appareil ; peut-être enfin, quelque peu probable que cela paraisse au premier abord, avait-on commencé l'église par les deux extrémités à la fois, et les interruptions que l'on voit dans les joints se trouvaient-elles aux points de raccord.

L'arc qui supporte le carré du transept, descend plus bas que les doubleaux (pl. LIX et LXI) ; il repose sur des tronçons de colonnes sculptés en forme de tête et peut-être taillés après coup. Une des arcades qui font communiquer le carré du transept avec les croisillons, celle du Nord, retombe aussi sur une portion de colonnette portée en encorbellement. Tous les autres arcs de cette partie de l'édifice ont pour piédroits des colonnes, dont le socle est carré jusqu'à une hauteur de 1 m. 85 au-dessus du niveau du sol actuel.

Les trompes sont en cul-de-four. Le sommet de la coupole ovoïde qu'elles supportent, ne dépasse pas le niveau des voûtes de la nef (pl. LXI).

La portion débordante des bras du transept est assez peu accentuée ; elle n'est marquée intérieurement que par une différence de 1 m. 50.

Le transept est éclairé sur chaque bras par une haute et large fenêtre ; ces deux ouvertures ne sont pas placées d'une façon symétrique (pl. LVIII).

Les chapiteaux de ce transept sont ornés de feuillage ; quelques-uns ont de grosses volutes. Sur l'un d'eux, au Sud, une statuette se détache du fût de la colonne et semble s'accrocher aux feuilles du chapiteau : c'est là une fantaisie d'artiste rare et curieuse.

Les colonnes qui supportent l'arcade par laquelle la nef communique avec le chœur sont très galbées ; l'astragale fait corps avec le fût ; certaines n'étant pas assez hautes, on a dû les surélever au moyen d'un petit tronc de cône en pierre placé au-dessus de la base.

Le chœur et l'abside forment, sans contredit, la partie la plus originale de l'église (pl. LIII, LVII, LVIII, fig. 158 et 159).

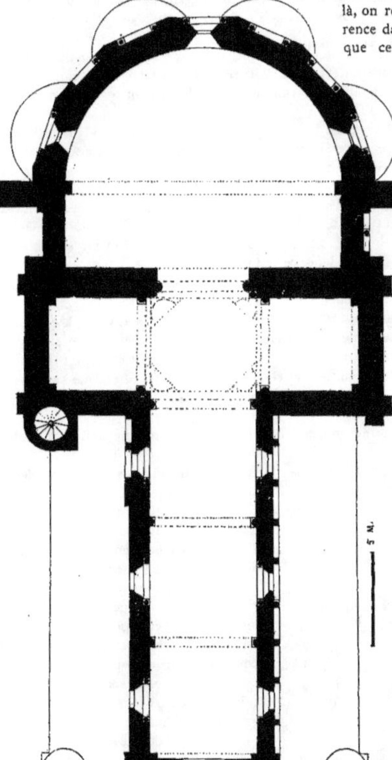

159. ÉGLISE DE CHAMALIÈRES. *Plan au niveau des fenêtres.*

Sur le carré du transept et avec une largeur un peu supérieure à celle des trois nefs réunies, prend naissance une petite travée de chœur mesurant en longueur 5 m. 60. Un arc de décharge est disposé de chaque côté le long du mur ; son cintre est franchement brisé.

Un doubleau reposant sur des piédroits rectangulaires, surmontés d'une imposte sans ornement, sépare le chœur d'une abside de même largeur que lui et voûtée d'un immense cul-de-four (fig. 158, pl. LXI). Dans les flancs de cette abside s'ouvrent quatre petites absidioles, recouvertes chacune d'une voûte en quart de sphère ; elles communiquent avec elle par un arc brisé et reçoivent du jour par une grande fenêtre plein cintre.

Un autre arc, au cintre légèrement surhaussé, est appliqué sur le mur qui les sépare ; une fenêtre, identique à celle qui éclaire les absidioles, s'ouvre au milieu de ces espaces intermédiaires. Toutes ces arcades que nous venons de signaler, reposent sur des colonnes engagées d'un quart, surmontées par des chapiteaux à feuillages.

S'il n'y a pas, à proprement parler, une absidiole dans l'axe de l'église, on doit remarquer qu'il s'y trouve une petite niche prise dans l'épaisseur du mur; ses dimensions sont assez grandes pour qu'on ait pu y placer un autel.

Une corniche sans ornement marque intérieurement le point de naissance du grand cul-de-four qui recouvre l'abside, lequel est appareillé d'une façon remarquable. Enfin, trois *oculi* s'ouvrent en pénétration dans cette voûte [1].

La simple inspection du plan de cette abside (fig. 158) semble indiquer de prime abord que la disposition actuelle n'est pas primitive et que cette partie de l'édifice devait être, à l'origine, pourvue d'un déambulatoire démoli après coup. Un examen attentif du monument, à l'intérieur comme à l'extérieur, montre qu'en réalité il en a été ainsi.

Quoique les reprises aient été faites à l'intérieur avec une rare habileté, on voit que les arcs aigus, existant entre les absidioles, ont été ajoutés après coup pour renforcer le mur et lui permettre de supporter le poids de la voûte dont on le chargeait. Il est facile de se rendre compte aussi que l'on a été forcé d'entailler la retombée des arcades entourant les absidioles pour permettre aux arcs ajoutés de venir reposer sur le même tailloir. A l'extérieur surtout, une différence d'appareil bien sensible, l'arc franchement brisé qui existe dans les arcatures appliquées au second étage, le bel appareil à joints très fins de la partie supérieure, accusent la fin du xiie siècle; tandis que, dans le bas, les joints plus épais, l'emploi absolu du plein cintre ou de l'arc brisé à peine sensible et des matériaux de moindres dimensions, seraient un indice du début de ce même siècle.

Des remaniements de ce genre, qu'on retrouve dans d'autres parties de la France, ont pu être inspirés par des édifices construits primitivement suivant le plan qui nous occupe [2].

Nous avons dit que les architectes du Velay avaient affectionné les grandes et larges absides; à quelques kilomètres de Chamalières, Retournac présente un exemple bien original, pouvant remonter au xiie siècle, de chapelles s'ouvrant directement sur l'abside. Peut-être cette église a-t-elle inspiré l'architecte qui a remanié Chamalières. Les deux absides tréflées de Beaulieu et de Saint-Maurice-de-Roche rentrent aussi dans cette catégorie. Mais, à moins d'une ressemblance frappante ou d'un texte précis, nous croyons qu'on ne saurait être trop réservé sur ces questions d'influence.

A l'extérieur, la partie centrale de la façade correspondant à la nef est couverte par une toiture à double rampant.

Sur cette partie centrale, épaulée de chaque côté par deux gros contreforts rectangulaires amortis en glacis, sont appliquées, près du pignon, trois arcatures inégales en largeur et en hauteur, reposant, à leur extrémité, sur le contrefort, et, dans la partie intermédiaire, sur deux colonnettes, celle du milieu étant seule ajourée.

Le portail de la façade occidentale est décoré de deux colonnettes supportant les deux tores de l'archivolte qui se termine extérieurement par une gorge ornée de petites sphères. Cette porte a été réparée en 1894 par M. Petitgrand qui en a conservé la majeure partie.

Les bas-côtés sont recouverts d'un toit en appentis; leur façade occidentale est pourvue d'une fenêtre en plein cintre.

Ils sont épaulés, eux aussi, chacun par deux contreforts, au-dessus desquels on a édifié postérieurement deux tourelles cylindriques.

160. VUE EXTÉRIEURE DE L'ÉGLISE DE CHAMALIÈRES.

Deux autres portes d'entrée donnaient autrefois accès dans l'édifice. L'une au Nord, du côté des bâtiments conventuels, pénètre dans le bas de l'escalier qui conduit au clocher (fig. 160). Une autre s'ouvrait au Sud dans la première travée de l'église; elle est analogue à la porte de la façade, mais a perdu son archivolte extérieure et ses colonnettes; elle a été condamnée.

Trois contreforts rectangulaires sans ornement correspondent aux doubleaux des collatéraux. Chaque travée est pourvue d'une fenêtre avec arcature extérieure, reposant sur des colonnettes; seule la première travée méridionale, où se trouve la porte déjà indiquée, en est dépourvue.

---

1. Des fenêtres disposées d'une façon analogue existent à Saint-Paulien. Nous avons rencontré d'autres exemples de ce mode de percement dans le Velay. On remarque des *oculi* ouverts d'une façon absolument identique dans la Haute-Loire, mais hors du Velay, à Blesle; on en voit aussi à l'église de Gueyze (Lot-et-Garonne). Voir, pour ce dernier exemple, Tholin, *Étude sur l'architecture religieuse de l'Agenais*, 1874, page 134.
2. Voir ci-dessus, page 10.

13

La façade latérale de la nef est ornée, au Sud, d'arcades sur toute sa longueur [1]. A chaque fenêtre haute de la nef correspond une grande arcade accostée de deux plus petites non percées, qui sont alternativement en plein cintre et trilobées.

Il semble que l'architecte ait eu l'intention de décorer d'une façon analogue la façade septentrionale, car le même genre d'ornementation existe à la travée la plus rapprochée du transept, mais n'a pas été continuée sur les autres (fig. 159).

Comme nous l'avons dit, l'église est construite jusqu'ici en pierres de taille de belles dimensions, assemblées à joints assez épais.

Le transept est moins élevé que la nef, mais plus que les bas-côtés; il est peu proéminent et pourvu de deux contreforts à chaque extrémité. La seule fenêtre qui l'éclaire dans l'axe de chaque bras est accostée de deux colonnettes portées sur un socle très élevé.

L'appareil du transept est moins soigné que celui de la nef; les pierres sont moins bien taillées; les joints plus gros. Il est probablement de construction plus ancienne. Nous avons déjà du reste, à l'intérieur, observé à cette place plusieurs *repentirs;* on voit de même, à l'extérieur, que les joints des collatéraux ne correspondent pas à ceux du transept; aussi nous paraît-il très vraisemblable d'admettre, comme nous l'avons dit, que l'église avait été commencée à la fois par l'abside et par la façade.

A la suite du transept on observe une toute petite retraite, puis un mur plat correspondant à la travée de chœur. Sur ce mur s'ouvre, au premier étage, une fenêtre en plein cintre appartenant à la construction ancienne. Lorsque plus tard on a surélevé le mur de cette abside et construit le grand cul-de-four intérieur, on a aussi plaqué contre cette travée de chœur un arc de décharge en cintre brisé destiné, comme ceux de l'intérieur que nous avons signalés, à donner plus d'assiette à la base de ce mur et à lui faire supporter plus efficacement la surcharge qu'on lui imposait. Enfin, entre cet arc de décharge et la corniche terminale, on a appliqué contre les murs deux arcades décoratives en cintre brisé, reposant au milieu sur une colonnette et aux deux extrémités sur des pilastres couronnés par d'élégants chapiteaux (pl. LVIII).

Pour contrebuter la forte poussée que devait exercer à sa naissance le grand-cul-de-four de l'abside, on a construit après coup, et de chaque côté, un contrefort très saillant qui, au Nord, est maladroitement appliqué contre l'une des fenêtres.

L'ordonnance extérieure de l'abside comporte deux étages; l'inférieur est formé d'une succession d'absidioles pourvues chacune de deux contreforts et séparées par de grands arcs de décharge également construits après coup dans le but de renforcer le mur inférieur. Sous ces arcs de décharge et dans l'axe des absidioles, on voit encore des fenêtres à plein cintre cantonnées de colonnettes cylindriques ou octogonales et appartenant à la construction plus ancienne. Cet étage inférieur a en plan une forme semi-circulaire.

A l'étage supérieur qui, au contraire, présente sept pans, chaque face du polygone est occupée par une arcature décorative en cintre brisé; les tailloirs et les bases se continuent sur le mur qui les sépare de manière à réunir ces arcatures entre elles. Les trois *oculi* dont nous avons déjà parlé [2] sont abrités sous trois de ces arcatures. Certains des chapiteaux qui surmontent les colonnettes sont couverts de grands rinceaux analogues à ceux que nous avons signalés au cloître du Puy et à la porte de l'ancienne église de Saint-Vincent. Enfin, le tout est couronné par une corniche reposant sur de curieux modillons formés de têtes grimaçantes ou de feuilles renversées, mais pas un seul n'est à copeaux.

Nous ne quitterons pas le chœur et l'abside sans indiquer trois particularités : au Sud, le long du chœur, la base d'une des colonnettes qui supportent les arcatures supérieures vient en pénétration dans la corniche sur laquelle elle s'appuie; la fenêtre inférieure pratiquée dans l'axe de l'abside a son archivolte ornée d'un ruban plissé et perlé; au Nord, l'archivolte d'une autre fenêtre est décorée de bâtons brisés.

L'escalier tournant qui conduit au clocher est pris au Nord dans l'épaisseur du mur, un peu en avant du carré du transept; il est très étroit et on a de la peine à y passer.

Le clocher lui-même, en partie démoli, a perdu tout son caractère; c'est aujourd'hui une tour rectangulaire, bâtie sur la croisée du transept. Des personnes encore vivantes à Chamalières ont vu ce clocher avant sa ruine, et il existe, dans l'intérieur de l'église, plusieurs petits pilastres cannelés qui pourraient provenir de cet ancien clocher.

Il semble que cette démolition ait été nécessitée par l'état d'écrasement d'un des piliers, qu'on a été forcé de reprendre depuis sa base. Le clocher va lui aussi être rebâti d'après les dessins de M. Nodet, il comprendra deux étages, avec quatre baies étroites au premier et deux plus larges au second, toutes en plein cintre.

---

1. Pour l'intelligence de leur ordonnance, voir planche LVIII.

2. Des représentations graphiques complètent là plus qu'ailleurs la description du monument dont l'ordonnance est très compliquée; c'est pour cela que nous les avons multipliées.

L'église est recouverte de grandes pierres plates reposant directement sur le rein des voûtes. Pour donner à la toiture des bas-côtés une inclinaison suffisante on a disposé sur la partie qui devait être la plus élevée une certaine épaisseur de terre.

L'église de Chamalières possède encore plusieurs objets présentant un très réel intérêt.

C'est d'abord le grand bénitier que nous avons déjà signalé, œuvre de tout premier ordre et qui rappelle la manière de faire des artistes bourguignons.

Les quatre statues qui le supportent paraissent être celles de quatre prophètes; deux d'entre eux tiennent une banderole; un troisième (David) porte une harpe. Ces trois statues sont intactes. La tête du quatrième personnage a été refaite; elle est imberbe et a beaucoup moins de caractère que les autres, le personnage lui-même a entre les mains une sorte de sceptre terminé par une croix. Ce monument hors ligne (pl. LXII et LXIV) mesure 1 m. 35 d'élévation; les statues, non comprise la partie des pieds qui débordent sur le socle, ont un mètre de hauteur.

Près de la porte d'entrée contre le mur du collatéral Sud, on remarque des fragments assez considérables d'un ancien tombeau (pl. LXIII). Ce sont, dans le bas, deux arcatures trilobées de profil torique et cotoyées d'un galon perlé; au-dessus, le défunt, un évêque mitré, les bras croisés sur la poitrine, est soutenu par deux personnages. Il repose sur un lit peu élevé, orné d'une série d'arcatures en plein cintre dans lesquelles sont sculptés, de deux en deux, des quatrefeuilles ou des arcades de dimensions moindres; des moines, dont un abbé tenant une crosse, sont agenouillés devant lui; un autre lui présente une tête qui paraît être un reliquaire; enfin, plus haut, dans une gloire ovale, l'âme du défunt, représentée comme toujours sous la forme d'un enfant, est reçue par un saint tenant une crosse. On manque de renseignements historiques pouvant indiquer le personnage dont il s'agit. Le travail des sculptures exécuté en bas-relief paraît accuser la fin du XIIᵉ siècle.

Ailleurs, contre le collatéral Nord, se trouve une dalle de pierre ayant dû servir de support d'autel; elle est décorée sur le devant de deux arcades en plein cintre et d'une seule sur chaque côté. L'archivolte de ces arcades

est ornée de fleurettes : dans les écoinçons subsistent encore des traces de peintures. La dalle elle-même mesure o m. 95 c. de largeur sur o m. 52 c. de profondeur; sa décoration semble accuser la fin du XIIᵉ siècle; elle repose aujourd'hui sur des colonnettes avec chapiteaux qui paraissent être du XIIIᵉ siècle. Sa hauteur, y compris les colonnes et leur base, est de 1 m. 25.

Çà et là, dans l'église, on voit des petits pilastres cannelés ou des colonnettes, surmontés de chapiteaux sculptés avec délicatesse. Quelle était leur destination primitive? il est assez difficile de le dire. Peut-être proviennent-ils de l'ancien clocher, peut-être aussi étaient-ce des supports d'anciens autels. Ils mesurent tous o m. 80 c. de hauteur.

Contre deux des piliers du transept, on observe des peintures pouvant remonter au XIIᵉ siècle : l'une représente deux anges en adoration devant une Vierge mère.

Dans les chapelles absidales se trouvent deux socles rectangulaires peut-être exhaussés après coup; à chacun des angles on a taillé dans le bloc des colonnettes ou des pilastres cannelés. Ces socles, sur leur plus grande largeur, mesurent o m. 44 c., ils sont aussi décorés de peintures encore assez bien conservées.

Enfin, un dernier objet non moins curieux, est la porte en bois de l'église qui remonte au XIIᵉ siècle; elle était restée en place jusqu'à nos jours. L'influence de l'air et l'humidité n'aurait pas tardé à faire disparaître les dernières traces de son ornementation; aussi en 1892, à la suite d'un rapport adressé à la Commission des Monuments Historiques par l'un des auteurs de cet ouvrage, cette porte a été déposée à l'intérieur de l'église et remplacée par une porte moderne ornée de belles pentures exécutées dans le style du XIIᵉ siècle, d'après les dessins de M. Petitgrand, l'éminent architecte des Monuments

161. ÉGLISE DE CHAMALIÈRES. *Porte en bois sculpté.*

Historiques chargé de cette région et prématurément enlevé à la science. Au point de vue de la construction proprement dite, cette porte est comprise de la même façon que celles du Puy : elle consiste en une série de planches posées jointives et reliées par des clous à d'autres planches placées en sens inverse : sur ces dernières sont sculptés des sujets en faible relief, moins compliqués qu'au Puy, mais offrant cependant beaucoup d'intérêt.

Cette porte est rectangulaire : elle mesure 2 m. 50 c. de largeur sur 4 m. 10 c. de hauteur, et semble être en cœur de sapin. Le bas en est brisé et on y a rajouté après coup un panneau moins large; le fragment que nous publions (fig. 161) est le mieux conservé. On y remarque, à l'extérieur, une large bordure formée d'entrelacs se terminant par des feuilles. Le tout était peint, et dans les parties hautes protégées par le cintre en pierre de la porte, les couleurs sont encore assez vives : le fond est en vermillon ; l'un des rinceaux bleu, l'autre rose sont sculptés en très bas reliefs. Les contours des feuilles sont cernés, les bleus de noir, les roses de blanc. Au pourtour extérieur règne une bande en bois avec clous [1].

Cette bordure est analogue sur les deux vantaux ; le reste de leur ornementation diffère un peu. Chacun d'eux est divisé en quatre tableaux. Dans le haut, c'est une croix non pattée aux quatre branches égales, ornée de cinq disques hémisphériques saillants. On y reconnaît la couleur verte. Le fond est décoré d'entrelacs et de sculptures. Dans le bas, au vantail de gauche, c'est un centaure ou plutôt le sagittaire et un aigle : à celui de droite, un lion ailé à queue retroussée et un oiseau avec queue de lion.

Au dessous, on remarque deux guerriers à cheval croisant leur lance. Plus bas encore, on voit une bande horizontale formant de chaque côté quatre petites croix au moyen d'enfoncements carrés ménagés dans l'épaisseur du bois. Enfin, une dernière plate-bande termine la partie existante ; elle est très fruste, mais on peut pourtant distinguer, sur un des côtés, un cavalier ayant devant lui soit un animal à cinq têtes, soit cinq serpents entrelacés qui semblent vouloir l'empêcher de passer. Le sujet de l'autre est à peu près semblable, mais il est encore plus mal conservé. Le tout est garni de clous disposés sans régularité.

Nous avons dit que le département de la Haute-Loire possédait cinq spécimens de ces portes en bois, et nous avons étudié celles du Puy dont la décoration est un peu différente des autres ; nous serions bien tenté, malgré cela, de les attribuer toutes les cinq à la même école d'artistes. Bien que deux de ces portes sculptées soient situées hors du Velay, à Blesle et à La Voûte-Chilhac, nous croyons devoir en donner une courte description, d'autant plus que la première d'entre elles n'a jamais été signalée [2].

Cette porte de Blesle présente, avec celle de Chamalières, une analogie des plus frappantes : le système de construction est le même, les vantaux sont également entourés d'entrelacs et de rinceaux. La partie supérieure de chacun de ces vantaux est aussi décorée d'une croix aux quatre branches égales cantonnée de sujets sur lesquels on remarque des entrelacs ou des roses, un aigle et un centaure, le tout traité de la même façon qu'à Chamalières. Seulement, la partie basse de cette porte a été détruite et le peu qui en subsiste est dans un état plus déplorable encore qu'à Chamalières.

Quant à la porte de la Voûte-Chilhac, elle est connue par deux bonnes notices, l'une de M. Aymard [3], l'autre de Gailhabaud [4], et par le dictionnaire de Viollet le Duc [5]. Il n'en subsiste qu'un seul vantail, rectangulaire à l'origine, mais mutilé lorsqu'on a voulu l'adapter à une baie de l'époque gothique. Ce vantail est décoré, dans le haut, d'une assez grande croix à branches égales et pattées, et au dessous, de plusieurs bandes horizontales diversement ornées d'inscriptions, de rinceaux, de fleurons ou arabesques qui se détachent en très bas-relief sur un fond où l'on remarque des traces de coloration en rouge et en bleu ; mais dans les cantons de la croix, au lieu de sujets sculptés comme à Chamalières et à Blesle, on voit deux séries de clous se coupant diagonalement. La croix elle-même est ornée de quatre dessins en entrelacs et de cinq disques hémisphériques beaucoup plus saillants. Une large bordure encadre le tout : on y remarque des dessins en entrelacs et des restes d'inscriptions ; celle de la bande longitudinale ne contient pas un seul mot entier, elle devait donc se continuer sur le vantail voisin. En dessous de la croix, on lit une inscription en vers léonins, disposée sur trois lignes se rapportant à la fondation de l'église [6].

M. Aymard [7], s'appuyant sur les raisons historiques que nous avons développées plus haut (page 66), croit avec Longpérier pouvoir dater ces portes du troisième quart du xie siècle (1050 à 1073). Nous sommes loin de prétendre que ses arguments soient dénués de fondements ; il nous paraît cependant difficile de croire les portes du Puy aussi anciennes. Nous avons dit que les baies qu'elles recouvrent appartiennent au xiie siècle ; il nous semble de même impossible d'admettre que les églises de Chamalières et de Blesle soient d'une époque aussi reculée. Nous croyons, en effet, la nef de Chamalières de l'extrême fin du xie siècle, l'église de Blesle du milieu du xiie, et nous ne pensons pas que ces portes aient été remployées.

Et si l'on doit considérer que le nom de *Petrus* qu'on lit au Puy est celui de l'évêque occupant le siège épiscopal, (ce qui, nous l'avons dit, est peu probable), nous serions fortement tenté de penser qu'il s'agit de Pierre III ou Pierre IV et de dater ces portes de l'époque de leur épiscopat, c'est-à-dire du milieu ou de la seconde moitié du xiie siècle.

1. Voir, sur cette porte, Noël Thiollier, *Porte en bois sculpté à l'église de Chamalières-sur-Loire*, dans l'*Illustration Moderne*, 2e année, Saint-Étienne, 1896, pages 161, 162, et Normand, *op. cit.*, pages 106 et suivantes.
2. Elle nous a été indiquée par M. Paul Le Blanc ; nous nous proposons de donner dans la suite une étude sur la belle église abbatiale de Blesle, dans laquelle trouvera place une reproduction de cette porte.
3. Aymard, *Église du xve siècle et porte sculptée du xie à la Voûte-Chilhac* (Haute-Loire), (*Annales de la Société d'agriculture, sciences, arts et commerce du Puy*, tome XIV, pages 191 et suivantes).
4. Gailhabaud, *L'architecture du ve au xviie siècle*, tome II.
5. *Dictionnaire raisonné*, VI, pages 361, 362.
6. Cette inscription est la suivante : « Hic tibi rex regum hoc condidit Odilo templum : Agminibus superis quem miscuit arbiter orbis. »
7. *Op. cit.*, page 211.

Mais revenons à Chamalières et signalons encore, le long de la façade septentrionale, un enfeu reposant sur des colonnettes avec chapiteaux dont l'un est orné d'entrelacs (pl. cvm n° 5 et fig. 162).

Au-dessus de l'archivolte qui le surmonte, on remarque toute une série d'animaux fantastiques.

Enfin, dans les bâtiments claustraux servant aujourd'hui de couvent à des religieuses de l'ordre de Saint-Joseph, on peut voir quelques arcades ayant probablement appartenu à un cloître, mais qui sont dépourvues d'intérêt.

Il nous semble que la fin du xi° siècle ou plutôt le début du xii° pour la nef, et la fin de ce siècle pour l'abside, sont les dates à attribuer à l'église de Chamalières. Il est certain que, pour la partie ancienne, elle présente une analogie frappante avec une église voisine du diocèse du Puy, celle de Chanteuges, qui lui est un peu postérieure et dépendait de la Chaise-Dieu, tandis que la partie la plus récente appartient à la même école que l'abside de Blesle. Nous croyons bon de donner une courte description de ces deux monuments, ainsi que de l'église de Langogne, prieuré relevant du Monastier et qui ressemble bien plus à l'église de Chamalières qu'à celle du Monastier.

Chanteuges. — L'église de Chanteuges semble avoir été reconstruite un peu après 1137. Les archives du Puy possèdent une charte de cette époque qui paraît l'indiquer : « Ego Raimundus quondam Cantojolensis abbas videns temporibus meis Cantojolense monasterium ad tantam destructionem pervenisse, ut, spoliato sanctuario et castellificata ecclesia, nullus ibi serviens Deo reperiretur » [1], etc... Il nous paraît probable que l'église a dû être reconstruite après cette époque, c'est-à-dire après que l'abbaye de Chanteuges fut transformée en simple prieuré dépendant de la Chaise-Dieu [2].

162. ÉGLISE DE CHAMALIÈRES.
Enfeu le long du mur septentrional.

Ce monument, qui a malheureusement été défiguré au xv° siècle et dont les bas-côtés ont été surélevés à cette époque dans un but de défense, présente, comme Chamalières, des bas-côtés couverts de voûtes d'arête barlongues très bien appareillées (pl. cxII). Comme à Chamalières, les socles des colonnes, qui supportent les doubleaux, sont, le long du mur extérieur, portés à une grande hauteur.

La nef était également pourvue de fenêtres dont les traces sont bien visibles, seulement les voûtes ont été refaites au cours du xv° siècle.

C'est aussi à l'extérieur, au bas-côté de Chanteuges, la même décoration d'arcatures alternativement plein cintre et trilobées qu'on retrouve à la nef de Chamalières (pl. cxIII).

Seulement, à Chanteuges, la sculpture des chapiteaux est beaucoup plus belle et le profil des tailloirs plus fin (fig. 163).

163. CHAPITEAUX DE L'ÉGLISE DE CHANTEUGES.

Nous devons noter, pour être complet, que les doubleaux de Chanteuges, sont surhaussés, que l'église était pourvue d'un porche aujourd'hui détruit, que les absidioles y sont à cinq pans à l'extérieur et semi-circulaires à l'intérieur, tandis que l'abside est semi-circulaire sur ses deux faces.

---

1. Original aux archives de la Haute-Loire, fonds de la Chaise-Dieu, liasse de Chanteuges. Cette charte est également publiée dans la *Gallia Christiana*, II, 82 et 694, et dans Chaix, *Appendice au Bullaire d'Auvergne* (*Mémoires de l'Académie de Clermont-Ferrand*, tome XIX, 1877, page 572).

2. On peut consulter sur Chanteuges : Mandet, *Histoire du Velay*, Le Puy, 1862, tome VI, pages 297-312. — Dom Boyer, *Journal de Voyages*, édition Vernière, Clermont, 1886, page 14, notes. — Branche. *Monuments historiques de la Haute-Loire* (*Bulletin Monumental*, VIII, 1841, page 418). Ce travail ne traite que des églises situées hors du diocèse du Puy. — Id. L'*Auvergne au moyen âge*. Clermont, 1842, pages 176 à 192, et planches. — Grellet (Félix), *Chanteuges, son histoire, ses antiquités et ses traditions*. Le Puy, Gaudelet, 1841, in-8 (extrait des *Annales de la Société d'agriculture du Puy*, 1839-1840). — Taylor, *Auvergne*, tome II, page 94.

Langogne. — Le monastère de Saint-Gervais et Saint-Protais de Langogne dépendait, comme Chamalières, de l'abbaye du Monastier à qui il avait été donné en 998 par Étienne, comte de Gévaudan [1].

Son église se compose d'une nef de trois travées flanquée de collatéraux, le tout couvert de voûtes en berceau renforcées de doubleaux simples. Les grandes arcades sont doublées et les piliers formés d'un massif carré pourvu de demi-colonnes sur chaque face. Comme à Chamalières, la nef s'élevant bien au-dessus des bas-côtés est directement éclairée par des fenêtres à ébrasement simplement intérieur (fig. 164). Les bas-côtés devaient l'être également; mais, à une époque relativement récente, on a ouvert les arcs latéraux pour donner accès à des chapelles plus modernes. Cette réparation, faite très habilement, n'a dénaturé en rien le caractère de l'église.

Le transept voûté en berceau plein cintre a été allongé après coup; il semble que la croisée ait été modifiée; on y voit une colonne portée sur un socle de 3 ou 4 mètres de hauteur, laquelle est aujourd'hui sans fonction.

Le chevet, actuellement plat, est éclairé par une fenêtre haute et étroite, accostée de deux autres plus petites; il est probable que la disposition de ce chevet et celle des absidioles ont été modifiées. Comme à Chanteuges, la façade a été remaniée au XVᵉ siècle, la porte et la grande fenêtre qui la surmonte, datent de cette époque.

La façade septentrionale est fort bien conservée : les fenêtres sont entourées d'une archivolte légèrement proéminente à claveaux alternativement de teinte sombre et claire; des modillons, en général ornés de têtes, supportent une corniche formée d'un bandeau et d'un biseau. Le clocher s'élève sur l'absidiole Nord; sa base carrée est surmontée d'un étage octogonal ajouré sur quatre faces.

164. INTÉRIEUR DE L'ÉGLISE DE LANGOGNE.

Cette église, on le voit, se rapproche de Chamalières par la disposition de la nef, tandis que le clocher est placé d'une façon analogue à celui du Monastier; mais la sculpture des chapiteaux y est, comme à Chanteuges, bien plus soignée qu'à Chamalières. L'un, au transept, est formé d'une grosse tête fort semblable à celle qu'on voit dans la salle supérieure du porche de Charlieu; sur d'autres on remarque une sirène, deux hommes renversés, deux lions affrontés, une représentation de la luxure, des feuillages sculptés avec délicatesse et des scènes plus compliquées encore [2].

Blesle. — Nous croyons, enfin, devoir dire un mot de l'abside de Blesle [3]. Nous avons déjà eu à signaler l'analogie qu'elle présente avec celle de Chamalières. Ce sont les mêmes dimensions insolites, la même voûte en cul-de-four la recouvrant en entier sans l'intermédiaire d'un déambulatoire, les mêmes fenêtres venant en pénétration dans la voûte. Seulement, à Blesle, toute l'abside est de la même époque et n'a pas été élevée comme à Chamalières sur des constructions déjà existantes; elle est dépourvue de chapelles rayonnantes, qui du reste étaient inutiles puisque cette église était celle d'un chapitre de chanoinesses; on n'y voit pas non plus extérieurement une rangée d'arcatures décoratives; enfin, la partie supérieure est semi-circulaire à Blesle, au lieu d'être à pans comme à Chamalières; malgré ces différences de détails, la ressemblance est frappante; et comme, d'autre part, on trouve à Blesle quelques influences venues de la région limousine, telles que la belle porte d'entrée encadrée de voussures toriques, montant d'une seule venue depuis le sol, sans être interrompue par des chapiteaux ou des tailloirs, nous sommes en droit de nous demander si Blesle ne serait pas le canal par où est arrivée en Velay cette disposition

<hr>

1. *Cartulaire du Monastier*, édition Chevalier. Le Puy et Paris, 1888, in-8, page 131.

2. On peut consulter sur Langogne : Ollier (l'abbé) *Bulletin de la Société d'agriculture de Mende*, tome IX, 1858, pages 45 et suivantes, et *Congrès archéologique de France, séances générales tenues à Mende en 1857.* Caen, 1858, pages 31 et suivantes. D'après notre courte description on voit que l'église de Langogne n'a rien d'auvergnat. Mallay, *Essai sur les églises romanes*, page xxi, la fait pourtant rentrer dans l'école d'Auvergne.

3. On peut consulter sur Blesle : Saint-Poncy (Léo de), *Notice historique sur Blesle et l'abbaye de Saint-Pierre de Blesle*, (*Annales de la Société d'agriculture du Puy*, tome XXIX, 1868, pages 386 et suivantes); — Branche, (*Bulletin Monumental*, VIII, 1841, pages 405 et suivantes); — Michel et Mandet, (*L'ancienne Auvergne et le Velay*, pl. 86), donnent une bonne gravure de l'intérieur de l'église de Blesle.

de larges absides dont nous avons signalé d'autres exemples dans les départements du Sud-Ouest. En tous cas, la présence de deux portes en bois analogues dans ces deux églises bien éloignées l'une de l'autre, leur contemporanéité et la similitude de leur plan, nous ont paru devoir être signalées, et il nous semble que les restaurations de Chamalières et la construction de l'église de Blesle pourraient être les œuvres du même architecte.

XV. LE CHAMBON-DE-TENCE [1]

Au lendemain des guerres de religion, l'évêque du Puy, Mgr Just de Serres, avait entrepris de visiter les églises de l'archiprêtré de Monistrol; il arrivait au Chambon le 26 octobre 1626 : « Estant donc arrivez, dit-il, aud. lieu du Chambon avons recogneu le misérable et déplorable estat auquel les hérétiques avaient réduict depuis de longues années l'église de Notre-Dame dudit Chambon, où ne paraissant plus que mazure et avons veu avec un regret indicible, lad. église démolie, les voûtes, autels, images, chapelles en ruines et en cendres, à raison de quoi les catholiques qui restent en lad. paroisse n'y peuvent pratiquer les services chrétiens et sont à présent contraints de fère leurs assemblées, ouyr la messe et recevoir les sacrements dans une misérable grange [2]. »

L'église dut rester dans cet état pendant une partie du xviie siècle, et la date de 1680 gravée sur la porte d'entrée actuelle est vraisemblablement celle des restaurations.

C'est aujourd'hui une nef de trois travées, dont l'une paraît contemporaine des restaurations, et les deux autres remontent à l'époque romane; la voûte primitive, en berceau très probablement, s'était effondrée et a été remplacée par un lambris, de sorte que les travées primitives ne sont aujourd'hui marquées que par les arcs latéraux en plein cintre qui reposent sur de simples impostes. Il subsiste encore les colonnes et les chapiteaux de l'arc triomphal.

L'abside est en partie ancienne ; elle est précédée d'un arc doublé dont la voussure extérieure repose sur des colonnes en encorbellement; leurs chapiteaux mutilés et nouvellement peints sont dépourvus d'intérêt. Cette abside circulaire à l'intérieur est voûtée d'un cul-de-four dont la naissance est marquée par une corniche se profilant en un bandeau et une doucine. L'extérieur est à cinq pans; trois fenêtres l'éclairaient : l'une, dans l'axe de l'église, est aujourd'hui murée; les deux autres, ouvertes au Nord et au Sud, n'ont pas le moindre ornement; le cintre en est à peine appareillé. Elles ont dû être retouchées à l'époque des restaurations. Le clocher, qui semble dater de la fin du xviie siècle, s'élève sur la façade.

Tout le monument est construit en superbe granit; les joints sont assez épais; le mortier très bon est rabattu à la truelle.

Il est assez difficile, dans l'état actuel des constructions, d'indiquer, d'une façon exacte, l'époque où fut bâtie l'église primitive; nous la croyons de la première moitié du xiie siècle.

XVI. CHAMPCLAUSE

La cure de Champclause figure parmi les dépendances de l'évêché dans une bulle d'Alexandre III en 1164 [3]; le droit de nomination appartint ensuite au chapitre de la Cathédrale.

L'église est un de ces monuments sans caractère auxquels il est bien difficile d'assigner une date un peu précise. Elle se compose d'une nef de deux travées, voûtée en berceau plein cintre, divisée par un doubleau non doublé, reposant sur des pilastres terminés par de simples tailloirs; des arcs latéraux s'ouvrent sur chaque travée.

A la suite, une autre travée flanquée de chaque côté de deux arcs latéraux aussi élevés, mais plus étroits que ceux de la nef, précède une abside récente voûtée en cul-de-four.

Un campanile est construit au-dessus de la façade contre laquelle une porte récente a été plaquée avec un certain goût.

Le tout est construit en moellons de basalte à peine équarris, réunis par d'épais lits de mortier.

---

1. Dépendance de Conques, vocable : Notre-Dame. *Cartulaire de Conques*, édition Desjardins. Paris, 1879, page xcviii.

2. *Visites de Mgr. Just de Serres*, manuscrit cité, fol. 280 v°, et Rocher, *Tablettes historiques du Velay*, IV, 1874, page 284.
Au fol. 283 v° du manuscrit on lit encore : « Avons ordonné que ledit sieur prieur dans un an prochain fera remettre le cœur de lad. église, y fera dresser un autel assorti de tabernacle, ciboires, nappes, tableaux, etc. Quant à la nef de lad. église les paroissiens y pourvoiront en telle sorte qu'ils puissent ouïr commodément la Sainte Messe. Ils la feront redresser sinon d'esgalle grandeur que celle qui paraît par les masures de lad. église, du moins de grandeur suffisante pour recepvoir les catholiques de lad. paroisse. »

3. Rocher, *Tablettes historiques*, 4e année, 1874, pages 492 et 531.

XVII. LA CHAPELLE-BERTIN

Bien que située en Auvergne et relevant au temporel de l'élection de Brioude, la cure de la Chapelle-Bertin [1] dépendait au spirituel de l'évêque du Puy. Les collateurs étaient les moines de la Chaise-Dieu [2].

L'église comprend une nef dont il est assez difficile de reconnaître l'âge. Peut-être les murs sont-ils romans, mais la voûte s'est écroulée et a été remplacée par un lambris : un arc, dont les arêtes sont abattues, s'ouvre à la suite de cette nef ; il précède une travée voûtée en berceau, flanquée de grands arcs pris dans l'épaisseur du mur ; cette travée est elle-même suivie d'un arc en retraite donnant accès à une abside circulaire, décorée intérieurement de trois arcades sans ornement, aujourd'hui dissimulées

166. LA CHAPELLE-BERTIN. *Porte de l'église.*

165. ABSIDE ET CLOCHER DE LA CHAPELLE-BERTIN.

par l'autel et reposant sur de grossiers chapiteaux dont l'un est orné de têtes, l'autre de simples retraites ; les tailloirs sans grand style sont formés d'un méplat et d'un biseau très légèrement concave (fig. 168).

Deux parties de l'église méritent surtout d'attirer l'attention : l'extérieur de l'abside et le portail.

L'abside (fig. 167) se compose au dehors d'une partie droite correspondant à la travée intérieure que nous avons signalée, et d'une partie semi-circulaire : quatre contreforts l'épaulent ; ils sont de section rectangulaire et amortis en glacis. Une corniche règne à la partie supérieure, reposant sur des modillons d'assez forte dimension décorés d'ornements toriques ou de têtes dont la sculpture est très plate ; la corniche elle-même, dans les parties où elle est conservée, se profile en un bandeau et un cavet peu prononcé. Une fenêtre en plein cintre dans l'axe de l'édifice a été murée ; deux autres ont été percées ou agrandies probablement au XVIᵉ siècle.

167. LA CHAPELLE-BERTIN. *Vue de l'abside.*

1. Vocable Saint-Marcellin.
2. Rocher, *Pouillé*, etc., *Tablettes historiques*, 5ᵉ année, 1875, page 84 ; 6ᵉ année 1876, pages 292, 293, et *Correspondance des curés, ibid.*, page 257.

Le clocher, élevé après coup contre la paroi méridionale de l'église, est carré, sans particularité, mais d'un assez bon style. Une date de 1834, gravée sur une des pierres, paraît être celle de sa construction. L'étage inférieur, utilisé comme chapelle, communique avec l'église.

168. LA CHAPELLE-BERTIN.

Également au Sud, s'ouvre la porte (fig. 166) : elle est formée d'une baie à cintre brisé, entourée d'une large archivolte aussi brisée, composée d'une partie plane encadrée, d'une part, de tores et, de l'autre, d'une gorge meublée de petites sphères et de billettes irrégulièrement disposées. Cette archivolte repose sur deux colonnettes trapues avec chapiteaux décorés de feuillages assez grossièrement traités. Il serait possible que cette porte eût été transportée après coup à la place qu'elle occupe actuellement.

On est, à La Chapelle-Bertin, dans une région granitique; aussi les pierres sont-elles beaucoup moins bien taillées que dans d'autres parties du Velay ; les joints sont assez épais et remplis de mortier rabattu à la truelle; on a toutefois employé la pierre volcanique pour la fenêtre actuellement murée qui se trouve dans l'axe de l'abside.

La porte ne paraît pas antérieure à la seconde moitié du xiiᵉ siècle. Cette date peut être également celle de l'abside, bien que, pour cette dernière, on ne possède aucun élément de critique permettant d'être bien affirmatif [1].

XVIII. LA CHAPELLE-D'AUREC

L'église comprend une nef romane voûtée en berceau avec doubleaux reposant sur les pilastres par l'intermédiaire de simples tailloirs.

L'abside et la façade sont d'une époque récente et ne présentent rien d'intéressant.

Une nef au Sud a été ajoutée à la fin de l'époque gothique ; celle du Nord semble remonter au xviiiᵉ siècle.

L'église est sous le vocable de saint Eustache ; le prieur d'Aurec nommait à la cure [2].

XIX. CHASPINHAC

Le prieuré de Saint-Julien de Chaspinhac dépendait de Tournus [3]. Son église est remarquable par la solidité de la construction et la pureté des lignes. La nef assez haute est divisée en deux travées; deux chapelles construites postérieurement occupent la place ordinaire des transepts (fig. 169).

169. ÉGLISE DE CHASPINHAC. *Plan par terre.*

170. ÉGLISE DE CHASPINHAC. *Coupe transversale.*

La voûte est en berceau plein cintre, le doubleau doublé (fig. 172) ; l'inférieur, légèrement brisé, a des piédroits en forme de demi-colonnes dont les chapiteaux sont décorés de feuillages (fig. 171). Un bahut

---

1. Dimensions de l'édifice dans œuvre : longueur totale, 16 m. 10 ; largeur de la nef, 7 mètres ; de la travée précédant l'abside, 5 m. 10.
2. *Visites pastorales de Mgr Just de Serres,* manuscrit cité, fol. 324 rᵒ et vᵒ.
3. Rocher, *Pouillé du diocèse du Puy (Tablettes historiques de la Haute-Loire,* tome IV. Le Puy, 1873, page 519). Les archives de la Haute-Loire renferment un certain nombre d'actes contenant des dispositions en faveur de l'église du prieuré de Chaspinhac : le 18 mai 1472, Mathieu Meilher reconnaît lui devoir une rente de 2 livres d'huile, G. 17, fol 139 ; le 15 mai 1476, elle reçoit un legs de 15 livres tournois, G. 17, fol. 152.

de pierre est disposé le long de la première travée occidentale sur laquelle on a ouvert tout récemment, au Nord, une chapelle baptismale.

171. ÉGLISE DE CHASPINHAC. *Vue prise de la tribune.*

Des arcs latéraux en tiers point montent jusqu'à l'imposte de la voûte. Un mouvement de construction s'est produit à l'abside, dont le cul-de-four descend à un niveau inférieur à celui de l'arc triomphal (fig. 171).

Une fenêtre au Sud de l'abside a été agrandie ou percée après coup ; une autre, de construction primitive, à large ébrasement, s'ouvre au fond du sanctuaire (pl. LXVII) ; elle est entourée extérieurement d'une archivolte formée d'un tore placé entre deux bandeaux, l'un vertical, l'autre horizontal, et reposant sur de jolies colonnettes avec des chapiteaux à feuillages. Cette abside, circulaire intérieurement et extérieurement, est épaulée par des contreforts assez épais.

L'appareil en tuf volcanique rouge est superbe ; les joints sont très fins. Une fenêtre par travée éclairait la nef : l'une a été condamnée, l'autre est intacte et n'a d'autre ornement que son superbe appareil ; l'ébrasement ne se produit qu'à l'intérieur.

La façade[1] et la porte principale (pl. LXVIII) ont subi des remaniements : le pignon a été surélevé, et le campanile transformé en clocher carré. Une jolie fenêtre, à claveaux alternativement rouges et blancs, est restée intacte.

Une seconde porte, de plus petites dimension, s'ouvre dans le mur méridional, elle semble romane, mais est dépourvue d'ornement (fig. 174).

Un cordon de profil rectiligne entoure les contreforts. L'église n'a pas de corniche.

Partout l'astragale est pris dans le même bloc que le fût ; les tailloirs sont formés d'un bandeau et d'un cavet ; les bases se composent d'une scotie entre deux tores dont l'inférieur est très proéminent.

172. ÉGLISE DE CHASPINHAC. *Coupe longitudinale.*

Cette église semble remonter à la première moitié du XIIe siècle. Un enfeu se remarque à l'Ouest, près de la porte d'entrée.

XX. CHASPUZAC

La cure de Chaspuzac[2] dépendit du doyen de Notre-Dame du Puy jusqu'en 1526[3] ; à partir de cette date on y trouve un prieuré[4].

L'église n'a pas été trop défigurée par des adjonctions postérieures (pl. LXV). La porte d'entrée regarde le Sud, disposition rationnelle dans ces pays froids ; elle est encadrée de trois archivoltes. Les moulures des deux extrêmes se profilent en quart de rond. Deux des colonnettes sont octogonales ; les chapiteaux, décorés de feuillages assez simples (fig. 175). La troisième

1. On observe sur la façade les amorces d'un porche ou plutôt d'un simple auvent, mais aucun détail ne permet de le dater.
2. Vocable : Saint-Barthélemy.
3. Rocher, *Pouillé du diocèse du Puy.* (*Tablettes historiques de la Haute-Loire,* tome V, page 111.)
4. On rencontre de nombreuses mentions de ce prieuré : Accord au sujet des dîmes dues par les hommes de Fontanes au prieur de Chaspuzac, 15 juillet 1646. Archives de la Haute-Loire, minutes de Delafont, notaire G. 23, fol. 106. — Un autre acte de même nature, du 7 juillet 1545, est conservé dans le même dépôt sous la cote G. 23, fol. 282.

voussure, ornée de cinq lobes, repose sur des piédroits rectangulaires. Les tailloirs, d'un galbe assez avancé, ne sont pas pareils aux deux montants de la porte (bandeau, onglet, quart de rond, onglet, listel, rainure et baguette à l'Est; bandeau, onglet, biseau, onglet, gorge et doucine à l'Ouest). Ils sont appareillés en onglet comme de la menuiserie, particularité qu'on rencontre assez fréquemment en Forez [1] (pl. CVIII, n° 4).

L'astragale est pris dans le même bloc que le fût; les bases sont carrées, formées de deux tores superposés et d'inégales dimensions.

La façade occidentale, qui paraît n'avoir jamais été ornementée, est adossée à la cure; on y remarque une fenêtre plein cintre à double ébrasement, mais sans moulure.

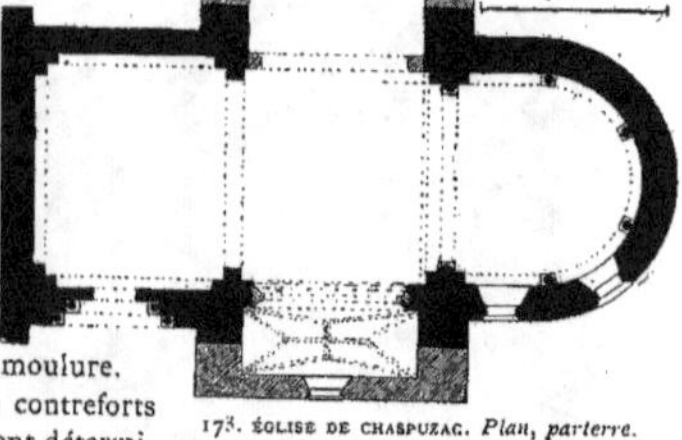

173. ÉGLISE DE CHASPUZAC. *Plan, parterre.*

Trois contreforts extérieurs sont déterminés par les deux travées de l'intérieur; ceux qui épaulent l'arc triomphal sont d'une dimension supérieure à celle des autres. Cette disposition, qui existe dans les églises pourvues de campanile, semble permettre d'affirmer qu'autrefois celle-ci en possédait un (fig. 173).

Aucune fenêtre ne s'ouvre au Nord; il en existe deux au Sud, mais à l'abside seulement (fig. 177). Elles sont en

174. ÉGLISE DE CHASPINHAC. *Façade méridionale.*

plein cintre et à double ébrasement, leur arête se profile en forme de cavet. Au fond de l'abside, et sans l'entamer, on a construit un clocher à une époque toute récente.

Intérieurement, le doubleau qui divise la nef en deux travées, repose sur des pilastres rectangulaires sans ornement (fig. 173); leurs chapiteaux sont assez grossiers. L'arc triomphal en plein cintre est doublé; la demi-colonne qui le supporte au Nord est couronnée d'un chapiteau sur lequel on voit deux hommes tenant leurs jambes sous leurs bras; la sculpture en est grossière. Enfin, au-dessus de l'arc triomphal, une moulure enveloppante s'appuie sur des consoles ornées de feuilles.

L'abside circulaire, voûtée en cul-de-

175. ÉGLISE DE CHASPUZAC. *Détail de la porte.*

176. ÉGLISE DE CHASPUZAC. *Coupe transversale.*

four, presque aussi large que la nef, est ornée intérieurement de cinq arcatures en plein cintre, reposant sur des colonnettes (fig. 177 et 179).

La forme des chapiteaux est bizarre: deux affectent celle d'un cube sur lequel des feuilles et des fruits se détachent en faible relief (fig. 178); sur d'autres on voit des feuillages traités d'une façon assez molle (fig. 180).

Deux chapelles ont été ajoutées au XVe ou au XVIe siècle à la travée qui précède l'abside.

1. Notamment à Verrières, près Saint-Germain-Laval, église de la fin du XIIe siècle.

XXI. COUBON

L'église Saint-Georges de Coubon avait été donnée à l'abbaye du Monastier au mois d'avril 1090 [1]. Il ne subsiste malheureusement de l'édifice roman que la partie centrale de la façade, encore a-t-elle été remaniée. Le reste de l'église, construit en ce siècle, n'a rien de remarquable.

177. ÉGLISE DE CHASPUZAC. *Coupe longitudinale.*

Il existe, aux archives de la commune et de la fabrique, une série de pièces concernant les restaurations faites à l'église. Dès le 1er novembre 1790, on constatait qu'elle était trop petite et que, pour l'agrandir, il fallait percer les chapelles latérales probablement ajoutées après coup.

Nouveau rapport de l'architecte Roux du Puy, à la date du 1er octobre 1818. L'édifice avait alors 22 m. 80 de longueur et une largeur variant entre 3 m. 30, 4 m. 30 et 5 mètres. La hauteur variait aussi entre 6 m. 50 et 7 m. 50; ce rapport ne fut pas non plus suivi d'exécution.

178. CHASPUZAC. *Chapiteau de l'abside.*

Dès lors, les réclamations du Conseil municipal se succèdent sans interruption; on en trouve aux dates du 14 juin 1819, du 14 mai 1827 et du 11 mai 1831. Enfin, le 17 janvier 1832, on constate que l'église menace ruine et la date de 1833, gravée dans la chapelle Saint-Ferréol, est celle du début des travaux. Tout a été refait, à l'exception de la partie centrale comprise entre les deux contreforts de la façade. Le clocher arcade a été bâti entre 1838 et 1844, et il est étonnant qu'à cette époque on ait élevé un édifice ayant pareil caractère.

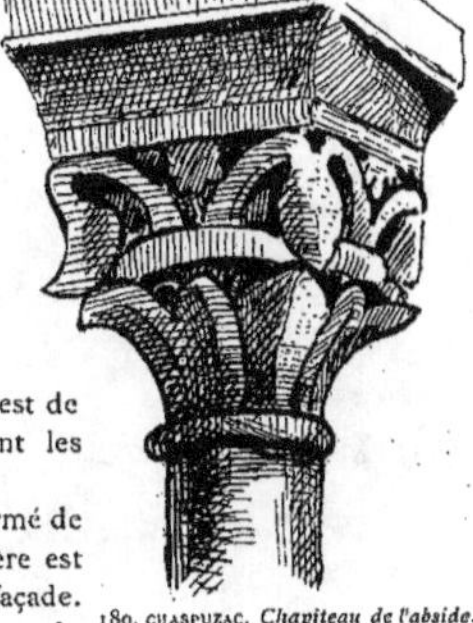

180. CHASPUZAC. *Chapiteau de l'abside.*

La fenêtre amortie en mitre a été ouverte en 1875; c'est de cette même époque que datent les voûtes de l'église.

Le portail central est formé de quatre retraites dont la première est en avancement sur le mur de façade. Les deux extrêmes reposent sur de simples ressauts du mur; celles de l'extérieur, sur des colonnettes alternativement cylindriques et octogonales (pl. LXXII). Au-dessus de la porte, une moulure rectangulaire; plus haut, la fenêtre amortie en mitre que nous avons signalée; plus haut encore, une grande baie à double ébrasement.

179. CHASPUZAC. *Vue intérieure de l'église.*

L'architecte moderne, qui a élevé le clocher arcade, s'est inspiré du pignon de la cathédrale du Puy. Les deux portes latérales, construites en ce siècle, sont d'un assez bon style.

A l'intérieur, se trouve un bénitier orné d'une petite tête. Il est assez difficile de lui attribuer une date, nous le croirions volontiers du XVe ou du XVIe siècle, bien qu'il soit d'allures romanes.

1. « Eodem tempore, prefatus episcopus [Adhemar de Monteil] rogatu predicti Willilmi IV abbatis, dono concessit monasterio nostro, ecclesiam Sancti Georgii de Cobone super ripam Ligeris cum omnibus quae ad eam pertinent. » (Chevalier, *Cartulaire du Monastier*, page 88.)

XXII. DOUE

D'après les auteurs de la *Gallia Christiana*, l'abbaye de Saint-Jacques de Doue aurait été fondée en 1138 [1]

181. DOUE. *Chapiteau de l'abside.*

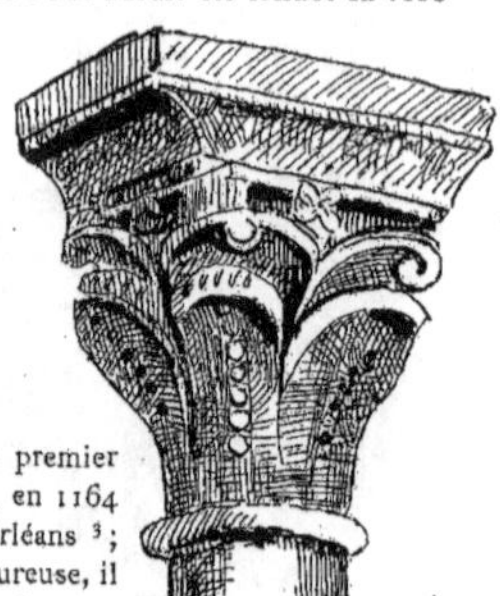

182. DOUE. *Chapiteau de l'abside.*

par les seigneurs de Saint-Quentin, sur l'emplacement d'un petit oratoire dédié à Notre-Dame. Les premiers possesseurs semblent avoir été les chanoines réguliers. Ce qui est certain, c'est qu'aux environs de 1160, la règle s'était relâchée à Doue. Pierre IV, évêque du Puy, désirant mettre un terme aux désordres qui affligeaient cette abbaye, proposa à Étienne, abbé de Sainte-Geneviève de Tournay, de venir y apporter la réforme [2]. Ce premier projet n'ayant pas eu de suite, l'évêque s'adressa, en 1164 ou 1165, à Étienne, abbé de Saint-Euverte d'Orléans [3] ; cette seconde tentative n'ayant pas été plus heureuse, il céda ce monastère aux Prémontrés le 15 juillet 1167 [4]. Le couvent de Doue ne fut donc pas la seconde maison de ces religieux en France, comme l'ont affirmé les auteurs de la *Gallia*.

Doue est une des rares abbayes que les Prémontrés possédèrent dans le Languedoc. Elle fut d'abord très florissante ; mais, pendant les guerres de religion les ligueurs du Puy ont « faict abattre et tumber ledict couvent pour autant qu'il empêchait le passage des avivres que l'on portait au Puy, et les cloches dudict Doa furent portées au Puy [5] ».

Dès lors, elle ne fit que décroître ; et, au xviiiᵉ siècle, elle était tombée dans un état si précaire qu'elle fut unie à la mense épiscopale du Puy [6].

184. ENFEU A DOUE.

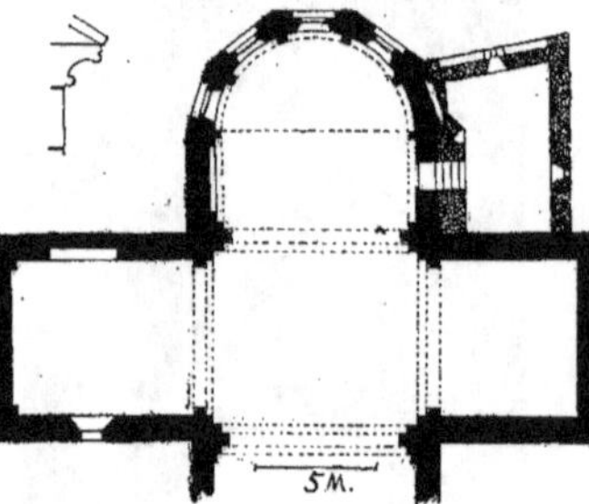

183. ÉGLISE DE DOUE.
Plan au niveau des fenêtres et profil de la corniche de l'abside.

L'église dut donc être construite dans le milieu du xiiᵉ siècle. C'était un type assez beau de l'architecture romane de cette époque ; mais on doit déplorer l'état de délabrement dans lequel elle se trouve aujourd'hui. Elle sert de grenier à fourrage et l'on ne peut y pénétrer pendant la plus grande partie de l'année.

Il n'en subsiste plus que l'abside, le chœur et le transept, et encore les bras de ce dernier ont été condamnés et servent aujourd'hui à des usages domestiques. Le carré est voûté d'une coupole de grandes dimensions

1. *Gallia Christiana*, II, col. 769 et suivantes ; *Histoire de Languedoc*, nouvelle édition, VI, page 10.
2. Théodore, *Histoire de l'église angélique de Notre-Dame du Puy*, pages 259 et 260.
3. Martène, *Amplissima collectio*, VI, col. 237-238.
4. Rocher, *Pouillé. Tablettes historiques*, IV, page 520.
5. *Mémoires de Burel*, édition Chassaing. Le Puy, 1875, page 170.
6. Archives nationales. *Mémoire sur l'état de l'ordre des Prémontrés*, dressé en 1770. G * 510, 511, 512. Voir aussi une longue correspondance entre l'abbé de Doue et l'archevéque de Toulouse, au sujet de cette union, années 1771 et 1772, aux Archives nationales G * 632.

portée sur des trompes en cul-de-four. Les doubleaux et les grandes arcades doublés reposent sur une demi-colonne et sur un dosseret rectangulaire.

Cette église est, par exception, pourvue d'un chœur assez large et voûté en berceau brisé. Peut-être faut-il voir dans cette disposition, rare en Velay, une influence de l'ordre des Prémontrés (fig. 183). L'abside de même largeur, semi-circulaire à l'intérieur, est ornée d'arcades reposant sur des pilastres avec chapiteaux. A l'extérieur (pl. LXXIV), elle a cinq pans : l'appareil de toute beauté, à joints très fins, est formé de pierres de taille de couleurs variées (blanc, brun et rose). Elle était primitivement éclairée par cinq grandes fenêtres qui sont actuellement murées ; elles sont cantonnées de colonnettes pourvues de chapiteaux à feuillages (fig. 181), portant sur un cordon qui pourtourne l'abside ; les tailloirs se continuent d'une ouverture à l'autre, formant un second cordon ; l'astragale fait partie du fût. Nous avons là une preuve de la persistance de cette ancienne pratique jusqu'en plein XIIe siècle : les colonnettes s'ajustent, en effet, trop bien avec leurs bases et leurs chapiteaux pour qu'on puisse admettre l'hypothèse d'un réemploi. Certaines des archivoltes ont

185. ÉGLISE DE DOUE. *D'après une aquarelle du XVIIIe siècle.*

leurs claveaux alternativement blancs et bruns ; à d'autres, la clé seule est de couleur claire. La corniche est supportée par des modillons, ornés les uns de têtes, les autres de simples volutes. Une grosse tour rectangulaire, qui certainement a dû être utilisée comme monument défensif, s'élève sur le carré du transept ; elle est éclairée aujourd'hui par quatre petites fenêtres plein cintre. Une légère retraite se voit à 3 mètres 50 environ de la toiture actuelle. Nous donnons trois vues anciennes de ce monument : l'une (fig. 185) d'après une ancienne aquarelle que nous possédons [1] et qui paraît dater du milieu du XVIIIe siècle ; l'autre (fig. 187) d'après une gravure de Née ; la troisième (fig. 186), d'après un dessin de M. de Becdelièvre [2]. Les deux plus anciens de ces documents indiquent que le clocher était pourvu près du sommet et sur chaque face de deux autres fenêtres en plein cintre ; ce second étage a dû être démoli entre la fin du XVIIIe siècle, époque où fut exécutée la gravure de Née, et 1825, date approximative du dessin de M. de Becdelièvre.

Les bras du transept sont assez débordants ; le croisillon Sud est en partie détruit, et l'intérieur en a été dénaturé. D'après l'ancienne aquarelle que nous reproduisons ici (fig. 185), il aurait été pourvu d'une absidiole semi-circulaire à l'extérieur dont il subsiste encore les amorces. Au Nord, dans une position symétrique, on remarque un petit bâtiment, construit en très bel appareil à une époque probablement peu postérieure à la construction de l'église. Il devait vraisemblablement servir de sacristie ou de salle de trésor ; dans le mur oriental sont pratiqués deux enfeus géminés reposant au centre sur un piédroit rectangulaire terminé par un tailloir ; leurs archivoltes, toutes deux semblables, sont en cintre brisé et se profilent en tores (pl. LXXIV).

186. ÉGLISE DE DOUE. *D'après un dessin de M. de Becdelièvre. Vue prise vers 1825.*

Les bâtiments conventuels étaient au Nord de l'église ; ils ont perdu beaucoup de leur caractère et ne conservent plus que de rares débris anciens ; nous citerons notamment un enfeu amorti en plein cintre (fig. 184) et reposant à chaque extrémité sur un couple de colonnettes avec chapiteaux assez simples et décorés de feuillages. Leurs

1. Nous la devons à l'obligeance de M. Poinat.
2. Cette gravure nous a été communiquée par ses petits-enfants.

bases sont composées de deux tores séparés par une scotie. Cet enfeu mesure 1 m. 10 en hauteur, 1 m. 05 en largeur, 0 m. 90 en profondeur. Enfin, des pierres tombales des XIIIe et XIVe siècles sont encastrées dans les murs.

187. ÉGLISE DE DOUE. *D'après une gravure de Née.*

XXIII. DUNIÈRES

Le prieuré de Dunières fut probablement fondé par les seigneurs de ce lieu. Il est mentionné comme dépendance de la Chaise-Dieu dans une bulle de Lucius III, du 27 mars 1184 [1]. Il fut réuni, au début du XVIe siècle, au collège des Jésuites de Lyon et ses archives sont en partie conservées à la préfecture du Rhône [2].

L'église, quoique remaniée, est remarquable par son caractère poitevin. Ce système, dans lequel on voit la voûte de la nef épaulée par la voûte en berceau des collatéraux, n'est pas, du reste, inconnu dans la région [3] : on le trouve notamment à l'église d'Ainay à Lyon [4], à Polignac (Haute-Loire), à Saint-Rambert et à Pommiers (Loire); mais, en général, l'imposte de la voûte des collatéraux est légèrement moins élevée que celle de la nef centrale ; de plus, on ne rencontre dans aucune des églises précitées le plan quadrifolié du pilier spécial au Poitou (pl. LXXV, fig. 188).

Les trois nefs de cette église, d'égale hauteur, sont actuellement voûtées d'arêtes et divisées en cinq travées séparées par un doubleau de mince épaisseur.

Ces voûtes ne sont pas primitives ; elles ont probablement été refaites après les guerres de religion. On a profité de cette réfection pour ouvrir des fenêtres dans la lunette des voûtes des bas-côtés.

La travée la plus orientale est plus longue que les autres. Elle est séparée de l'abside et des absidioles par des travées rectangulaires formant chœur (fig. 188).

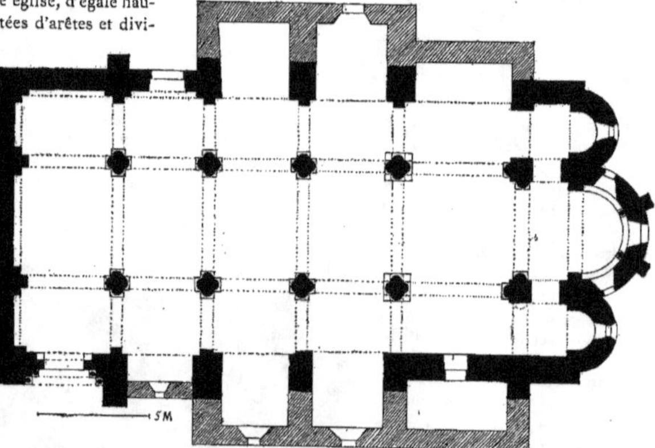

188. ÉGLISE DE DUNIÈRES. *Plan, parterre.*

Les piliers sont formés de quatre colonnes qui se pénètrent et donnent en plan la forme d'un quatrefeuilles. Les bases, très spéciales, sont cruciformes et reposent sur un grand socle de maçonnerie. Elles se composent de deux tores superposés séparés par un onglet.

La disposition des absides s'est conservée intacte, ainsi que celle de la travée de chœur qui les précède ; celle-ci est voûtée en berceau plein cintre, et l'imposte de la voûte des bas-côtés est au niveau de celle de la maîtresse voûte (fig. 189).

1. Chaix, bullaire d'Auvergne (*Mémoires de l'Académie de Clermont*, XIV, 1877, pages 321-325). — Bibliothèque nationale, *Languedoc*, XXIX, fol. 265. — Dom Estiennot, Bibliothèque nationale, *Latin*, 12749, cap. XIII, et édition Rocher, Le Puy, 1890 (*Mémoires de la Société agricole et scientifique de la Haute-Loire*, page 295), id. (*Pouillé du diocèse du Puy*, publié dans *Tablettes historiques de la Haute-Loire*, IV, 473).
2. Elles sont classées sous les cotes D. 182-196; aucun titre n'est très ancien.
3. Quicherat, *Mélanges d'archéologie*, publiés par R. de Lasteyrie, tome II, moyen âge, page 105.
4. Autant qu'on peut en juger après les nombreuses restaurations qu'a subies ce monument ; il ne paraît pas, en effet, impossible qu'il ait été, à l'origine, couvert d'un lambris.

Trois arcatures en anse de panier, reposant sur des colonnettes, occupent le fond de l'abside qui, de même que les absidioles, est circulaire intérieurement et extérieurement.

Les arcs appliqués le long des murs latéraux sont intacts aux deux travées les plus rapprochées de la façade; aux autres, on en voit le point de départ; ils étaient disposés de façon à venir aboutir aux impostes des voûtes des bas-côtés.

Il existait primitivement des fenêtres à l'abside, et une ouverture par travée; celles qui n'ont pas été retouchées sont longues, étroites et à double ébrasement.

189. ÉGLISE DE DUNIÈRES. *Coupe sur le chœur.*

Aux XVe, XVIe et XVIIe siècles, on a ouvert au Nord et au Sud des chapelles latérales; les traces de remaniements sont très apparentes à l'extérieur. On voit d'une façon distincte l'endroit à partir duquel le mur a été surélevé de façon à permettre la construction des voûtes d'arêtes et le percement des fenêtres.

190. ABSIDE DE L'ÉGLISE DE DUNIÈRES.

Le point de départ de l'ancienne voûte en berceau se continue au même niveau qu'aux deux portions des anciennes voûtes qui subsistent encore aux travées précédant les absidioles.

La façade occidentale n'a aucun ornement, mais une belle porte d'entrée donne, au Sud, accès dans l'église. Elle est formée de trois archivoltes composées chacune d'une arête entre deux tores. La plus intérieure repose sur un pilastre à moulures également toriques; les autres, sur des colonnes dont l'une est ornée de zigzags et l'autre de torsades. Des enroulements de feuillages occupent l'extrémité de l'archivolte extérieure (pl. CV).

Les chapiteaux sont ornés de feuillages; le tailloir se compose d'un boudin de fai-

191. ABSIDE ET CLOCHER DE L'ÉGLISE DE DUNIÈRES.

192. ÉGLISE DE DUNIÈRES. *Vue prise de l'entrée.*

ble dimension disposé entre deux boudins plus gros dont il est séparé par de petites gorges.

A l'intérieur, la sculpture est assez grossière. Les chapiteaux sont trapus et en majorité décorés de feuillages; d'autres ont à chaque angle une tête barbare. L'astragale est taillé dans la dernière assise du fût.

Un clocher construit bien postérieurement, au XVIIe siècle selon toute vraisemblance, s'élève sur l'absidiole méridionale [1].

Nous avons cherché si on pouvait expliquer par des raisons historiques cette importation en Velay de l'architecture poitevine. Il nous semble qu'on peut y voir une influence monastique.

Les moines de la Chaise-Dieu, abbaye dont dépendait Dunières, avaient en Poitou des possessions assez nombreuses. Or, de même qu'ils avaient introduit dans cette région et notamment à Parthenay-le-Vieux [2] des pratiques auvergnates; de même, il ne nous paraît pas téméraire de penser qu'un moine d'un prieuré casadéen du Poitou ait pu apporter à Dunières le mode d'architecture adopté dans le pays d'où il venait.

Cet exemple d'un système architectural ainsi transporté d'une région dans une autre très éloignée nous a paru remarquable et bien digne d'être signalé [3].

XXIV. ESPALY

Le droit de nomination à la cure de Saint-Marcel d'Espaly appartenait au chapitre de la Cathédrale [4].

L'église en partie ruinée, probablement à l'époque des guerres de religion, est aujourd'hui une propriété particulière; le collatéral Sud est transformé en appartements, le collatéral Nord en étable et la nef en dépôt; cette dernière a été en outre divisée en deux étages par un plancher, la partie supérieure servant de fenil.

Dans leur état actuel, les constructions anciennes comprennent une nef de deux travées flanquée de collatéraux immédiatement suivis d'une abside et de deux absidioles semi-circulaires sur leurs deux faces (fig. 193) [5].

Nef et bas côtés sont couverts de voûtes d'arêtes reposant d'une part sur de gros piliers rectangulaires, de l'autre sur des dosserets également rectangulaires terminés les uns et les autres par de simples tailloirs (fig. 195). Il est

193. ÉGLISE SAINT-MARCEL D'ESPALY. *Plan par terre.*

194. ÉGLISE SAINT-MARCEL D'ESPALY.
Chapiteau de l'abside.

1. 26 avril 1632. M. le curé desservant déclare faire recouvrir le clocher de l'église de Dunières et a donné le prixfait à Jean Desgart du bourg de Dunières à condition que ledit Jean Desgart y mettra neuf presses ou tranons, de la longueur nécessaire et la mesme tuile qui est sur ledit clocher....... Et pour ledit prixfait lui a esté promis la somme de LIII livres, etc. (Archives départementales du Rhône, D 191).—Cette même liasse contient d'autres mentions de restaurations faites à l'église de Dunières: ainsi, le 5 novembre 1633, « Mathieu Brun, maçon de Dunières, confesse avoir eu et reçu de frère Pierre Brunet de la Compagnie de Jésus, procureur et administrateur du prieuré de Dunières, la somme de vingt-deux (sic) dix sols, à savoir vingt livres pour le prix fait par F. Antoine Masson, jadis procureur et administrateur dudit prieuré bailli, audit establi pour faire quelques réparations en l'église de Dunières. Notté par moi recevant le dix-huitième jour de juillet dernier. Et les cinquante sols restant pour avoir ledit Brun establi fourni cent tuiles et unes au couvert des chapelles d'icelle église, de laquelle somme de vingt-deux livres dix sols, ledit establi comme comptant et satisfait ainsi qu'il dict, etc. Reçu par le notaire royal soussigné. Signé : Delafont.

2. Berthelé, *Recherches pour servir à l'histoire des arts en Poitou*, Melle, 1889, in-8, pages 74-75. Voir du reste ci-dessus, p. 58.

3. L'accroissement important qu'a pris le bourg de Dunières a rendu cette église insuffisante pour l'exercice du culte, et au moment où s'impriment ces lignes, il est question d'y faire des restaurations importantes. Deux projets sont en présence : l'un consisterait à démolir l'abside pour la construire sur de plus grandes dimensions; d'après l'autre, on se contenterait d'ajouter une ou deux travées sur la façade, qui ne présente rien de remarquable. Nous sommes persuadé que le zèle éclairé du maire de Dunières, M. Malartre, fera prévaloir et admettre ce second projet, le seul rationnel, qui ne diminuera en rien l'intérêt que présente l'édifice.

4. Chassaing, *Liste des redevances annuelles dues à l'hostier*, dans *Médicis*, II, page 169.

5. C'est dans cette église d'Espaly qu'en perçant le mur du chevet pour y créer un soupirail de cave, on a trouvé la curieuse inscription de Saint-Marcel gravée sur une plaque de marbre blanc :

SANCTUS MARCELLUZ
MARTIR XPI : AΩ

Voir, à ce sujet, Lascombe, *Mémoires de la Société agricole et scientifique de la Haute-Loire*, 1896, t. IX. Le Puy, 1898, in-8, pages 52 et suiv.

difficile de se prononcer sur l'ancienneté de ces voûtes. Elles sont, en effet, recouvertes d'un épais badigeon, et là, encore plus qu'ailleurs, il a été impossible de pratiquer un sondage : toutefois, si on considère le manque de style des piles et des tailloirs, surtout de ceux des collatéraux, si l'on remarque que ces derniers présentent des traces très apparentes de remaniements, spécialement du côté Nord, il paraît probable que les voûtes des bas côtés,

195. ÉGLISE SAINT-MARCEL D'ESPALY. *Coupe longitudinale.*

tout au moins, ont été refaites à une époque assez récente ; et si on observe d'autre part que les grandes arcades ont été murées, on conviendra qu'une grande réserve d'appréciation s'impose. Une observation semble toutefois militer en faveur de la non ancienneté des voûtes et des piliers : l'inspection seule du plan indique qu'il s'agit d'un édifice tronqué se prolongeant vraisemblablement à l'Ouest par une travée ou deux. Sur la façade, dans l'axe des grandes arcades, on voit encore les bases de deux colonnes qui paraissent avoir appartenu aux supports primitifs dont nous aurions ainsi une partie du plan, car il paraît difficile d'admettre que ces colonnes aient servi à soutenir un porche (fig. 193).

Quant aux voûtes de la nef, elles sont assez bien construites, quoique en blocage ; il semble probable toutefois qu'elles ont dû être bâties, de même que celles des bas côtés, après les guerres de religion. Il subsiste

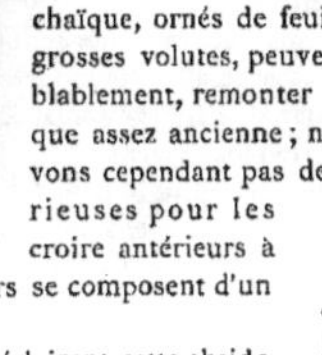

196. ÉGLISE SAINT-MARCEL D'ESPALY.
Chapiteau de l'abside.

encore à la nef des fenêtres d'un assez bon style et qui paraissent bien romanes ; elles sont aujourd'hui sous les combles des bas côtés qui ont été manifestement surélevés et sous lesquels il est facile de voir le point de départ de la toiture primitive.

L'abside et les absidioles ont conservé leur disposition ancienne. L'arc triomphal est en plein cintre légèrement outrepassé : il est suivi d'une voûte en cul-de-four bien appareillée et repose sur des colonnes qui, selon toute vraisemblance, proviennent d'un monument antique ; elles sont, en effet, très galbées ; celle du Nord est en marbre gris, et celle du Sud en marbre rouge ; l'astragale d'assez fortes dimensions est pris dans le bloc du fût. Les bases ont un profil normal. L'abside, circulaire sur ses deux faces, est, à l'intérieur, décorée de cinq arcatures en plein cintre de profil torique reposant à leur extrémité sur les colonnes mêmes de l'arc triomphal, ailleurs sur des colonnettes d'un diamètre moindre portées sur un bahut ; les chapiteaux d'un caractère archaïque, ornés de feuillages ou de grosses volutes, peuvent, vraisemblablement, remonter à une époque assez ancienne ; nous ne trouvons cependant pas de raisons sérieuses pour les croire antérieurs à la fin du xıe siècle ; les tailloirs se composent d'un bandeau et d'une doucine.

197. ÉGLISE SAINT-MARCEL D'ESPALY. *Coupe transversale.*

Les trois fenêtres qui éclairent cette abside sont en plein cintre et à double ébrasement. Quant aux absidioles également circulaires sur leurs deux faces, elles sont ajourées chacune d'une fenêtre assez simple ouverte dans l'axe des bas côtés.

Extérieurement, l'église Saint-Marcel-d'Espaly n'a plus grand caractère : l'abside seule a conservé une rangée d'arcades qui entourait le cintre des fenêtres ; les colonnettes sur lesquelles elles reposaient ont disparu ; quant aux archivoltes de ces fenêtres, elles se profilent en une gorge meublée de petites sphères.

XXV. LES ESTABLES

Le village des Estables, situé au pied du Mézenc, à une altitude de 1,342 mètres, est enfoui sous les neiges pendant une partie de l'année : aussi son église, solidement bâtie, a-t-elle quelque chose de rude et de sévère (pl. LXXIII).

C'était l'abbé du Monastier qui nommait à la cure [1]. L'église, sous le vocable de Saint-Philibert,

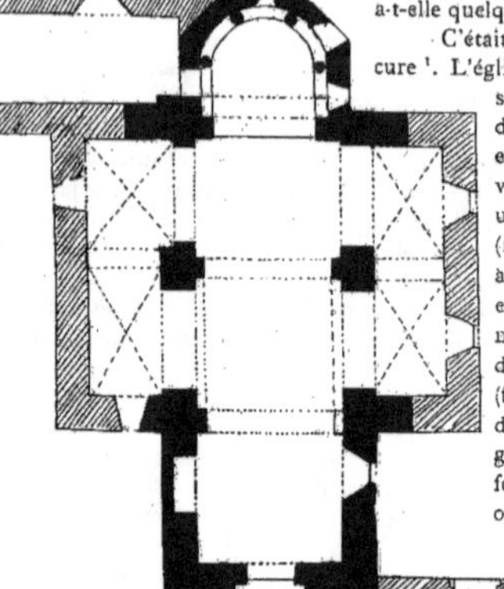

199. ÉGLISE DES 1 STABLES. *Plan par terre, échelle de 0,005.*

198. CLOCHER DE L'ÉGLISE DES ESTABLES.

se compose d'une nef divisée en deux travées et d'une abside s'ouvrant sur la nef après une très légère retraite (fig. 199). Cette abside, à cinq pans à l'extérieur, est circulaire intérieurement ; le fond est orné de cinq arcatures (fig. 200) reposant sur des colonnettes avec de grossiers chapiteaux à feuillages ; les deux plus orientales ont été tronquées pour loger un mauvais autel en marbre. Les doubleaux sont simples et reposent sur des piliers rectangulaires terminés par des impostes sans ornement. Les murs ont une grande épaisseur ; il n'existe plus de traces d'arcs latéraux ; peut-être ont-ils disparu lorsqu'on a percé les murs pour donner accès dans les quatre chapelles ajoutées après coup.

Un clocher d'aspect lourd et massif s'élève à l'Ouest ; son étage inférieur forme une troisième travée. Il est ajouré sur trois faces de hautes baies en plein cintre, dans lesquelles sont disposées les cloches (fig. 198).

L'appareil en est très beau, semblable à celui de l'église ; cependant on remarque une interruption dans les joints à l'endroit du raccord. L'absence de toute moulure caractéristique nous fait hésiter à le dater de l'époque romane, malgré la similitude d'appareil et la physionomie générale.

La petite fenêtre de la façade porte la date de 1712. Elle aurait, il est vrai, pu être faite après coup. Nous serions cependant tenté d'attribuer à cette date la construction de tout le clocher.

L'église est bâtie en bel appareil à joints de moyenne épaisseur ; elle était éclairée par des fenêtres ouvertes au Sud qui ont été condamnées quand on a surélevé le toit, sans doute pour éviter l'accumulation des neiges, et qu'on l'a prolongé sur les chapelles. La nef ne reçoit donc du jour que par les fenêtres des chapelles. Celles de l'abside ont été agrandies à une époque moderne.

200. VUE INTÉRIEURE DE L'ÉGLISE DES ESTABLES.

Peut-être y eut-il primitivement un clocher arcade au-dessus de l'arc triomphal. Les dimensions des contreforts qui l'épaulent sembleraient l'indiquer.

La fin du XIᵉ ou le début du XIIᵉ siècle sont la date que l'on peut assigner à cet édifice [2].

1. Rocher, *Pouillé du diocèse du Puy* (*Tablettes historiques de la Haute-Loire*, IV, page 475).
En l'an 1000, le *vestiarius* de l'abbaye de Saint-Chaffre avait sur cette église une rente de 5 sous. L'abbé C[énat] de l'Herm (*Histoire du monastère de la ville et des châteaux du Monastier*, 2ᵉ édition, le Puy, 1855, in-8, pages 31 et 32) mentionne les Estables comme un prieuré en 1266. Mais nous sommes autorisé à mettre en doute les assertions de cet érudit qui n'indique pas de référence. Voir aussi Bibliothèque nationale *Languedoc*, III, 331.
2. Hauteur de la voûte sous clé, 6 m. 85 ; des impostes 4 m. 10 ; des arcatures de l'abside 3 m. 70 ; de leurs impostes 2 m. 85.

XXVI. FIX-SAINT-GENEYS

Le pouillé de 1383 conservé aux archives du Vatican porte, au nom de Fix, la mention : « *deserta est ecclesia* ». Il y avait à Fix deux églises, l'une paroissiale, l'autre prieurale : la première a été détruite il y a une dizaine d'années, l'autre sert aujourd'hui d'église paroissiale.

Le clocher est récent, le chevet carré semble extérieurement avoir été retouché ; une porte, de la fin du xve ou du commencement du xvie siècle, s'ouvre au Sud sous un porche de la même époque faisant sur la façade méridionale une saillie d'un mètre environ.

A l'intérieur, les deux premières travées voûtées en berceau, reposant sur des piédroits sans caractère, paraissent contemporaines du porche ; les deux suivantes sont romanes, mais sans style ; car, dans des restaurations récentes, on les a recouvertes d'un épais badigeon. Les tailloirs ont été retaillés et les chapiteaux refaits en ciment.

201. CHAPITEAU DE L'ÉGLISE DE FIX-SAINT-GENEYS.

Un transept plus bas que la nef s'ouvre sur l'avant-dernière travée avec laquelle il communique par une arcade reposant sur des chapiteaux bien romans portés sur des colonnettes avec astragale pris dans le bloc du fût. Au Sud, les deux chapiteaux sont décorés de feuillages. Au Nord, sur l'un on voit une sirène ; sur l'autre, une tête encadrée de feuilles (fig. 201).

Ce transept est voûté en berceau plein cintre.

A la travée qui précède le chevet on remarque une corniche en pierre se profilant en un bandeau et un biseau ; elle se continue dans les bras du transept.

Quant au chevet, il n'a pas plus de caractère à l'intérieur qu'à l'extérieur et paraît ajouté après coup.

Les chapiteaux du transept, seuls éléments d'appréciation sur lesquels on puisse se baser pour dater cette église, semblent être de la première moitié du xiie siècle.

XXVII. GLAVENAS

Du très ancien château de Glavenas, il ne subsiste plus aujourd'hui que la chapelle devenue l'église paroissiale [1], s'ouvrant au Sud par une porte du xvie siècle et dont l'extérieur ne présente aucun intérêt.

En plan, cette église se compose d'un rectangle divisé en trois travées par deux doubleaux. Sur le mur droit qui la termine à l'est, une abside de petites dimensions, ou plutôt une niche circulaire sur ses deux faces, fait légèrement saillie à l'extérieur. La corde de sa courbure est sensiblement inférieure au rayon. La voûte est en berceau brisé, les doubleaux reposent sur des piédroits rectangulaires terminés par un tailloir se profilant en un bandeau, un onglet et un chanfrein.

Deux chapelles voûtées d'ogives ont été ajoutées au xve siècle le long du chevet. La travée occidentale est de construction récente. La partie ancienne du monument paraît remonter au début du xiie siècle.

XXVIII. LANDOS

Le village de Landos est situé sur le penchant Sud-Ouest des monts du Velay du côté de la Lozère et de la vallée de l'Allier.

Son église, mentionnée dans une bulle de Calixte II (de l'année 1120), fut d'abord celle d'un prieuré dépendant de Goudet ; plus tard, à partir de 1622, date de la création du Séminaire du Puy, elle dépendit de ce séminaire [2]. Elle est sous le vocable de Saint-Félix.

La façade est analogue à celle de la plupart des autres églises de la région. La grande arcade qui encadrait le portail a disparu ; il en reste une amorce au contrefort Nord de cette façade

202. ÉGLISE DE LANDOS. *Coupe longitudinale.*

1. Rocher, *Pouillé du diocèse du Puy* (*Tablettes historiques du Velay*, IV, pages 483-484.)
2. Rocher, *Pouillé du diocèse du Puy* (*Tablettes historiques*, IV, page 107).

(pl. lxxvii). Le campanile à quatre baies a été refait au xvie ou au xviie siècle. En dessous, on voit une fenêtre à double ébrasement probablement romane ; plus bas enfin, un portail à quatre ressauts. Une des archivoltes est torique, l'autre ornée de neuf lobes dont l'extrémité inférieure vient s'engager dans un boudin (pl. cviii, n° 1). L'astragale des colonnettes fait partie du fût, les chapiteaux sont ornés de feuillages ; l'un pourtant représente d'une façon très grossière et très barbare, la tentation d'Ève (fig. 204). Les tailloirs se composent d'un bandeau, d'un onglet, d'une doucine et d'un second onglet.

De chaque côté, deux chapelles ont été ajoutées, embrassant la largeur de deux travées ; l'abside est à l'extérieur pentagonale et sans ornement (pl. lxxvi) ; les murs ont été surélevés pour permettre de disposer un comble et une toiture plus inclinée.

L'intérieur comprend quatre travées et une abside ; la voûte est en berceau brisé, avec doubleaux reposant sur des piliers carrés et des chapiteaux à grossiers feuillages. La troisième travée est plus étroite que les autres ; à la dernière, le doubleau est doublé, portant sur un dosseret rectangulaire et sur deux petites colonnettes en encorbellement, système qui existe dans d'autres églises de la région (fig. 202). L'épaisseur de cet arc indique peut-être que le campanile primitif se trouvait à cette place.

Les arcs latéraux en plein cintre retombent sur des tailloirs faisant retour du côté de la nef. L'arc

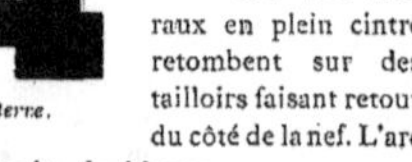
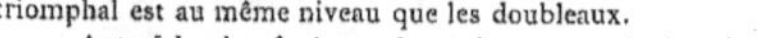

203. ÉGLISE DE LANDOS. *Plan par terre.*

triomphal est au même niveau que les doubleaux.

Autrefois, des fenêtres s'ouvraient sur trois des cinq pans de l'abside, à l'Est, au Sud-Est et au Sud.

Dans la nef il devait y avoir une fenêtre par travée, mais au Sud seulement. Il en existe aux deux travées auxquelles n'ont pas été ajoutées des chapelles.

Malgré la barbarie de quelques sculptures, il y a une certaine recherche dans tout ce monument, notamment dans les colonnettes placées en encorbellement et dans les tailloirs du portail : ces caractères réunis semblent nous permettre de dater cette église du début du xiie siècle.

204. ÉGLISE DE LANDOS. *Chapiteau de la porte.*

XXIX. LAUSSONNE

La cure de Laussonne était à la nomination du *chamarier* du Monastier. L'église, sous le vocable de Saint-Pierre-ès-Liens, défigurée par l'adjonction d'un clocher et de chapelles latérales, et par l'agrandissement des fenêtres, ne présente plus grand caractère à l'extérieur. A l'intérieur, c'est une nef voûtée en berceau plein cintre, divisée en trois travées par des doubleaux reposant sur des pilastres terminés par des tailloirs qui se profilent les uns en un bandeau et une doucine, les autres en un bandeau, un onglet et un cavet (fig. 205). On a ouvert après coup les arcs latéraux pour donner accès à des chapelles construites à diverses époques et toutes couvertes de voûtes d'arêtes à l'exception des deux premières qui sont voûtées sur branches d'ogives. L'abside, intérieurement à cinq pans, couverte d'une voûte divisée en autant de compartiments, est ornée d'arcatures plein cintre dont

1. Rocher, *Tablettes historiques*, 4e année, 1874, page 492.

l'archivolte a un profil rectangulaire. Ces archivoltes reposent sur de longues colonnettes isolées ; les chapiteaux décorés de feuillages assez grossiers n'ont pas de tailloirs et sont d'un diamètre bien inférieur à celui de l'astragale qui est pris dans le même bloc que le fût.

A l'extérieur, nous avons peu de choses à mentionner. Un clocher porche d'aspect massif, mais d'assez bon style, porte la date de 1713. L'agrandissement des fenêtres de l'abside a enlevé tout caractère à cette partie du monument.

205. INTÉRIEUR DE L'ÉGLISE DE LAUSSONNE.

206. FAÇADE DE L'ÉGLISE DE LISSAC.

On manque d'éléments pour dater cette église, toutefois, la forme pentagonale de l'abside ne permet pas de la croire antérieure à la fin du XIe siècle.

XXX. LISSAC

L'église de Lissac a été bâtie à une époque toute moderne : on a employé dans la construction une série de matériaux provenant de la commanderie de Montredon et qui sont décrits dans la monographie consacrée à ce monument (fig. 206 et pages 127 et 128).

XXXI. MERLE

Cette église romane [1], fortement remaniée, avait primitivement une seule nef. Les arcs sont un peu outrepassés ; la voûte en berceau repose sur des impostes simples.

Chaque travée, sauf la première, a été percée au XVe ou au XVIe siècle pour faire communiquer la nef avec les bas côtés ajoutés à cette époque. Les fenêtres ont été agrandies.

Un clocher construit au Nord sur la partie ajoutée est d'une forme très heureuse.

L'abside est aussi du XVe ou du XVIe siècle [2].

XXXII. MÉZÈRES

L'église de Mézères, dont quelques parties peuvent remonter à l'époque romane, est dépourvue d'intérêt. Un lambris recouvre la nef. L'abside circulaire sur ses deux faces est voûtée en cul-de-four. Le tout est sans caractère. Il ne subsiste aucun détail d'ornementation pouvant nous renseigner sur l'époque de la construction ; l'église pourrait même n'avoir été bâtie ou rebâtie en entier qu'à la fin du XVIe ou au XVIIe siècle [3].

---

1. Vocable, Notre-Dame. Patron, le prieur de Saint-Romain-le-Puy-en-Forez (Bernard, *Cartulaire de Savigny et d'Ainay*, II, p. 1040, *Collection des documents inédits*). C'est par erreur que Chassaing (*Médicis*, II, p. 170, note) donne pour patron à Merle le prieur de Saint-Romain-Lachalm.

2. Après la guerre de Cent Ans, le recteur de Merle était absolument dans l'indigence, *Archives vaticanes, Instr. miscell.* ad ann. 1387 ; Octob. 21, cité par Denifle, *La désolation des églises*, Paris, 1899, tome II, page 668.

3. L'église, sous le vocable de Saint-Pierre, faisait partie d'un château vassal de l'évêque du Puy. Le droit de présentation à la cure appartint d'abord à l'abbé du Séguret, puis probablement à l'université de Saint-Mayol. — En 1720, elle relevait de la Chaise-Dieu et en 1787, le nominateur était l'évêque. — Voir Rocher, *Pouillé* (*Tablettes historiques*, tome IV, 1874, page 483), et Theillère (l'abbé), *Les premiers seigneurs et principaux vassaux de l'église du Puy possessionnés dans le mandement de Mézères*, id., ibid., page 570. — Au XVIIIe siècle, l'église paraît avoir été dédiée à Saint-Marcel, *Description géographique et historique du Velay*, id., 6e année, 1875-1876, page 271.

XXXIII. LE MONASTIER

L'importante abbaye du Monastier [1], en latin *Calmelium, Calmeliacum, Calmeniacum* ou *Calminiacum* aurait été fondée vers l'an 570 par Saint Carmery (Calmilius), gouverneur d'Auvergne, qui, renonçant aux honneurs du monde, fit ériger, à 21 kilomètres du Puy, sur la Colanse, un monastère en l'honneur de Saint-Pierre. Après lui, Eudes ou Eudon, puis Théofroi, plus connu sous le nom vulgaire de Chaffre, furent préposés au gouvernement de la nouvelle abbaye. Leurs successeurs, sortis en général des meilleures familles, accrurent les biens du monastère, entretenant avec Cluny des rapports fréquents.

Son église, fort intéressante par elle-même, l'est pour nous d'autant plus que la chronique du Monastier, publiée par l'abbé Chevalier en même temps que le Cartulaire de cette abbaye et écrite au début du xiie siècle [2], nous donne sur la construction du monument des détails exacts et précieux.

La première chapelle de l'abbaye, dédiée à Saint-Pierre, étant devenue insuffisante, on transporta les reliques dans une autre dédiée à Saint-Martin, qu'avait fait bâtir l'abbé Vulfade (951-982). Ce monument dura à peine cent ans car ses fondations avaient été établies sur du sable mouvant; il ne dut pas cependant s'écrouler en entier, car une phrase du chroniqueur indique clairement que l'abside subsistait encore de son temps et avait été très probablement utilisée dans la construction de la nouvelle église [3].

Cette reconstruction devenue nécessaire fut entreprise par Guillaume III, abbé de 1074 à 1086. Celui-ci, considérant toutes les ruines qu'avait déjà subies le monastère, par suite de l'instabilité du terrain, songea à le transporter sur un sol plus ferme. Il voulut pourtant prendre conseil de Saint-Hugues, abbé de Cluny. Ce dernier fit répondre que l'on ne pouvait changer l'emplacement d'une église qu'en cas d'impossibilité absolue de bâtir à la même place, et le vénérable abbé joignit à ses conseils une bonne quantité d'or pour aider à l'entreprise.

Guillaume III appela alors d'autres pays, des ouvriers habiles qui, à force de creuser, trouvèrent un sol propice aux fondations. Guillaume IV, son successeur, acheva le monument.

La structure bourguignonne des voûtes, qu'on ne trouve en Velay qu'au Monastier, et à Chamalières [4], principal prieuré de cette abbaye peut permettre de croire que les maîtres de l'œuvre vinrent de Bourgogne.

Nous croyons utile de reproduire en note le passage de la chronique où il est question de cette construction quoiqu'il ait déjà été publié par l'abbé Chevalier, dans le *Cartulaire du Monastier* [5].

1. Voir sur l'histoire de ce monastère : Labbe, *Bibliotheca Nova manuscriptorum*, II, 688, 690; —*Gallia christiana* (vetus), 1656, IV, 861, 862; (nova), 1720, II, 761, 769; instrumenta, 257, 261; — Devic et Vaissete, *Histoire générale de Languedoc*, 1730-1733, tomes I et II, passim; — Dutems, *Le clergé de France*, 1775, tome III, pages 384-387; — *Acta SS.*, octobre, VIII, pages 524-526; — C[énat] de Lherm (Théodore de), *Histoire du monastère de la ville et des châteaux du Monastier*; 2e édition, Le Puy, 1855 petit in-8, iv-108 pages; — Montrond (M. de), *Dictionnaire des abbayes*, 1856, c. 167; — Arsac G. (L'abbé), *Notes sur l'abbaye, la ville et les châteaux du Monastier*, tirage à part des numéros de *L'Écho du Velay* des 21, 23, 28, 30 octobre et 6 novembre 1875. Ce travail ne s'occupe du Monastier que pendant les guerres religieuses; — Mabille, Catalogue des abbés, dans la nouvelle édition de l'*Histoire de Languedoc*, tome IV, 1875, pages 570-573; — Mandet, *Histoire du Velay*, Le Puy, 1862, VI, pages 317-331; — Mérimée, *Notes d'un voyage en Auvergne*, Paris, 1838, pages 273-283; — Odo de Gissey, *De l'ancienne abbaye du Monastier Saint-Chaffre*, manuscrit inédit publié par M. l'abbé G. Arsac, le Puy, 1878, in-8o; — Chevalier (l'abbé), *Cartulaire du Monastier*, Paris et Le Puy, 1888, in-8.

2. C'est là une nouvelle preuve de la manie qu'ont les archéologues locaux de vouloir vieillir les monuments de leur région. L'abbé de Lherm (*op. cit.*, pages 66-67), qui avait une certaine connaissance de l'histoire du Monastier, s'obstine à vouloir démontrer que l'église actuelle, dans sa plus grande partie au moins, a été construite par l'abbé Vulfade en 961; or, s'il avait continué à lire vingt lignes de la chronique d'où il tirait ce renseignement, il aurait vu que cette église s'était écroulée cent ans après, sauf l'abside, et que, pour construire la nouvelle, on avait été forcé de reprendre le travail depuis les fondations.

3. « Hic itaque [Vulfaldus] templum eximii operis cepit aedificare, sicut diximus, in eodem loco ubi sancti Martini oratorium habebatur et dum caput ipsius basilicæ, quod adhuc solum ex omni magno illo aedificio superest, studiose perfecisset, transtulit illuc corpus beati martyris Theofredi. » Un autre manuscrit porte « quod tempore Willelmi IV creationis », c'est-à-dire en 1086. La persistance de ce chevet carolingien, à la fin du xie siècle, n'a pour nous actuellement que peu d'intérêt au point de vue monumental, cette partie de l'église ayant été reconstruite au xve siècle.

4. La disposition des voûtes de la nef se trouve encore hors du Velay à Langogne autre prieuré, dépendant du Monastier.

5. Chevalier (l'abbé U.), *Cartulaire de l'abbaye de Saint-Chaffre du Monastier*. Le Puy et Paris, 1888, pages 45, 46, 47.

« Vix enim illud tam magnum aedificium centum annis durare praevaluit; quoniam non super petram, more viri sapientis, sed super arenam more stolidi, fondamentum habuit. »

« Post ejus ruinam, non absque magno laborantium sudore peractum, dubitatum est utrum ibidem rursum aedificari vel alibi locus mutari deberet, quoniam nullum ibi fundamentum posse reperiri quibusdam videbatur; unde factum est ut omne monasterium, propter crebras aedificiorum ruinas in alio loco quo securius aedificaretur, mutari consensu cunctorum visum sit melius. Cumque id fieri summopere nonnulli postularent et jam lapides illuc ad aedificium deportare libenter multi coepissent, animadvertens hoc prudenter Guithermus III abbas, qui tunc locum regebat, non sine magno consilio magnam rem ejusdem loci mutationem fieri oportere, cum Sapientissimus dicat : « Omnia fac cum consilio et post factum non poenitebis », et beatus Tobias filio suo praeceperit consilium semper a sapiente quaerendum; venerabilem virum domnum Hugonem, abbatem Cluniacensis coenobii, super hoc negotio, missis ad eum nunciis, consuluit. Cui ab eodem mandatum est ut, si ullo modo locus ille retinere valeret, non licere in alium temere transmutare locum, propter antiquam videlicet hujus loci sanctificationem et multorum ibidem quiescentium corpora fidelium, sed omni studio diligentiam impendendam fore, ut semper in eodem loco Domino serviatur; et, ne solis hoc verbis dicere videretur, transmisit isdem liberalis pater non minimam auri quantitatem, ad exercendum illud tam necessarium opus. Hujus igitur omnes relevati consilio, de mutatione loci confestim mutata voluntate, in restauratione ejusdem ecclesiae deinceps enixius laborare coeperunt : praefatus namque abbas ex aliis regionibus peritos conduxit artifices, qui, sua industria locum fundamenti, licet cum ingenti fodientium labore quaesitum, repererunt; ubi stabile fundamentum locantes, ex imis ad superiora consurgere coeperunt. Sed cum jam opus illud inchoatum super terram elatum ferventer aedificari coepisset, isdem abbas terminum vitae mortalis accipiens, praesentia mundi reliquit discrimina atque feliciter ad bona migravit

L'église, nous l'avons dit, a été bien remaniée, il en subsiste pourtant la nef et les bas côtés, comportant l'une et les autres, quatre travées et un grand et large transept. Elle est construite sur un terrain qui s'élève rapidement à l'Est.

Plusieurs marches séparent le chœur de la nef, et l'aire même de cette dernière a une pente très sensible. Les voûtes de la nef étaient probablement à l'origine en berceau brisé. L'arc triomphal, qui subsiste encore et ne paraît pas avoir été retouché, affecte cette forme (pl. LXXX, n° 2). Mais comme à Chamalières ou à Chanteuges, ces voûtes auront dû menacer ruines, par suite de la poussée qu'elles exerçaient sur les murs.

Elles ont été refaites par l'abbé François d'Estaing (1462-1501)[1] et ne semblent pas avoir été élevées plus haut que les voûtes romanes, car on a laissé les chapiteaux romans pour supporter les doubleaux; en outre leur sommet est à la même hauteur que les voûtes romanes du transept qui font partie de la construction primitive.

Comme en Bourgogne, les voûtes des bas côtés, sont bien moins hautes que celles de la nef centrale; elles sont toutes actuellement prises sous un comble unique, mais quoique le pignon de la façade paraisse assez homogène et qu'il soit terminé par une jolie corniche, nous ne croyons pas cette disposition primitive.

Les murs des bas côtés ont dû être surélevés de même que ceux du transept, pour permettre l'établissement d'un comble plus aigu, devenu probablement nécessaire par suite de l'abondance des neiges.

207. ÉGLISE DU MONASTIER. *Coupe transversale, échelle de 0,005.*

Si on examine la façade (pl. LXXVIII), on y voit, en effet, quelques traces de reprises; mais, de plus, il existe sous les combles au Nord et au Sud, à la première travée, une série d'arcades trilobées (pl. LXXX *bis*) assez semblables à celles qui règnent le long de la nef de la cathédrale de Valence et qu'on n'eût certainement pas faites, si elles n'avaient pas été destinées à être vues. Au Nord, en dessous de ces arcades, on voit très nettement le point d'où devait partir le comble des bas côtés, point qui est marqué par une corniche en forme de demi-boudin. Un oculus à double ébrasement correspond des combles actuels au transept, or, pourquoi l'aurait-on construit ainsi s'il n'eut pas été destiné à procurer de la lumière à l'intérieur de l'église? Enfin, on a bâti visiblement après coup au-dessus des bas côtés des arcs en maçonnerie destinés à supporter les fermes de la charpente.

A la première travée, les piédroits sont formés d'un gros massif carré sur lequel viennent se greffer quatre demi-colonnes. Aux autres travées, la demi-colonne qui soutient le doubleau de la nef centrale ne descend pas jusqu'au sol. Elle prend naissance sur un culot placé au niveau de l'imposte des grandes arcades (fig. 207).

Sur ces culots sont sculptés des personnages levant les bras, paraissant supporter la colonne (fig. 208). Peut-être a-t-on songé à imiter des cariatides. Les plus rapprochés du chœur sont décorés de têtes de bœuf d'une fort belle allure (fig. 209).

208. ÉGLISE DU MONASTIER.
Culot supportant les colonnes de la nef.

209. ÉGLISE DU MONASTIER.
Culot supportant les colonnes de la nef.

Le transept est large et très élevé. Il a conservé ses voûtes en berceau plein cintre; par une disposition singulière, elles sont à deux niveaux différents. Dans la partie située dans l'axe des bas côtés, elles sont aussi hautes que la nef; et dans la partie extrême qui forme les bras de la croix, elles ne dépassent pas la hauteur des

---

aeterna. Cui succedens iste, quem nunc habemus divinitus nobis concessum rectorem, de cujus electione supra diximus, non solum in ejusdem ecclesiae constructione, sed etiam in aliis officinis monasterii coepit ita strenue laborare ut paene omnia jam renovata et in melius mutata videantur. Quapropter illud opus ecclesiae differri interim videtur, quia necessitas regularium officinarum non parvam fratribus angustiam saepius inferebat, dum a foris convenientes in solemnitatibus, ut moris est, nec in dormitorio nec in capitulo congruenter consistere, nec per claustrum ordinatim procedere valerent : jam vero tantae sunt amplitudinis, ut plus quam centum monachis ad requiescendum et residendum spatia in eisdem praebeantur congrua.

1. *Gallia Christiana*, II, 168; — abbé C. de l'Herm, *op.cit.*, pages 37-38 ; — du Tems, *le clergé de France*, III, 387.

bas côtés. Il faut probablement voir la raison de cette anomalie dans le fait que chaque extrémité du transept était surmontée d'un clocher.

Le bras Sud est le mieux conservé. Une petite absidiole, dont les contreforts extérieurs sont en forme de

210. ÉGLISE DU MONASTIER. *Transept et absidiole méridionale.*

colonnes, s'ouvre à l'Est : elle est précédée d'une archivolte, supportée d'un côté par une élégante colonnette, de l'autre par un piédroit rectangulaire cannelé, tous deux couronnés d'un chapiteau à feuillages (fig. 210).

Les bas côtés, d'une largeur environ trois fois moindre que celle de la nef, sont couverts de voûtes d'arêtes de forme très barlongue. Leurs doubleaux légèrement brisés sont aussi un peu surbaissés, sauf celui de la première travée qui est au contraire surélevé. A cette travée on a ajouté des branches d'ogives sous la voûte d'arête.

Les grandes arcades sont très larges; comme dans les autres églises de la région, les plus rapprochées du transept sont en plein cintre; les deux plus occidentales sont brisées; nous sommes donc à une époque voisine du temps où fut adoptée cette nouvelle forme et où l'on hésitait encore.

Des arcs légèrement brisés règnent le long des bas côtés et du transept; ils reposent sur des imposites qui font le tour du pilastre.

Nous ne croyons pas qu'avant la réfection des voûtes et des combles, il y ait jamais eu de fenêtres à la nef. C'était l'avis de Mérimée, c'est aussi le nôtre; car, nous en avons vainement cherché les traces sous l'un et l'autre combles. Par suite, il y a entre le sommet des grandes arcades et le point de départ de la voûte une surface nue d'un effet désagréable.

La nef est assez sombre : elle ne reçoit de jour que par une fenêtre ouverte sur la façade et par d'autres pratiquées dans le collatéral Sud. Toutes sont à double ébrasement peu prononcé et entourées sur chaque face d'une archivolte, généralement torique, reposant sur des colonnettes.

Des fenêtres semblables devaient exister au collatéral Nord; elles ont été postérieurement murées; leur archivolte intérieure subsiste encore; des bâtiments d'époque plus récente sont extérieurement adossés à cette partie de l'église.

Chacun des bras du transept reçoit aussi de la lumière par une fenêtre percée dans l'axe de ces bras. Celle du Sud est semblable aux autres; celle du Nord n'a pas un caractère bien tranché et pourrait avoir été ouverte postérieurement à la construction. Deux autres grandes fenêtres, cantonnées de colonnettes, et aujourd'hui murées, éclairaient le transept en face des *oculi* à double ébrasement dont nous avons parlé et qui sont ouverts actuellement sous les combles des bas côtés.

Trois portes donnent accès dans l'église : l'une est à l'Occident, une autre au Sud; la troisième, pratiquée dans la muraille occidentale du transept Nord. Il en existe une quatrième, aujourd'hui condamnée, qui servait aux moines et conduisait aux bâtiments conventuels; elle est ornée intérieurement d'une arcade lobée.

La porte méridionale, dont un des chapiteaux est recouvert d'entrelacs, est surmontée d'une archivolte à profil torique; elle a un linteau en dos d'âne et un tympan appareillé. Cette disposition de porte doit être signalée comme exceptionnelle en Velay.

La façade occidentale (pl. LXXVIII) est une des plus riches de la région; on y accède par un escalier de vingt-deux marches.

Une corniche saillante, dont la partie inférieure est décorée de billettes, divise en deux parties le mur occidental. A l'étage inférieur, la porte centrale est encadrée et flanquée de puissantes et larges arcatures qui donnent à cette façade l'assiette nécessaire, tout en fournissant un système de décoration particulièrement ample dans sa simplicité et qui rappelle la disposition de la façade de l'église de Chatelmontagne (Allier) (fig. 211 [1]); les deux arcades extrêmes font office de niches.

Sur la moulure saillante, qui continue le tailloir des chapiteaux et qui fait retour sur la base du contrefort, sont gravés ces mots : « ECCE FIGURA PRUDENCIE — ECCE FIGURA CARITATIS. » Nous n'oserions affirmer, bien que cela ne soit pas impossible, qu'il y ait eu des représentations figurées dans l'intérieur des niches.

Une arcade en plein cintre, bandée entre les deux contreforts de la façade, abrite le portail formé de trois

---

1. Planat, *Encyclopédie*, tome IV, page 3.

archivoltes toriques avec des claveaux alternativement blancs et noirs. Une série de mosaïques à dessins variés occupe l'espace compris entre la dernière archivolte du portail et l'avancement du mur qui l'abrite.

211. FAÇADE DE L'ÉGLISE DE CHATELMONTAGNE.

Les chapiteaux intérieurs sont ornés de feuillages, les extérieurs de personnages (pl. LXXIX, nᵒˢ 2, 4, 5); les tailloirs de ces derniers formés d'un méplat et d'un cavet sur lequel sont sculptés une grecque et des palmettes.

La partie supérieure de la façade est un peu en retraite; ses contreforts sont comme la prolongation des piliers qui portent les arcades de l'étage inférieur; au centre, une grande fenêtre assez ornée; une double archivolte l'entoure; l'intérieure, reposant du côté Sud sur une longue colonnette en brèche volcanique rouge (l'autre a disparu), est formée de claveaux alternativement blancs et noirs, l'extérieure de claveaux blancs, noirs et rouges. Les deux socles de ces colonnettes existent encore, leur hauteur est assez considérable; ils sont ornés, l'un de torsades, l'autre de zig-zags.

A droite et à gauche, deux arcades plus basses que la fenêtre centrale, mais fort larges, semblent avoir été faites pour abriter d'autres fenêtres éclairant les bas-côtés. Elles paraissent cependant avoir été murées dès l'origine, comme l'indiqueraient les mosaïques incrustées dans leur tympan. Leur centre est occupé par une petite ouverture.

La clé de l'archivolte supérieure porte une figure sculptée en relief; c'est cette même disposition rare que nous avons déjà signalée au cloître du Puy. Au-dessus de la fenêtre centrale on remarque une autre sculpture représentant un homme nu et accroupi : les habitants du pays lui donnent une signification des plus gauloises (fig. 212).

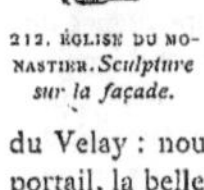

212. ÉGLISE DU MONASTIER. *Sculpture sur la façade.*

La grande fenêtre est surmontée d'une mosaïque en pierres noires et blanches de dessins variés, divisée en compartiments et produisant un bon effet.

Cette mosaïque se termine en forme de pignon : il est probable que le mur de la façade s'arrêtait primitivement à cet endroit; on a dû le surélever quand on a disposé la charpente actuelle.

A l'origine aussi, chaque nef devait avoir sa toiture distincte; nous avons donné ci-dessus les raisons de cette opinion; tout le haut de la façade semble avoir été habilement remanié, et la corniche dont les curieuses sculptures représentent des personnages et des animaux (fig. 213), est par endroits interrompue. Il semble qu'on ait rapporté à la partie supérieure les morceaux qui ornaient les appentis primitifs des bas côtés.

La décoration du Monastier est plus riche que celle de la plupart des autres édifices religieux du Velay : nous avons mentionné les mosaïques de la façade, les chapiteaux et les tailloirs pleins de style du portail, la belle frise du pignon, les socles élégants de la fenêtre de façade.

Il ne nous reste plus à parler que des chapiteaux de l'intérieur dont nous reproduisons un certain nombre (pl. LXXIX, nᵒ 3, et pl. LXXX, nᵒˢ 5, 6, 7).

213. ÉGLISE DU MONASTIER. *Détails de la corniche de la façade.*

Ils sont assez variés de forme et leurs dessins sont très divers. Ce sont les deux griffons affrontés, et les aigles aux ailes déployées dont il existe d'autres exemples dans plusieurs églises de la région; c'est encore la représentation de la sirène. D'autres sont recouverts de feuillages très fouillés et d'un grand style qui rappellent soit des sculptures gallo-romaines de la décadence, soit des sculptures provençales. L'un d'entre eux est spécial; on y voit des feuilles qui viennent passer à travers une sorte de boucle presque totalement détachée de la corbeille.

La sculpture des culots exécutée d'une façon plus grossière, n'est pas pour cela dépourvue de caractère.

Les chapiteaux de l'arc triomphal représentent chacun deux des animaux évangéliques : ce sujet, qu'on trouve également au cloître du Puy, n'a pas souvent été traité ainsi (fig. 214).

214. ÉGLISE DU MONASTIER. *Chapiteau de l'arc triomphal.*

Partout, sans aucune exception, l'astragale fait partie de la colonne. Les tailloirs sont formés à la nef d'un méplat et d'une doucine; le long des murs latéraux, d'un méplat, d'un double onglet, d'une gorge et d'un tore; à la façade, d'un bandeau et d'un cavet orné de sculptures en relief.

A l'extrémité du bras Nord du transept, s'élève un clocher dont la base repose, d'une part, sur les trois murs de l'extrémité du transept et, de l'autre, sur un arc que l'on a bandé au-dessus de la voûte en berceau dans le but de rendre le clocher indépendant de la construction de l'église[1]. Quatre trompes en cul-de-four assez grossièrement construites, servent à passer du plan carré au plan octogonal. Une belle flèche, de même nombre de côtés, analogue à celle de Saugues en Gévaudan et bâtie en matériaux superbes, couronne tout l'ouvrage (pl. LXXX *bis*).

Cette tour est divisée en deux étages, dont chacun est ajouré sur chaque face par une fenêtre en plein cintre, mais sans autre ornement qu'une moulure courant au-dessus de l'ouverture des baies.

Sa belle construction, indépendante de celle du transept, semble nous autoriser à la croire un peu postérieure à l'église et à la dater du milieu ou plutôt de la seconde moitié du XIIe siècle.

On lit bien dans la *Gallia Christiana*[2], à propos des restaurations faites à l'abbaye par François d'Estaing en 1492 : *Refecit fornices ecclesiae, construxit magnam turrim campanariam* etc., et l'abbé Cénat de l'Herm qui s'appuie sur ce texte, affirme qu'il s'agit du clocher actuel. Mais il nous semble que le texte doit s'appliquer à une tour s'élevant, soit sur le carré du transept, soit ailleurs; car il nous paraîtrait étonnant, qu'à la fin du XVe siècle, on eût construit un clocher avec une allure aussi franchement romane. Le fait nous paraît d'autant plus probable, que sur le bras Sud du transept, on remarque les restes de trompes semblables à celles du clocher. Il y avait donc une tour à l'extrémité de chacun des bras de la croix.

Ne pourrait-on pas voir, dans la disposition de ces clochers octogonaux, un souvenir de Cluny et une présomption nouvelle en faveur de la nationalité du maître de l'œuvre[3]?

L'abside a été bâtie par ce même abbé d'Estaing à la fin du XVe siècle.

Mérimée ne l'aimait pas[4]; nous la trouvons, au contraire, assez élégante en même temps que robuste. Les piliers sont plus légers qu'à l'ordinaire et reçoivent, en les prolongeant jusqu'au sol, les nervures de la voûte.

Il faut noter que les chapelles rayonnantes sont en nombre pair, et que l'axe de l'église est occupé par une fenêtre; c'est là une curieuse réminiscence d'un système roman qu'on retrouve dans la région.

En résumé, le Monastier, par la disposition de ses voûtes, par la hauteur de la nef, le faire allongé de certains de ses chapiteaux, semble bien être inspiré de l'architecture bourguignonne; c'est un fait qui, du reste, est corroboré par les textes; mais cet art n'y est pas pur; il s'est altéré au contact des habitudes provençales et auvergnates, dont le pays était imprégné, et c'est à ces dernières que nous devons l'aspect plutôt trapu

215. ÉGLISE DU MONASTIER. *Tombeau dans le collatéral sud.*

et lourd de la façade, ainsi que la décoration multicolore en mosaïque d'appareil et l'alternance des claveaux.

Les voyages des moines au moyen âge ne sont pas une chose rare, et sans parler de l'histoire de Vulgrin, que Célestin Port a relégué au rang de pure légende[5], il est bien permis de citer celle du moine Jean de Vendôme[6]; il nous semble, du reste, qu'en Velay même, l'église poitevine de Dunières doive être attribuée à une influence monastique.

Nous ne quitterons pas le Monastier sans signaler à l'intérieur une jolie chapelle, datée de 1547, bâtie pour

1. Ce système paraît se rencontrer ailleurs dans l'ancienne province d'Aquitaine; on le trouve notamment à Fontevrault et à Saint-Aubin-d'Angers. Cf. Magne, *à son cours du 15 mars 1896.*

2. *Gallia Christiana*, II, col. 768.

3. On peut citer des clochers présentant une disposition analogue à Saint-Michel de Cuxa (Pyrénées-Orientales), Belleville (Rhône), Saint-Chef (Isère), Champagne (Ardèche), Vignory (Haute-Marne). Cf. A Saint-Paul, *De la Position des clochers*, Paris, 1878, page 7.

4. Mérimée, *op. cit.*, page 276.

5. *Dictionnaire historique du Maine et Loire*, III, page 75.

6. Dupré, *Congrès archéologique de Vendôme*, 1872, page 187 et 188. — Migne, *Patrologie*, CLVII, coll. 127, 128, 131.

servir de sépulture aux abbés de la famille de Sénectaire. La voûte est ornée de curieux caissonnements, contenant des bustes et des amours alternant avec les cinq fusées, armes de Sénectaire [1].

Un tombeau porté sur des colonnes romanes, est au fond du collatéral Sud (fig. 215). Sur la face qui regarde l'église, est sculptée une crosse qui semble de la seconde moitié du xiiie siècle. Par dessous, il est orné de rinceaux, de palmettes et d'aigles ; son couvercle présente deux rampants. Il ne porte aucune inscription ; c'est certainement le tombeau d'un abbé [2].

Un autre tombeau en forme d'enfeu, assez dégradé et paraissant remonter au xiiie siècle, se voit à la deuxième travée du collatéral Nord.

Enfin, un buste à mi-corps en bois plaqué d'argent et enrichi de pierres précieuses, renferme les reliques de Saint-Chaffre, les lames de métal sont liées ensemble par superposition de leurs bords au moyen de petits clous en argent. A la face inférieure du socle une porte en cuivre ferme l'entrée d'un réduit consacré aux reliques [3]. Ce buste est dans le pays l'objet d'une profonde vénération [4], et rappelle un peu, quoique d'une façon moins barbare, la statue de Sainte-Foy-de-Conques et celle de Saint-Baudime de Saint-Nectaire. Les mains détachées pendant la Révolution ont été refaites depuis. Nous croyons pouvoir le dater du xie ou du xiie siècle (pl. lxxix, n° 6).

A l'extrémité méridionale du village du Monastier, on voit une autre église sous le vocable de Saint-Jean : elle semble remonter au xve siècle ; on a remployé, dans la chapelle formant le croisillon Sud, des chapiteaux romans sans grand caractère.

XXXIV. MONISTROL-SUR-LOIRE

On manque de renseignements sur la destination primitive de l'église de Monistrol. C'était probablement une simple église paroissiale qui, en 1309 [5], fut érigée en collégiale par l'évêque Bernard de Castanet.

Elle a malheureusement été bien remaniée au xviie ou au xviiie siècle. Le procès-verbal de la visite pastorale de Monseigneur Just de Serres [6] constate, en effet, qu'en 1627, l'église était trop petite pour les jours de fête, c'est donc probablement après cette époque qu'on a abattu les bas côtés pour les agrandir et leur donner une largeur supérieure à celle de la nef. Il eut été fort intéressant de conserver cette église intacte ; son plan offre, en effet, des dispositions spéciales. Les constructions qui en subsistent sont toutefois suffisantes pour permettre d'en essayer une restitution avec quelque certitude.

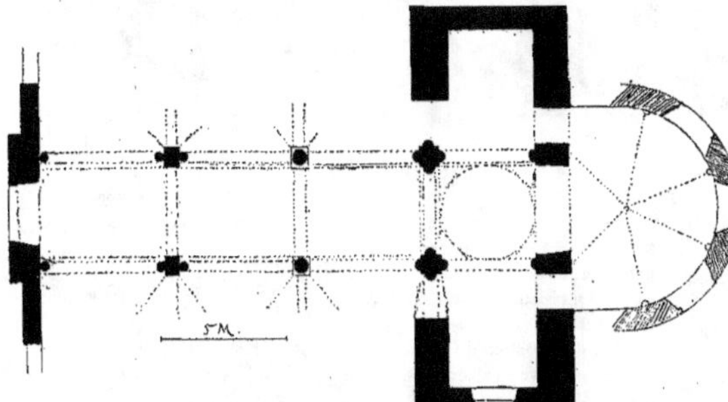

216. ÉGLISE DE MONISTROL-SUR-LOIRE. *Plan par terre de la partie romane.*

La nef, très haute, comprenait trois travées établies sur un plan allongé, ce qui donne au monument un aspect fort élancé.

Les supports sont formés, à la première travée, d'un massif rectangulaire accosté dans le sens de la longueur de deux colonnes engagées (fig. 216) ; à la seconde, d'une grosse colonne, seul support de ce genre qu'on puisse citer dans la région [7].

1. Il y avait au Monastier un jubé construit par François d'Estaing (*Gallia Christiana*, II, col. 768). Il existait encore au xviie siècle et a disparu depuis. Une phrase de Dom Boyer indique qu'il était fort beau. Dom Boyer, *Journal de Voyages*, édition Vernière, page 208.

2. Ce tombeau devait être placé d'une façon différente, quand Mérimée, *op. cit.*, page 280, passa au Monastier, car il avait vu, sur un des petits côtés, le Christ et les Saintes Femmes ; peut-être ce monument a-t-il été retourné. Cette partie serait aujourd'hui engagée dans le mur.

3. Aymard et Mallègue, *Album d'archéologie religieuse*, Le Puy, 1857, in-4°, pages 7, 8 et 9.

4. Une reproduction en a été donnée par Michel et Mandet, dans l'atlas accompagnant leur ouvrage, l'*Ancienne Auvergne et le Velay*.

5. La charte est donnée dans la *Gallia Christiana*, tome II, colonne 239. Le bourg et le château de Monistrol sont compris dans la mouvance de l'évêque du Puy d'après la bulle d'Alexandre III, de 1164, et d'après celle de Clément IV, de 1267. (*Médicis*, édition Chassaing, tome I, page 76, etc.)

6. *Manuscrit cité*, folios 9 et 10.

7. On voit une disposition de pilier analogue à Saint-Nectaire (Puy-de-Dôme), à l'église d'Ainay à Lyon, à Tournus, à Chapaize, etc. ; pour cette dernière église, voir Virey, *L'architecture romane dans l'ancien diocèse de Mâcon*. Paris, Picard, 1892, pages 79 à 86.

Sur le tailloir de ces divers supports, prend naissance un pilastre avec chapiteau (fig. 217) sur lequel s'appuie le doubleau.

Les grandes arcades sont toutes à plein cintre. Les bas côtés, autant qu'on peut en juger par l'amorce de la voûte qui subsiste contre le transept, devaient être, eux aussi, très élevés et leurs impostes portées à un niveau suffisant pour combattre la poussée de la maîtresse voûte.

217. ÉGLISE DE MONISTROL-SUR-LOIRE. *Vue prise de la porte d'entrée.*

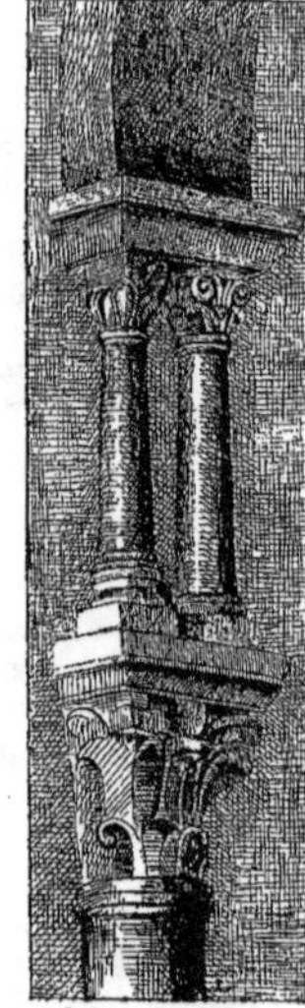

218. ÉGLISE DE MONISTROL.

Il existait un transept encore fort reconnaissable : le carré est couvert d'une jolie coupole octogonale sur trompes. Son niveau est inférieur à celui du point de départ des voûtes de la nef; les piliers qui la supportent, présentent, comme ceux du reste de l'église, deux ordonnances superposées; mais, à la partie supérieure, les petits pilastres qu'on voit à la nef, y sont remplacés par des colonnettes accouplées dont l'astragale tient au fût et dont les bases sont formées de deux ou trois tores superposés (fig. 218).

La voûte du transept, à l'imposte de laquelle se trouve un cordon saillant, est en berceau plein cintre.

Toute la partie orientale de l'église a été entièrement refaite; nous avons lieu de supposer que, primitivement, la nef se terminait par une abside semi-circulaire à l'intérieur. On voit, en effet, la naissance de la courbe au point de jonction du carré du transept avec l'abside actuelle, plus profonde que la précédente. La nef ne recevait de jour que par les bas côtés; il y avait une fenêtre dans chaque bras du transept; toutes deux ont été démesurément agrandies.

Les tailloirs couronnant les chapiteaux des piliers sont épais et débordants. Cela était nécessaire, puisque sur eux reposent les pilastres et colonnettes qui supportent les doubleaux (fig. 219-223). Le profil de leur moulure, consistant en un méplat et une doucine, est peu commun dans la région.

219. CHAPITEAU DE L'ÉGLISE DE MONISTROL.

220. CHAPITEAU DE L'ÉGLISE DE MONISTROL.

La décoration assez simple des chapiteaux est empruntée au règne végétal. Les feuillages sont traités d'une façon assez molle (fig 219 et 223); on y voit aussi quelques têtes grossièrement sculptées (fig. 220 et 224). L'une d'elles tient dans sa bouche de grosses volutes.

La façade a été défigurée par un mauvais porche du XVII⁰ siècle, on a laissé subsister une fenêtre

221. ÉGLISE DE MONISTROL-SUR-LOIRE. *Vue prise de la tribune.*

222. TRANSEPT DE L'ÉGLISE DE MONISTROL-SUR-LOIRE.

romane. Une différence d'appareil et une légère retraite indiquent le point où s'arrête la construction primitive.

Les sculptures de l'intérieur sont bien conservées. La pierre employée est de qualité inférieure et s'est effritée à l'extérieur sous l'action de l'air et de l'humidité.

Cette église est sous le vocable de Saint-Marcellin. La disposition élégante de la coupole nous permet de la dater du milieu du XII⁰ siècle [1].

XXXV. MONLET

223. CHAPITEAU DE L'ÉGLISE DE MONISTROL-SUR-LOIRE.

224. CHAPITEAU DE L'ÉGLISE DE MONISTROL-SUR-LOIRE.

L'église de Monlet se compose d'une nef de deux travées du XV⁰ siècle, couvertes de voûtes bien appareillées, sur ogives de profil prismatique et suivies de constructions informes de l'époque romane qui paraissent avoir appartenu à un édifice comprenant une nef flanquée de collatéraux avec fenêtres éclairant la nef.

Il en subsiste deux travées centrales surmontées, l'une d'une voûte d'arêtes, l'autre d'une voûte en berceau communiquant avec des bas-côtés par de grandes arcades dont les tailloirs se profilent en un méplat et une gorge.

Nef et bas côtés sont terminés par un mur plat. A l'extérieur, les fenêtres anciennes sont entourées d'un arc extradossé reposant sur des impostes ne faisant pas retour d'équerre; le mur occidental paraît avoir été surélevé à une époque assez récente ; le clocher, dépourvu de style, ne semble pas antérieur au XIX⁰ siècle.

XXXVI. MONTARCHER

Construit sur un des sommets les plus élevés des monts du Forez, le village de Montarcher était compris dans le comté de Forez, mais dépendait au spirituel de l'évêque du Puy. Le prieur d'Estivareilles nommait à la cure [2].

Sur la face Sud de l'église s'ouvre un porche très pittoresque du XV⁰ siècle précédé d'un escalier de douze

1. Il avait été très sérieusement question, pendant ces dernières années, de démolir l'église de Monistrol qui pourtant est encore solide. C'est au zèle éclairé du maire actuel de cette ville, M. Édouard Néron, qu'on en doit la conservation.
2. Chassaing, *Médicis*, tome II, page 170.

marches ; le clocher, d'époque peut-être un peu postérieure, est construit en avancement sur la façade ; l'église comprend deux travées et un transept du xve siècle, le tout couvert de voûtes sur croisées d'ogives de profil prismatique.

Seule l'abside est romane : elle est semi circulaire sur ses deux faces, mais englobée à l'extérieur dans des constructions modernes servant de sacristie ; l'intérieur est voûté en cul-de-four et décoré de trois arcades en plein cintre reposant sur des colonnettes dont il ne subsiste plus que les deux du fond.

Les chapiteaux assez semblables à certains de ceux des églises de Saint-Hilaire-Cusson-la-Valmitte et de Saint-André - de - Chalancon , sont couverts de feuillages stylisés : l'une des bases se compose de deux tores séparés par une

226. ÉGLISE DE MONTREDON ET CHAPITEAU DE LA FAÇADE. *D'après un dessin exécuté en 1850* [1].

225. ÉGLISE DE MONTREDON. *Façade occidentale.*

scotie, l'autre est formée d'un tronc de cône sur lequel est sculptée en relief une rangée de petits triangles.

XXXVII. MONTREDON

Le petit hameau de Montredon est situé au fond d'une vallée au centre de l'ancienne baronnie d'Allègre [2] : c'était une ancienne commanderie de templiers relevant de celle du Puy. Le plus ancien commandeur connu est Étienne de Mazard, qui exerçait ses fonctions en 1213 [3]. Le château, résidence du Commandeur, fut brûlé au xvie siècle, durant les guerres religieuses [4].

Avant d'avoir été dévalisée, la chapelle, de dimensions assez restreintes, était un des édifices romans les mieux construits et les plus élégants du Velay.

228. ÉGLISE DE MONTREDON. *Pilastre supportant le doubleau.*

227. ÉGLISE DE MONTREDON. *Façade méridionale.*

Elle est bâtie en beaux blocs de granit très bien appareillés, mais déjà les pierres de taille des contreforts sont arrachées et on s'attaque à celles des murs.

1. Ce dessin nous a été communiqué par M. Brun, libraire à Lyon.
2. Voici en quels termes s'exprime la plus ancienne des visites de Malte conservée aux Archives du Rhône : « Ce qu'ayant entendu sommes « entrés dans ladite chapelle que nous avons trouvée avoir onze cannes de long et quatre de large toute voultée sur arcades de fort belle structure « pavée de pierres de taille en partie, le cœur séparé d'un barreau de bois avec ses portes sans serrure ny clefs ; un autel de pierre dans ledit cœur, « qui n'est sacré ni plus que l'autre qui est dans la nef : quatre fenêtres, les vitres rompues ; deux portes à ladite chapelle sans serrure ni clefs ; « au-dessus dudit autel sont les images de Notre-Dame. » Les bâtiments de la Commanderie étaient déjà en ruines. — Archives départementales du Rhône. *Visite de 1616.* H. 138, fol. 965 v°. — En 1616, Montredon était un membre de Devesset.
3. Chassaing, *Cartulaire des Templiers du Puy-en-Velay*, Paris, Champion, 1882, in-16, p. xi.
4. Chassaing, *Cartulaire des Hospitaliers du Velay*, Paris, Picard, 1888, in-8°, page xli.

Un portail assez large, encadré de deux contreforts, occupait le centre de la façade ; il a été enlevé, mutilé et transporté à l'église récente de Lissac ; un des contreforts a aussi également disparu (fig. 225).

229. ÉGLISE DE MONTREDON. *Façade septentrionale.*

230. ÉGLISE DE MONTREDON.
Chapiteau de l'intérieur.

Au-dessus de la place anciennement occupée par le portail se voient, comme dans certaines églises du Midi, trois modillons d'assez grandes dimensions : sur l'un est sculptée une tête, sur l'autre une étoile, sur le troisième une série de tores. Plus haut encore se trouve une fenêtre dont l'archivolte est formée de plusieurs tores juxtaposés séparés entre eux par des filets et des gorges ; les chapiteaux qui la supportent sont décorés de têtes, les colonnettes ont disparu.

La façade septentrionale (fig. 229) est presque plaquée contre la montagne dont elle n'est séparée que par un étroit passage : l'appareil n'en est pas moins fort soigné. Une fenêtre s'ouvre dans l'espace qui sépare chaque contrefort : les baies en plein cintre sont entourées d'archivoltes d'un profil analogue à celui que nous avons signalé sur la façade ; les colonnettes qui les supportent ont toutes disparu.

231. INTÉRIEUR DE L'ÉGLISE DE MONTREDON.

232. ÉGLISE DE MONTREDON.
Chapiteau de l'intérieur.

Entre chaque fenêtre se déroule un cordon composé d'un biseau, d'un onglet et d'une doucine. Au-dessous de la toiture, enfin, règne une corniche d'un profil identique reposant sur des modillons sculptés avec soin.

Sur la paroi méridionale (fig. 227) se trouvait à la première travée une autre porte, aujourd'hui transportée à Saint-Paulien où elle a été employée dans la construction de la chapelle de l'hôpital (pl. cviii, n° 6) ; au-dessus, se voit encore, comme sur la façade, une série de modillons. Cette travée n'a pas de fenêtre ; les autres, séparées entre elles par des contreforts, en sont pourvues.

L'abside, qui, extérieurement tout au moins, paraît avoir présenté plusieurs pans, est presque entièrement démolie ; les fenêtres et les modillons ont été transportés soit à Saint-Paulien, soit à Lissac.

L'intérieur, actuellement divisé en deux étages par un plancher, est transformé en étable et au-dessus en fenil : la voûte romane en berceau brisé est encore intacte, les voussoirs alternativement blancs et noirs sont disposés avec une régularité parfaite (fig. 231) ; les doubleaux simples, de forme brisée, reposent sur des chapiteaux taillés avec soin représentant des feuillages, soit simples, soit entremêlés de têtes d'un grand caractère (fig. 230 et 232). Ces chapiteaux sont eux-mêmes portés sur de petits pilastres en encorbellement (fig. 228). Il ne semble pas qu'il y ait eu d'arcs latéraux. Une corniche, formée d'un bandeau, un onglet et une doucine, marque la naissance de la voûte.

Le profil des arcs et des moulures, la recherche apportée dans tous les détails, assignent pour date à ce monument l'extrême fin du xiie siècle, tandis que la présence de modillons au-dessus des portes et l'absence d'arcs latéraux semblent indiquer que l'architecte qui l'a construit était étranger au Velay.

Déjà en partie ruiné, il est appelé, si l'on n'y avise dans un bref délai, à disparaître prochainement [1].

XXXVIII. MONTREGARD

Au xiie siècle, le prieuré de Montregard semble avoir été une simple prébende que Luce de Beaudisner
légua, le 14 août 1337, à la célèbre abbaye franciscaine de Chazeaux en Forez qu'elle venait de fonder. On ne sait
par suite de quelles circonstances il passa sous la domination du monastère de l'Ile Barbe pour enfin appartenir
aux Jésuites du Puy, en vertu d'une bulle d'Union du pape Paul V du 5 novembre 1619 [2].

C'est un peu après cette époque que dut être construite la nef actuelle, vaste rectangle recouvert d'un
berceau avec pénétrations au niveau des fenêtres ; le long des murs s'ouvre une série de chapelles voûtées, les
unes d'arêtes, les autres sur croisées d'ogives : toutes ont des clefs plus ou moins pendantes.

On a conservé l'abside romane de forme elliptique à l'intérieur ; l'arc triomphal en plein cintre repose sur
des demi-colonnes avec bases portées à une assez grande hauteur. Les chapiteaux sont grossièrement sculptés,
surmontés d'un tailloir se profilant en un bandeau, un filet et un cavet : l'astragale est pris dans le bloc du
chapiteau.

L'abside, éclairée par trois fenêtres en plein cintre à double ébrasement, est semi-circulaire au dehors,
construite en beaux blocs de granit et épaulée par deux contreforts amortis en glacis. Une corniche simple se
profilant en un bandeau, un onglet et un biseau, règne à la partie supérieure.

XXXIX. MONTUSCLAT

Quoiqu'elle ne soit pas mentionnée, dans le cartulaire de Saint-Chaffre, parmi les dépendances de l'aumônerie
de l'abbaye, la cure de Montusclat fut, dès avant 1626 et jusqu'en 1789, à la nomination de l'aumônier du Monastier [3].

L'église, dédiée à Saint-Pierre, se ressent par la pauvreté de son architecture de celle de l'âpre région où
elle est située ; elle se compose d'une simple nef divisée en trois travées par des doubleaux reposant sur des
pilastres par l'intermédiaire de tailloirs se profilant en un bandeau et un biseau. D'autres tailloirs formés d'un
bandeau, d'un onglet et d'un cavet servent de retombée aux arcs latéraux. A la suite de cette nef s'ouvre l'abside
voûtée en cul-de-four et dépourvue d'ornements : des chapelles ajoutées après coup sont couvertes de voûtes en
berceau perpendiculaires à l'axe de la nef.

A l'extérieur, l'appareil en granit à gros joints est assez bien taillé ; l'abside, circulaire à l'extérieur comme
à l'intérieur, n'était originairement éclairée que d'une fenêtre percée dans l'axe de l'édifice ; elle est d'assez petites
dimensions et couverte d'un bloc de pierre entaillé en plein cintre sur lequel on a simulé au trait des claveaux.

Cette fenêtre est accostée de deux contreforts rectangulaires amortis en glacis avec corniche formant larmier.

Une autre fenêtre a été ouverte, à une époque récente, à l'orientation du Sud-Est.

233. CHAPELLE DU CHATEAU DE POLIGNAC. *Plan par terre.*

Au-dessus de la façade, également de l'époque moderne,
s'élève un clocher arcade à deux étages, avec deux baies au premier
et une seule plus petite au second.

Les chapelles, ajoutées après coup, sont bâties en moellons
à gros joints : d'anciennes pierres sculptées (gargouilles ou modillons de grandes dimensions) ont été encastrées dans les murs de
ces chapelles.

L'absence de tout détail d'ornementation empêche d'attribuer avec quelque précision une date à cette église qui peut remon-
ter à la seconde moitié du xie siècle tout aussi bien qu'au xiie.

XL. POLIGNAC. — CHAPELLE DU CHATEAU

Au milieu des ruines pittoresques du château de Polignac
se trouvait une petite chapelle dont il ne subsiste plus que les fondations. Une fouille nous a permis d'en dresser
le plan et de nous convaincre qu'il y a quelques inexactitudes dans celui qu'a donné Mandet [4].

1. Il ne nous a pas été possible, dans l'état actuel du monument, de savoir où se trouvait l'*oculus* décoré de bâtons brisés qu'on voit sur la
façade de Lissac (fig .206, page 118) ; il nous semble qu'il n'a pu avoir été placé qu'à l'abside.
2. Rocher, *Pouillé (Tablettes historiques*, 4e année, 1874, page 493). —*Visites pastorales de Mgr Just de Serres, mss. cit.*, folio 222, r^o et v^o.
3. Rocher, *Pouillé du diocèse du Puy, Tabl. hist.*, 4e année, 1874, page 476.
4. Michel et Mandet, l'*Ancienne Auvergne et le Velay*, Moulins, 1846, tome III, page 84.

Elle se composait d'une nef, d'un transept sur lequel viennent s'ouvrir deux absidioles, et d'un chevet rectangulaire. A chacun des angles de ce chevet on voyait une petite absidiole semi-circulaire prise dans l'épaisseur du mur (fig. 233).

L'état de dégradation dans lequel se trouve ce curieux monument, ne nous permet pas d'entrer dans plus de détails.

XLI. POLIGNAC. — EGLISE PAROISSIALE

Le cartulaire de Pébrac, nous apprend que, Pons de Glavenas détenant injustement l'église de Polignac, Armand, vicomte de ce lieu, la lui enleva, et, de concert avec Humbert, évêque du Puy, en fit donation à l'abbaye de Pébrac qui y établit des chanoines réguliers en 1126 [1]. Cet acte fut de nouveau confirmé en 1142 par le même prélat [2].

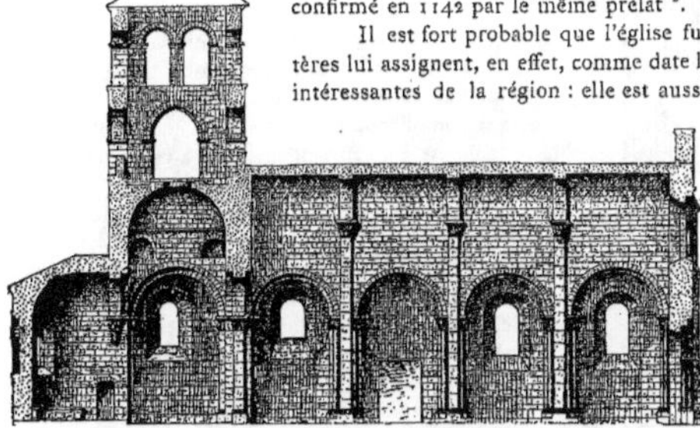

234. ÉGLISE DE POLIGNAC. *Coupe longitudinale.*

Il est fort probable que l'église fut reconstruite après la donation; ses caractères lui assignent, en effet, comme date le milieu du xiie siècle. C'est une des plus intéressantes de la région : elle est aussi fort bien conservée. Une travée y a été récemment ajoutée avec intelligence et goût par M. Martin, architecte au Puy. La façade a été refaite à la même époque.

La partie ancienne comprend trois travées, une nef et deux bas côtés, tous voûtés en berceau plein cintre et terminés sans l'intermédiaire d'un transept par trois absides circulaires intérieurement (fig. 235).

Les voûtes des bas côtés sont portées à une grande hauteur, de façon à venir contrebuter la poussée de la voûte centrale. Nous avons signalé dans la région

d'autres exemples de ce système [3] (fig. 234).

Ce mode de structure explique la persistance de l'arc en plein cintre et aussi comment la voûte de la nef est demeurée intacte et sans déformation, tandis que les édifices construits à la manière Provençale ou Bourguignonne, n'ont pu conserver leurs voûtes primitives (Chamalières, Le Monastier).

Nef et bas côtés ont des doubleaux en plein cintre. Ceux de la nef reposent sur des pilastres rectangulaires qui, partant de la base, montent directement jusqu'à l'imposte de ces doubleaux, sans aucune interruption, au niveau des chapiteaux des grandes arcades. Il en est autrement pour les pilastres des bas côtés qui sont adossés aux murs extérieurs et qui sont séparés en deux parties par un chapiteau disposé au niveau de l'imposte des arcs latéraux. Ces derniers, de profil torique, retombent sur de belles colonnettes semblables à celles qui supportent les grandes arcades. A la travée

235. ÉGLISE DE POLIGNAC. *Plan, échelle de 0,0033.*

qui précède les absidioles, elles ont un profil rectangulaire et reposent sur de simples tailloirs, leurs piédroits étant formés par un ressaut du mur (pl. LXXII, fig. 234).

1. *Cartulaire de Pébrac*, publié par l'abbé Payrard dans les *Tablettes historiques du Velay*, tome VI, page 151. — *Gallia Christiana*, instrumenta eccl. Aniciensis, tome II, p. 231.

2. La charte originale de cette confirmation est conservée aux archives de la Haute-Loire, série D, fonds du Collège du Puy.

Plusieurs auteurs ont pris la date de la confirmation pour celle de la donation : entre autres Dom Boyer, *Journal de voyages*, édition Vernière, Clermont, 1886, page 143.

3. Dunières et Monistrol dans la Haute-Loire; Saint-Rambert et Pommiers dans la Loire.

La nef, par sa structure même, ne pouvait recevoir de jour : comme elle est très élevée, il existe au-dessus des grandes arcades un espace nu, d'un aspect désagréable à l'œil.

Les piliers ont un plan cruciforme et sont flanqués dans chaque angle rentrant d'une longue et élégante colonnette, au fût très galbé, faisant corps avec l'astragale. Cette disposition rappelle d'une manière frappante, celle des quatre piliers occidentaux de la cathédrale du Puy. Les grandes arcades sont doubles ; les doubleaux simples, mais assez épais.

236. ÉGLISE DE POLIGNAC. *Coupe transversale.*

L'église, nous l'avons dit, n'a pas de transept fig. 235). La travée centrale qui précède l'abside est recouverte d'une coupole octogonale sur trompes en cul-de-four.

Un arc brisé placé au même niveau que les grandes arcades et reposant sur des pilastres tronqués, soutient un mur contre lequel sont adossées les trompes. Celles-ci sont disposées de telle façon que le sommet de la coupole est à un niveau inférieur à celui des voûtes en berceau de la nef (fig. 234).

Une fenêtre en plein cintre, à l'Est, éclaire la coupole ; une autre est ouverte à l'Ouest dans le mur qui la sépare de la nef.

L'arc triomphal, retombant sur des pilastres portés en encorbellement, est brisé. L'abside et les absidioles communiquant entre elles par une ouverture en plein cintre, étaient éclairées par des fenêtres pratiquées dans l'axe des nefs (fig. 235).

Le bas côté Sud avait une fenêtre par travée (pl. LXXXIV), tandis qu'on n'en voyait qu'une à la dernière travée orientale du bas-côté Nord ; c'était probablement ici pour des motifs de défense, car le mur septentrional de l'église est situé sur la ligne des remparts du puissant château-fort de Polignac. D'autres jours ont été pratiqués à une époque plus récente le long de ce bas côté septentrional ; une chapelle latérale y a été ajoutée après coup ; elle est divisée en deux étages : peut-être n'était-ce primitivement qu'un ouvrage de défense, car on voit encore, à la partie supérieure, des mâchicoulis et des meurtrières bien conservés.

Les fenêtres du bas côté Sud sont d'assez grandes dimensions et surmontées extérieurement d'une archivolte en plein cintre, doublée intérieurement d'un tore et reposant sur des colonnettes. L'ébrasement ne se produit qu'à l'intérieur.

Un porche qui paraît dater du xve ou du xvie siècle a été ajouté sur la façade méridionale : nous avons dit que la façade septentrionale n'était pas ornée.

Le clocher qui s'élève sur la travée précédant l'abside a dû être surélevé d'un étage à une époque récente. Le premier, ajouré d'une grande ouverture en tiers point, paraît être seul ancien [1].

237. INTÉRIEUR DE L'ÉGLISE DE POLIGNAC.

L'abside principale a extérieurement cinq pans, dont trois sont décorés d'arcatures ; la plus orientale est ornée de bâtons brisés. Toutes reposent sur des pilastres accostés de colonnettes (pl. LXXXI).

Les chapiteaux des colonnes intérieures, taillés dans du grès quartzeux de Blavozy, sont d'une finesse

---

1. Le second étage du clocher semble être, en effet, postérieur à 1832. Une gravure de cette époque, intercalée dans l'exemplaire des *Voyages pittoresques* de Taylor et Nodier, que possède la Bibliothèque nationale, indique que le clocher de Polignac n'avait qu'un seul étage de fenêtre, chacune de ses faces étant alors terminée par un pignon ; une flèche en charpente couronnait le tout.

remarquable : on y voit surtout des animaux et aussi des personnages représentés au milieu d'enroulements de feuillages (pl. LXXXII). Ceux des pilastres sont plutôt recouverts de feuillages dont le galbe est moins fin (fig. 239) ; on y trouve cependant les aigles à la tête baissée et aux ailes déployées que nous avons déjà eu l'occasion de signaler dans plusieurs églises. Il y a en tous cas, dans le choix des motifs et dans l'exécution, une ressemblance frappante avec les chapiteaux des travées les plus récentes de la cathédrale du Puy.

Les bases se composent de deux tores séparés par une scotie ; mais, près de l'abside, le tore inférieur est aplati et peu proéminent, tandis qu'il se rapproche de la forme cylindrique et devient de plus en plus saillant à mesure qu'on se rapproche de la façade.

Les tailloirs qui surmontent les chapiteaux de l'arc triomphal, ont un profil caractéristique du XIIe siècle (méplat, onglet, cavet et boudin). Les autres sont composés d'un méplat, d'un onglet et d'un cavet. Les bases des pilastres sont la conti-

238. INTÉRIEUR DE L'ÉGLISE DE POLIGNAC.

239. CHAPITEAU DE L'ÉGLISE DE POLIGNAC.

nuation et la répétition de celles des colonnes.

Nous avons dit que la façade actuelle de l'église de Polignac était récente, mais on peut se faire une idée de l'état ancien, d'après une note insérée dans un manuscrit anonyme conservé aux archives de la Loire. Au centre se trouvait une porte avec archivolte à claveaux alternativement blancs et noirs, et au dessus, on voyait une décoration de mosaïque ; deux fenêtres trilobées s'ouvraient dans l'axe des bas côtés. Cette façade était flanquée de quatre contreforts : deux au centre et un à chaque extrémité [1].

XLII. RAURET

La vicairie perpétuelle de Rauret fut unie, en 1627, au chapitre de la Cathédrale, par le pape Clément IV, ancien évêque du Puy [2].

L'église est construite en granit ; l'appareil est irrégulier, sauf dans les angles qui sont en belles pierres de taille.

Extérieurement, l'abside est à cinq pans ; une fenêtre dans l'axe de l'édifice a été murée, tandis qu'une autre, au Sud-Est, a été agrandie après coup. Dans le haut de cette abside, une corniche est supportée par des modillons très simples : l'un se profile en talon ; sur un autre, on voit une boule ; sur un troisième, trois ornements superposés, rappelant les chevrons héraldiques.

240. INTÉRIEUR DE L'ÉGLISE DE RAURET.

1. La façade occidentale, flanquée de quatre contreforts « très saillants, n'a pour toute décoration qu'un tympan en mosaïque grossière (losanges blancs et noirs) au-dessus de la porte d'entrée, et de deux fenêtres trilobées répondant aux collatéraux du Midi ». Archives de la Loire. *Bibliothèque Chaleyer*, cote provisoire n° 626, folio 64. Ce manuscrit paraît être du milieu du XIXe siècle. L'exactitude des renseignements qu'il donne sur d'autres points qu'il est possible de vérifier, permet d'ajouter foi à ceux qu'il contient sur l'ancienne façade de Polignac.

2. Rocher, *Pouillé*, etc., dans les *Tablettes historiques*, 5e année, 1874-1875, page 107 ; *Gallia Christiana*, II, colonne 717.

L'intérieur est fort simple : la nef, voûtée en berceau plein cintre, est divisée en deux travées par un doubleau de profil rectangulaire, reposant sur des chapiteaux à feuillages ; au-dessus des arcs de décharge, une corniche marque la naissance de la voûte. L'arc triomphal, soutenu par des colonnes engagées, est à un niveau inférieur à celui des doubleaux.

L'abside, qui présente à l'intérieur cinq pans peu accentués (fig. 240), est décorée d'autant d'arcatures portées sur de longues colonnettes, avec chapiteaux à feuillages et tailloirs de fortes dimensions ; ces colonnettes reposent elles-mêmes sur un bahut peu élevé, elles sont disposées dans les angles rentrants de l'abside de telle sorte que les socles sont légèrement débordants, particularité que nous avons déjà signalée ailleurs, notamment à la chapelle Saint-Clair à Aiguilhe. Le tore inférieur des bases est assez proéminent.

Cette abside est voûtée d'une demi-coupole à cinq pans.

La façade semble avoir été refaite au xviᵉ ou au xviiᵉ siècle ; un grand arc de décharge supporte un campanile à quatre baies qui paraît être de la même époque ; la porte en arc brisé est dépourvue d'ornement.

Les parties romanes de la construction paraissent dater de la première moitié du xiiᵉ siècle.

XLIII. RETOURNAC

Jean de Bourbon, évêque du Puy, fonda en 1446 la collégiale de Retournac [1] et bon nombre d'auteurs [2] affirment que l'église actuelle fut effectivement bâtie par cet évêque. Le style de l'église aurait dû suffire à empêcher ces assertions. Jean de Bourbon ne fit que transformer le titre de l'église de Retournac [3].

Quoique détérioré par des adjonctions et des transformations effectuées aux xviiᵉ et xviiiᵉ siècles (pl. lxxxv), ce monument est certainement un des plus intéressants de la région. Le plan primitif comprend une nef de trois travées et une large abside sur laquelle deux absidioles viennent s'ouvrir d'une façon curieuse (fig. 241).

Deux travées de la nef sont voûtées en berceau plein cintre. Ce vaisseau a exercé sur ses piédroits une poussée considérable et les a déformés. Les doubleaux reposent sur des demi-colonnes terminées par des chapiteaux à feuillages.

La troisième travée est surmontée d'une large coupole. La disposition adoptée pour supporter les angles de cette coupole est une sorte d'intermédiaire entre les divers systèmes qu'on observe habituellement (trompes et pendentifs). C'est dans le bas une

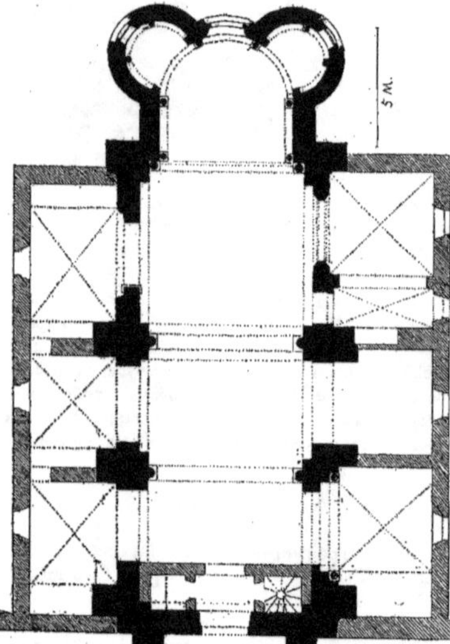

241. ÉGLISE DE RETOURNAC. *Plan par terre.*

242. ÉGLISE DE RETOURNAC.
Coupe transversale.

dalle posée obliquement sur laquelle s'élève une portion du mur cylindrique surmonté lui-même d'un arc robuste et très surbaissé, également établi en encorbellement [4] (pl. lxxxvi, fig. 243).

1. *Gallia Christiana ; Ecclesia Aniciensis*, II, col. 133.
2. Du Tems, *Le clergé de France*, II, 397. — Touchard-Lafosse, *La Loire Historique*, I, 156. — « Cette église appartient, dit-il, au style gothique sans en avoir les beautés. » — Dom Boyer, *Journal de voyages*, édition Vernière, 1886, page 31.
3. On doit remarquer, en dehors de toute autre considération, que l'église de Retournac existait longtemps avant Jean de Bourbon. Le cartulaire de Chamalières en parle souvent et on en trouve des mentions dans plusieurs chartes des xiiiᵉ et xivᵉ siècles. Voir Rocher, *Pouillé du diocèse du Puy* (*Tablettes historiques du Velay*, IV, 483). — Odo de Gissey était lui aussi dans l'erreur quand il écrivait dans ses *Discours*, 3ᵉ édition, page 476 : « Les vives marques de piété de Jean de Bourbon sont qu'il fonda et érigea l'église de Retournac en collégiale dans ce diocèse, l'an 1446. »
4. La construction de cette coupole était bien inutile, puisque, d'une part, il n'y avait pas de transept (on n'avait donc pas à craindre les difficultés pouvant provenir des pénétrations de voûtes), et, d'autre part, le clocher était carré et sans retraite appréciable ; une voûte en berceau

Les arcs qui supportent la coupole sont doublés ; leur niveau est plus bas que celui des doubleaux. Des arcs de décharge en plein cintre règnent le long des murs ; ils sont intacts au-dessous de la coupole et ont été percés après coup aux autres travées (fig. 241).

L'abside est la partie la plus curieuse de l'église : elle est légèrement moins haute et moins large que la nef. L'arc triomphal, qui repose sur des colonnes élégantes, se profile en un méplat et un tore.

La grande abside est circulaire intérieurement et extérieurement, décorée en dedans de cinq arcatures. A droite et à gauche, dans la direction du Nord-Est et du Sud-est, s'ouvrent, sans l'intermédiaire d'un déambulatoire, deux absidioles rayonnantes (fig. 241). C'est, en petit, une disposition analogue à celle de Chamalières, quoique comprise d'une autre façon. Ces absidioles sont aussi ornées intérieurement d'arcatures appliquées.

Une fenêtre est percée dans l'axe de l'abside ; d'autres éclairent le fond des absidioles. Ces dernières plus petites, mais construites et conçues de la même façon, sont cantonnées de chaque côté par des colonnettes (fig. 241).

Il existe encore à la travée précédant l'abside deux larges et belles fenêtres pourvues de colonnettes et d'archivoltes sur chaque face. Une autre est ouverte sur la façade. Probablement il y en avait à toutes les travées, mais celles-ci ont été percées latéralement et il est impossible d'en connaître la disposition primitive.

Une série de chapelles ont été ajoutées au Nord et au Sud de l'église. Les reprises sont très faciles à voir de l'extérieur, car ces adjonctions sont exécutées en blocage irrégulier, tandis que l'église est bâtie en brèche volcanique rouge, taillée avec soin.

La toiture, reposait directement sur les voûtes ; elle a été surélevée à la nef, et on y a introduit un système régulier de fermes [1].

Sur la travée qui précède l'abside s'élève une grosse tour carrée presque aussi large que la nef.

Une petite corniche, formée d'un méplat, d'un listel et d'un cavet, la divise en deux étages. Le premier est percé de deux larges fenêtres en tiers point, le second de deux fenêtres plus petites en plein cintre. Elles n'ont aucun ornement, sauf au Sud, où celles du bas reposent sur de petites colonnettes.

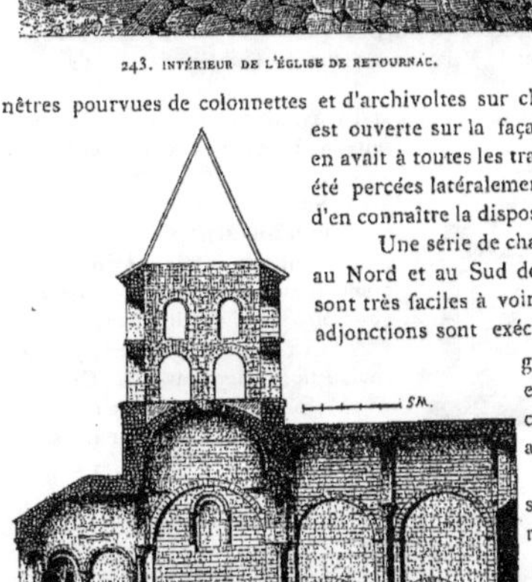

243. INTÉRIEUR DE L'ÉGLISE DE RETOURNAC.

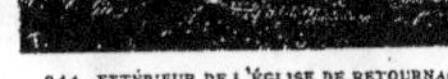

244. EXTÉRIEUR DE L'ÉGLISE DE RETOURNAC.

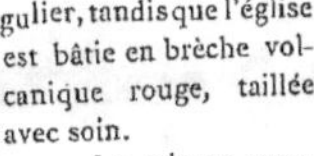

245. ÉGLISE DE RETOURNAC. *Coupe longitudinale.*

cût parfaitement suffi. Il y a là une tradition, une imitation qui s'est conservée dans toutes les églises sans transept, pourvues d'un clocher sur la travée précédant l'abside. Tous sont carrés, et tous aussi s'élèvent au-dessus d'une coupole. Cette pratique, du reste, se retrouve dans toutes les parties de la France : nous citerons en Velay, Polignac, Saint-Maurice-de-Roche ; en Forez, il y a plusieurs exemples analogues : Verrières, Saint-Rambert, etc.

1. Le remaniement a laissé sous les combles des traces bien visibles.

Au sommet du clocher on remarque des trous de boulin probablement destinés à supporter un hourdage. Il semble donc qu'à un moment donné ce clocher a dû être approprié à un usage défensif. On y accède actuellement par les combles de l'église.

La porte actuelle est neuve. L'ancienne était supportée par des colonnes ornées de torsades qui ont été utilisées en dedans de l'édifice.

La partie romane est construite en bel appareil à joints minces. Des réparations intelligemment exécutées l'ont fait apparaître à l'intérieur où il est aussi de toute beauté. Ces réparations sont l'œuvre de M. Fayon, architecte à Saint-Étienne, prématurément enlevé à l'art.

Comme sculpture, cette église est assez pauvre ; les chapiteaux sont ornés de feuillages (fig. 246), les tailloirs formés d'un bandeau, d'un listel et d'une doucine ; les bases, de deux tores encadrés de deux filets entre une scotie (fig. 246). L'astragale est pris dans le bloc du chapiteau. Il faut noter particulièrement les profils toriques de l'arc triom-

246. ÉGLISE DE RETOURNAC. *Détails des fenêtres de l'abside.*

phal et des arcades appliquées à l'abside et aux absidioles.

Les belles proportions de cet édifice, la perfection de l'appareil, la hauteur de la nef, la délicatesse des profils, nous permettent de lui attribuer une date avancée dans le XIIe siècle.

XLIV. RIOTORT

La paroisse de Riotort, située sur les limites des diocèses du Puy, de Lyon et de Vienne, s'étendait sur les deux provinces du Forez et du Velay : son église était en Forez, mais relevait au spirituel du diocèse du Puy [1].

Le droit de nomination à la cure qui appartint d'abord au prieur de Saint-Sauveur, fut transféré au collège des jésuites de Lyon, après la réunion de Saint-Sauveur à cet établissement.

Son église est sous le vocable de saint Jean-Baptiste. Elle comprenait primitivement une nef de deux travées et un grand transept sur lequel s'ouvrent deux absidioles et une abside (fig. 247).

Ce plan a été légèrement modifié par l'adjonction d'une travée à l'Occident et d'une absidiole demi-circulaire à l'extrémité de chacun des bras du transept. La travée ajoutée a été faite, les chapiteaux exceptés, dans le style de l'église. La façade neuve, inspirée de la cathédrale du Puy, n'a cependant aucun cachet.

247. ÉGLISE DE RIOTORT. *Restitution du plan primitif.*

La travée récente, ainsi que les anciennes, sont voûtées d'arêtes. Les voûtes semblent avoir été refaites sur toute l'église, mais elles ont très probablement remplacé une autre voûte d'arêtes ; car, à la manière dont elles viennent s'agencer sur les arcs latéraux, on ne voit pas comment aurait été construite une voûte en berceau (pl. XC).

Le transept est couvert d'un berceau plein cintre ; à sa naissance on remarque un petit cordon saillant,

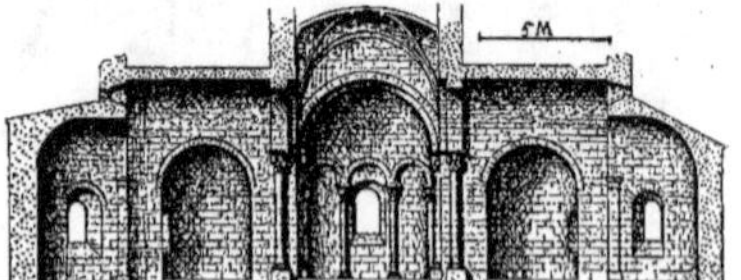

248. ÉGLISE DE RIOTORT. *Coupe transversale.*

1. *Correspondance des Curés.* Bibliothèque nationale. *Languedoc,* V, et *Tablettes historiques du Velay,* VI, 281.

composé d'un bandeau et d'un biseau. Les absidioles, en forme de niches peu profondes, s'ouvrent sur le transept sans aucun intermédiaire.

Le carré est recouvert d'une voûte sur croisées d'ogives de profil prismatique remontant à la fin de la période gothique. L'abside, d'une largeur égale à celle de la nef, ornée intérieurement de cinq arcades en plein cintre, est voûtée en cul-de-four. Abside et absidioles sont circulaires sur chacune de leurs faces.

La partie arrondie des croisillons, comme nous l'avons dit, est récente. Précédemment, le transept se terminait par un mur plat.

La différence d'appareil, le demi-oculus, ouvert au-dessus de la partie semi-circulaire, la construction sans caractère, la voûte en coquille que l'on voit au Nord, sont une preuve suffisante de la date récente de cette addition.

Il ne subsiste qu'une des fenêtres primitives, celle du fond de l'abside : elle est entourée extérieurement d'une archivolte reposant sur des colonnettes au fût très galbé. Les autres fenêtres des absides

249. ÉGLISE DE RIOTORT. *Chapiteaux du transept.*

250. RIOTORT.
Chapiteau de l'arc triomphal.

sont refaites ou agrandies ; il n'y en a pas au Nord de la nef ; celle qui subsiste au Sud est peut-être de construction primitive.

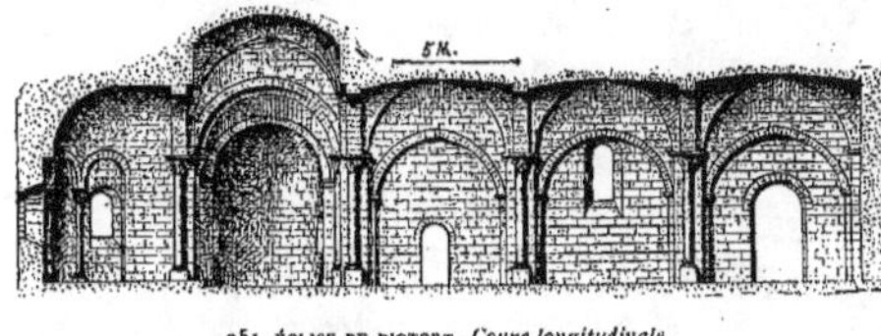

251. ÉGLISE DE RIOTORT. *Coupe longitudinale.*

Le portail a été remployé dans le mur méridional de la travée moderne : il n'a ni tympan, ni linteau ; son archivolte repose sur d'élégantes colonnettes ; elle est extérieurement ornée de sphères plus grosses que d'ordinaire.

Le clocher massif et peu élégant paraît remonter au XVIe ou au XVIIe siècle, il a probablement été bâti par les Jésuites après leur prise de possession.

Le long du mur septentrional on a, dans le cours du XVIIe siècle, ajouté une grande chapelle de pénitents.

Une autre, au Sud, servant actuellement de sacristie, voûtée sur branches d'ogives, a été construite en 1545 [1].

L'ornementation sculpturale a beaucoup de caractère et de style, quoique, en général, elle soit assez grossière. Les tailloirs épais sont formés d'un bandeau et d'un biseau sans ornementation. Deux ou trois d'entre eux ont une torsade en dessous du biseau ; d'autres, un petit onglet entre le bandeau et le biseau.

Un chapiteau de l'arc triomphal est orné d'entrelacs sur la partie supérieure (fig. 250), tandis que la partie inférieure est couverte de feuillages d'un grand relief. Au carré du transept, un chapiteau, au Nord, est historié et représente Daniel dans la fosse aux lions (fig. 249) ; sur un autre, on voit un homme renversé, dont les jambes écartées entourent la corbeille du cha-

252. ÉGLISE DE RIOTORT. *Vue extérieure.*

1. Cette chapelle a été fondée par André Grangier, le 15 avril 1545. L'acte de fondation est aux archives de la fabrique. Il est indiqué aussi dans le procès-verbal des visites de Mgr Just de Serres, *mss. cit.*, folio 172 verso et 173 recto.

piteau (fig. 249). Ceux de la porte d'entrée sont ornés, l'un de feuillages, l'autre d'une tête dont la bouche laisse échapper des feuilles.

Les bases assez archaïques sont formées d'un tore, entre deux listels, séparé par une scotie d'un autre tore d'un diamètre légèrement supérieur.

L'église est construite en moyen appareil irrégulier, noyé dans du mortier à gros joints. L'appareil régulier n'existe qu'autour de la fenêtre orientale de l'abside.

Cette série de détails permet de dater l'église de la seconde moitié du XIe siècle.

XLV. ROSIÈRES

L'église de Rosières fut d'abord sous le vocable de Saint Jean, puis sous celui de Saint Martin, à une époque antérieure à 1237. Le droit de nommer le curé appartenait au prieur de Chamalières.

Cette église fut soumise une première fois à saint Chaffre en 937 ou 938, par l'évêque Gottescalc [1], mais cette donation semble n'avoir pas eu d'effets durables. Au numéro 25 du Cartulaire de Chamalières [2], se trouve une autre donation de 985, faite à saint Gilles, d'un ermitage (*cellarium*) sis à Rosières. Vers 1096, l'église Saint-Jean de Rosières n'avait pour desservant qu'un seul ermite. Héracle, vicomte de Polignac, préludant à la première croisade par de nombreuses libéralités aux églises, donna l'église Saint-Jean au monastère de Saint-Gilles. L'acte fut fait vers 1096, avec l'approbation d'Adhémar

253. ÉGLISE DE RIOTORT. *Détail des piliers.*

de Monteil [3], évêque du Puy. Ce dut être un peu après cette époque, vers le milieu du XIIe siècle, au moment où Rosières était sous la domination du puissant prieuré de Chamalières, que fut construite son église, fort intéressante, mais bien remaniée.

Il ne subsistait de roman, en 1896, que l'abside et la travée qui la précédait. A cette époque, le conseil municipal, d'accord avec le conseil de fabrique, avait résolu de tout remplacer par un édifice neuf. Averti par hasard de ce déplorable projet, nous avons pu, grâce à une énergique intervention de la Société agricole et scientifique de la Haute-Loire, en obtenir l'ajournement. Au moment où s'impriment ces lignes, les restaurations de l'église s'exécutent, mais on conserve l'abside ancienne [4].

Celle-ci a été défigurée à l'intérieur; par contre, l'extérieur est un des morceaux les plus beaux et les plus artistiques de la région.

L'appareil en brèche volcanique est superbe et à petits joints. Simple tablette à la nef et aux contreforts, la

254. ÉGLISE DE RIOTORT. *Intérieur de l'abside.*

1. *Cartulaire du Monastier*, édition Chevalier. Le Puy, 1888, charte 52, pages 47-48.
2. Fraisse (l'abbé), *Cartulaire de Chamalières*, publié en appendice aux *Tablettes historiques du Velay*, à partir du 1er octobre 1875. Cette pièce porte le nº 30 dans l'édition de M. Chassaing terminée par M. Jacotin.
3. *Cartulaire de Chamalières*, nº 26 (édition Fraisse), et 31 (édition Chassaing).
4. Noël Thiollier, *Notice archéologique sur l'église de Rosières*. Le Puy, Marchessou, 1897, in-12.

18

corniche est, à l'abside, supportée par des modillons, dont quelques-uns, ornés de têtes d'hommes et d'animaux, sont très bien sculptés et d'un grand style (pl. LXXXIX). Les cinq pans que l'abside présente à l'intérieur, sont pourvus chacun d'une fenêtre, dont deux sont aujourd'hui cachées ; aucune des archivoltes n'est semblable. La plus orientale est formée d'un tore et d'une gorge ornée de sphères (fig. 256) ; au Sud-Est les deux tores sont séparés par une gorge sans ornement (fig. 257) ; enfin, la plus méridionale est entourée de bâtons rompus (fig. 255).

Ces archivoltes reposent sur des colonnettes dont l'astragale est pris dans le fût.

Certains des chapiteaux sont de la plus grande beauté. A la fenêtre de l'Est, on a sculpté un saint Michel terrassant le démon, qui serait digne de figurer parmi les meilleurs spécimens de la sculpture bourguignonne (fig. 258).

255. ÉGLISE DE ROSIÈRES. *Fenêtre de l'abside.*

256. ÉGLISE DE ROSIÈRES. *Fenêtre de l'abside.*

Il est malheureusement bien mutilé. Sur d'autres, on voit, soit une grosse tête, soit des feuillages très découpés et sculptés avec beaucoup de finesse.

Les bases sont formées d'un tore, d'un listel, d'une scotie et d'un tore plus proéminent. A l'une, le boudin inférieur est orné d'oves ; à une autre, c'est un ruban entrelacé se terminant par une touffe de feuillages. Elles reposent sur un cordon qui fait le tour de l'abside et qui se profile en un bandeau, un onglet et un cavet ou une doucine. Ces mêmes tracés se voient aux tailloirs des chapiteaux qui se continuent dans l'intervalle des fenêtres.

A l'intérieur, l'abside circulaire est voûtée en cul-de-four. Les sommiers de l'arc triomphal plein cintre reposent sur de simples impostes qui terminent des piliers carrés sans ornement.

La voûte primitive en berceau

258. ÉGLISE DE ROSIÈRES.
Chapiteau de la fenêtre orientale.

257. ÉGLISE DE ROSIÈRES. *Fenêtre de l'abside.*

plein cintre existait encore sur la travée démolie qui était éclairée par une fenêtre aussi en plein cintre ; les arcs latéraux sont brisés. Le reste de l'église avait été refait au xvi° siècle. Un portail de cette époque s'ouvrait au Sud.

Une belle grille en fer forgé, qui a beaucoup de rapports avec celle du cloître du Puy, a été placée en avant de la fenêtre ouverte au Sud (fig. 255).

XLVI. ROSIERS-COTES-D'AUREC [1]

Quoique situé dans la province de Forez et faisant partie de l'élection de Montbrison, Rosiers appartenait au diocèse du Puy et dépendait de l'archiprêtré de Monistrol. C'était un prieuré de l'ordre de Cluny; mais l'époque de sa fondation est inconnue; aucun document historique ne permet d'en affirmer avec certitude l'existence avant le XI° siècle.

Son église, par l'ensemble de ses caractères architectoniques, semble dater de la fin du même XI° siècle. Le plan est celui d'une croix latine, à nef unique, terminée à l'Orient par une abside pentagonale au dehors, semi circulaire au dedans, et par deux absidioles qui s'ouvrent sur le transept (fig. 259). La nef unique et large est recouverte d'une voûte en berceau divisée en plusieurs travées par des arcs doubleaux, les uns surhaussés, les autres en anse de panier (pl. LXXXVIII) qui retombent sur des demi-colonnes adossées à des pilastres carrés, reliés par des arceaux appliqués aux murs et sous lesquels s'ouvrent les fenêtres.

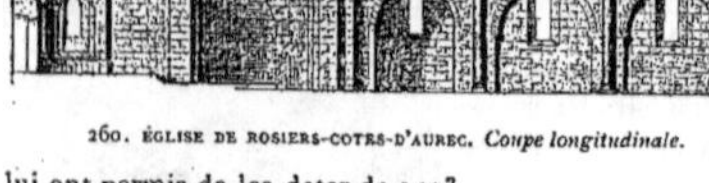

259. ÉGLISE DE ROSIERS-COTES-D'AUREC. *Plan par terre.*

La coupole, qui recouvre le carré du transept, est construite sur trompes en cul-de-four, de très petites dimensions; elle repose sur des piliers à ressaut, couronnés d'un tailloir formé d'un bandeau et d'un biseau.

Un chœur rectangulaire, voûté en berceau, est séparé de l'abside par deux degrés. Celle-ci est couverte d'un cul-de-four; trois arcatures en décorent le pourtour et retombent, d'une part, sur des consoles appliquées aux murs, et de l'autre sur des pilastres cannelés accompagnés chacun de deux colonnettes à fût conique (fig. 261), disposition qu'on remarque à la petite chapelle Notre-Dame de Chambrias, à Usson. Cette réminiscence de l'architecture bourguignonne est probablement due aux moines de Cluny.

Les pilastres et les colonnettes reposent à leur tour sur un bahut continu qui n'a guère que la hauteur d'un banc ordinaire, mais qui pouvait être plus élevé avant les changements de niveau qu'a subis le sol de l'église. L'astragale fait partie intégrante du fût.

Deux chapelles ont été construites aux angles de la nef et du transept; les recherches de M. Vachez

260. ÉGLISE DE ROSIERS-COTES-D'AUREC. *Coupe longitudinale.*

lui ont permis de les dater de 1493.

La façade, assez simple, est formée d'un mur droit avec retraite à une certaine hauteur, où une corniche vient agréablement interrompre son aspect trop raide (fig. 263).

La porte à montants carrés, d'un dessin sévère, est surmontée d'un arceau plein cintre. Le tympan sculpté, un des deux seuls exemples que nous ayons à signaler, est rempli par un bas-relief représentant l'adoration

---

1. Voir sur Rosiers Côtes d'Aurec : Vincent Durand et A. Vachez, *Étude archéologique et historique sur le prieuré de Rosiers*, dans les *Mémoires et Documents sur le Forez*, publiés par la Société de la Diana, tome V, pages 301-341. Saint-Étienne, 1879, et à part. Notre description est en grande partie empruntée à ce travail. — Dom Estiennot. *Antiquitates in dioecesi Vallavorum*, cap. XVII. Bibliothèque nationale, lat. 12749. Édition Rocher. *Mémoires de la Société Agricole et scientifique de la Haute-Loire*, tome V, première partie, 1886 et 1887. Le Puy, 1890, pages 300 et 357. « Prioratus sancti Blasii de Roseriis, Aniciensis dioecesis, ubi debent esse duo monachi cum priore, et debet ibi quotidie celebrari una missa, videlicet diebus dominicis et festivis cum nota, et aliis diebus sine nota, et debet ibi fieri elemosina omnibus diebus quadragesimae et die dominica alio tempore. *Ex regesto Beneficiorum Cluniacensi.* » On peut voir une vue assez grossièrement exécutée du prieuré de Rosiers dans l'*Armorial de Guillaume Revel.* Bibliothèque nationale, Fr. 22, 297, folio 472.

des Mages. La Vierge, vue de face, assise sur un trône, tient sur ses genoux l'Enfant Jésus qui est vêtu d'une robe longue et dont la taille se rapproche de celle d'un adolescent. Les draperies tombent en plis parallèles, le style est fort archaïque (pl. CIX) [1]. Au-dessus de l'arceau est sculpté un évêque nimbé, mitré et crossé, qui bénit de la main droite ; ce pourrait être saint Blaise, patron de la paroisse [2].

Plus haut, une fenêtre gothique, ouverte ou agrandie aux XVᵉ ou XVIᵉ siècles (fig. 263). Le pignon, faiblement incliné, a ses rampants couronnés d'une élégante corniche à simple tablette dont la gorge est ornée de sphères, d'étoiles, de croix pattées élevées sur un pied, d'un lévrier à la course, de poissons, etc., il est surmonté d'une croix paraissant de date plus récente.

Un auvent de petites dimensions a été construit au XVIᵉ siècle pour abriter la porte, il est soutenu par deux piliers prismatiques (fig. 263).

Les façades latérales de la nef flanquées de contreforts à une seule pente, sont du même dessin sobre et ferme. Les corniches de ces contreforts, celles qui terminent les murs et celles des absides et absidioles ont la même ornementation que celles du grand pignon. Mais il faut observer que ces murs ont subi à une époque récente un exhaussement général destiné à relever les charpentes qui, auparavant, reposaient directement sur les voûtes. La date de 1840,

261. ÉGLISE DE ROSIERS-COTES-D'AUREC. *Chapiteaux de l'abside.*

gravée sur une pierre de la façade, doit être celle de cette réparation qui, du reste, a été intelligemment comprise.

Le clocher, haut et carré, couvert d'un toit à quatre pans peu inclinés, comporte à l'Est et à l'Ouest un double étage de fenêtres accouplées deux à deux au premier étage, trois à trois au second. Les proportions de ces fenêtres et surtout des colonnettes jumelles qui les séparent sont excellentes ; ces colonnettes ont leur astragale taillé dans le même bloc que le fût. Les chapiteaux sont d'un bon dessin parfaitement calculé pour la distance à laquelle ils doivent être vus. Plusieurs de ceux appartenant à l'étage supérieur sont de la plus heureuse simplicité : ils sont cubiques, élégamment évidés en dessous, et, par le simple jeu de la lumière et des ombres, semblent au loin cantonnés de puissantes volutes (p. LXXXVII) [3].

Des fenêtres (une par travée), percées dans l'axe des arcs latéraux, éclairent l'église : trois autres donnaient du jour à l'abside, celle du milieu a été murée (pl. LXXXVII) : d'autres enfin, ouvertes dans les bras du transept, ont été agrandies au XVIIᵉ siècle : elles portent les armes du prieur Marc-Antoine Gaiffier, mort en 1631.

La décoration de la nef, sans être très riche, est pourtant fort curieuse : sur les chapiteaux sont sculptés des animaux, des personnages et des feuillages d'un grand caractère. Ceux de l'abside sont d'une facture plus riche. Le plus curieux représente un homme debout et entièrement nu, tenant de la main droite une hachette à lame rectangulaire, comme celle qu'emploient encore les plâtriers, et, de la gauche, un marteau à deux têtes dont l'une semble aplatie en biseau. A ses pieds, une

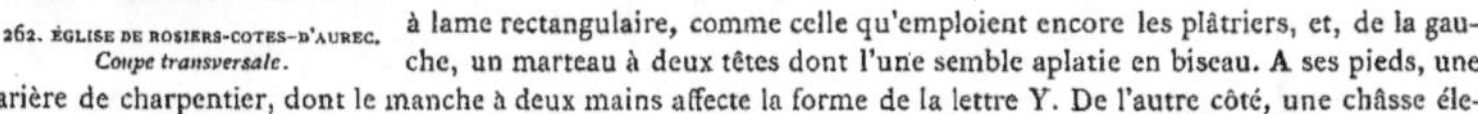

262. ÉGLISE DE ROSIERS-COTES-D'AUREC.
Coupe transversale.

tarière de charpentier, dont le manche à deux mains affecte la forme de la lettre Y. De l'autre côté, une châsse éle-

---

vée sur des pieds et recouverte d'un toit à deux pentes ; au dessus, un outil difficile à déterminer, sorte de crochet fixé à un long manche. Deux serpents sortent de la bouche de ce singulier personnage (pl. cix et fig. 261).

Les bases des colonnes de la nef affleurent le pavé, preuve que celui-ci a été relevé au-dessus des niveaux anciens ; celles des colonnettes de l'abside sont formées de deux tores séparés par une gorge ; celui du bas étant légèrement proéminent. Les tailloirs sont épais et de deux formes : les uns composés d'un méplat et d'un cavet, les autres d'un bandeau et d'un simple biseau.

L'église est construite en moyen appareil ; le mortier fait saillie sur les joints, pratique qui, dans la région, s'est conservée jusqu'au début du xiie siècle.

Nous ne quitterons pas l'église sans signaler une sculpture curieuse, précieux débris de ce qui dut être le devant d'un autel ancien. C'est un bas relief de pierre représentant le Christ assis sous une arcature supportée par des colonnettes torses ; il bénit de la main droite, et tient de la gauche un livre fermé. De part et d'autre de sa tête, sont gravées les lettres A et Ω [1] (pl. cix).

263. FAÇADE DE L'ÉGLISE DE ROSIÈRS-COTES-D'AUREC.

XLVII. SAINT-ANDRÉ-DE-CHALENCON

Le prieur de Chamalières [2] nommait à la cure de Saint-André. L'église a extérieurement perdu tout caractère ; l'abside recouverte de badigeon présente cinq pans plus ou moins englobés dans des constructions d'époque moderne : le pied du mur va en s'évasant à partir d'une hauteur de soixante-deux centimètres au-dessus du sol. Le clocher, épaulé par des contreforts angulaires, porte la date de 1609.

A l'intérieur elle comprend une nef divisée en trois travées, dont la plus occidentale est postérieure à l'époque romane, tandis que les deux autres paraissent remonter au commencement du xiie siècle, mais la voûte en berceau actuelle a dû être refaite ; les doubleaux sont de très faibles dimensions, et leur retombée n'occupe qu'une petite partie des chapiteaux anciens, lesquels sont décorés de feuillages stylisés. L'astragale fait partie du chapiteau ; les tailloirs ont disparu.

Le mur terminal de l'abside est aussi divisé en cinq pans dont les deux premiers sont plus larges que les autres. Deux arcatures décoratives ornaient primitivement chacun de ces deux premiers pans ; elles ne subsistent plus qu'au nord. Les trois faces du fond sont chacune pourvues d'une arcature analogue. Toutes ont un profil rectangulaire et reposent sur des colonnettes taillées en forme d'octogone irrégulier, à quatre grands et à quatre petits côtés. Les chapiteaux de ces colonnettes sont décorés de feuillages très barbares, à peine ébauchés et semblables à ceux que nous avons rencontrés dans cette partie du diocèse du Puy voisine du Forez, et notamment à Montarcher et à Saint-Hilaire. Ceux qui accostent les fenêtres du fond portent de grosses têtes sculptées d'une façon grossière, mais aujourd'hui dissimulées par l'autel.

Au Sud, le long de l'abside, on a ajouté une chapelle voûtée sur croisées d'ogives de profil prismatique ; une autre, le long de la nef, forme le rez-de-chaussée du clocher. Deux chapelles ont été construites au Nord, la voûte de l'une repose sur des ogives de profil torique prenant naissance sur des culots ornés de têtes, la clé est décorée dans les angles de sculptures représentant les quatre animaux évangéliques ; l'autre est recouverte de voûtes sur ogives de profil prismatique.

L'Église est dépourvue de fenêtres au Nord ; au Sud, deux viennent en pénétration dans la voûte et paraissent être anciennes.

---

1. Nous indiquerons encore une rare et curieuse clochette suspendue du côté de l'épître dans un cadre de fer fixé à la muraille et qui remplaçait peut-être la sonnette qu'agite l'enfant de chœur pour indiquer les différentes parties de l'office. Sa forme aplatie la fait ressembler un peu à un timbre d'horloge : elle a environ 12 centimètres de diamètre et porte sur sa tranche inférieure une couronne de dents saillantes. Son ornementation se compose de moulures fort simples et d'un rang de quintefeuilles inscrits dans des cercles. On peut rapporter ce petit monument au xve ou xvie siècle.

2. *Médicis*, édition Chassaing, tome I, page 171.

XLVIII. SAINT-BLAISE

Le prieuré de Saint-Blaise de Genzac ou de Jonzac est une des nombreuses énigmes de l'histoire du Velay. Placés sur une petite éminence qui domine les rives de la Loire, les restes de cette ancienne habitation monastique offrent un des sites les plus pittoresques du Velay. On ignore l'époque de sa fondation et jusqu'à l'ordre dont il relevait [1]. Le premier prieur connu est Hugues de Coubladour qui était investi de cette charge en 1543.

265. CHAPELLE SAINT-BLAISE.
Coupe transversale.

La petite chapelle occupe l'angle Sud-Est des anciens bâtiments conventuels : elle est à une nef et comprenait originairement deux travées, mais il ne subsiste que le mur Nord de la plus occidentale. La nef est voûtée en berceau plein cintre : l'abside, très simple, est

264. CHAPELLE SAINT-BLAISE. *Plan par terre.*

aussi large que la nef ; elle est à cinq pans à l'extérieur et circulaire à l'intérieur (fig. 264) ; elle était éclairée aux faces Est, Sud-Est et Sud par trois grandes fenêtres actuellement bouchées en partie (fig. 265). Une autre fenêtre était pratiquée dans le mur méridional.

Cette chapelle est dépourvue de toute ornementation ; aussi manque-t-on d'éléments pour en déterminer la date. Cependant, il nous semble difficile qu'on ait, avant le xiie siècle, ouvert des fenêtres aussi larges que celles de l'abside.

266. CHAPELLE SAINT-BLAISE. *Coupe longitudinale.*

A l'intérieur, on peut signaler un ancien bénitier sans ornement et un autel qui doit être roman : cet autel est formé d'un massif de maçonnerie sur lequel on a placé une grande dalle de grès monolithe, dont les bords se profilent en un bandeau et un biseau.

XLIX. SAINT-CHRISTOPHE-SUR-DOLAISON

L'église paroissiale de Saint-Christophe-sur-Dolaison [2] est construite sur un plan qu'on trouve rarement dans la région. Il comprend une nef, un transept peu proéminent, non pourvu d'absidioles, et une abside prenant naissance sur la nef, sans l'intermédiaire d'une travée de chœur (fig. 267).

La nef, voûtée en berceau brisé, comprend deux travées. Les doubleaux ont un profil peu commun en Velay (fig. 269), leur angle est abattu en forme de boudin. Leurs piédroits sont de simples piliers carrés sans ornement, couronnés au Sud par des tailloirs formés d'un bandeau, d'un onglet, d'une gorge et d'un tore. Ce profil et celui du doubleau paraissent indiquer une époque assez avancée.

Au Nord, un des piliers a un tailloir probablement remployé, provenant peut-être d'une église antérieure et sur chaque face duquel un petit cartouche est gravé en creux.

267. ÉGLISE DE SAINT-CHRISTOPHE-SUR-DOLAIZON. *Plan par terre.*

Le transept s'ouvre sur la nef par une arcade soutenue d'un côté par des colonnettes, de l'autre par le mur. L'arc triomphal repose également sur des colonnes avec chapiteaux à feuillages (fig. 268).

L'abside est de la même largeur que la nef. Elle est circulaire à l'intérieur et ornée de cinq arcatures en

1. Voir Rocher, *La Baronnie de Saint-Germain-Laprade* (*Tablettes historiques du Velay*, I, 356, et VI, 305).
2. La cure était à la nomination de l'évêque. Rocher, *Pouillé du diocèse du Puy* (*Tablettes historiques du Velay*, tome V, page 120).

plein cintre, retombant sur des colonnettes dont les chapiteaux à feuillages sont couronnés d'épais tailloirs. Elles sont portées sur un banc de pierre de faibles dimensions.

268. ÉGLISE DE SAINT-CHRISTOPHE-SUR-DOLAIZON. *Coupe longitudinale.*

Il existe des arcs latéraux, dont le tailloir, creusé en larmier, ne fait pas retour du côté de la nef. Une chapelle a été ouverte au Nord à une époque bien postérieure.

La façade a été remaniée et le campanile refait ou construit en 1727.

L'extérieur de ce monument est assez svelte : de grandes arcades plein cintre, dans lesquelles sont percées des fenêtres refaites ou agrandies, occupent chacun des cinq pans de l'abside (pl. LXXXIII); d'autres éclairant les bras du transept ont aussi été retouchées. Une ouverture est pratiquée dans le mur méridional de la nef.

L'appareil en brèche volcanique rougeâtre est fort beau, et les joints assez minces à l'extérieur; à l'intérieur ils sont épais avec mortier débordant.

La corniche est une simple tablette formée d'un bandeau et d'un cavet; les contreforts n'ont pas d'ornements; les dalles qui recouvrent l'église sont posées directement sur la voûte.

L. SAINT-DIDIER-LA-SÉAUVE

L'église et le château de Saint-Didier figurent parmi les fiefs de

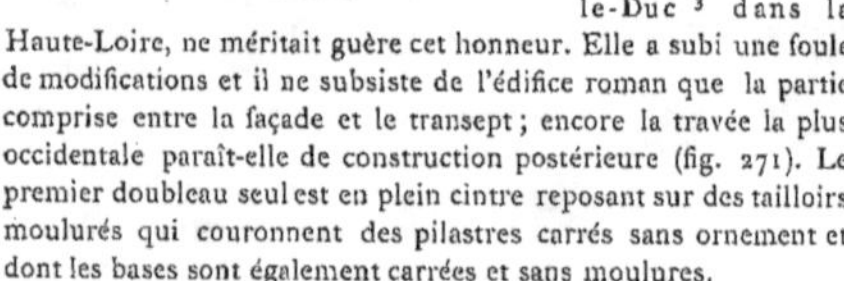

269. ÉGLISE DE SAINT-CHRISTOPHE-SUR-DOLAIZON.
Vue intérieure.

l'évêque dans des bulles d'Alexandre III et de Clément IV [1]. La cure était à la collation de l'évêque [2].

L'église, un des rares monuments signalés par Viollet-le-Duc [3] dans la Haute-Loire, ne méritait guère cet honneur. Elle a subi une foule de modifications et il ne subsiste de l'édifice roman que la partie comprise entre la façade et le transept; encore la travée la plus occidentale paraît-elle de construction postérieure (fig. 271). Le premier doubleau seul est en plein cintre reposant sur des tailloirs moulurés qui couronnent des pilastres carrés sans ornement et dont les bases sont également carrées et sans moulures.

Les deux autres travées ont, au contraire, des doubleaux à cintre très brisé retombant, le supérieur sur un pilastre carré, l'inférieur sur des demi-colonnes; ils sont bien moins épais au sommier qu'à la clé (fig. 270).

270. ÉGLISE DE SAINT-DIDIER-LA-SÉAUVE. *Vue intérieure.*

Les tailloirs ont des moulures curieuses et insolites, formées d'un méplat, d'un onglet et de deux gorges superposées. Les chapiteaux sont historiés : l'un, au Nord, est orné de têtes grimaçantes; sur un autre, au Sud, un homme, accroupi entre deux grosses têtes, tient les mains sur ses genoux; sur un troisième, un ange, de facture grossière, est entre d'autres anges dont la tête est très barbare. Il faut noter que l'astragale est taillé dans le bloc du chapiteau. Au Sud, une fenêtre, ouverte en pénétration dans la voûte, paraît d'époque romane.

Cette église est pourvue d'un seul bas-côté au Nord, disposition assez rare et qui paraît être primitive, car

1. Médicis, *édition Chassaing*, I, pages 76 et suivantes.
2. Rocher, *Pouillé du diocèse du Puy* (*Tablettes historiques du Velay*, IV, page 465).
3. *Dictionnaire raisonné*, V, p. 180.

les impostes des grandes arcades entourent les piliers sur leurs quatre faces. Ce collatéral est voûté en berceau plein cintre. Le transept n'existe que du côté du Nord : il est aussi voûté en berceau plein cintre. Au Sud, les arcs latéraux ont été percés après coup pour mettre la nef en communication avec des chapelles ajoutées : les reprises sont très visibles et les tailloirs ne se prolongent pas au-delà de la nef.

Les bases sont formées de deux tores séparés par un listel d'une gorge de même diamètre qu'eux. L'une d'elles, plus spéciale, se compose d'un tore et d'un bloc de pierre conique au sommet, pyramidal à la base.

La hauteur totale de la nef sous clé est de 8 mètres 25 centimètres.

Des chapelles latérales ont été ajoutées à l'époque gothique : l'une paraît dater de la fin du xve siècle. Cependant les ogives sembleraient plutôt de la fin du xiie siècle ;

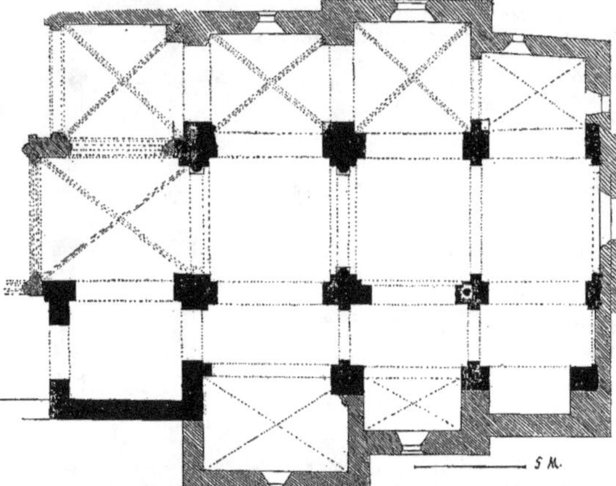

271. ÉGLISE DE SAINT-DIDIER-LA-SÉAUVE. *Plan par terre de la partie romane.*

ce sont trois tores accolés, absolument semblables à ceux du prieuré de Bellefontaine, près Noyon.

Cette renaissance du profil torique au xve siècle n'est pas un fait isolé ; on en trouve d'autres exemples dans la région [1] et dans des églises entièrement construites à cette époque.

LI. SAINT-ÉTIENNE-LARDEYROL

Au xe siècle, il existait une *parrochia* de Saint-Étienne-de-Combriol dans le mandement du château de Lardeyrol [2].

Le 18 juillet 1167 [3], Pierre de Solignac, évêque du Puy, fit don à la Chaise-Dieu du prieuré de Saint-Étienne-Lardeyrol. Les documents ne permettent pas de dire si le prieuré était uni à la mense conventuelle de l'abbaye et, en conséquence, conféré par le chapitre ou s'il était à la collation directe de l'abbé.

Il est possible que l'église ne

273. ÉGLISE DE SAINT-ÉTIENNE-LARDEYROL.
Coupe transversale.

272. ÉGLISE DE SAINT-DIDIER-LA-SÉAUVE. *Vue d'une travée.*

soit pas antérieure à cette époque : elle est, en effet, fort élégante ; sa nef unique est divisée en trois travées ; les deux plus occidentales sont voûtées d'un berceau plein cintre, supporté par des doubleaux qui reposent sur des piliers rectangulaires terminés par des chapiteaux à feuillage.

La troisième travée nous offre un exemple de cette disposition curieuse

1. A Sauvain et à Cleppé (Loire), à la Chaise-Dieu (Haute-Loire), etc., les nervures se profilent en un tore unique.
2. Cartulaire de Chamalières, édition Fraisse, n° 189.
3. Archives de la Haute-Loire, partie non inventoriée du fonds de la Chaise-Dieu, liasse de Saint-Étienne-Lardeyrol.

que nous avons déjà eu l'occasion de signaler à Bauzac et que nous retrouverons à Saint-Vidal. Elle est bien plus élevée que les autres et voûtée d'une coupole octogonale reposant de quatre côtés sur des trompes en cul-de-four (fig. 274). Cette coupole est ajourée à l'Est, dans sa partie supérieure, par une fenêtre largement ébrasée en dedans.

L'intérieur de cette espèce de tour lanterne ressemble un peu à l'étage inférieur des tours centrales des églises d'Auvergne.

Deux chapelles en forme de transept ont été ajoutées postérieurement. L'arc triomphal est en plein cintre surhaussé. L'abside, voûtée d'une demi-coupole, divisée en cinq compartiments d'arêtes, est à cinq pans sur ses deux faces. Elle est ornée à l'intérieur de cinq arcades en plein cintre, dont les trois plus orientales étaient seules ouvertes à l'origine et largement ébrasées. Deux fenêtres par travée, l'une au Nord, l'autre au Sud, éclairaient l'église ; celles du Nord ont été murées.

274. ÉGLISE DE SAINT-ÉTIENNE-LARDEYROL. *Coupe longitudinale.*

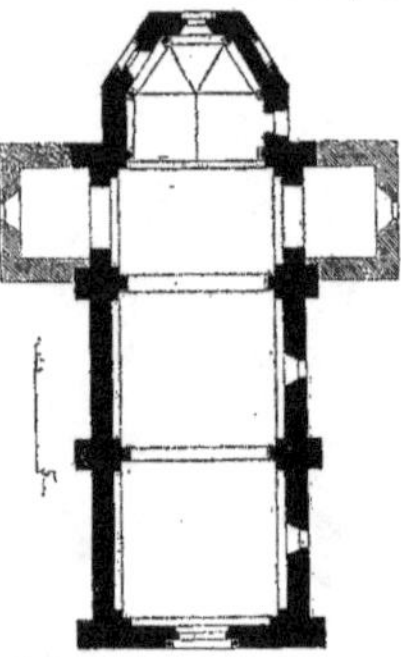
275. ÉGLISE DE SAINT-ÉTIENNE-LARDEYROL.
Plan par terre.

L'extérieur, relativement élancé, contient de jolis détails. La porte s'ouvre à l'Ouest, elle est encadrée extérieurement d'une seule voussure plein cintre reposant sur des colonnettes terminées par des chapiteaux (pl. xcii) ; sur l'un est sculptée une sirène ; sur l'autre une tête dont la bouche laisse échapper des feuillages. Au dessus, trois arcatures, également en plein cintre, décorent la façade; celle du milieu, qui est ajourée, repose sur des colonnettes dont les chapiteaux représentent, l'un des aigles, l'autre des griffons affrontés. Les extrêmes retombent sur des tailloirs pris dans la muraille.

Cette église est construite en blocs de tuf volcanique rougeâtre, très bien taillés et appareillés à joints minces. Les fenêtres de la nef ne sont pas ornées.

L'abside est pentagonale à l'extérieur (pl. xci); sur chaque face s'ouvrent des arcatures dont les plus occidentales sont trilobées et les autres en plein cintre. Elles étaient supportées par des colonnettes qui, pour la plupart, ont été enlevées.

La travée couverte d'une coupole comprend, à l'extérieur, un massif rectangulaire dépassant de beaucoup la hauteur des travées précédentes. Au niveau des trompes, ce massif se rétrécit en forme de pyramide barlongue dont le sommet ne tarde pas à être tronqué. Peut-être avait-on l'idée de faire une tour qui n'a pas été exécutée. Les arcades du campanile actuel ont été surélevées à une époque récente.

276. ÉGLISE DE SAINT-ÉTIENNE-LARDEYROL. *Vue intérieure.*

Les corniches, à simple tablette, ont le même profil que les tailloirs (méplat et cavet). Les chapiteaux des pilastres rectangulaires de la nef sont ornés d'un double rang de feuillages. Des aigles, des feuillages, des volutes proéminentes décorent ceux de l'abside.

D'une façon à peu près générale, l'astragale est pris dans le bloc du chapiteau, ce qui, dans la région, indique une date assez avancée.

Des arcades latérales règnent le long de la nef. Celles de la travée voûtée en coupole, sont portées à une grande hauteur (fig. 274).

LII. SAINT-FRONT

Le prieuré de Saint-Front eut pour collateurs les Seigneurs de Mazengon, avant 1096, et, à partir de cette époque, l'abbé de Saint-Chaffre [1]. Du temps de Guillaume IV, abbé de Saint-Chaffre, et d'Adhémar de Monteil,

277. ÉGLISE DE SAINT-FRONT. *Vue intérieure.*

c'est-à-dire vers 1096, quatre frères : Pierre, Guillaume, Pons et Guigues Bastard détenaient cette église *« quasi pro hereditate contra jus ecclesiasticum »*. Ces quatres frères, qui possédaient la forteresse de Mazengon, se préparaient à partir pour la croisade et se décidèrent, sur les instances de l'évêque et de l'abbé, à délaisser à saint Chaffre l'église et ses dépendances. Ils obtinrent, en échange, plus de mille sous d'or pour subvenir aux frais de l'expédition [2].

Après avoir été longtemps un prieuré [3], Saint-Front était une cure à l'époque de la Révolution.

Le plan primitif est encore bien reconnaissable, malgré l'adjonction d'une porte du XVIe siècle et de deux bas-côtés. Il comprend une nef de trois travées, coupée par un grand transept sur lequel s'ouvre une abside flanquée de deux absidioles.

Les doubleaux sont doublés et reposent, le premier sur un pilastre, le second sur une demi-colonne. Ils ont un profil rectangulaire, sauf celui qui sépare la nef du transept et qui est torique (fig. 277).

Les bras du transept sont voûtés de berceaux en plein cintre, perpendiculaires à la nef. Des arcs doublés et

278. ÉGLISE DE SAINT-FRONT. *Détail du transept.*

d'une disposition analogue à celle des doubleaux soutiennent la partie centrale, qui est recouverte d'une voûte d'arête barlongue (fig. 279).

Abside et absidioles s'ouvrent sur le transept sans l'intermédiaire de travées de chœur : toutes trois sont circulaires sur leurs deux faces. Les deux absidioles sont dissemblables : celle du Nord, extérieurement cachée en partie par une sacristie moderne, est plus large et plus ornée que l'autre ; elle est précédée d'une grande archivolte torique, supportée par des colonnettes (fig. 279).

L'arc triomphal repose sur des tronçons de colonnes portés en encorbellement (fig. 278). Son intrados est en plein cintre ; aussi, pour que l'extrados puisse embrasser la forme brisée de la nef, on a été obligé de tailler tous les claveaux d'une façon différente et leur largeur va en diminuant depuis la clé jusqu'aux sommiers.

L'abside a été débarrassée tout récemment d'une épaisse couche de mortier. L'appareil, en pierres volcaniques d'un gris sombre, est fort beau ; malheureusement, il assombrit l'église qui ne reçoit de jour que par les bas-côtés ainsi que par une grande fenêtre pratiquée dans chaque bras du transept et par une autre plus petite, percée au Sud de l'abside. Il existait d'autres ouvertures dans le fond des absidioles ; elles ont été murées.

1. *Cartulaire du Monastier*, édition Chevalier, n° 241, page 88.

2. Rocher, *Pouillé (Tablettes historiques*, IV, page 475).

3. Voir Archives de la Haute-Loire. G 10, folio 133. Bail par lequel Jacques de Chazeaux, prieur de Saint-Front, loue pour trois ans à Pierre Vigouroux, prêtre du diocèse du Puy, les revenus du prieuré, à la condition de réparer et entretenir les bâtiments et de payer pour les trois ans 12 livres tournois.

Le transept et les absides, seules parties de la construction romane visibles à l'extérieur, sont bâtis en belles pierres de taille à joints assez gros (pl. xciv). Les contreforts sont peu proéminents, les absidioles peu débordantes. L'abside est entourée, à une certaine hauteur, d'une rangée d'arcades plein cintre reposant sur des colonnettes. La corniche, formée d'une tablette se profilant en bandeau et en biseau, est supportée à l'abside par des modillons dont quelques-uns sont décorés de têtes et les autres de simples feuilles ; mais le tout est d'un travail assez grossier, ce qui peut tenir à la nature poreuse de la pierre employée.

Les sculptures de l'intérieur, exécutées sur du grès, sont, en général, beaucoup plus fines ; ce sont des feuillages parfois seuls, parfois entourant des têtes. Les moulures se composent de bandeaux, onglets et cavets aux tailloirs, de gorges et de tores aux bases [1].

L'ensemble de ce monument est trapu et ne manque pas de caractère ; il peut remonter au début du xiie siècle.

279. ÉGLISE DE SAINT-FRONT. *Vue du transept.*

LIII. SAINT-GENEYS-PRÈS-SAINT-PAULIEN

La nef de cette église voûtée en berceau et divisée en trois travées par deux doubleaux, reposant, l'un sur des pilastres rectangulaires sans tailloirs, l'autre sur un culot porté en encorbellement, aurait peut-être une origine romane, mais ne présente aucun caractère. Elle est suivie d'une abside de la Renaissance, sur laquelle s'ouvrent latéralement quatre chapelles.

Au-dessus de l'abside, on a placé une belle croix antéfixe, d'allure romane, qu'on nous a dit avoir été rapportée de Montredon, sans qu'il nous ait été possible de vérifier l'exactitude de cette assertion.

LIV. SAINT-GEORGES-L'AGRICOL

Cette dénomination est assez récente : c'est une déformation du nom de Saint-Georges et Agricol que le village avait longtemps porté [2]. Dans le courant du xie siècle, un membre de la famille de Beaumont s'était dessaisi, en faveur de la cathédrale du Puy, du droit de patronage qu'il possédait sur cette église. Peu après sa mort, les chanoines du Puy en firent, à leur tour, donation au couvent de Chamalières [3].

L'église romane, assez remaniée, se composait vraisemblablement d'une nef voûtée en berceau. La voûte d'arêtes actuelle a dû être refaite au xviie siècle, quand on a bâti, sur la façade, un joli clocher-porche qui porte la date de 1654.

La travée qui précède l'abside est voûtée d'une coupole sur pendentifs [4], de même rayon que ces derniers.

C'est l'unique exemple de coupole de ce genre que nous ayons rencontré en Velay. Les pendentifs sont soutenus, du côté de la nef, par un arc de grosses dimensions.

280. ÉGLISE DE SAINT-GEORGES-L'AGRICOL. *Vue intérieure.*

L'abside s'ouvre sur cette travée, par un arc en plein cintre surhaussé et légèrement outrepassé. Elle est

1. Hauteur de la nef : 7 m. 80 ; arc triomphal : 6 m. 15 ; transept : 6 m. 55.
2. Pontvianne (l'abbé), *Esquisse historique sur Saint-Georges-l'Agricol.* Le Puy, 1888, in-12.
3. *Cartulaire de Chamalières*, édition Fraisse, charte n° 239.
4. Cette coupole, construite en simple blocage, pourrait ne dater que du xviie siècle, époque où l'on fit de grands remaniements à l'église.

circulaire sur ses deux faces, ornée à l'intérieur de trois grandes arcatures à cintre surbaissé, reposant sur des colonnettes trapues, terminées par de grossiers chapiteaux. Un épais badigeon empêche de distinguer les détails ; les colonnettes sont elles-mêmes placées sur un socle élevé de 1 m. 40 au-dessus du sol.

L'abside est épaulée extérieurement par deux contreforts rectangulaires terminés par un glacis. Elle est éclairée au Sud par une fenêtre en plein cintre, probablement agrandie après coup.

Plusieurs fragments de sculptures, ayant appartenu à des monuments antérieurs, sont encastrés dans le mur de l'abside. Les uns sont gallo-romains ; d'autres, et ce sont les plus curieux, représentent des animaux dans le genre de ceux qu'on voit à Saint-Restitut, à Ainay ou à l'Ile-Barbe [1]. Seulement, ici la sculpture très plate est exécutée sur de la lave du pays.

Les chapelles, ajoutées à diverses époques et dont plusieurs portent les armes des d'Agrain, seigneurs de Mons, ont été ouvertes récemment, de façon à former un bas-côté. Les stalles et la chaire, datées de 1751, sont d'une assez bonne exécution.

LV. SAINT-GERMAIN-LAPRADE

Saint-Germain était le siège d'un prieuré de prémontrés dépendant de l'abbaye voisine de Doue [2].

Son église, fort curieuse, remonte à une époque antérieure à celle de la création de l'ordre des prémontrés.

La nef, voûtée en berceau, se compose de deux travées avec arcs latéraux et doubleaux simples, reposant sur des demi-colonnes avec chapiteaux ornés de feuillages.

A l'Est, le sanctuaire est établi au rez-de-chaussée d'une grosse tour carrée, dont la construction est indépendante de celle de l'église (fig. 282).

Le fond est orné de trois arcatures ; celle du milieu est un peu plus large et plus haute que les autres. Deux seulement sont appliquées au Nord et au Sud.

282. ÉGLISE DE SAINT-GERMAIN-LAPRADE. *Coupe longitudinale.*

On avait construit, probablement après coup, un mur séparant le sanctuaire de la nef, ainsi que le prouve un devis [3] conservé dans les archives de la fabrique et que le curé a bien voulu nous communiquer.

281. ÉGLISE DE SAINT-GERMAIN-LAPRADE. *Plan par terre.*

283. ÉGLISE DE SAINT-GERMAIN-LAPRADE. *Chapiteau de l'abside.*

Une coupole grossièrement bâtie recouvre ce sanctuaire ; elle est supportée par de grosses trompes en cul-de-four. Deux fenêtres peut-être récentes l'éclairent, une au Nord, l'autre au Sud. La décoration de cette partie est bien plus archaïque que celle de la nef. Les arcatures reposent sur des colonnes dont l'astragale est pris dans le même bloc que le fût. Certains chapiteaux n'ont que de simples moulures ; d'autres, de grossiers feuillages (fig. 285 et 287) dont quelques-uns sont simplement gravés ; sur un autre, un petit personnage lève les bras au ciel (fig. 283).

Il ne subsiste à la nef aucune trace de fenêtre primitive. Les arcs latéraux ont des impostes qui ne font pas retour du côté de la nef.

1. F. Thiollier, *Vestiges de l'art roman en Lyonnais* (*Bulletin archéologique du Comité des travaux historiques*, 1892, p. 386 à 411).

2. *Gallia Christiana*, II, col 770.

3. « Devis des ouvrages qu'il convient de faire à l'église de Saint-Germain-Laprade touchant la démolition du mur au doubleau qui sépare la nef de la dite église avec le sanctuaire, de la longueur convenable d'environ 20 pieds d'ouverture, pour ensuite y construire deux pilastres de 2 pieds d'épaisseur en pierre de taille des carrières de Blavozy, pour recevoir l'arc doubleau pour porter le mur du clocher aussi en pierre de taille, pour aussi faire une fenêtre de 3 pieds 1/2 de large sur 5 pieds de hauteur de la susdite pierre dans le sanctuaire du côté de la sacristie » 1755.

Des chapelles ont été ajoutées au Nord et au Sud : celle qui est consacrée à saint Jean est datée de 1529.

La façade a été sinon refaite, du moins bien remaniée. Le portail assez richement sculpté se compose de deux archivoltes (pl. cvi) ; la plus intérieure décorée de bâtons rompus, et reposant sur des pilastres ; l'extérieure, formée d'un biseau entre deux tores, retombe sur des colonnettes à chapiteaux ornés de têtes et de feuillages (fig. 286). L'astragale fait partie du fût.

Dans la construction des murs latéraux on a employé des matériaux plus anciens; nous signalerons des têtes sculptées en haut relief.

Le clocher, d'aspect massif à l'extérieur, passe du plan rectangulaire au plan octogonal, qu'il conserve jusqu'au sommet en se rétrécissant un peu ; mais la partie supérieure a été construite en 1824[1]. Il

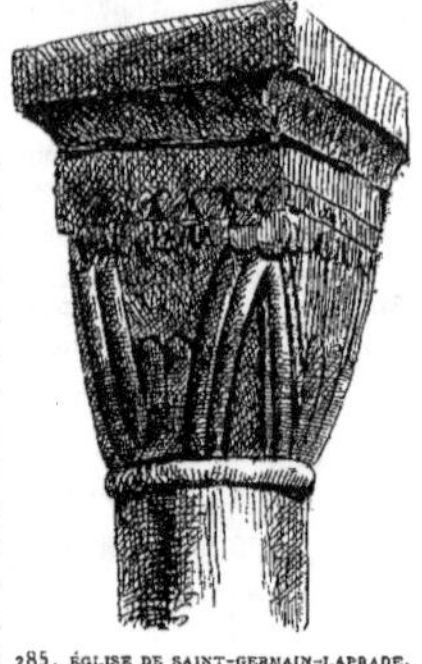

285. ÉGLISE DE SAINT-GERMAIN-LAPRADE.
Chapiteau de l'abside.

semble que les huit fenêtres en plein cintre et sans ornement font partie de la construction romane.

L'aspect massif de ce clocher, ses murs épais, l'absence d'ouverture jusqu'à une certaine hauteur le font plutôt ressembler à un donjon.

Du reste, Saint-Germain-Laprade, situé sur la route qui conduisait du Puy au Vivarais, était le siège d'une importante baronie diocésaine, et il est fort possible que ce clocher ait été utilisé, sinon construit, dans un but défensif (pl. xcvi).

On y accède aujourd'hui par un escalier pratiqué extérieurement à une époque postérieure. Les réparations exécutées au xviiie siècle ont dû faire disparaître la disposition primitive.

L'appareil est relativement grossier, les pierres, à peine

287. ÉGLISE DE SAINT-GERMAIN-LAPRADE.
Chapiteau de l'abside.

286. ÉGLISE DE SAINT-GERMAIN-LAPRADE. *Détails du portail.* équarries, sont noyées dans un épais lit de mortier. La pierre de taille n'est employée qu'aux angles, et ces considérations, jointes au caractère archaïque de l'intérieur, nous permettent d'attribuer à ce clocher une date assez reculée, au milieu du xie siècle peut-être, tandis que la nef nous semble avoir été bâtie au début du xiie siècle.

LVI. SAINT-HAON

« La collation de cette cure semble avoir appartenu dans l'origine au prévôt du chapitre de la cathédrale. En 1246, Armand de Polignac transigea avec les chanoines pour l'union de la cure à la manse du chapitre[2]. »

L'église est, sans contredit, l'une des plus originales de la région, par la disposition et l'ornementation de sa curieuse abside qui, extérieurement, après une petite travée droite suivie d'un léger retrait, présente cinq pans dont ceux de l'Est et du Sud-Est sont seuls ajourés par de grandes fenêtres à double ébrasement. L'appareil

[1]. Archives de la fabrique.
[2]. Rocher, *Pouillé*, etc... (*Tablettes historiques*, cinquième année, 1874-1875, page 106). *Gall. christ. eccl. Anic.*, tome II, col. 749.

superbe se compose de gros blocs volcaniques très bien taillés, assemblés à petits joints ; au-dessus des fenêtres, on voit une rangée de trous de boulins, tandis qu'au dessus des fondations, la construction forme un léger talus dont les assises supérieures sont taillées en glacis. Mais la partie la plus intéressante est la corniche supérieure, qui est formée, comme à Saint-Jean-La-chalm, d'arcatures bien plus grandes que celles qu'on rencontre d'habitude à cette place : un modillon, sur lequel sont sculptées des têtes toutes différentes d'hommes ou d'animaux, supporte un sommier unique d'où partent les deux arcatures conti-guës, appareillées avec le plus grand soin et dont la partie inférieure se profile en forme de tore ; c'est le même principe qu'à Saint-Jean-Lachalm, mais à Saint-Haon, le travail est bien autrement soigné (pl. xcii *bis*).

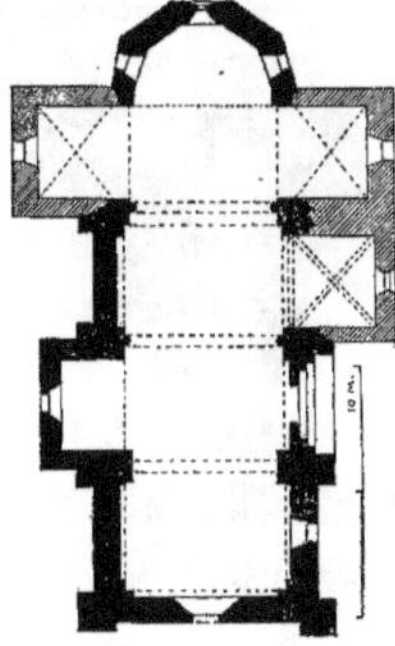

288. ÉGLISE DE SAINT-HAON.
Plan par terre.

L'appareil du reste de l'église est également très beau. La porte d'entrée est au Sud, à la seconde travée ; elle s'ouvre dans un massif de maçonnerie placé en avant du mur ; cette disposition, très fréquente dans d'autres régions, est excep-tionnelle en Velay : le portail lui-même est composé de trois voussures toriques précédées d'un grand arc ; les six colonnettes qui les supportaient ont disparu. La façade, très simple, est ajourée d'un *oculus*. De chaque côté, une chapelle a été ajoutée au xve siècle à la place habituelle du transept, tandis qu'en face de la porte une autre chapelle serait peut-être d'origine romane. Le campanile, qui s'élève au-dessus de l'arc triomphal, ne paraît pas antérieur au xvie siècle.

Intérieurement, cette église comprend deux travées voûtées en berceau brisé séparées par un doubleau reposant sur des demi-colonnes avec chapiteaux à feuil-lages ; une corniche se profilant en un bandeau et un cavet marque la naissance de la voûte ; sur les côtés, des arcs de décharge ont une courbure très aiguë. Ces deux travées de nef sont suivies, après une légère retraite, d'une autre voûte en berceau, mais moins élevée et comprise entre deux doubleaux également supportés par des colonnes engagées, reposant elles-mêmes sur un socle assez élevé. Peut-être faut-il voir là une sorte de chœur précédant l'abside, qui, comme à l'extérieur, présente cinq pans à l'intérieur.

Elle n'a d'autre ornement que la corniche marquant le point de naissance de la voûte.

Tout l'intérieur du monument est couvert d'un badigeon cachant probablement un bel appareil en pierres de taille.

La forme brisée de certains arcs et le soin apporté à toute la construction nous permettent de dater ce mo-nument de la seconde moitié du xiie siècle.

LVII. SAINT-HILAIRE-CUSSON-LA-VALMITTE

Saint-Hilaire est qualifié de prieuré dans les pouillés des archives du Vatican : celui de 1516 [1] mentionne cette église comme étant une cure à la no-mination du prieur de Saint-Rambert-sur-Loire.

289. ÉGLISE DE SAINT-HILAIRE. *Vue intérieure.*

Extérieurement, elle semble être un monument homogène de la fin du xve siè-cle : le remplage des fenêtres indique cette époque, ainsi qu'un porche en avancement, semblable à ceux qu'on rencontre en assez grand nombre dans la partie avoisinante du Forez ; ce porche est plaqué sur la façade occidentale dont un clocher, surélevé, il y a une trentaine d'années, d'un étage d'assez mauvais style, occupe l'angle septentrio-nal.

A l'intérieur, deux collatéraux, pa-raissant construits de la fin du xve à la fin du xvie siècle, flanquent une nef voûtée en

290. ÉGLISE DE SAINT-HILAIRE.
Chapiteau de l'abside.

berceau, divisée en trois travées dont les deux premières pourraient ne remonter qu'à la fin du xve siècle, car

1. Archives Nationales, Gª 1, folio 443 recto.

les doubleaux, dépourvus de style, se prolongent jusqu'au sol sans être interrompus par un tailloir ou un chapiteau.

La partie franchement romane ne commence qu'avec la troisième travée ; le doubleau qui la précède est doublé et retombe, par l'intermédiaire d'un tailloir, sur un dosseret rectangulaire (fig. 289).

291. ÉGLISE DE SAINT-HILAIRE.
Chapiteau de l'abside.

L'abside s'ouvre sur cette travée après une petite retraite. Elle est circulaire sur ses deux faces et décorée intérieurement de trois arcatures en plein cintre reposant sur quatre colonnettes isolées, portées sur un bahut continu, élevé d'un mètre deux centimètres, et se profilant en un bandeau, un filet et un cavet.

Deux de ces colonnettes sont cylindriques, les deux autres, octogonales. Deux des bases sont formées de deux tores superposés (fig. 292), les deux autres, d'une gorge peu prononcée entre deux tores de dimensions sensiblement égales ; l'une d'elles a deux griffes très rudimentaires dont la forme se rapproche de celle d'une sphère (fig. 292), les chapiteaux sont également assez barbares : deux sont couverts de feuillages de peu de relief (fig. 291) ; les angles d'un troisième sont pourvus de grosses têtes (fig. 290) ; enfin, sur le quatrième, on voit deux volutes stylisées (fig. 292).

292. ÉGLISE DE SAINT-HILAIRE.
Colonnettes de l'abside.

Cette abside était autrefois éclairée par trois fenêtres : l'une dans l'axe de l'église est actuellement murée, les deux autres donnent dans des chapelles ajoutées après coup. Du reste, cette abside est englobée dans une maçonnerie récente, bâtie en avancement et laissant entre les deux constructions un espace vide formant une sorte de vestibule d'un mètre de largeur.

Le plan de cet édifice n'offre aucune particularité et nous nous contenterons d'en donner les dimensions. Il mesure dans œuvre 20 mètres 90 de longueur et l'abside, à la naissance du cul-de-four, a une largeur de 4 m. 40. Nous aurons signalé toutes les constructions romanes de l'édifice quand nous aurons indiqué une piscine plaquée contre la paroi méridionale de l'abside ; elle se profile en un bandeau, une gorge, deux filets, un quart de rond et une doucine. Enfin, une fort belle chaire en bois, du XVIIIe siècle, mérite, à elle seule, une visite ; sur un des panneaux on lit : SP. *SCULP.*

LVIII. SAINT-JEAN-LACHALM

L'église de Saint-Jean-Lachalm et la chapelle voisine de Mirmande furent données au prieuré de Lavoûte-Chilhac, de l'ordre de Cluny, en 1025, lors de sa fondation par saint Odilon et la famille de Mercœur [1].

On trouve dans cette église quelques caractères qu'on ne rencontre pas dans les autres monuments religieux de la région. La nef comprend trois travées dont la première paraît avoir été faite après coup (fig. 293) ; la voûte en berceau brisé et à cintre surhaussé part d'une corniche de profil torique qui aboutit au-dessus des chapiteaux dont elle forme le tailloir. Cette corniche avait pu, au moment de la construction, servir de support aux cintres de la voûte.

Le doubleau central est doublé,

293. ÉGLISE DE SAINT-JEAN-LACHALM. *Plan par terre.*

1. « Sunt et aliae dunc ecclesiae, non cum duabus sed cum una parrochia consistentes, in episcopatu Vallavensi; una in honore Sancti Johannis Domini precursoris et alia in honore Beati Petri apostoli consecrata » (*Ann. ord. S. Benedict saec VI, pars I,* page 635).

et les ressauts reposent, l'un sur un dosseret rectangulaire, l'autre sur une petite colonne trapue soutenue par un corbeau (fig. 294).

Le tailloir qui, nous l'avons dit, n'est que la continuation de la moulure torique placée à l'imposte de la voûte, conserve ce profil au-dessus de certains chapiteaux, tandis qu'à d'autres il a un profil rectangulaire.

Le chevet est terminé par un mur plat. Il n'y a pas de trace de remaniement, c'était donc probablement là sa forme primitive.

Il est ajouré, dans l'axe de l'église, d'une fenêtre carrée percée à une époque récente. Deux œils-de-bœuf, actuellement murés et bien appareillés, étaient peut-être les seules ouvertures primitives.

Il aurait pu y avoir des arcades latérales, ouvertes après coup, pour donner accès aux chapelles ajoutées : nous en doutons cependant, car il n'en subsiste pas la moindre trace.

294. ÉGLISE DE SAINT-JEAN-LACHALM. *Vue intérieure.*

295. FAÇADE DE L'ÉGLISE DE SAINT-JEAN-LACHALM.

A l'extérieur (pl. xcvii), une série d'arcatures, dont l'arête est abattue en forme de boudin, supporte la corniche qui se profile en larmier à la travée orientale ; aux autres, c'est un méplat et un biseau. Ces arcades ont un cintre en anse de panier ; elles sont fort larges et hors d'échelle avec le monument. Les deux arcades juxtaposées partent toutes d'un sommier unique à l'exception de la plus orientale qui est encore plus large que les autres. Il ne nous semble cependant pas qu'on puisse voir, dans cette différence de détail, une indice de remaniement ou d'adjonction.

La façade et la travée qui la précède immédiatement ont été remaniées (fig. 295). La date de 1700 est gravée sur le campanile : nous nous demandons s'il n'y aurait pas eu une reconstruction totale de cette partie avec remploi des matériaux anciens. L'interruption des arcatures de la corniche, un peu en avant du campanile, semblerait en être un indice.

Le portail est au Sud ; peut-être a-t-il été déplacé : il est encadré par une grande arcade en plein cintre, non extradossé, et présente un certain luxe d'ornementation. Il est formé de quatre voussures composées chacune de deux tores et d'un biseau retombant de chaque côté sur deux ressauts du mur et sur deux colonnettes (fig. 296).

La voussure la plus intérieure est formée de bâtons brisés d'angle très ouvert. L'astragale fait partie du fût. Une des colonnettes a disparu ; on l'a remplacée par un morceau de bois dans lequel on a taillé un astragale. Malheureusement, un épais badigeon a empâté certains détails de ce charmant morceau d'architecture.

296. PORTAIL DE L'ÉGLISE DE SAINT-JEAN-LACHALM.

L'église est construite en pierres de taille volcanique, de teinte rougeâtre ; elle ne semble pas être antérieure au début du xiie siècle.

La sacristie, adossée au chevet, est couverte d'une voûte en quart de cercle, elle paraît être de construction assez récente.

LIX. SAINT-JEURES

Une voûte en berceau, dont le cintre est très brisé, recouvre la nef unique de cette église [1] (fig. 297) à laquelle des chapelles ont été ajoutées à une époque postérieure.

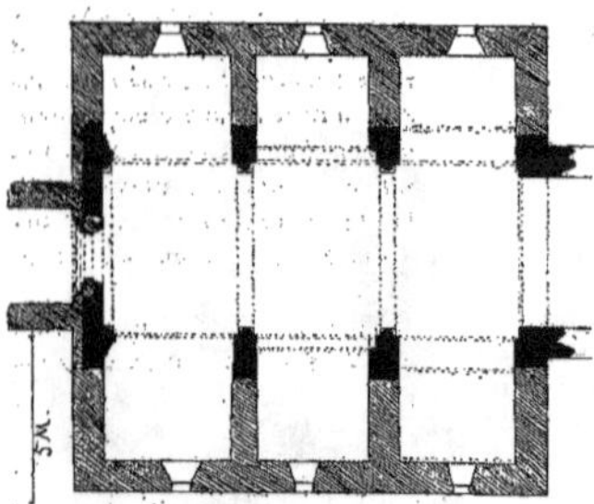

297. ÉGLISE DE SAINT-JEURES. *Plan par terre de la porte romane.*

Elle est divisée en trois travées par des doubleaux épais qui ont la forme d'un rectangle, dont deux angles sont abattus et se profilent en tore (fig. 299). Cette moulure ne se prolonge pas sur les sommiers, dont quelques-uns sont décorés d'une petite tête (fig. 300).

298. ÉGLISE DE SAINT-JEURES. *Vue intérieure.*

Les doubleaux sont supportés par des demi-colonnes peu épaisses couronnées plutôt par un double tailloir que par un chapiteau (fig. 300) ; l'inférieur, formé d'un méplat et d'un cavet parfois décoré de petites sphères ; le supérieur, d'une grosse masse rectangulaire.

Les bases rectangulaires sont ornées d'oves (fig. 301).

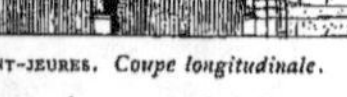

299. ÉGLISE DE SAINT-JEURES. *Coupe longitudinale.*

Un transept assez bas est voûté d'un berceau plein cintre soutenu par des doubleaux ; il est probablement de construction postérieure.

La nef ne conserve plus de traces de fenêtres ; mais les arcs latéraux ont été complètement percés pour donner accès aux chapelles ajoutées. Peut-être, avant cela, y avait-il des fenêtres. L'ouverture qui éclaire la façade a été agrandie après coup.

L'église est construite en granit, ce qui explique l'absence de sculpture ; elle paraît dater du début du xıı[e] siècle. La façade est précédée d'un porche simple, mais robuste, du xve siècle [2].

301. ÉGLISE DE SAINT-JEURES. *Bases des colonnes de la nef.*

300. ÉGLISE DE SAINT-JEURES. *Chapiteau et sommier.*

LX. SAINT-JULIEN-CHAPTEUIL

Saint-Julien-Chapteuil, un des chefs-lieux de canton les plus importants de la Haute-Loire, était, avant la Révolution, le siège d'un prieuré dépendant de la Chaise-Dieu [3].

L'église, dont la première travée menaçait ruine, fut, en 1872, l'objet d'importantes réparations, dirigées par l'architecte Leculé qui en refit la

---

1. L'évêque du Puy semble avoir été, au moyen âge, le collateur de cette cure dont le droit de nomination appartint, dans la suite, aux jésuites de Lyon. — Rocher, *Pouillé* (*Tablettes historiques*, IV, page 474).

2. Il est question de réparer et d'agrandir l'église de Saint-Jeures. Un projet exécuté par M. Verdier, architecte départemental, conserverait toute la partie ancienne et mériterait en tous points d'être adopté.

3. Rocher, *Pouillé*, etc. (*Tablettes historiques*, quatrième année, 1874, page 509). — Archives de la Haute-Loire, fonds de la Chaise-Dieu, liasse de Saint-Julien-Chapteuil.

façade et la première travée ; mais, dans le reste de l'édifice, il semble qu'on se soit borné à un grattage qui, sauf à

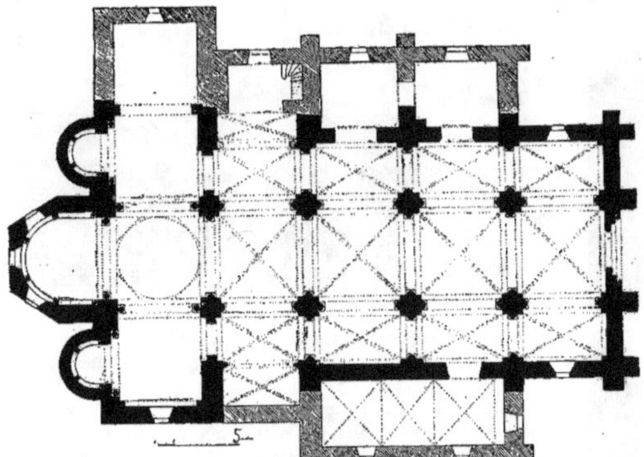

3o2. ÉGLISE DE SAINT-JULIEN-CHAPTEUIL. *Plan par terre.*

l'abside, aujourd'hui couverte de peintures, laisse voir un appareil superbe en moellons taillés [1].

Dans l'état actuel, l'église de Saint-Julien-Chapteuil comprend une nef flanquée de bas-côtés divisés en quatre travées par des doubleaux ; cette nef et ces bas-côtés sont recouverts de voûtes sur croisées d'ogives du xve ou du xvie siècle (fig. 3o2), mais les murs et les piliers remontent certainement à l'époque romane. Ces derniers sont formés de massifs rectangulaires pourvus de quatre demi-colonnes.

Les chapiteaux romans ont été conservés à la nef ; mais au-dessus d'eux, on a augmenté l'épaisseur des tailloirs, ce qui a permis de porter à un niveau un peu plus élevé l'imposte des voûtes (fig. 3o3), tandis qu'aux bas-côtés ces chapiteaux ont été détruits et remplacés par une moulure dépourvue de style (fig. 3o6).

Quelle était la disposition primitive des voûtes ? On ne peut se prononcer avec certitude sur ce point ; mais il serait possible que les bas-côtés eussent été à la manière auvergnate couverts de voûtes en quart de cercle, car on voit encore à l'extrémité du collatéral Sud un arc affectant pareille forme.

Quant à la nef, nous n'avons relevé aucun indice permettant de nous éclairer. Mais en comparant cette église à plusieurs autres de la région pourvues de galeries latérales, on serait amené à penser qu'elle était

304. ÉGLISE DE SAINT-JULIEN-CHAPTEUIL. *Vue du transept.*

3o3. ÉGLISE DE SAINT-JULIEN-CHAPTEUIL. *Vue intérieure.*

couverte d'une voûte en berceau ; il eût alors fallu qu'au-dessus des chapiteaux actuels prît naissance une seconde colonne permettant de porter à un niveau plus élevé l'imposte des doubleaux ; et n'hésitons pas à ajouter que la chose n'aurait rien d'impossible.

1. Archives de la commune, registre de délibération du conseil municipal, année 1874.

Nous avons déjà signalé cet étagement de supports à Monistrol; il existe dans certaines églises se rattachant à l'école provençale [1].

305. ÉGLISE DE SAINT-JULIEN-CHAPTEUIL. *Coupe transversale.*

Telles sont les deux hypothèses qui nous paraissent les plus admissibles.

Au-delà de la quatrième travée, nef et bas-côtés sont coupés par un large transept, couvert d'une voûte en berceau plein cintre, et qui paraît bien nous être parvenue tel que l'époque romane nous l'a laissé.

306. ÉGLISE DE SAINT-JULIEN-CHAPTEUIL.
Vue du bas-côté méridional.

Une légère modification a été apportée à l'extrémité du bras méridional; on l'a allongé et, par suite, le mur terminal a été démoli.

Sur chacun des bras du transept s'ouvrent des absidioles semicirculaires sur leurs deux faces, et décorées intérieurement d'arcatures plaquées qui prennent elles-mêmes naissance sur un bahut assez élevé (fig. 305).

Le carré du transept est recouvert d'une coupole portée sur de petits arcs en encorbellement : cette coupole est fort bien appareillée et, quoiqu'elle soit construite sur plan octogonal, les angles en sont à peine visibles.

Comme les absidioles, l'abside s'ouvre directement sur le transept sans l'intermédiaire d'une travée de chœur.

A l'arc triomphal, nous retrouvons un profil que nous avons déjà signalé au porche du Puy : il se compose d'un tore pris au milieu d'une gorge.

308. CHAPITEAU DE L'ÉGLISE DE SAINT-JULIEN-CHAPTEUIL.

Cette abside est voûtée d'un cul-de-four allongé; les murs sont, comme aux absidioles, décorés d'arcatures toriques reposant sur de longues colonnettes.

La disposition actuelle des voûtes empêche que la nef soit directement éclairée; le jour ne vient donc que par l'abside, les absidioles, les bas-côtés et les chapelles ajoutées après coup.

Les fenêtres de l'abside sont larges, à fort ébrasement intérieur ; les dimensions de celles des absidioles sont moindres ; quant à celles des bas-côtés, elles ne sont intactes qu'au Nord ;

307. CHAPITEAUX DE L'ÉGLISE DE SAINT-JULIEN-CHAPTEUIL.

l'ébrasement ne s'y voit aussi qu'à l'intérieur.

Extérieurement, l'église est construite en bel appareil volcanique, appareillé à joints assez gros.

L'abside présente, en plan, la forme d'un demi-octogone (pl. xciii). Elle est bâtie sur un rocher abrupt dominant la vallée, cette situation permet de croire qu'elle a été fortifiée et les trous de boulin qu'on voit à la partie supérieure pourraient avoir été destinés à supporter un hourdage.

---

1. Notamment à l'ancienne cathédrale de Saint-Paul-Trois-Châteaux et à l'église de Champagne (Ardèche), cette dernière, bien plus rapprochée du Velay (voir fig. 91).

Le clocher a été construit en 1880. Il est placé latéralement à l'église, le long du bas-côté méridional et se compose de deux étages d'ouvertures géminées au premier et simples au second : le style en est assez bon et l'architecte semble s'être heureusement inspiré des monuments romans de la région.

La sculpture des chapiteaux mérite d'attirer l'attention : comme presque partout ailleurs, ils sont en grès de Blavozy et ceux qui font partie des réparations modernes sont exécutés dans un style digne d'éloges. Parmi ceux de la nef qui appartiennent à l'époque romane, nous mentionnerons spécialement deux colombes sur des arcatures, des feuillages, des têtes et des disques disséminés, sans ordre, sur la corbeille (2ᵉ travée) ; encore des feuillages alternant avec des têtes, des pommes de pin (3ᵉ travée, fig. 307) ; au transept et aux absides, des aigles et des lions affrontés ; un aigle aux ailes déployées et de la plus belle allure ; enfin, deux sirènes disposées face à face sur deux des colonnettes (fig. 306).

L'église que nous venons d'étudier était celle du prieuré et paraît dater de la première moitié du xiiᵉ siècle ; il y en avait une autre, dédiée à saint Robert, qui servait aux exercices paroissiaux. Cette dernière est aujourd'hui complètement détruite.

LXI. SAINT-JULIEN-D'ANCE

Saint-Julien-d'Ance, autrefois siège d'un prieuré dépendant de Doue [1], possède une église assez curieuse, de la première moitié du xviᵉ siècle. Sur la façade on a rapporté une porte romane (pl. cviii, nº 2). Comme toutes les autres portes de la région, elle n'a ni tympan ni linteau.

La baie est entourée de deux voussures en plein cintre, de profil rectangulaire, dont l'arête extérieure est simplement abattue ; une rangée de petites sphères l'entoure extérieurement. Les archivoltes reposent sur deux colonnettes terminées par des chapiteaux à feuillages. L'astragale fait partie du fût.

Sous l'abside, se trouve une crypte hexagonale. Elle est voûtée sur branches d'ogives, reposant à chaque angle sur des colonnettes engagées dans la muraille. L'entrée est à l'extérieur ; la porte est ancienne ; elle semble contemporaine du monument qui paraît avoir été construit en 1520 [2]. L'église est bâtie sur un terrain très accidenté, et il est probable qu'on a préféré avec raison faire une crypte qu'un remblai. Les cryptes de la dernière période gothique sont fort rares. Nous avons cru bon de signaler ce monument bien qu'il n'ait point de rapports avec ceux que nous étudions actuellement.

LXII. SAINT-JULIEN-DU-PINET

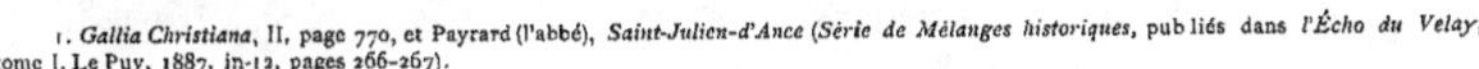

Bien que qualifiée de prieurale dans les pouillés et dans plusieurs actes, dont le plus ancien semble être un accord de 1302 concernant le château de Mézères [3], il a été impossible jusqu'à ce jour de connaître la filiation spirituelle de l'église de Saint-Julien-du-Pinet.

Le clocher a été reconstruit en 1870 ; la nef paraît également récente, mais on a placé sur la façade une assez jolie porte du xvᵉ siècle.

L'abside romane, bien conservée, présente cinq pans à l'extérieur ; elle est circulaire intérieurement. Un contrefort, probablement postérieur à la construction de cette abside, a été bâti dans l'axe de l'église. A quarante centimètres environ de la toiture actuelle, qui paraît avoir été légèrement surélevée, on voit les débris de la corniche primitive formée d'un bandeau, d'un onglet, d'une gorge et d'un cavet.

Cette abside, voûtée en cul-de-four, est éclairée par deux fenêtres à large ébrasement, mais fortement retouchées.

L'arc triomphal, en cintre brisé, repose sur des demi-colonnes terminées par des chapiteaux couverts de grandes feuilles assez grossièrement sculptées.

Les tailloirs ont le même profil que la corniche extérieure. Les bases des colonnes reposent sur un bahut peu élevé faisant le

309. CHAPELLE DE SAINT-JULIEN-LA-TOURETTE. *Vue intérieure.*

1. *Gallia Christiana*, II, page 770, et Payrard (l'abbé), *Saint-Julien-d'Ance (Série de Mélanges historiques*, publiés dans *l'Écho du Velay*, tome I. Le Puy, 1887, in-12, pages 266-267).
2. Payrard, *op. cit.*, page 270.
3. *Gallia Christiana*, II, 721. — Rocher, *Pouillé*, dans les *Tablettes historiques*, IV, pages 483 et 519-520.

tour de l'abside. La brisure du doubleau et le profil des tailloirs et de la corniche indiquent que cette église dut être construite vers le milieu du xııᵉ siècle.

LXIII. SAINT-JULIEN-LA-TOURETTE

La chapelle du prieuré de Saint-Julien-la-Tourette, dépendance de la Chaise-Dieu, se dresse encore dans un site des plus pittoresques, dominant la rive droite de la Dunière; les quelques maisons qui l'entourent dépendaient pour le spirituel de la paroisse de Saint-Pal-de-Mons[1]. Elle est bien mutilée. La nef unique ne comprend plus aujourd'hui qu'une seule travée, mais il devait autrefois y en avoir une seconde dont on voit le point de départ. La voûte actuelle semble

310. CHAPELLE DE SAINT-JULIEN-LA-TOURETTE.
Vue extérieure.

311. CHAPITEAU DE LA CHAPELLE
DE SAINT-JULIEN-LA-TOURETTE.

refaite à une époque relativement récente, ainsi que la façade occidentale. Des arcades très épaisses sont appliquées contre les murs; elles reposent sur des colonnes à peine engagées, terminées par des chapiteaux à feuillage surmontés de gros tailloirs se profilant en un bandeau et un cavet ou un biseau (fig. 311). L'arc triomphal retombe sur un dosseret rectangulaire proéminent.

L'abside circulaire sur ses deux faces est intérieurement décorée de cinq arcades plein cintre, supportées par des colonnettes placées elles-mêmes sur un bahut continu, de 30 centimètres de hauteur (fig. 309); les chapiteaux sont ornés de grossiers feuillages. Cette abside est éclairée par trois étroites fenêtres à ébrasement intérieur et dont le cintre extérieur est taillé dans un seul bloc de pierre (fig. 310).

Tout l'édifice est construit en moellons de granit à peine équarris (fig. 310). Il mesure actuellement 7 m. 55 de longueur et 5 mètres de largeur; une porte rectangulaire, de création récente et dépourvue de style, s'ouvre à l'Ouest.

Aucune autre particularité n'est à signaler.

La fin du xıᵉ siècle paraît être l'époque de la construction de cette chapelle.

LXIV. SAINT-MAURICE-DE-LIGNON

Saint-Maurice-de-Lignon était le siège d'un prieuré relevant de la Chaise-Dieu. Le curé était nommé par le prieur[2]; l'église ne présente qu'un intérêt restreint. La nef seule est romane; elle est divisée en trois travées et couverte de voûtes qui ne paraissent pas primitives (fig. 312). Les arcades appliquées le long des murs ont été ouvertes pour donner accès à des collatéraux construits, selon toute apparence, au xvııᵉ ou au xvıııᵉ siècle.

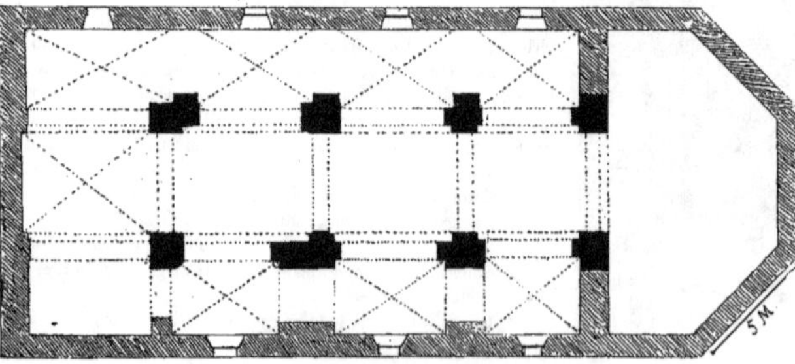

312. ÉGLISE DE SAINT-MAURICE-DE-LIGNON. *Plan par terre.*

1. Rocher, *Pouillé (Tablettes historiques*, 4ᵉ année, 1874, pages 528 et 529).
2. Rocher, *Pouillé (Tablettes historiques*, 4ᵉ année, pages 487 et 524).

LXV. SAINT-MAURICE-DE-ROCHE

Saint-Maurice est qualifié de prieuré dans le pouillé dressé en 1516 pour la levée des décimes [1]. L'église avait été donnée, en 1080, au prieuré de Chamalières [2].

Elle comprend une nef flanquée de collatéraux se terminant par un mur plat. Une grande abside s'ouvre sur la nef; elle est à cinq pans à l'extérieur; à l'intérieur, elle se termine, comme à Beaulieu, en forme de demi-cercle sur lequel viennent s'ouvrir trois petites absidioles (fig. 313). La largeur de ces deux absides est sensiblement la même.

La nef voûtée en berceau brisé est divisée en deux travées par un doubleau simple. Un mur porté sur un arc doublé, également en tiers point, sert d'appui à des trompes en cul-de-four sur lesquelles est construite une coupole octogonale.

Les piliers qui supportent le doubleau sont cruciformes (fig. 313), ceux qui sont placés à la base de la coupole ont un double ressaut. Tous sont couronnés par un simple tailloir sur chaque face duquel est gravé en creux un petit cartouche. Les bases ne sont pas ornées.

313. ÉGLISE DE SAINT-MAURICE-DE-ROCHE. *Plan par terre.*

Les nefs latérales ont dû être refaites à une époque postérieure : elles sont très larges et, au point où elles viennent se souder à la nef, on voit sur la façade une différence sensible d'appareil. Leurs fenêtres sont grandes, à cintre brisé, décorées de moulures du XVIe siècle; les contreforts d'angle sont disposés obliquement et dans le sens de la poussée de la voûte d'arêtes; le cintre des doubleaux est extrêmement brisé; enfin, il n'y a pas d'arcs appliqués le long des murs des collatéraux, ce qui ferait de cette église une exception. Toutes ces raisons réunies nous font croire à une réfection des voûtes et à un agrandissement des bas-côtés; mais ces réparations ont été faites avec une grande habileté.

Les voûtes d'arêtes des collatéraux montent actuellement assez haut pour contrebuter la poussée du berceau de la nef (fig. 314).

L'église ne reçoit de jour que par les grandes fenêtres des nefs latérales, et par une ouverture, refaite ou agrandie, disposée sur la façade.

La porte occidentale est seule ancienne; elle est fort simple, assez large, sans ébrasement et dépourvue de tympan et de linteau.

Un clocher carré s'élève sur la coupole; il est divisé en deux étages par une corniche. La partie supérieure est seule ajourée sur chaque face par une grande baie en plein cintre à double voussure (pl. XCV).

La corniche de l'abside, formée d'une simple tablette, se profile en un bandeau et un cavet.

314. ÉGLISE DE SAINT-MAURICE-DE-ROCHE. *Coupe transversale.*

La partie romane de l'édifice est construite en fort belles pierres de taille volcaniques dont la teinte varie du jaune clair au rouge et au gris, les joints sont fins; certaines parties des murs sont cependant moins soignées. Ceux des bas-côtés, que nous supposons avoir été refaits, sont en grossier blocage noyé dans du mortier. La partie romane de l'église ne paraît pas antérieure au dernier quart du XIe siècle.

1. Prior Sancti Mauricii de Rocha, 5o l., arch. nat., G' 1, fol. 444.
2. *Cartulaire de Chamalières*, éd. Fraisse, page 76.

LXVI. SAINT-PAL-EN-CHALENCON [1]

Deux travées de cette église paraissent romanes. Elles sont supportées par un doubleau reposant sur des imposte dépourvues d'ornement. Les arcs sont brisés.

Le reste a été complètement remanié. L'abside est du xv⁰ siècle ; le collatéral Nord est voûté sur ogives de la même époque. Le collatéral Sud, voûté d'arêtes, semble du xvii⁰ ou du xviii⁰ siècle.

LXVII. SAINT-PAULIEN

D'abord capitale du Velay et résidence de l'évêque, Saint-Paulien resta, jusqu'à la Révolution, chef-lieu d'archiprêtré et siège d'une collégiale sous le vocable de Saint-Georges.

Son église, grande et vraisemblablement fort belle à l'origine, a été tellement remaniée qu'elle est aujourd'hui défigurée et que l'on a grand'peine à se rendre compte des dispositions primitives.

Les titres anciens font défaut. Ce que nous pouvons savoir, c'est qu'en 1593, le duc de Nemours [2] s'empara de la ville, la saccagea, la fit démanteler et y mit garnison ; que la même année, elle eut à subir un assaut, de la part des sieurs d'Apchier et de Hautvillar [3], commandants des royalistes ; mais que déjà les fortifications avaient été réparées.

Il est probable qu'à cette époque on fit exhausser les deux absidioles du fond et construire, par dessus, les deux grosses tours destinées à la défense. En outre, la date de 1627, gravée sur les culées de plusieurs arcs

boutants et sur la partie surélevée des contreforts, indique, selon toute probabilité, l'époque où l'on a réparé les dégradations commises pendant cette période désastreuse (pl. xcix).

Dans l'état actuel, l'église se compose à l'intérieur d'une large nef voûtée d'un berceau brisé qui repose sur des murs très épais (fig. 316, pl. xcix bis).

Des arcades latérales massives ont été plaquées contre ces murs, et cela à une date certainement postérieure à l'époque romane. Elles sont appliquées fort maladroitement sur la façade contre les fenêtres qu'elles obstruent en partie, et leurs tailloirs sont d'un profil assez mou. Nous en dirons autant des neuf arcades construites contre le mur de l'abside, qui sont manifestement d'une époque postérieure au reste de l'édifice, à la maçonnerie duquel elles ne sont pas liées.

En avant de chacun des piédroits qui les supportent, se trouvent des bases rectangulaires moulurées, se profilant en un tore, un onglet, une gorge, un onglet et un tore. Ce sont probablement là les bases des piliers qui, vraisemblablement, devaient à l'origine supporter les voûtes d'un déambulatoire.

L'axe de l'abside est sensiblement dévié dans la direction du Nord-Est (fig. 316).

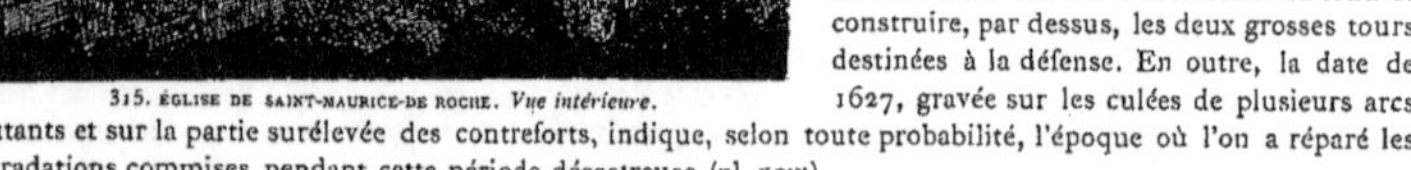
315. ÉGLISE DE SAINT-MAURICE-DE-ROCHE. *Vue intérieure.*

---

1. Saint-Pal-en-Chalencon dépendait de la Chaise-Dieu (Archives de la Haute-Loire, *Inventaire manuscrit du fonds de la Chaise-Dieu*, tome II, folio 206).
2. Arnaud, *Histoire du Velay*, tome II, page 6.
3. Arnaud, *Histoire du Velay*, tome II, page 8.

Dans les flancs de cette abside s'ouvre une série de chapelles rayonnantes. Quatre sont primitives et les autres ont été ajoutées à une époque postérieure.

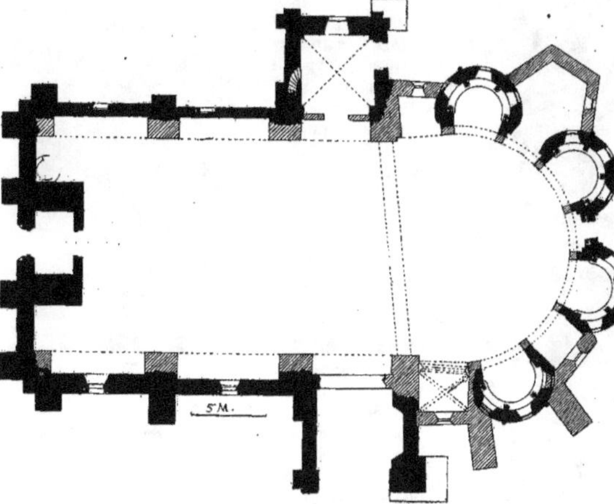

3:6. ÉGLISE DE SAINT-PAULIEN. *Plan par terre.*

Il semble donc qu'il se soit passé ici le même fait qu'à Chamalières et que l'on ait, après coup, mais encore à l'époque romane, fait disparaître le déambulatoire; on a aussi, selon toute apparence, dans le même but d'agrandissement, enlevé les piliers qui devaient, à l'origine, diviser la nef; mais la date de ces restaurations n'est pas facile à déterminer, tandis que le bel appareil de la partie surélevée de l'abside et des fenêtres, qui viennent, comme à Chamalières, en pénétration dans la voûte, permettent d'affirmer que ces réparations remontent à l'époque romane.

Les chapelles rayonnantes romanes sont décorées, dans le fond, de trois arcatures appliquées abritant chacune une fenêtre. Bon nombre de ces fenêtres ont été murées, lorsqu'aux xv\ xvi\ et xvii\ siècles, on a ajouté d'autres chapelles rayonnantes intermédiaires. Le sommier est, en général, unique pour deux archivoltes.

La chapelle, directement appliquée contre le bras méridional du transept, paraît être du xv\ siècle; elle est suivie d'une absidiole romane dans laquelle on remarque plusieurs chapiteaux assez curieux : sur l'un, au-dessus d'une guirlande de feuilles, sont sculptées trois têtes caractéristiques (fig. 319); c'est également là que se trouve le chapiteau à scène symbolique dont nous avons déjà parlé : on y remarque un personnage tenant un livre et accosté de deux démons; mais, contrairement à ce qu'on voit à Saint-Julien-de-Brioude, le livre que tient le personnage du fond ne porte pas d'inscription : nous avons pu vérifier la chose et avoir la certitude que cette inscription n'a jamais existé (fig. 322).

317. ÉGLISE DE SAINT-PAULIEN. *Chapiteaux de l'abside.*

La chapelle suivante paraît être du xvii\ siècle : elle est simplement formée d'un mur, qu'on a lancé entre chacune des absidioles déjà existantes; celle qui l'accompagne dépendait de la construction primitive; elle possède d'assez curieuses sculptures : sur deux chapiteaux entre autres, des serpents sont enroulés autour du corps d'un homme et semblent lui parler à l'oreille (fig. 321).

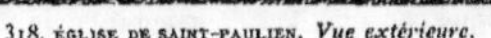

318. ÉGLISE DE SAINT-PAULIEN. *Vue extérieure.*

Dans l'axe de l'église se trouvait originairement une fenêtre transformée depuis en porte donnant accès dans

320. ÉGLISE DE SAINT-PAULIEN. *Chapiteaux de l'abside.*

319. ÉGLISE DE SAINT-PAULIEN.
Chapiteau de l'abside.

une large chapelle ajoutée après coup. Cette fenêtre avait de grandes dimensions. L'appareil ne paraît pas avoir été retaillé, et il semble qu'il y ait eu dans le principe, comme à Chamalières, une sorte de niche prise dans l'épaisseur du mur. Cette chapelle, construite dans l'axe de l'église, ne doit pas être de beaucoup postérieure à l'époque romane : le style de la construction est encore pur et, à l'extérieur, s'ouvre, sur une de ses faces, un enfeu d'aspect assez ancien (fig. 323).

L'absidiole romane, contiguë à cette chapelle, contient des chapiteaux généralement décorés de végétaux; sur l'un cependant, on remarque un oiseau émergeant de feuillages, ses ailes viennent se recourber d'une façon bizarre, de manière à donner l'illusion de volutes (fig. 320).

Enfin, la décoration des chapiteaux de la chapelle romane la plus septentrionale est uniquement empruntée au règne végétal (fig. 320).

L'astragale, qui fait partie du fût aux colonnettes des fenêtres extérieures, est au contraire pris dans le bloc du chapiteau à celles des absidioles.

Il existait un transept dont les bras ont été condamnés : celui du Sud est en ruines, celui du Nord est encore intact, mais a été séparé par un mur du reste de l'église; c'est un des rares endroits où nous puissions nous

321. ÉGLISE DE SAINT-PAULIEN. *Chapiteau de l'abside.*

322. ÉGLISE DE SAINT-PAULIEN.
Chapiteau de l'abside.

rendre compte de la disposition primitive. Ce transept était, comme à Brioude et comme à la cathédrale du Puy, divisé en deux étages : l'inférieur voûté d'arêtes, le supérieur voûté en berceau et formant une salle dans laquelle on parvient par un escalier à vis; cette salle supérieure, de forme rectangulaire, était éclairée par deux fenêtres, l'une à l'Est, l'autre au Nord ; la première est aujourd'hui murée. Sur la paroi orientale du mur de cette chapelle on voit un enfoncement de forme elliptique. Cela pouvait être la place d'une abside, ou d'une cheminée, comme on en voit à Brioude.

L'intérieur ne contient donc rien ou presque rien de l'époque romane. Tel était aussi l'avis de Mérimée que déroutait l'aspect bizarre de ce monument.

L'extérieur, quoiqu'il soit également retouché, est cependant plus intéressant. C'est certainement l'édifice du Velay qui a le plus de rapport avec le style auvergnat, non seulement par la disposition paire des chapelles, mais encore par les incrustations appliquées autour des absidioles dont les contreforts sont en forme de colonnes engagées. Les deux chapelles les plus orientales ont été surmontées de tours pour la défense. Les traces de reprises sont très visibles (pl. xcix).

L'abside est extérieurement à neuf pans. Elle est circulaire à l'intérieur. Des fenêtres plein cintre et très ébrasées s'ouvrent dans le cul-de-four, disposition que nous avons déjà rencontrée à Chamalières. Nous avons dit que la beauté de l'appareil nous permettait de les faire remonter à l'époque romane.

Des arcs-boutants ajoutés après coup viennent s'appliquer à chaque angle de cette abside; ils portent la date de 1627. On voit, dans leur construction, un exemple de la persistance des traditions en Velay. Les claveaux de l'arc sont en matériaux de diverses couleurs; l'un de teinte claire, l'autre de teinte sombre.

Le transept Sud, nous l'avons dit, est en ruines; on peut voir que les murs gouttereaux avaient été surélevés dans cette partie de l'édifice.

De grandes fenêtres romanes (une par travée) existent au Nord et au Sud le long des murs latéraux. Elles sont entourées extérieurement d'une archivolte reposant sur colonnettes: celles du Sud sont toutes deux identiques et de mêmes dimensions; au Nord, au contraire, l'une est beaucoup plus petite que l'autre. Sur la façade occidentale, trois sont disposées sur le même plan et au niveau de celles des façades latérales. Une autre, également en plein cintre, est placée au milieu de la façade, à un niveau supérieur. Son archivolte est ornée de bâtons brisés. La porte orientale a été refaite.

323. ÉGLISE DE SAINT-PAULIEN. *Enfeu dans le mur extérieur de l'abside.*

Un clocher s'élève sur cette façade; il repose sur quatre piliers : deux à l'extérieur ayant l'aspect de contreforts, et deux à l'intérieur sont indépendants du reste de la construction. Ces piliers sont réunis sur la façade, par une grande arcade à cintre légèrement brisé qui ne s'applique pas entièrement contre cette façade, mais laisse un espace vide qui pouvait servir de mâchicoulis. Cet espace entre l'arc et le mur se voit également au transept de l'église Saint-Julien-de-Brioude.

D'après Mérimée [1], cette tour daterait du xive siècle : cependant la partie inférieure ne nous paraît pas postérieure au xiie. On la réparait lors du passage de cet archéologue à Saint-Paulien en 1837; d'autres réparations venaient d'être terminées [2].

Taylor et Nodier [3] en donnent une lithographie exécutée avant 1831. Le clocher avait alors un toit bas, très plat et à quatre pentes.

Tel est l'état actuel de cette église, et il est fort difficile de se rendre un compte exact de ce qu'elle était autrefois.

Résumons-nous : à l'intérieur, il ne subsiste presque rien de roman; à la nef, arcades latérales et voûtes ont été refaites. Si on se base sur les dispositions de l'extérieur, les trois fenêtres de la façade paraîtraient indiquer une nef et des collatéraux. D'autre part, les fenêtres des façades latérales sont placées assez haut. Nous serions donc en présence d'une église à trois nefs, les voûtes latérales épaulant celles du vaisseau central.

Il est même difficile de savoir quelle fut la disposition primitive de l'abside; il semble qu'à l'origine elle ait été pourvue d'un déambulatoire enlevé après coup, mais encore à l'époque romane.

En un mot, l'église de Saint-Paulien nous montre la transformation complète subie par une église à nef pourvue de collatéraux, transformation dont une partie seulement a été effectuée à Chamalières.

Ce qu'il y a de certain, c'est que ce monument a servi à la défense; les murs gouttereaux ont dû être surélevés dans ce but; et les trous de boulin carrés qui existent à leur sommet, semblent avoir eu pour but de supporter un hourdage.

---

1. *Notes d'un voyage en Auvergne*, pages 263-264.

2. La flèche a dû être refaite à une époque postérieure. L'ancien curé Hedde, mort depuis, nous avait dit, au mois d'août 1893, que la flèche et les balustrades actuelles avaient été refaites, ainsi que la porte, d'après les dessins de Viollet-le-Duc, ce qui nous étonne beaucoup.

3. Tome II d'*Auvergne*, page 176 bis.

LXVIII. SAINT-PAULIEN. CHAPELLE DE L'HOPITAL

En quittant Saint-Paulien par la route qui conduit à la Chaise-Dieu et à Clermont, on trouve, au Nord du village, une chapelle de construction récente, mais dans laquelle on a remployé des matériaux romans provenant, ainsi que nous l'avons dit plus haut, de l'ancienne commanderie de Montredon (pl. cviii, n° 6).

La voussure intérieure de la porte, ornée de bâtons brisés, retombe sur des pilastres cannelés, couronnés de chapiteaux à feuillages. Les autres chapiteaux sont aussi ornés de feuilles avec des têtes aux angles. Ils reposent sur des colonnettes dont l'astragale tient au fût et sont, par exception, taillés dans la brèche volcanique, pierre très poreuse et remplie de cavités qui donnent un aspect bizarre aux sculptures cependant assez fines qui décorent les chapiteaux. Les bases sont formées d'un tore de faibles dimensions séparé par une petite scotie d'un tore beaucoup plus gros. Les archivoltes extérieures se composent chacune de deux tores, séparés à l'une par un biseau, à l'autre par une gorge.

La fenêtre, également romane, a une archivolte torique, formée de claveaux de teinte alternativement sombre et claire, supportée par des colonnettes dont les chapiteaux sont analogues à ceux de la porte. Des modillons ont été rapportés; ils sont sculptés dans du tuf et décorés de têtes d'hommes et d'animaux; aucun n'est à copeaux.

LXIX. SAINT-PIERRE-DUCHAMP

Déjà fortement remaniée aux xvie et xviie siècles, cette église a été flanquée, en 1836, d'une grande abside. La nef est romane, voûtée en berceau, avec de gros doubleaux à cintre un peu surbaissé. Les arcs latéraux subsistent encore.

Les chapiteaux sont de forme curieuse et composés de deux tores superposés, dont le supérieur est proéminent : par dessus, on a placé un énorme tailloir sur le bandeau duquel sont sculptées des têtes barbares.

Trois travées sont romanes. Deux doubleaux ne sont séparés l'un de l'autre, que par un espace d'un mètre. La voûte, dans cette partie, est traversée par deux ouvertures destinées à laisser passer les cordes des cloches. Il y avait très probablement, au-dessus, un campanile ou un clocher très étroit.

A la suite de cette petite travée on voit, de chaque côté de la nef, une arcade en plein cintre, supportée par une colonnette, dont l'astragale est pris dans le bloc du fût. Sur l'un des chapiteaux, sont sculptés deux aigles d'un bon style. Peut-être y avait-il deux absidioles disposées perpendiculairement à la nef, comme à l'église voisine de Saint-Maurice-de-Roche.

A l'Ouest, une porte romane subsiste encore; les dimensions en sont fort petites. La baie est couverte d'un linteau en dos d'âne et d'un tympan appareillé. Elle ne mesure que o m. 90 de largeur.

LXX. SAINT-PIERRE-EYNAC

D'après une charte, dont la copie est conservée dans les registres de l'insinuation de l'année 1670 [1], le prieuré de Saint-Pierre-Eynac aurait été fondé le 1er mars 1070. Ce texte indiquerait aussi que, déjà à cette époque, il y avait une église à Saint-Pierre-Eynac. Mais l'authenticité de cette charte nous paraît être très douteuse. Quoi qu'il en soit, le prieuré de Saint-Pierre-Eynac semble avoir toujours relevé de la Chaise-Dieu [2].

La nef de l'église actuelle, divisée en deux travées, est voûtée en berceau plein cintre, légèrement surhaussé. Le doubleau, également surhaussé et légèrement brisé, ainsi que l'arc triomphal de forme outrepassée reposent sur des pilastres rectangulaires. Les chapiteaux, curieux et bizarres, sont décorés de têtes sous des arcatures : ils sont malheureusement défigurés par un badigeon sur lequel on a passé une couche de peinture.

Des arcs latéraux existent le long des murs (pl. ci).

L'abside, à cinq pans intérieurement et extérieurement, est ajourée de trois grandes fenêtres, entourées d'archivoltes sur chacune de leurs faces. Les murs latéraux ne semblent pas avoir été pourvus de fenêtres, et la nef n'est éclairée que par trois ouvertures pratiquées sur la façade.

L'église est en contre-bas, et il faut descendre cinq marches pour y pénétrer. Le portail s'ouvre au Nord; cette disposition, assez rare, peut s'expliquer par la situation de l'église, exposée au Midi, et protégée du côté du Nord par un grand rocher à pic qui domine le village.

---

1. Archives départementales, B 31. Voir Duchâpre, *Charte de fondation du prieuré de Saint-Pierre-Eynac*, dans les *Tablettes historiques du Velay*, II, 1872, page 89.
2. Rocher, *Pouillé (Tablettes historiques*, IV, page 511).

Ce portail, assez orné, a un aspect primitif (pl. cviii, n° 8). On y retrouve la décoration à bâtons brisés.

324. ÉGLISE DE SAINT-PIERRE-EYNAC. *Vue restituée de l'ancien état de l'abside.*

Il est abrité sous un porche voûté sur croisées d'ogives du xv° siècle ; un écusson de cette même époque porte le monogramme du Christ. Les colonnettes, qui supportent deux des archivoltes, sont très galbées, et les chapiteaux très frustes.

La façade est épaulée par trois contreforts : un au milieu, et un autre à chaque extrémité. Deux fenêtres, avec archivoltes ornées de très petites sphères, l'éclairent au rez-de-chaussée. Plus haut, on voit une autre fenêtre, qui, par une disposition spéciale, est percée dans le contrefort : peut-être a-t-elle été retouchée (pl. c).

Un campanile à quatre baies, dont le cintre est légèrement surhaussé, s'élève au-dessus du pignon de la façade. Les tailloirs, formés d'un méplat et d'un cavet sont d'un assez bon style ; aussi croyons-nous pouvoir attribuer ce clocher arcade à l'époque romane. Au Nord, un escalier porté sur un arc en maçonnerie permet d'y accéder.

Les archivoltes, qui encadrent extérieurement les fenêtres de l'abside, étaient trilobées. Cette disposition, qui n'existait plus qu'aux ouvertures les plus rapprochées de la nef, a dû être rétablie depuis notre passage à Saint-Pierre-Eynac ; nous donnons (fig. 324) une vue restituée de son ancien état.

L'église de Saint-Pierre-Eynac semble avoir été construite au début du xii° siècle.

LXXI. SAINT-PRIVAT-D'ALLIER

Mentionné parmi les possessions du Monastier dans une Bulle d'Alexandre III, le prieuré de Saint-Privat

326. ÉGLISE DE SAINT-PRIVAT-D'ALLIER. *Vue intérieure.*

fut ensuite soumis à la Chaise-Dieu par un acte qui paraît antérieur à 1230 [1].

L'église, dans son état actuel, comprend une nef flanquée de collatéraux, divisée par des doubleaux en quatre travées ; mais la plus occidentale a été refaite, ainsi que la façade, à une époque assez récente. Il n'y a pas de transept (fig. 325).

La porte actuelle est sur la façade : avant les restaurations, elle était, paraît-il, au Nord. Les collatéraux sont très étroits, et, de même que la nef, couverts de voûtes d'arêtes, construites en blocage, qui paraissent bien être contemporaines de l'édifice. Par une disposition assez curieuse, les imposes des doubleaux des nefs latérales, sont portées à un niveau supérieur à celui des doubleaux de la nef centrale (fig. 326), de telle sorte que l'extrados des voûtes est à peu près au même niveau, et que l'église est recouverte d'une toiture à double rampant, dont l'angle est très ouvert.

325. ÉGLISE DE SAINT-PRIVAT-D'ALLIER.
Plan par terre.

Les piliers sont formés de massifs rectangulaires sur chaque face desquels se greffe une colonne engagée d'un quart. Le sol a été exhaussé, et on ne peut voir que le tore supérieur des bases.

1. Rocher, *Pouillé etc. (Tablettes historiques,* 6° année, 1876, pages 285 et suivantes).

Les doubleaux surhaussés sont simples et ont une courbure très brisée; les arcs qui font communiquer la nef et les collatéraux sont également très brisés et doublés; les doubleaux des collatéraux reposent, du côté de la nef, sur les colonnes engagées que nous avons signalées et, de l'autre, sur des demi-colonnes appuyées contre un dosseret rectangulaire qui supporte les naissances des voûtes d'arêtes.

Dans l'axe de chaque bas-côté s'ouvre une chapelle du xvᵉ siècle. Les voûtes reposent, à la chapelle du Nord, sur des liernes et des tiercerons et, à l'autre, sur des ogives de profil torique; nous avons déjà signalé cet archaïsme, rare au xvᵉ siècle, à l'église de Saint-Didier-la-Séauve; nous le retrouverons à Vazeilles-Limandres.

Les dispositions générales de l'abside ne semblent pas avoir été modifiées : celle-ci est couverte d'un large cul-de-four, mais elle était primitivement ornée d'arcatures, reposant sur des colonnes et des pilastres trapus; ces arcatures ont été ouvertes après coup, pour donner accès aux chapelles ajoutées. Les chapiteaux supportant les arcatures de l'abside sont décorés de feuilles d'acanthe assez fouillées et imitées de l'antique (fig. 327). Ceux de la nef sont recouverts de feuillages traités d'une façon plus grossière; sur l'un d'eux, on voit un aigle aux ailes déployées, et très bien exécuté; d'autres n'ont que de simples moulures; d'autres enfin sont à peine épannelés, preuve qu'en Velay, comme dans d'autres régions, la sculpture n'était parfois exécutée qu'après la pose [1].

327. ÉGLISE DE SAINT-PRIVAT-D'ALLIER. *Chapiteau de l'abside.*

Le mur extérieur du bas côté méridional semble avoir été remanié et en partie refait à une époque récente; d'après les renseignements que nous avons pu nous procurer sur place, il paraît certain qu'on n'a pas touché aux voûtes. Par suite de leur disposition, la nef ne pouvait être éclairée. Les fenêtres de ce même bas-côté Sud ont été également retouchées et agrandies; elles sont actuellement dépourvues de caractère. Aucune ouverture n'est pratiquée le long du bas-côté septentrional.

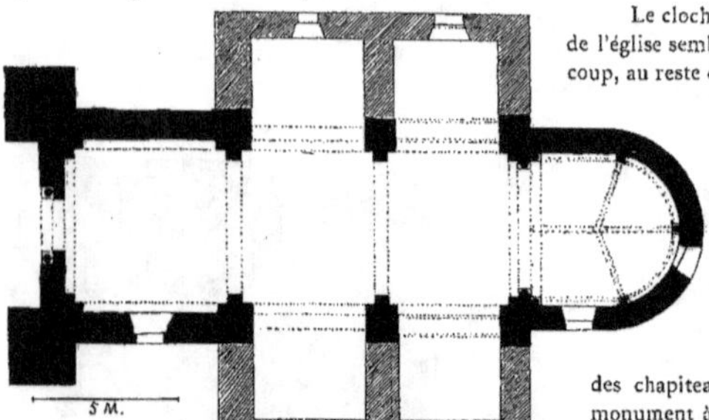

328. ÉGLISE SAINT-RÉMY. *Plan par terre.*

Le clocher construit le long du mur septentrional de l'église semble postérieur, et probablement de beaucoup, au reste de l'édifice; on accède au beffroi par une porte extérieure.

L'Église de Saint-Privat-d'Allier, par la disposition de ses voûtes que nous croyons bien romanes, forme avec celle de Saint-Marcel-d'Espaly, sur les voûtes de laquelle nous conservons cependant quelques doutes, une exception à la règle généralement suivie dans la région.

La forme brisée des doubleaux et le soin avec lequel sont traités certains des chapiteaux de l'abside, nous feraient placer ce monument à une époque assez avancée du xiiᵉ siècle.

Les bâtiments conventuels sont disposés au Sud de l'église; ils ont été construits à la fin du xvᵉ ou au xviᵉ siècle. Nous n'y avons relevé aucun détail de l'époque romane.

LXXII. SAINT-QUENTIN

Le curé de Saint-Quentin était nommé par le prieur de La Voûte-sur-Loire [2]. Quelques pans de murs, dont les parements en pierres de taille ont été enlevés, et une fenêtre en plein cintre percée au Sud, sont tout ce qui subsiste de l'ancienne église. La porte qui était aussi ouverte au Sud, a également disparue. C'était vraisemblablement un édifice à une nef terminé à l'est par une abside. Ces derniers vestiges ne présentent plus d'intérêt.

LXXIII. SAINT-RÉMY [3]

C'est là un spécimen assez complet d'église rurale. Sa jolie façade, comme celle de Bains, est ornée près du

1. Enlart, *Notes sur les sculptures exécutées après la pose* (*Mémoires de la Société des antiquaires de France*, tome LIV, 1895, et à part).
2. Chassaing, *Médicis*, I, page 169.
3. Saint-Rémy était le siège d'un prieuré dépendant de la Chaise-Dieu (Archives de la Haute-Loire, fonds de la Chaise-Dieu, liasse de Saint-Rémy). — Le caractère de cette église avait frappé Dom Boyer (*Journal de Voyages*, éd. Vernière, p. 198) qui, cependant, ne paraît pas avoir attaché grande importance aux monuments. — *P. Prior Sancti Remigii* est mentionné en 1235 dans une donation à Chanteuges (Archives de la Haute-Loire, fonds de la Chaise-Dieu, liasse de Chanteuges).

pignon de trois arcatures plein cintre, reposant sur quatre colonnettes (pl. xcviii), dont les chapiteaux, sculptés dans du tuf, sont décorés de feuillages ou de grosses têtes débordantes (fig. 330).

Une grande arcade, formant saillie et sous laquelle se trouve la porte, relie les deux contreforts qui épaulent la façade. L'arc du portail est en tiers point; il est entouré de deux voussures, dont l'extérieure repose sur deux colonnettes à chapiteaux historiés. Des chapelles édifiées postérieurement défigurent l'aspect du monument. Le campanile, refait au xviii° siècle, est construit sur l'arc triomphal. L'escalier qui y conduit, contenu dans une tourelle,

329. ÉGLISE DE SAINT-RÉMY. *Coupe longitudinale.*

330. ÉGLISE DE SAINT-RÉMY. *Chapiteaux.*

paraît ancien; on voit, en y montant, les débris de l'ancien clocher-arcade qui ne devait être élevé que d'un étage.

Cette église comprend une nef divisée en trois travées; les arcs qui régnaient le long des murs latéraux ont été percés pour donner accès aux chapelles ajoutées (fig. 328).

La voûte est en berceau brisé, soutenue par de gros doubleaux simples reposant aux deux premières travées sur des pilastres massifs couronnés de grossiers chapiteaux. L'arc triomphal est doublé, de façon à supporter plus efficacement le poids du clocher-arcade; le ressaut intérieur repose sur des colonnettes.

La voûte de l'abside est supportée par des branches d'ogives qui, dans cette région, ne paraissent pas antérieures au premier quart du xiii° siècle; ce sont les plus anciennes que nous ayons rencontrées dans les églises rurales dont nous nous occupons.

L'abside ne porte pas de traces sensibles de remaniements, et nous nous demandons, étant donnés la brisure du cintre de la porte et le cachet d'élégance qui se dégage de toute la construction,

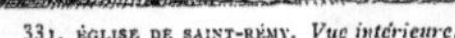

331. ÉGLISE DE SAINT-RÉMY. *Vue intérieure.*

si le commencement du xiii° siècle ne serait pas la date qu'il faudrait attribuer à tout l'édifice.

LXXIV. SAINT-ROMAIN-LACHALM

L'évêque du Puy nommait à la cure de Saint-Romain-Lachalm [1].

L'extérieur de cette église n'a aucun caractère. La porte, du xv° ou du xvi° siècle, s'ouvre sur la façade méridionale; un clocher de la même époque, ou peut-être d'une époque plus récente, est construit sur la façade occiden-

1. Chassaing, *Liste des redevances annuelles dues à l'hostier* (*Médicis*, II, page 167).

tale. L'intérieur ne présente pas beaucoup plus d'intérêt. La nef lambrissée est accostée de deux collatéraux, l'un au Sud voûté d'arêtes, l'autre au Nord recouvert de voûtes sur croisées d'ogives, et communique avec eux par de grands arceaux plein cintre très bas et très épais ; il n'y a pas de trace de doubleaux ni des piédroits qui les auraient supportés.

Cette nef est peut-être très ancienne ; mais, nous le répétons, aucun détail caractéristique ne permet de l'affirmer. L'abside, voûtée d'arêtes, est dépourvue d'intérêt.

LXXV. SAINT-VICTOR-MALESCOURS

La cure de Saint-Victor était à la nomination de l'évêque du Puy [1]. L'église, dont la nef paraît remonter à la première moitié du XIIᵉ siècle, a été modifiée, au XVᵉ ou au XVIᵉ siècle, par l'adjonction de bas-côtés voûtés d'ogives qui ont été retouchés en 1864 [2], au moment où l'on a ajouté une travée et refait la façade. Cette dernière est dépourvue d'intérêt ainsi que le portail occidental.

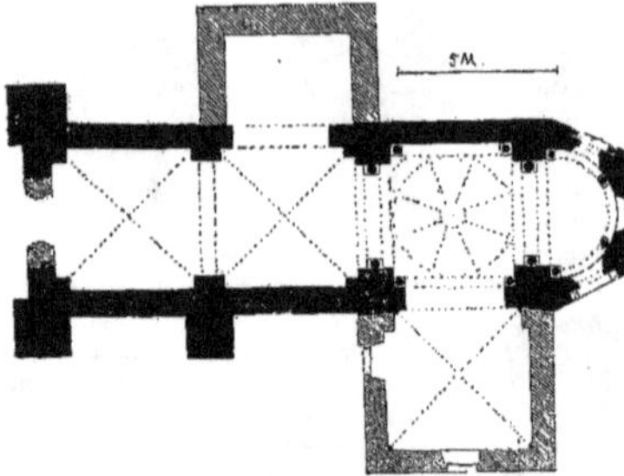

333. ÉGLISE DE SAINT-VIDAL. *Plan par terre.*

332. ÉGLISE DE SAINT-VIDAL. *Coupe transversale.*

La partie romane se compose de trois travées séparées par des doubleaux de profil rectangulaire, reposant sur des demi-colonnes engagées, portées sur des socles assez élevées. Les chapiteaux sont très simples : l'un est à peine équarri ; un second est orné de feuillages ; sur un troisième, on voit des sortes de godrons déformés.

334. ÉGLISE DE SAINT-VIDAL. *Vue intérieure.*

La voûte est en berceau légèrement outrepassé ; les arcs latéraux ont été ouverts après coup, pour faire communiquer les bas côtés avec la nef ; celle-ci est immédiatement suivie d'une abside assez allongée, circulaire sur ses deux faces et recouverte d'un cul-de-four très allongé lui aussi. C'est une disposition que nous avons rencontrée à Montregard et surtout à Cistrières, en dehors du Velay.

LXXVI. SAINT-VIDAL

Le droit de nomination à la cure de Saint-Vidal appartenait à l'université de Saint-Mayol [3].

335. ÉGLISE DE SAINT-VIDAL. *Chapiteau extérieur.*

L'église romane de ce petit village a subi quelques remaniements : elle comprend une nef divisée en trois travées ; des chapelles latérales ont été ajoutées à l'époque gothique (fig. 333).

Les deux travées les plus occidentales sont voûtées sur ogives, dont le profil rappelle le XIIIᵉ siècle ; mais il nous semble impossible d'appliquer à notre région les règles qui, dans le Nord de la France, sont d'une exactitude parfois rigoureuse. Quoi qu'il en soit, ces ogives paraissent avoir été ajoutées après coup.

La troisième travée est couverte d'une coupole sur trompes dont la hauteur dépasse intérieurement et

---

1. Chassaing, *Liste des redevances annuelles dues à l'hostier*, dans *Médicis*, II, page 167.
2. Registre des délibérations du conseil de fabrique, année 1864.
3. Aymard, *L'Université de Saint-Mayol* (*Annales de la Société d'agriculture, sciences et arts du Puy*, tome XV, 1850. Le Puy, 1851, page 585).

extérieurement celle des autres travées ; c'est là un spécimen de cette disposition curieuse que nous avons déjà

336. ÉGLISE DE SAINT-VIDAL. *Chapiteau extérieur.*

337. ÉGLISE DE SAINT-VIDAL. *Chapiteau extérieur.*

rencontrée dans deux autres églises [1].

Le doubleau, qui sépare les deux travées voûtées sur ogives, repose sur de simples pilastres rectangulaires.

L'arc doubleau est en plein cintre; son profil est rectangulaire aussi avec arêtes abattues en forme de tore.

Les arcs qui supportent la coupole sont, les uns brisés, les autres plein cintre et retombent, de chaque côté, sur une longue colonne dégagée, qui elle-même est portée sur un socle d'une grande hauteur (fig. 334).

L'abside, circulaire à l'intérieur, est décorée de trois arcatures toriques, reposant sur des colonnes analogues à celles que nous venons de signaler. Les chapiteaux sont d'un travail et d'un galbe remarquables : l'un porte un aigle sur chaque face (fig. 336); un autre représente des griffons affrontés (fig. 337); tous sont en grès de Blavozy.

La façade est formée d'un mur plat, sur lequel s'ouvre une grande arcade plein cintre; la porte d'entrée semble avoir été refaite au xve siècle.

A l'extérieur, l'abside présente trois pans (pl. CII); chaque face est ajourée et les fenêtres sont entourées, les deux extrêmes d'une archivolte plein cintre et celle du centre d'une archivolte trilobée. Sur les chapiteaux, on remarque des feuillages, sauf à la fenêtre Sud-Est, où se trouvent des entrelacs bien exécutés (fig. 335).

L'appareil à joints fins de l'abside est très soigné; il l'est moins pour le reste de l'église. Malgré cela, il nous paraît difficile d'attribuer à ce monument, une date antérieure au milieu du xiie siècle.

LXXVII. SAINT-VINCENT

Le prieur de La Voûte-sur-Loire nommait à la cure de Saint-Vincent [2]. L'église actuelle, toute récente, n'a pas été construite sur l'emplacement de l'ancienne, qui est aujourd'hui transformée en habitation particulière.

Au Sud s'ouvrait une porte assez intéressante (pl. CVIII, n° 4) encore conservée, et formée de deux archivoltes : la première, ornée de lobes, repose sur le mur; la seconde, se profilant en deux tores séparés par une gorge, prend naissance sur deux colonnettes couronnées de chapiteaux ornés de grandes feuilles repliées sur elles-mêmes, très découpées, d'un bon style, et ressemblant à de la belle sculpture provençale.

On peut voir, à l'intérieur, quelques chapiteaux assez grossiers, reposant sur des pilastres cannelés.

LXXVIII. SAINT-VOY-DE-BONNAS

La paroisse de Saint-Vosy, et par corruption Saint-Voy, existait déjà en 1021, dans le territoire de Bonnas [3]. Situé sur les frontières du Velay et du Vivarais, ce village eut beaucoup à souffrir des guerres de religion, et son église fut en partie détruite à cette époque [4].

1. Bauzac et Saint-Étienne-Lardeyrol.
2. Chassaing, *Liste des redevances dues à l'hostier* (*Médicis*, II, page 171).
3. « Parrochia Sancti Evodii in territorio Bonnacensi ». *Cartulaire de Chamalières*, édition Fraisse, n°s 55 et 60.
4. Voir Arnaud, *Histoire du Velay*, I, 343-364-374; — Mandet, *Histoire du Velay*, V, 147.
Voici l'état dans lequel se trouvait l'église de Saint-Voy au moment de la visite de Monseigneur Just de Serres : « laquelle [église de Saint-Voy] abordant et recognoissant le déplorable estat où la rage des hérétiques l'avait réduite le siècle passé, n'y voyant plus qu'une ancienne mazure, les voultes abbatues, les autels renversés, les images brisées. » *Manuscrit cité*, folio 272 recto.
« Quant à la nef de l'église, l'ayant trouvée en pauvre estat et ses voultes abbatues, attendu que c'est le principal intérest des paroissiens, avons ordonné qu'ils donneront ordre de la fère remettre sinon de mesme grandeur qu'elle estait cy-devant du moins de grandeur suffisante pour y recepvoir les catholiques de ladite paroisse », folio 277 recto.
Il semble que l'abside était encore debout. Au folio 275 recto, on lit, en effet : « après le sermon fini et nos prières faites publiquement dans le chœur de ladite église ».

Le pays environnant est granitique et comme on a pris sur place les matériaux, la sculpture est très sommaire.

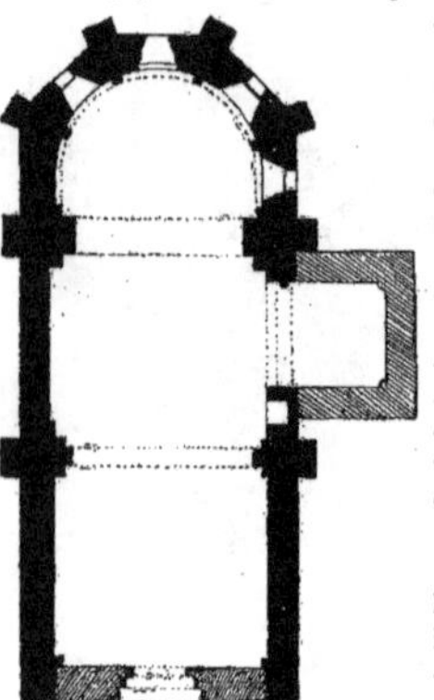

33g. ÉGLISE DE SAINT-VOY. *Plan par terre.*

338. ÉGLISE DE SAINT-VOY. *Coupe longitudinale restituée.*

Une partie de l'église, composée probablement de deux travées, est tombée. La portion qui subsiste était voûtée en berceau brisé; deux doubleaux sont encore en place : ils se profilent en un bandeau, dont l'arête est abattue en forme de tore et reposent sur une imposte très simple. Les piédroits ont un profil analogue à celui des doubleaux (fig. 338). La voûte est tombée ; elle a été remplacée par un lambris.

Une grande et large abside circulaire intérieurement s'ouvre directement sur la nef.

Cinq arcatures plein cintre reposant sur des pilastres terminés par des tailloirs à peine dégrossis en décorent le pourtour. A l'extérieur, elle présente cinq pans ; chaque angle est épaulé par un contrefort gros et massif, particularité qui se rencontre rarement dans la région (fig. 33g). Une fenêtre est ouverte sur chaque face. Les claveaux des archivoltes ne sont pas extradossés; disposition probablement primitive, car on ne remarque guère à cette place de traces de retouches.

340. ÉGLISE DE SAINT-VOY. *Vue intérieure.*

Le clocher bâti au Sud, ajouré à son sommet d'une ouverture plein cintre, est indépendant de l'église. Aucun détail de sculpture ou de moulure ne permet d'affirmer qu'il remonte à l'époque romane, tandis que sa position insolite nous porterait à le croire plus récent.

La porte d'entrée, peut-être primitive, a été rapportée sur la façade actuelle ; elle se compose de trois voussures à claveaux extradossés, reposant sur de simples retraites du mur, terminées par des tailloirs formés d'un méplat et d'un biseau ; une moulure torique, à peine indiquée sur la dernière archivolte, est le seul ornement de ce portail qui, par la sévérité des lignes, produit beaucoup d'effet malgré son extrême simplicité (pl. cviii, n° 7).

Il n'a aucune moulure bien caractéristique ; et, bien qu'il soit construit dans les données romanes, nous nous demandons, comme pour celui des Estables, s'il ne daterait pas du xviie siècle, époque vraisemblable des réparations effectuées à l'église, et date d'une petite niche qu'on voit au-dessus de lui sur la façade.

341. ÉGLISE DE SAINT-VOY. *Vue extérieure de l'abside.*

LXXIX. SANSSAC-L'ÉGLISE

La cure de Sanssac-l'Église était à la nomination du prévôt de la cathédrale [1]. L'église, sous le vocable de Saint-Symphorien, a été construite récemment en roman auvergnat d'assez bon style, mais on a conservé l'abside ancienne. L'arc qui la précède, de courbure très brisée, repose sur des chapiteaux sculptés en forme de grosses têtes

1. Rocher, *Pouillé*, etc. (*Tablettes historiques*, 1875, page 108).

d'hommes pleines de caractère ; elle-même est décorée intérieurement de trois arcatures en plein cintre, de profil rectangulaire, reposant sur quatre colonnes. L'astragale fait partie du même bloc que le fût, les chapiteaux sont couverts de feuillages, et les tailloirs se profilent en un bandeau et une gorge.

Cette abside, circulaire à l'intérieur, présente trois pans à l'extérieur ; elle semble remonter à la première moitié du XIIᵉ siècle..

LXXX. SÉNEUJOLS

Le curé de l'église Sainte-Anne de Séneujols était nommé par l'abbé du Monastier [1].

L'église n'offre rien de spécial à l'extérieur ; la porte a été retouchée à une époque toute récente ; les fenêtres sont entourées de moulures dont les profils rappellent le XVIᵉ siècle ; un campanile sans style s'élève sur la façade ; deux contreforts au Nord ont pourtant l'aspect bien roman. A l'intérieur, les deux premières travées paraissent romanes, elles sont voûtées en berceau plein cintre avec doubleau légèrement brisé ; à la suite, deux autres travées, remontant à la fin du XVᵉ ou au XVIᵉ siècle, sont recouvertes de voûtes sur croisées d'ogives toriques, reposant sur des colonnettes cylindriques refouillées dans la maçonnerie : leurs bases ont un caractère absolument roman ; elles se profilent en un tore séparé d'un autre tore plus proéminent par une scotie et reposent sur un socle triangulaire. A la suite, une abside à cinq pans est également voûtée sur croisées d'ogives toriques, retombant sur des colonnettes portées sur des bases imitées aussi des bases romanes, mais d'un profil beaucoup moins caractéristique que celles de la nef.

Étant donnée la brisure des doubleaux, il paraît impossible de faire remonter les deux travées romanes à une époque antérieure à la fin du XIᵉ siècle.

LXXXI. SOLIGNAC-SUR-LOIRE [2]

Au numéro 235 du cartulaire de Saint-Chaffre, se trouve l'analyse de la charte par laquelle Adhémar de Monteil soumet à l'abbaye du Monastier l'église Saint-Vincent de Solignac ; cette charte porte la date du 19 avril 1080 [3].

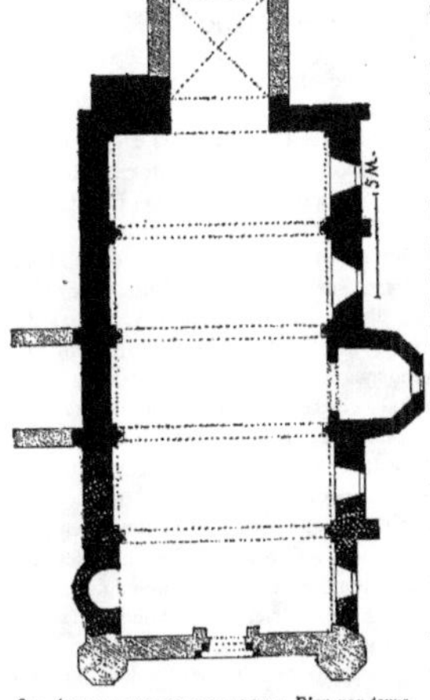

342. ÉGLISE DE SOLIGNAC-SUR-LOIRE. *Plan par terre.*

Quoique mutilé, ce monument est intéressant. Il se compose d'une grande et large nef divisée actuellement en cinq travées. Cette nef est voûtée d'un berceau brisé qui prend naissance tout près du sol. Les murs ont une épaisseur inaccoutumée ; cela n'a rien d'extraordinaire, si on songe à la forte poussée que doit exercer la voûte.

La travée la plus occidentale est d'époque toute récente ; le doubleau de celle qui la précède retombe sur des chapiteaux dans le style du XIIIᵉ siècle avancé. Les bases semblent plutôt du XIVᵉ siècle. Dans cette partie du monument qui a été ajoutée à l'époque gothique, on a donc conservé les pratiques romanes : voûte en berceau brisé, supportée par un doubleau.

Les doubleaux reposent sur des demi-colonnes : ils sont simples, malgré le poids qu'ils ont à supporter.

Les chapiteaux de la partie franchement romane sont, au Nord, ornés de larges feuilles, ou de feuilles de moyenne grandeur. Au Sud, on voit sur l'un une tête au milieu de feuillages ; sur l'autre, une série de têtes en dessous d'ornements en forme de damier, profondément creusés.

Des arcades latérales basses et peu profondes, règnent le long des murs ; elles sont reliées à leur pied par un bahut de pierre.

Un mur formant une retraite très prononcée, sépare la nef du chevet, ajouté après coup ; il est recouvert d'une voûte d'ogives dont les branches reposent sur des culots. Une petite travée de chœur voûtée d'un berceau brisé, précède ce chevet (fig. 342). Un arc en accolade est appliqué contre l'arc triomphal.

1. Rocher, *Pouillé*, etc. (*Tablettes historiques*, 5ᵉ année, 1875, page 127).

2. Voir Rocher, *Pouillé* (*Tablettes historiques*, VI, page 49), et Allezard (l'abbé), *Recherches historiques sur Solignac-sur-Loire*, Le Puy, 1873, in-16º.

3. Édition Chevalier, Le Puy et Paris, 1888, page 85.

Une fenêtre de la dernière période gothique occupe le fond du chevet. La nef n'est pas éclairée au Nord. Les ouvertures du Sud ont été agrandies. L'une d'elles, à la dernière travée orientale, vient en pénétration dans la voûte et semble primitive (fig. 343).

343. ÉGLISE DE SOLIGNAC. *Coupe longitudinale.*

A la troisième travée, du côté Sud, se trouve une sorte d'adjonction à l'église : elle paraît contemporaine de la partie la plus ancienne du monument. C'est une espèce de chapelle, polygonale à l'extérieur et circulaire à l'intérieur, formée de deux travées voûtées l'une en berceau et l'autre en cul-de-four.

La brochure de l'abbé Allezard nous apprend que ce singulier monument était autrefois divisé en deux étages par une voûte, et que l'étage du bas, ouvert à l'extérieur seulement, servit d'ossuaire jusqu'au milieu du xixe siècle; cette disposition fut supprimée en 1870.

L'église est construite en moyen appareil; les joints sont également moyens. De gros contreforts l'appuient au Nord. Le long de la façade Sud, celle où se trouvait l'ossuaire, il subsiste encore toute une série d'enfeus. La façade occidentale, nous l'avons dit, est entièrement neuve; on a employé pour la construire d'anciens matériaux, dont quelques-uns paraissent antiques.

Un clocher arcade s'élève sur le mur qui sépare la nef du chevet; il date du xixe siècle. L'ancien, qui occupait la même place, avait disparu pendant la Révolution. La toiture repose directement sur le rein des voûtes.

Une seconde église existait à Solignac sous le vocable de Saint-Pierre des Arènes. Elle était desservie par une société de prêtres séculiers établie à Solignac pour subvenir aux nécessités du culte paroissial.

Quand, en 1871, on fit un nouveau cimetière, on découvrit une crypte; c'était probablement celle de cette église paroissiale. Il est impossible de l'étudier, car elle est utilisée pour la sépulture des curés de Solignac.

LXXXII. USSON. CHAPELLE NOTRE-DAME DE CHAMBRIAS

Ce petit monument, qui sert d'oratoire à une communauté de religieuses, se compose d'une nef divisée en deux travées actuellement couvertes de voûtes d'arêtes construites après coup.

L'abside n'a pas été retouchée; l'intérieur, circulaire comme l'extérieur, est orné de trois arcatures en plein cintre, dont les retombées reposent sur deux colonnettes séparées par un pilastre (fig. 344). L'un de ces pilastres est décoré d'imbrications, l'autre de torsades. Pilastres et colonnettes sont portés sur un bahut continu et assez élevé. L'astragale fait corps avec le fût; les chapiteaux sont d'un faire barbare. Sur l'un, un personnage lève les bras au ciel; sur un autre, les volutes partent du bas du chapiteau pour aboutir aux angles. Les tailloirs sont décorés de petits cartouches sculptés en creux.

L'arc triomphal à cintre brisé repose, de chaque côté, sur des colonnes élancées, actuellement masquées en partie par un autre arc, construit après coup et supporté par des assises en encorbellement.

La voûte d'arête actuelle est d'une époque bien postérieure à celle de la construction de l'édifice; mais les arcs latéraux qui règnent le long du mur, le doubleau qui semble ancien et les contreforts extérieurs indiquent que cette chapelle fut originairement couverte d'un berceau.

344. INTÉRIEUR DE LA CHAPELLE NOTRE-DAME DE CHAMBRIAS.

La façade, complètement défigurée, ne présente rien d'intéressant : une petite retraite se voit dans le mur au-dessus des contreforts.

Au Nord, une des fenêtres est ancienne, son archivolte a une forme qui se rapproche de l'arc en chaînette; elle est creusée dans une seule pierre. C'est l'unique ouverture primitive : celle qui existait dans l'axe de l'abside a été murée et celle du Sud agrandie.

Cette chapelle semble dater de la fin du xie siècle.

LXXXIII. VAZEILLES-LIMANDRES

Le prieuré-cure de Vazeilles [1] était à la nomination de l'abbé de la Chaise-Dieu [2].

Le clocher et les trois travées de la nef sont de construction récente. L'abside semi-circulaire, recouverte d'une demi-coupole, paraît remonter à la fin du XIe siècle ; elle est décorée d'arcatures en plein cintre reposant aux deux extrémités sur une retraite du mur et, ailleurs, sur des colonnettes trapues avec chapiteaux décorés de feuil-

345. ÉGLISE DE VAZEILLES-LIMANDRES. *Vue intérieure.*

lages grossièrement traités (fig. 345); les tailloirs se profilent en un bandeau et une gorge.

Au Nord-Est, subsiste une des fenêtres primitives dont l'ébrasement intérieur présente deux retraites successives.

En avant de l'abside se trouvent des chapelles en forme de transept : l'une, voûtée d'arêtes, paraît être du XVIIe siècle ; l'autre, de la fin du XVe ou du XVIe siècle, est couverte d'une voûte sur nervures toriques d'un assez bon style ; d'autres nervures, de profil identique, se voient dans l'encadrement de la fenêtre.

A l'extérieur, l'abside présente cinq pans ; la fenêtre du Nord-Est que nous avons signalée est toute petite ; la clé de l'arc qui la surmonte est légèrement proéminente. Dans l'axe de l'édifice, un gros contrefort porte la date de 1729 ; enfin, autour de l'abside, règne une corniche se profilant en un bandeau, un onglet et un biseau.

LXXXIV. VERNASSAL

Il semble que Vernassal ait été le siège d'une simple paroisse [3], dont le curé était nommé par les maîtres de l'hôpital du Puy [4].

Son église se ressent de la nature granitique du sol ; et la pierre de taille, par exception, fait presque complètement défaut ; on ne la rencontre qu'aux angles de l'abside, dont les soubassements sont bâtis en grand appareil mal taillé. Tout le reste de la construction est formé de blocage noyé dans le mortier.

La façade, dépourvue de style, et la travée qui la suit, semblent avoir été construites au XVIIe siècle. La porte actuelle ouvrant à l'Ouest date de cette même époque ; elle en a remplacé une de la période romane dont on remarque encore les débris sur la façade méridionale de l'édifice ; elle a été en partie obstruée, mais on en voit encore les voussures toriques et l'encadrement décoré de huit lobes largement ouverts et assez semblables à ceux de Bains.

L'église se compose actuellement de trois travées ; deux seulement sont romanes et voûtées en berceau plein cintre ; la troisième, nous l'avons dit, ne date que du XVIIe siècle, mais n'en est pas moins, elle aussi, couverte d'un berceau. Les doubleaux doublés et légèrement brisés reposent, dans la partie romane, sur des demi-colonnes engagées dans des dosserets rectangulaires, tandis qu'à la travée plus récente, ce ne sont que de simples pilastres sans ornements ; les chapiteaux de la nef n'ont aucune sculpture.

L'arc triomphal, doublé et épais, semble avoir supporté un campanile aujourd'hui disparu.

L'abside, à cinq pans, dépourvue d'ornements à l'extérieur, est décorée intérieurement de cinq arcatures de profil rectangulaire, reposant sur des colonnes isolées ; les plus rapprochées de la nef sont plus larges que les autres. La décoration des chapiteaux est empruntée au règne végétal ; sur l'un d'eux cependant on voit deux basilics affrontés.

Une tablette biseautée, formant corniche, règne autour de l'abside.

Aucune particularité n'est à signaler dans les bases ou les tailloirs.

Un clocher moderne, carré et sans caractère, a été bâti dans l'axe de l'abside dont il masque la partie orientale. Le seul mérite de cette construction est de n'avoir rien détruit d'intéressant.

1. Vocable de l'église : Saint-Pierre-ès-liens.
2. Rocher, *Pouillé* (*Tablettes historiques*, V, 1875, pages 84 et suivantes ; V, 1876, pages 291 et suivantes).
3. Pouillé de 1516 aux Archives nationales, G[a] 1 folio 441 verso.
4. Chassaing, *Médicis*, II, page 171.

LXXXV. VOREY

I. *Restes de l'église prieurale, porte conservée dans le jardin public du Puy*. — Vorey fut le siège d'un important prieuré de bénédictines, relevant de l'abbaye de Sainte-Marie-des-Chazes [1]. L'église ancienne a été démolie à une époque toute récente, pour faire place à un monument moderne.

Le portail, un des plus élégants de la région (pl. CVII), a échappé à la destruction et a été transporté dans le jardin public du Puy, dont il n'est pas le moindre ornement.

Quatre archivoltes l'entourent : la plus intérieure, ornée de sphères sculptées au milieu d'une gorge, repose sur des pilastres refouillés dans la maçonnerie et se profilant en forme de tore. Leurs chapiteaux sont décorés de volutes stylisées et de grappes de raisins.

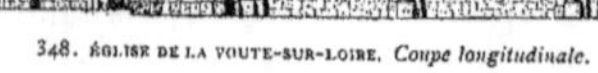

346. ÉGLISE DE LAVOUTE-SUR-LOIRE. *Chapiteau intérieur.*

Les deux voussures suivantes sont composées chacune de deux quarts de rond, séparés par une gorge entre deux onglets; elles sont supportées par des colonnettes dont l'astragale fait corps avec le fût. Les chapiteaux, en lave grisâtre, sont ornés de feuilles d'eau débordantes et recourbées; les tailloirs sont formés de deux baguettes séparées par un listel, d'une doucine et d'une baguette.

Enfin, extérieurement, une dernière archivolte se profilant en biseau, est couverte de rinceaux où l'on voit des feuillages, des palmettes, des raisins et d'autres fruits en dessous d'un galon perlé.

La pureté et la richesse de ce morceau d'architecture, qui semble dater du milieu du XIIᵉ siècle, doivent nous faire regretter la disparition du monument dont il faisait partie.

347. ÉGLISE DE LA VOUTE-SUR-LOIRE. *Plan par terre.*

II. *Église paroissiale.* — En plus de son couvent de Bénédictines, Vorey possédait une église paroissiale [2]. Le droit de nomination à la cure appartenait à la prieure du lieu [3]. Cette église, qui se trouve dans la partie septentrionale du bourg, est dans un état complet de délabrement et ne tardera pas à disparaître en entier.

348. ÉGLISE DE LA VOUTE-SUR-LOIRE. *Coupe longitudinale.*

349. ÉGLISE DE LA VOUTE-SUR-LOIRE. *Chapiteau intérieur.*

1. Archives nationales G⁹ 658. Dom Boyer (*Journal de voyage de*), édition Vernière, page 31, note.
2. Balme, *Vorey et son couvent de Bénédictines* (*Tablettes historiques*, 3ᵉ année, 1872-1873, page 103).
3. Chassaing, *Liste des redevances dues à l'hostier*, Médicis, II, page 171.

La nef, recouverte d'un lambris, paraît avoir été construite à une époque assez récente, au xvii⁰ ou au xviii⁰ siècle, selon toute vraisemblance; les murs sont sans caractère; l'abside romane, circulaire à l'intérieur, présentait cinq pans au dehors; elle n'avait qu'une seule fenêtre dans l'axe de la nef. Les parements des murs ont été en partie arrachés et employés dans la construction des maisons voisines; on peut voir par ce qui subsiste que les pierres employées dépassaient la taille qu'on est convenu d'attribuer au moyen appareil ; ces pierres étaient très bien taillées et assemblées sans mortier; l'intérieur du mur était en blocage noyé dans le mortier.

Le clocher arcade s'élevait au-dessus de l'arc triomphal qui ne semble pas avoir été doublé; c'est là une exception à la règle généralement suivie dans presque toutes les églises du Velay, où le campanile occupe cette place. Ce clocher se compose de deux baies en plein cintre ; le mur qui le surmonte est amorti en pignon, aucun détail caractéristique ne permet de lui attribuer une date; l'appareil étant irrégulier et ne présentant pas de caractère, il semble que ce clocher arcade ne remonte pas au-delà du xvii⁰ siècle. Quant à l'abside, la beauté des matériaux et de la construction semble permettre de la dater du xii⁰ siècle.

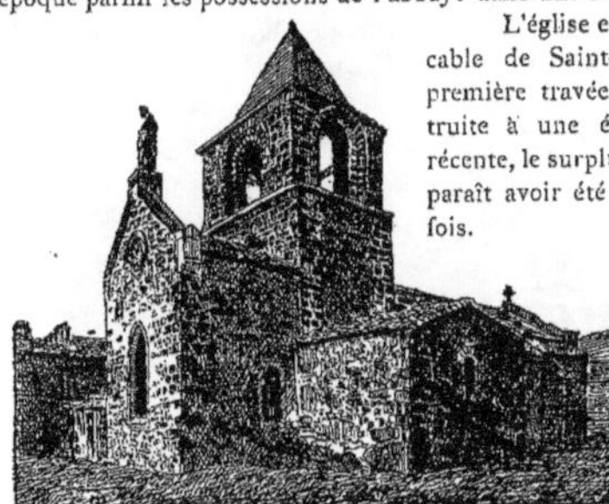

350. ÉGLISE DE LA VOUTE-SUR-LOIRE. *Vue intérieure du transept.*

LXXXVI. LA VOUTE-SUR-LOIRE

Le prieuré de la Voûte avait été soumis à Tournus antérieurement à l'année 1120, car il est mentionné à cette époque parmi les possessions de l'abbaye dans une bulle de Calixte II [1].

L'église est sous le vocable de Saint-Maurice; la première travée a été construite à une époque toute récente, le surplus de l'édifice paraît avoir été bâti en deux fois.

Dans une première campagne de travaux, on a dû élever les deux travées anciennes de la nef voûtées en berceau légèrement brisé avec doubleaux simples reposant sur des demi-colonnes engagées (fig. 352). Les chapiteaux sont décorés de feuillages (fig. 349), sauf l'un d'eux disposé contre la paroi méridionale de la première travée et sur lequel on remarque une tête assez grossière (fig. 346).

352. ÉGLISE DE LA VOUTE-SUR-LOIRE. *Vue intérieure prise de l'entrée.*

351. ÉGLISE DE LA VOUTE-SUR-LOIRE. *Vue extérieure.*

La porte primitive, qui par exception s'ouvrait au Nord, a été murée lorsqu'on a ajouté la première travée occidentale; mais on en voit encore le cintre et les piédroits (pl. ciii, fig. 353).

Cette nef est suivie d'une travée voûtée d'une coupole octogonale reposant sur des trompes en cul-de-four

1. Voir ci-dessus, page 2.

dont la naissance est placée au niveau des voûtes de la nef. Cette coupole est supportée par de grosses piles en forme de demi-colonnes engagées, terminées par de simples tailloirs et entre lesquelles sont bandés des arcs en

353. ÉGLISE DE LA VOUTE-SUR-LOIRE. *Restes de l'ancienne porte.*

plein cintre. Faut-il voir dans ces piliers massifs et de forme cylindrique, une réminiscence de l'architecture de l'église de Tournus où, comme on le sait, tous les supports de la nef ont la forme de grosses colonnes? La chose est très vraisemblable. Quoi qu'il en soit, l'inspection de la coupe et du plan de cette église permet de penser que cette travée centrale a été construite un peu après la nef; car si l'édifice avait été bâti d'un seul jet, il serait inadmissible, que l'on eût disposé à si peu de distance, deux demi-colonnes supportant, l'une, le dernier doubleau de la nef, et l'autre la coupole. Un transept bas et étroit voûté en berceau plein cintre prend naissance sur cette travée centrale; il est, selon toute vraisemblance, de construction bien postérieure. Enfin, des fenêtres très ébrasées, aujourd'hui murées, éclairaient cette même travée au Nord et au Sud.

Le chevet, dont le mur de clôture est légèrement incliné du Nord-Est au Sud-Ouest, reçoit du jour par une grande fenêtre du XVᵉ siècle. Une différence d'appareil, bien visible à l'extérieur, indiquerait peut-être qu'on a agrandi à cette époque la partie orientale de l'église.

Le clocher s'élève au-dessus de la travée voûtée en coupole; il est carré et sur chaque face s'ouvre une grande fenêtre en plein cintre dépourvue d'ornements. L'appareil est peu soigné; les matériaux sont liés ensemble par des lits de mortier assez épais.

Nous croyons que cette nef a été élevée au commencement du XIIᵉ siècle, et c'est bien peu de temps après cette époque que la travée centrale et le chevet ont dû être construits.

254. ESCALIER ET FAÇADE DE LA CATHÉDRALE DU PUY.

APPENDICE

PIÈCES JUSTIFICATIVES

I

26 FÉVRIER 1377

Indulgence de trois ans et de trois quarantaines accordée par le pape Grégoire XI aux chrétiens qui contribueront par leurs aumônes aux réparations de la cathédrale du Puy [1].

Universis Christi fidelibus presentes litteras inspecturis, salutem et apostolicam benedictionem.

Ecclesiarum fabricis manum porrigere ad mentionem piam apud Deum et meritum reputantes, frequenter Christi fideles ad impendendum ecclesiis ipsis auxilium nostris litteris exhortamur, et, ut ad id eo fortius animentur, quo magis ex his animarum commodum se speraverint adipisci novumque per his temporalibus suffragiis spiritualia eis munera videlicet remissiones et indulgentias elargimur.

Cum itaque sicut accepimus, Ecclesia Aniciensis reparatione indiget quam plurimum sumptuosa, ad quam Christi fidelium subsidia sint plurimum opportuna ; Universitatem vestram rogamus, monemus et hortamur attente, vobis nichilominus in remissionem peccatorum quatenus de bonis vobis a Deo collatis ad reparationem dicte ecclesie vestras pias elemosinas et grata caritatis subsidia erogetis, ut per subventionem vestram hujusmodi ecclesia ipsa reparari valeat, vosque per hec et talia bona que Domino inspirante feceritis, ad eterne possitis felicitatis gaudia pervenire.

Nos enim, de Omnipotentis Dei misericordia et beatorum Petri et Pauli Apostolorum ejus auctoritate confisi, omnibus vere penitentibus et confessis, qui ad premissam reparationem manus porrexerint adjutrices, tres Annos et tres Quadragenarias de injuncta eis penitentia misericorditer relaxamus, presentibus penitus decem annos nunc valituris, quas micti per questuarios districtuum prohibemus, eas, si secus actum fuerit, carere viribus decanentes. Datum Avinione IIII Kalendas Martii Anno Sexto.

Gregorii XI Bullarium diversorum. Anno VI, folio. 133, verso.

II

26 FÉVRIER 1377

Autorisation donnée par le pape Grégoire XI au chapitre du Puy de retenir, pendant quatre ans, la première année des revenus des bénéfices vacants dans le diocèse du Puy, pour employer ces revenus aux réparations de la cathédrale.

Dilectis filiis Capitulo ecclesie Aniciensis, salutem et Apostolicam benedictionem.

Gerentes ad ecclesiam vestram paterne dilectionis affectum, illa vobis libenter concedimus que ipsi ecclesie reddantur in suis necessitatibus opportuna. Sane petitio pro parte vestra nobis nuper exhibita continebat, quod ipsa vestra ecclesia reparatione indigeat non modicum sumptuosa, ad quam ipsius ecclesie non suppetunt facultates.

Quare pro parte vestra nobis fuit humiliter supplicatum, ut provideremus super hiis de alicujus subventionis auxilio sic quod ipsa ecclesia reparari valeat de benignitate apostolica dignaremur. Nos itaque hujusmodi supplicationibus inclinati, fructus, redditus et proventus proximi anni omnium et singulorum beneficiorum ecclesiasticorum, secularium et regularium, exemptorum et non exemptorum, cum cura et sine cura, cujuscumque conditionis, religionis aut dignitatis existant in ecclesia ac civitate et diocesi Aniciensibus ad tempus vacantium ac simul vel successive in antea usque ad quatuor annos a data presentium computandos vacaturorum operariis seu provisoribus ipsius ecclesie canonice deputatis vel deputandis pro reparatione dicte ecclesie, salva moderatione constitutionum sacre recordationis Bonifacii Pape VIII et Johannis XXII Romanorum Pontificum, predecessorum nostrorum, super hiis editorum exhibendos, et per eos in refectionem seu reparationem hujus modi et non in usus alios convertendos donationi apostolice reservamus ; districtius inhibentes illi vel illis ad quem vel ad quos eorundem beneficiorum fructuum, reddituum et proventuum receptorum seu quavis alia dispo-

[1]. Nous avons conservé l'orthographe tant des textes latins que des textes français que nous publions ci-après.

sitio pro tempore pertinet, ne de illis quantum reservationem nostram hujusmodi dispositione quoquomodo presumant, ac decernentes ex tunc irritum et inane si secus super his a quoquam quavis auctoritate scienter vel ignoranter contingerit attemptari, non obstantibus quibuscumque privilegiis statutis et consuetudinibus écclesiarum in quibus quevis beneficia fuerint cum juramento, confirmatione apostolica vel quacumque firmitate alia roborata et quibuslibet aliis indulgenciis effectus earum impediri valeat quomodolibet vel differri, et de quibus quorumcunque totis tenoribus habenda sit in nostris litteris mentio specialis.

Nostre tunc intentionis existit, quod si hujusmodi fructus redditus et proventus fabrice ecclesie vel alteri usui seu cuicunque singulari persone de speciali consuetudine privilegio vel statuto forsitan debeantur, nullum eisdem fabrice usui ac persone prejudicium generetur. Nulli ergo, etc., Nostri reservationis, inhibitionis, constitutionis et voluntatis infringere, etc. Datum Avinione IIII Kalendas Martii, Anno Sexto.

Gregorii XI Bullarium diversorum, pro Anno VI sui Pontificatus, folio 134, verso.

III
26 FÉVRIER 1377

Autorisation donnée par le pape Grégoire XI à l'évêque et au chapitre du Puy de retenir chacun cinq cents florins d'or pour les employer aux réparations de la cathédrale du Puy.

Ad futuram rei memoriam.

Specialis benevolentic plenitudo quam ad Aniciensem ecclesiam gerimus incessanter, merito nos inducit, ut ad ipsius ecclesie honorem et commodum, solicitis studiis intendamus. Cum itaque, sicut accepimus, ecclesia ipsa reparatione indigeat, non modicum sumptuosa, ad quam Christi fidelium subsidia sint plurimum opportuna ; Nos, attendentes dignum et congruum fore, quod venerabilis frater noster Episcopus Aniciensis et dilecti filii Capitulum ipsius ecclesie ad hoc de bonis suis adjuvent, cum etiam fabrice dicte ecclesie prout fertur ad hoc non suppetant facultates, auctoritate apostolica tenore presentium statuimus et etiam ordinamus quod Episcopus, quingentes, et Capitulum predicti alios quingentes florinos auri singulis annis, usque ad quatuor annos a data presentium reputandos operariis seu provisoribus ipsius ecclesie canonice deputatis vel deputandis per eos pro reparatione dicte ecclesie et non in usus alios convertendos. Nulli ergo etc., nostre ordinationis statuti infringere, etc Datum Avinione IIII kalendas Martii Anno Sexto.

Gregorii XI Bullarium diversorum. Anno VI, folio 135 recto.

IV
26 FÉVRIER 1377

Autorisation accordée par le pape Grégoire XI à la demande du chapitre du Puy, de retenir pendant quatre ans, pour les employer aux réparations de l'église, tous les legs pieux faits dans l'étendue du diocèse sans désignation spéciale, ainsi que toutes les choses dont on ne connaît pas les légitimes propriétaires.

Ad futuram rei memoriam.

Gerentes ad ecclesiam Aniciensem paterne dilectionis affectum, illa libenter concedimus que ipsi ecclesie reddantur in suis necessitatibus opportuna. Cum itaque sicut exhibita nobis pro parte dilectorum filiorum Capituli ecclesie Aniciensis predicte peticio continebat, ecclesia ipsa reparatione indigeat non modicum sumptuosa, ad quam ipsius ecclesie non suppetant facultates ; nos cupientes ut dicta ecclesia reparetur, ac super hoc de alicujus subventionis auxilio providere ipsorum, Capituli in hac parte supplicationibus inclinati, ut operarii seu provisores predicte ecclesie canonice deputati vel deputandi omnia legata incerta ad pias causas, et etiam omnia illa que restitui debent, si hi, quibus eorum solutio et restitutio fieri debeant, requirentur et inveniri non possint, in civitate et diocesi Aniciensibus, usque ad quatuor annos a data presentium compuandos pro hujusmodi reparatione dicte ecclesie recipere valeant ; ita quod omnia que ex his receperint pro reparatione dicte ecclesie et non in alios usus convertant, auctoritate apostolica, eisdem (*sic*) Capitulo de gratia speciali, tenore presentium indulgemus, ac volumus quod hi, qui hujusmodi legata et alia incerta pro premissa reparatione, ut premictitur tradiderint, ac legata et alia incerta predicta alicui alteri restituenda nullatenus teneantur. Nulli ergo, etc. Nostre voluntatis, concessionis infringere, etc. Datum Avinione IIII kalendas Martii Anno Sexto[1].

Gregorii XI Bullarium diversorum. Anno VI, p. 135.

V
25 JUILLET 1737

Rapport de Jean de Clapier, directeur des travaux publics de la province de Languedoc, constatant les dégradations faites, et les réparations à faire à la Cathédrale du Puy.

Nous Jean de Clapier, de la société royale des sciences, chevalier de l'ordre de Saint-Michel, directeur des travaux publics de la province de Languedoc, et en particulier du Pont Saint-Esprit, professeur royal des mathématiques en l'université de Montpelier, certifions nous être transportés en l'église Cathédrale Notre-Dame-du-Puy, pour et sur les réquisitions à nous faites par Monseigneur l'évêque du Puy et MM. les chanoines de ladite église, vérifier et examiner toutes les dégradations tant intérieures qu'extérieures qui si sont faites soit par vétusté, soit par laps du tems, par la corruption ou l'ébranlement des fondemens ou par quelqu'autre cause, et donner en même tems les moyens pour faire les réparations convenables à cette église, et prévenir son entière ruine ; et étant arrivés au devant du principal portail de l'église nous y aurions trouvé assemblés M. Claude Peyret, trésorier ; M. Louis Annet Mosa sacristain ; M. François André, sindic ; tous chanoines de la même église, M. Jerphanion, écuyer, sindic du pays de Velay et diocèze du Puy ; M. Pierre Vital de Bellidentis seigneur de Bains, secrétaire des États particuliers du Velay, et autres personnes notables de la ville du Puy, en présence desquelles nous avons fait notre vérification comme s'ensuit.

Nous avons en premier lieu examiné le gros mur qui forme le frontispice de ladite église, et où est le grand portail que nous avons trouvé déversé en dehors de son aplomb sur toute son entière surface et surtout depuis les vitraux en bas, qu'il y avait même à ce mur plusieurs lézardes et crevasses

---

1. Nous tenons à remercier ici M. l'abbé de Surrel de Saint-Julien qui a bien voulu collationner pour nous aux archives du Vatican le texte de ces quatre pièces.

qui avoient été pour la plupart anciennement rejonctoyées avec du mortier et plusieurs crampons de fer, mais qu'elles avoient continué de se rouvrir ; nous avons aussi verifié que la corniche qui règne sur le frontispice de l'église au bas des vitreaux, qui devoit être dans une ligne droite, formoit une ligne courbe plus ou moins irrégulière, que le mur s'étoit jetté plus ou moins en dehors.

Nous avons enfin verifié, que pour éviter l'entière ruine du frontispice de cette église, on avoit adossé anciennement contre le pilastre du portail de l'église qui est sur la droite en y entrant, un gros éperon ou contrefort très solide et très élevé percé de plusieurs arcs rampants pour servir d'arboutans et retenir la poussée du mur en dehors, mais que cet ouvrage, quelque solide qu'il soit, n'avoit pu empêcher que l'autre partie du mur du frontispice, depuis le pilastre du portail de la gauche jusqu'à celuy du coinde l'église, n'eut continué à se déverser. Pour mieux nous en assurer, nous sommes montés dans l'Eglise pour examiner si au derrière dudit mur il n'y avoit pas quelque dégradation ou fraction apparente et ayant verifié ledit mur de face par le derrière, nous l'avons trouvé intimement uni et sans la moindre séparation avec le gros mur et les arceaux qui séparent les chapelles Saint-Anne et Sainte-Madeleine d'avec le cœur Saint-André[1], mais qu'à environ 4 toises de distance du mur de face, il s'étoit fait audessus de l'arceau de la chapelle Sainte-Madeleine une lézarde très considérable en diagonale tout le long de l'extrados de l'arceau, que cette fente et lézarde se continuoit jusqu'à la voûte du cœur Saint-André, qu'elle se continuoit ensuite dans la voûte et que même le premier arceau qui suporte cette première voûte s'étoit fendu par le milieu. Nous avons vérifié aussi, que ces fentes et crevasses avoient été fermées diverses fois, mais qu'elles avoient continué de se rouvrir, qu'il y a même en plusieurs autres endroits diverses autres fractions qui ne sont pas considérables, ce qui nous a prouvé incontestablement, que non seulement la partie du mur du frontispice comprise depuis le pilier de la gauche du portail jusqu'à celui du coin, ce qui fait la moitié du mur du frontispice, menaçoit non seulement une prompte ruine, mais encore que ce mur venant à crouler, il entraineroit dans sa ruine les deux chapelles de Sainte-Anne et de Sainte-Madeleine et partie du cœur de Saint-André, et écraseroit par sa ruine toutes les maisons subjacentes. Ainsi, le tout bien considéré, qu'il est indispensable et d'une nécessité absolue de prévenir la chute de cette partie de l'Eglise qui couteroit des sommes immenses pour la rétablir si elle venoit à crouler, à quoy on peut remédier présente_ment par un nouveau contrefort ou éperon entièrement semblable et construit dans les mêmes proportions et dimensions de celuy qui a été construit anciennement dans un cas semblable contre le pilastre de la droite de la porte d'entrée, lequel contrefort sera adossé contre le pilastre du portail de la gauche qui a fait le plus de mouvement, et sera led. pilastre percé, comme l'ancien, par divers arcs rampants pour contretenir et servir de buttée contre la poussée du mur de la façade de l'église, en observant de lier l'ancien mur avec l'éperon par divers arrachemens.

Le nouveau contrefort à construire, autant que nous l'avons pu mesurer sur l'ancien, aura cinq toises quatre pieds six pouces de longueur, une toise d'épaisseur réduite et dix-sept à dix-huit toises de hauteur, fondemens compris ; ce que nous n'avons pourtant pas pu mesurer exactement, revenant à 103 toises cubes 3 pieds, lesquelles a 60 livres la toise cube, les échafaudages compris, montent à la somme de six mille deux cent dix livres, cy............................. 6,210 l.

Pour le revêtement en pierre de taille de l'éperon ou voûte des arceaux, 916 toises quarrées en pierre dure alternativement deux carreaux sur une boutisse, le carreau d'un pied d'épaisseur et les boutisses d'un pied et demy sur un pied de hauteur à 72 livres la toise carrée, monte à quinze mille cinq cents cinquante deux livres, cy....... 15,552 l.

Pour le creusement des fondations soit en déblais de terre ou enlèvement du roc ou rocaille jusqu'au vif et ferme, les démolitions comprises, cinq cents livres, cy.......................... 500 l.

TOTAL...................... 22,262 l.

Nous avons été conduits ensuite sur la voûte de l'église qui est à l'entrée de la porte Saint Jean, à laquelle nous avons trouvé plusieurs crevasses et lézardes considérables consistant : premièrement à une grande lézarde dans la partie de la voûte qui est au dessus des quatre colonnes qui forment trois arceaux, une autre lézarde au dessous desd. colonnes, une autre très-considérable dans l'arceau qui forme l'ouverture du vitrail qui est au dessus de la porte d'entrée de la chapelle du crucifix, laquelle lézarde, de même que la première dont nous avons parlé, se continue au milieu de la voûte et sur toute sa longueur, et y forme divers rameaux, ce qui prouve que les deux murs de l'Eglise contre lesquels cette voûte est adossée, ont fait un mouvement, que nous ne pouvons attribuer qu'à la grande pesanteur de la voûte qui est en pierre de moilon fort dure et fort épaisse et à sa poussée contre lesdits murs. Nous estimons donc que cette voûte ne pouvant se soutenir plus longtems doit être promptement démolie sur son entière longueur et largeur, et refaite avec du tuf, beaucoup plus légère et beaucoup moins épaisse que celle qui existe à présent, pour en diminuer la poussée contre les murs.

Le plan de la voûte est de six toises 4 pieds de longueur, sur 3 toises 4 pieds de largeur. La circonférence de la voûte sera donc de 5 toises, 4 pieds, 5 pouces, laquelle multipliée par 6 toises 4 pieds, longueur de la voûte, font 38 toises quarrées 6 pouces que nous estimons, à raison de 75 livres la toise quarrée, la somme de deux mille huit cent soixante-deux livres cinq sols, cy.................... 2,862 l. 5 s.

Et pour la démolition de l'ancienne voûte, cintres et échafaudages, la somme de douze cent livres, cy............................ 1,200 l.   »

TOTAL..................... 4,062 l. 5 s.

Nous avons vérifié ensuite la coupolle qui est immédiatement au devant du chœur, à laquelle nous avons trouvé plusieurs crevasses et lézardes considérables, mais qui ne menacent pas encore une prompte ruine ; enfin, nous avons vérifié avec une recherche exacte ; plusieurs autres crevasses et fentes qui sont dans la voûte de cette église, mais nous n'avons pas crû devoir n'y les rapporter dans le détail, n'y ordonner la moindre réparation ; sans être assuré préalablement si ces fentes, ayant été toutes fermées avec soin, avec du plâtre blanc ou ciment fait avec mortier, elles continueroient à se rouvrir ; et c'est ce à quoi M[rs] du chapitre doivent faire travailler avec soin.

En vérifiant ces diverses crevasses et lézardes, nous avons remarqué qu'il y avoit autour des pierres de la voûte, beaucoup d'humidité ; que diverses parties de la voûte étoient noircies en divers endroits, qu'en plusieurs autres endroits, le mor-

---

1. Nous avons dit, p. 41, qu'on désigne sous ce nom la première travée occidentale de la Cathédrale.

tier des joints des pierres et les enduits s'estoient détachez, ce qui nous a fait conjecturer que ces fentes et crevasses, du moins pour la plus grande partie, étoient provenues du séjour des eaux, qui ayant croupi sur la voûte, s'étoient filtrées à travers des joints, que même les mortiers du dessus de la voûte, ou peut être lés terres qu'on a mises dans les reins inbibez d'eau avoient donné lieu à toutes ces fentes et crevasses et peut-être même à la poussée des voûtes contre les murs, ce qui nous auroit engagé à vériffier la construction des couverts tant du cœur de l'Église que de l'entière nef, que nous avons trouvé très mal construits ; les thuilles à canal ayant été posées simplement sur la voûte sans laisser le moindre espace entre la voûte et le couvert ; que cette construction nous a paru si vitieuse que si les couverts des voûtes de l'église restoient plus longtemps dans le même état, il seroit à craindre que les eaux croupissant sur les voûtes, et ne pouvant pas découvrir les endroits par où se font les filtrations pour y remédier, les fentes et crevasses continuant à s'ouvrir, la voûte, par succession de temps, ne tombât en ruine. C'est pourquoy nous estimons que la plus pressante réparation de cette Eglise, et la plus indispensable, est de faire un nouveau couvert sur charpente et avec deux arbaletriers à deux apentifs, tant de la nef que du chœur de cette Eglise, qui sera suporté par de petits piliers en pierre de taille, de manière qu'un homme, en tout temps et surtout pendant les pluyes puisse vérifier s'il n'y a pas des eaux qui tombent sur la voûte, et remédier aux filtrations et ensuite aux couverts.

Le plan de la nef est de 29 toises de longueur, sur 10 toises, 3 pieds de largeur, mesuré dans œuvre, par conséquent la surface du couvert de la nef, mesuré sur les apentifs, contiendra 377 toises quarrées.

Le plan du chœur est de 5 toises longueur sur 10 toises de largeur, ce qui fait pour la surface du couvert 65 toises quarrées.

Le plan de la croix que fait l'Eglise, entre la nef et le chœur est de 4 toises longueur, et 3 toises 3 pieds largeur, ce qui fait 17 toises, 3 pieds de couvert du costé de la porte Saint-Jean, et autant de l'autre costé, en tout 34 toises de surface, ce qui fait 476 toises de couvert, à raison de quarante livres la toise quarrée, la charpente, les pilliers, échaffaudages et machines compris, la somme de dix-neuf mille quarante livres, cy............................. 19,040 l.

Au moyen desquelles réparations que nous ne faisons maintenant qu'indiquer, et dont nous donnerons les devis très exacts et très circonstanciés lorsque Mrs du chapitre auront pourvu aux fonds nécessaires, nous pouvons nous assurer d'avoir contribué à la sureté de ce grand monument si auguste et si célèbre qui a attiré de tout temps un grand concours de peuple, et pour lequel la piété des fidèles ne s'est jamais rallentie.

Au Puy ce 25e juillet 1737.

Signé : DE CLAPIER.

JERPHANION, sindic du Velay, présent, BELLIDENTIS de Bains, secrétaire des états particuliers du Velay, présent, DE BAR, architecte, PORTAL, architecte.

Archives de la Haute-Loire. G 162.

VI

6 JUIN 1761

Transaction entre Mgr Lefranc de Pompignan, évêque du Puy, et le chapitre de la même église par laquelle ledit évêque s'engage à payer la moitié des réparations à faire à l'église cathédrale, à condition qu'elles soient utiles. — Homologation de cette transaction par le parlement de Toulouse, le 5 février 1762.

L'an mil sept cent soixante un et le sixième jour du mois de juin avant midi. Pardevant nous nore roÿal de la ville du Puÿ secrétaire du vénérable Chapitre Cathédral de lad. Ville, et témoins soussignés, furent présents Monseigneur l'illustrissime et révérendissime Jean George Lefranc de Pompignan, évêque et seigneur du Puÿ, comte du Velaÿ et de Brioude, abbé de l'abbaÿe Roÿalle Saint Chaffre du Monasiier ; d'une part ; Et Mres Armand De Beget, prêtre docteur en théologie, doÿen de l'Eglise Cathédralle dud. Puÿ ; Jacques Pierre De Cheminades de Lormet sindic ; Hector Valantin, trésorier et Ignace De Labretoigne, archiviste, aussÿ prêtres et chanoines de lad. église, commissaires nommés par délibération de MM. du chapitre, reçue par nous nore et secrétaire le 5e juin dernier ; à l'effet de la passation des présentes, d'autre part.

Lesquelles parties scachant la transaction passée entre Monseigr Just De Serres, évêque dud. Puÿ, et Mrs dud. chapitre le 23e maÿ 1629[1] Recue par Mes Parat et Lafont nores, par un article de laquelle il est porté que led. seigr évêque étoit tenu de contribuer à la moitié de la dépence des réparations des murailles, maitresses piles, voûtes et couverts de lad. Eglize seulement ad'venant Ruine notable d'ÿceux ; et comme cet obejet pourroit être susceptible d'interprétation et faire naitre des constestations entre Mond. seigneur évêque et Mrs dud. chapitre et voulant éviter touts différents et procès à cet sujet, ils ont de nouveaux traité, accordé et convenu par ces présentes, scavoir que mond. seigneur évêque promet tant pour luÿ que pour ses sucesseurs de contribuer à l'avenir à la moitié de la dépence touchant les grosses réparations des murailles, maitresses piles, voûtes et couverts de lad. Églize Cathédrale, la ruine d'ÿcelles arrivant ou prévenant une ruine prochaine ; a condition toutes fois que la nécessité en sera constatée et que Mrs dud. chapitre seront tenus d'en informer mondit seigneur évêque ou Mrs ses procureurs fondés à l'effets d'être présents à la vériffication ou de nommer si bon leur semble de leurs part des gens acé connoissans pour procéder à la vérification et au devis desd. réparations conjoinctement avec ceux qui seront nommes par Mrs dud. chapitre et le tout à l'amiable sans aucune formalité de justice ; aprouvant, ratiffiant lesd. parties touts les autres articles contenus en lad. transaction ; promettant de les exécuter suivant leur forme et teneur.

Et pour plus d'authenticité des présentes, mond. seigneur évêque et Mrs les commissaires, au nom dud. chapitre ont consentÿ à l'homologation tant en sa souveraine cour du parlement de Toulouze que partout ailheurs où besoin sera, et ainsÿ l'ont voulu. Promettant, obligeant, renonçant, fait et passé au palaix épiscopal en présence de sre Jean Joseph Guilhaume et Guilhaume Charlot, présentement habitants dud. Puÿ soussignés avec lesd. parties, Jean George, évêque du Puy ; De Beget, doÿen commre, Cheminades, Delormet, chne et sindic ; Valantin, chne trésorier ; de Labretoigne, chne commre ; Guilhaume Charlot, et nous nore roÿal, Assezat nore conslie au Puÿ le 15e juillet 1761, recu 22 s. 6 d. comprix la notte Hoisnard. Signé.

Ainsÿ est à l'original par nous nore roÿal soussigné, retenu collationné, expédié à Monseigneur l'évêque du Puÿ de ce requis.

ASSEZAT, notaire.

1. L'acte porte à tort 1729.

Louis par la grâce de Dieu, Roy de France et de Navarre, au premier notre huissier ou sergent sur ce requis, comme sur la requette de soit montrée à notre procureur général présentée à notre cour de parlement de Toulouse le premier février mil sept cent soixante deux par le sindic du chapitre de la Ville du Puy, pour demander l'authorisation et homologation de la transaction du six juin mil sept cens soixante un, pour, par ledit chapitre du Puy, jouir de l'effet du contenu en iceluÿ. Veû la dite requette de soit montré dud^t jour, transaction du six juin mil sept cent soixante un ensemble les conclusions de notre dit procureur général mises au bas de ladite requette, notre dite cour faisant droit sur lad^{te} requette a authorisé et homologué ladite transaction et concordat du sixième juin mil sept cens soixante un pour par ledit chapitre du Puÿ, jouir de l'effet du contenu en iceluÿ.

Nous à ces causes, à la requette dud. sindic du chapitre du Puy, le mandons et commandons mettre le présent arrêt à due et entière exécution suivant sa forme et teneur, et pour ce faire tous exploits requis et nécessaires ; mandons en outre a touts nos autres officiers, justiciers et sujets, ce faisant obéir.

Prononcé à Toulouze en notre dit parlement le cinquième jour du mois de février, l'an de grâce mil sept cent soixante deux et de notre règne le quarente septième.

Par la cour : Gounou ; collationné, Serres ; Collationné, Verlhac ; scellé le 8 janvier 1763, Gounou. Signés à l'original.

Je déclare que l'original du présent arrêt est dans les archives du chapitre Cathédral N.-D. du Puy : au Puy, le 10e février 1772.

Signé : Irailh, chanoine syndic.

Archives de la Haute-Loire, G 162.

VII

21 OCTOBRE 1778

Devis de Claude Portal, architecte, concernant les réparations à faire à la Cathédrale du Puy. Demande de secours au roi qui accorde trente quatre mille livres payables en trois ans et autres pièces relatives à cette affaire.

Nous soussigné Jean Claude Portal, architecte de la communauté de la ville du Puy, ayant été requis par Monsieur Derachat subdélégué de l'intendance du Languedoc, au département du Puy-en-Velay, de vérifier immédiatement toutes les réparations urgentes et nécessaires à faire dans l'église Cathédrale Notre-Dame du Puy et d'en dresser un devis estimatif, avons procédé comme s'ensuit.

Étant arrivé au devant du principal portail de ladite Église, nous avons vérifié premièrement le gros mur formant le frontispice, que nous avons trouvé hors de son aplomb, endommagé par plusieurs lézardes et crevasses qui, quoique récemment fermées avec du ciment et plusieurs grippes de fer, se sont cependant réouvertes. Nous avons examiné la clef de l'arc qui forme le couronnement du portail que nous avons trouvé considérablement baissée du côté droit, ayant un surplomb d'environ trois pouces. Nous avons observé aussi que la corniche qui est au-dessous des vitraux de la dite façade formait une ligne courbe fort irrégulière attendu que toutes les parties se sont relâchées. Et pour mieux nous en assurer nous sommes montés dans l'église pour examiner si le gros mur dudit frontispice avait éprouvé en dedans de l'église les mêmes dégradations que nous avons vérifiées en dehors, et nous avons trouvé la face intérieure dudit mur également crevassée en plusieurs endroits, et qu'à la distance

de trois toises et demi, il s'était fait au-dessous de l'arceau de la chapelle Sainte Madeleine, une grande lézarde tout le long de l'estrados de l'arceau et que le premier arceau qui supporte cette voûte était fendu dans le milieu, ce que nous avons vérifié ne pouvoir provenir que du déversement du dit gros mur formant le frontispice.

Aussi nous avons estimé qu'il était indispensable d'assurer cette partie de l'église menacée d'une ruine prochaine dont la reconstruction couterait des sommes immenses et dont l'écroulement entraînerait non seulement celui de près de la moitié de l'église, mais encore entraînerait par sa chûte l'hôtel Dieu qui se trouve immédiatement au dessous et toutes les maisons subjacentes.

Pour cet effet, nous croyons qu'il est d'une nécessité indispensable : 1° de renouveler la clef du couronnement du portail ; 2° de réparer l'ancien éperon ou contrefort adossé au pilastre à droite du portail dans les parties dégradées ; 3° de construire un nouvel éperon du côté gauche dans les mêmes dimentions que celui qui est sur la droite, lequel se liera avec le mur de face dudit portail ; 4° de rejointer avec du ciment les crevasses et lézardes, et de lier avec des grippes de fer toutes les pierres liaisonnantes qui ont été brisées.

Pour la clef et autres parties voisines dégradées, les échafaudages compris.................................... 320 l.

Pour réparation de l'ancien éperon, pierre de taille maçonnerie, échafaudages compris...................... 560 l.

Pour le nouvel éperon, le toisé de la maçonnerie se porte au moins à cent neuf toises cent huit pieds cubes de maçonnerie ; la toise cube échafaudages compris à raison de 70 l. monte à la somme de sept mille six cent soixante cinq livres... 7,665 l.

Le revêtement en pierre de taille dudit éperon et des voûtes des arceaux pour servir d'arcs boutans, deux cent quarante sept pieds carrés en pierre dure, carreaux et boutisses alternativement à 72 l. la toise carrée monte à la somme de... 14,004 l.

Fondations réduites à cinquante toises cubes de maçonnerie à raison de 70 l. la toise monte à la somme de 3,500 l.

Démolition............................ 250 l.

Déblaiement et transport des terres hors de la ville, soixante toises cubes à raison de 8 l. la toise monte à la somme de................................... 480 l.

Pour rejointoyer avec du ciment les lézardes et crevasses du dit portail y compris les grippes de fer nécessaires, échafaudages compris......................... 650 l.

Total............................. 27,429 l.

Nous sommes ensuite monté dans l'église par le grand escalier faisant cent treize marches, savoir : cinquante quatre marches en deça du grand portail de l'église, quarante deux depuis le dit portail jusqu'à la porte Dorée au-dessous des voûtes, supportant presque la moitié du sol de l'église et dix sept à découvert dans le centre de la nef. Nous avons vérifié l'arceau qui fait l'ouverture de ladite porte Dorée, ayant onze pieds de largeur sur environ douze pieds de hauteur que nous avons trouvée affaissée d'environ quatre pouces, les voussoirs calcinés par vétusté et les pieds droits portant lesd. arceaux et voûtes déversés et le mortier corrompu.

Pour prévenir l'entier écroulement dud. arceau qui supporte la chappelle Saint-André, le buffet d'orgue, partie du sol de l'église et qui butte les deux piliers sur lesquels porte partie des voûtes de la nef et des bas cottez, les pieds droits du dit arceau se trouvant liaisonnés avec lesdits piliers, nous avons estimé qu'il était indispensable de fermer par un gros mur en maçonnerie, l'ouverture dudit arceau ce qui obligera de combler la susdite rampe qui se trouve au centre de l'église et de paver cette partie en pierres de taille ; et attendu la nécessité de conserver une entrée dans cette partie, il sera fait deux rampes collatérales de cinq pieds six pouces de largeur chacune, qui commenceront au palier qui se trouve au niveau du sol de la porte Dorée et qui viendront déboucher entre les deux pilliers qui forment les collatéraux de l'église.

Pour le gros mur à l'ouverture dud. arceau, neuf toises cubes fondemens compris, à raison de 70 l. la toise monte à la somme de............................... 630 l.

Pour combler et paver la partie du sol de l'église qu'occupe aujourd'hui le grand escalier, dans le centre de la nef, ledit plan étant de quatre toises carrées à raison de 20 l. la toise en pierre de taille le comblement compris, monte à la somme de................................. 80 l.

La maçonnerie des deux rampes faisant 25 toises et demy cubes, à 70 l. la toise monte à la somme de....... 1,785 l.

Trente quatre marches de six pieds huit pouces de largeur y compris les reprises dans les murs faisant deux cent quatre vingt un pieds huit pouces, pierre de taille à 2 l. 10 s. le pied, monte à la somme de............................. 554 l.

Le palier et revêtement desdiz escaliers en pierre de taille, seize toises dix huit pieds, 72 l. la toise carrée monte à la somme de .... 1,188 l.

Pour étayement et démolitions la somme de.... 100 l.

Nous avons ensuite vérifié la coupole en forme de dôme, qui est sur le devant de la chappelle Notre-Dame, laquelle est surmontée d'un petit clocher octogone; nous y avons reconnu plusieurs lézardes et crevasses très considérables, les pierres du centre déjointes et calcinées, aussi nous estimons que ladite voûte, quoique étayée par quatre piliers qui nous ont paru récemment construits, ne peut subsister dans cet état, et qu'il faut absolument la reconstruire attendu qu'à cause de sa grande élévation, elle pourrait écraser ou du moins grièvement endommager les voûtes environnantes, en observant de n'employer que du tuf qui chargera moins les murs et de lui donner moins d'élévation.

Le plan de cette voute est de 36 toises et demy carrées a 75 l. la toise monte à.................... 2,737 l. 10 s.

Pour ceintrer, échafaudager et démolitions. 1,050 l.

Pour la reconstruction du petit clocher dans la même forme...................... 1,560 l.

TOTAL................ 37,113 l. 10 s.

Nous avons ensuite examiné les voûtes des chapelles Saint-Jean et Saint-Laurent adossées d'une part aux murs qui forment l'enceinte du chœur de messieurs les chanoines et de l'autre aux piliers qui soutiennent partie de la voûte de la nef et des bas côtés ; nous avons trouvé lesdites deux voûtes crevassées et lézardées. Les pierres lézardées et calcinées pour la plupart, les murs contre lesquels elles sont appuyées, hors de leur applomb et déversés en dedans du chœur, ce qui pourrait à la longue nuire à la solidité des susdits piliers auxquels ils sont liés par divers attachements. Aussi nous avons estimé que lesd. voûtes Saint-Laurent et Saint-Jean devaient être démolies ainsi que les murs faisant clôture du chœur, et pour ne pas fatiguer les piliers voisins nous croyons qu'il serait à propos de ne pas reconstruire lesd. voûtes, et de remplacer lesdits murs environnants par un parpin auquel les stalles seront adossées, et qui étant beaucoup plus léger, chargera moins les voûtes souterraines de l'Eglise dans cette partie.

Pour démolition desd. voûtes, murs et transport des débris................................ 300 l.

Le parpin devant former l'enceinte du chœur aura douze toises neuf pieds de longueur de chaque cotté, sur six toises de hauteur, faisant en tout cent soixante et seize toises

carrées a 20 l. la toise monte à.................... 3,520 l.

Pour démonter et replacer les stalles........... 400 l.

Nous avons ensuite verifié les voûtes, arcs doubleaux, piliers tant de la nef que des bas cottez et les murs de ladite église tant en dedans qu'en dehors, où nous avons observé nombre de fentes et crevasses, le crépit et l'enduit en plâtre détaché presque partout à l'exception de quatre voûtes qui nous ont paru récemment faites, sçavoir, celle de la croix du cotté de la porte Saint-Jean, une de celles du chœur des chanoines et du pourtour de la chappelle Notre Dame qui paraît également avoir été rechaussé de nouveau en sous œuvre.

Pour prévenir de plus grandes dégradations nous avons estimé qu'il était indispensable de recrépir et adoucir en plâtre la totalité de la surface intérieure de l'église, à l'exception des trois articles énoncés, en observant de boucher avec du ciment et coins en bois de chêne toutes les crevasses et lézardes pour empêcher que les pierres de la voûte se détachent.

La surface intérieure de ladite église étant environ de deux mille trois cent quatre vingt dix toises carrés ; le recrépissage, à raison de 4 l. la toise monte à la somme de..... 9,560 l.

Nous avons ensuite vérifié le pavé de l'église que nous avons trouvé inégal et raboteux presque partout, brisé dans plusieurs endroits, manquant même dans quelque sens et baissé de plusieurs pouces dans les parties qui portent sur des voûtes souterraines, ce qui nous a déterminé à descendre dans lesdits lieux souterrains pour vérifier l'état desd. voûtes, que nous avons trouvé en effet lézardées et crevassées dans plusieurs parties, aussi nous avons estimé qu'il était indispensable de réparer lesd. voûtes et de relever presqu'en entier le pavé de ladite église en rejetant sur les ailes les cadettes du centre qui recoupées et retaillées pourraient encore être employées en refaisant le reste à neuf.

Pour réparer lesd. voûtes, environ dix toises cubes de maçonnerie à 70 l. la toise monte à la somme de.. 700 l.

Pour la pierre de taille des susdites voûtes ou arcs doubleaux environ cent dix-neuf pieds à 3 l....... 357 l.

Pour la partie du pavé à refaire, cent soixante toises à 18 l. la toise monte à la somme de..... 2,880 l.

Pour la partie du pavé à réparer 150 toises à 19 l. la toise monte à la somme de.................... 1,386 l.

TOTAL........................... 56,196 l. 10 s.

Nous sommes enfin monté sur les toits de lad. église pour en vérifier l'état; nous les avons trouvés d'une construction si vicieuse, que nous ne doutons point qu'elle n'ait été la cause principale des dégradations arrivées tant aux voûtes qu'aux piliers et aux murs de lad. église, attendu que les tuiles étant posées simplement sur la voûte et n'ayant presque point de pente, les eaux ne peuvent s'écouler, forment des goutières et filtrent au travers des voûtes ce qui finirait par corrompre totalement le mortier et précipiter la ruine entière de cette église. Ainsi, nous avons estimé qu'une des réparations les plus pressantes est d'élever un toit en charpente avec des arbalétriers d'un pied de grosseur, des chevrons de six à sept pouces de carrissage, espacés de deux pieds de l'un à l'autre, et les ais de quinze lignes d'épaisseur et canelés dans tous les joints, led. toit sur un cinquième de pente supporté de distance en distance par de petits piliers en maçonnerie assez élevés pour qu'en tout tems on pût remédier aux stagnations et aux filtrations des eaux pluviales.

Le plan de la nef y compris celui du chœur et de la croix est de quarante toises de longueur sur quinze de largeur; ainsi la surface du couvert, y compris les bas cottez est de six cent toises carrées, à raison de 30 livres la toise compris la maçonnerie, monte à la somme de........ 18,000 l.

TOTAL GÉNÉRAL..................... 74,196 l. 10 s.

Au moyen desdites réparations nous croyons pouvoir garantir pour longtemps la sureté de ladite église il pourrait pourtant arriver que lesdites reparations en entraînassent beaucoup d'autres, qu'on ne sçaurait prévoir, attendu l'ancienneté et la vétusté de lad. église.

En foy de quoi, nous susdit architecte avons dressé le présent devis estimatif des réparations y énoncées que nous avons fait sans faveur ni support de personne.

Pour servir et valoir en ce que de raison et y avons employé six journées de vaccations tant pour les visites des voûtes, piliers, murs, éperon et toit de ladite église que pour l'estimation, le toisé et dressé du présent devis.

Fait au Puy, ce vingt-un septembre mil sept cent soixante-dix-huit. Signé Portal cadet.

Orig. Arch. nat. G⁹ 658. Cahier de 8 pages in-fol.

M. Bertin à M. l'Évêque du Puy.

Versailles, 17 janvier 1779.

J'ai l'honneur de vous prévenir que le roi a bien voulu accorder à votre chapitre un secours de trente-quatre mille livres payables en trois années à raison de douze mille livres, les deux premières années et dix mille livres, la troisième.

Je suis bien charmé d'avoir pu en cette occasion vous donner des preuves des sentiments avec lesquels je suis très parfaitement M. votre, etc.

Minute originale aux Arch. nat. G⁹ 658.

En marge : C'est à M. le lieutenant général du Puy qu'il faut s'adresser pour toucher ces sommes.

Arch. nat. G⁹ 658.

M. Parent, 2 mars 1779.

Je ne saurais, Monsieur, vous mieux peindre ma reconnaissance, qu'en vous assurant qu'elle égale la satisfaction que me cause la grâce que vous avez bien voulu nous obtenir du roy et que nous devons entièrement à vos bontés ; elle est un vrai bienfait, non seulement pour le Diocèse, mais pour tous les pays voisins, par la dévotion qu'on a pour mon église Cathédrale ; votre nom leur sera désormais plus cher s'il est possible, mais rien ne sçaurait ajouter aux sentiments de dévouement et de respect, avec lesquels je serai toujours plus que personne, Monsieur, votre très humble et très obéissant serviteur.

Au Puy, le 26 février 1779.   Signé † M. J. év. du Puy.
Arch. nat. G⁹ 658.

VIII

21 OCTOBRE 1778

Mémoire constatant la pauvreté du chapitre du Puy qui ne peut subvenir aux réparations nécessaires à la cathédrale.

L'an mil sept cents soixante dix huit, et du mercredi vingt un octobre à l'issue de prime, heure de neuf du matin; capitulairement assemblés *ostiatim* dans la salle basse du chapitre lieu destiné pour les assemblées capitulaires, pardevant nous, conseiller du roi notaire de la ville et sénéchaussée du Puy en Velay, secrétaire du vénérable chapitre cathédral Notre-Dame du Puy et témoins soussignés : Messieurs Rousson, abbé de Saint Pierre Latour ; Hébrard, fordoyen mage ; Bonneville Duchamp, Beraud, Jerphanion, Morel, Sordon, Servières Labastie, Montival, Rachat, Robert, Maurin, Montagne, Azmard ; Irailh, sindic ; Jean, Lobeyrac Fonfreide, Pellissier, Vertaure, La Borie, Cortial, Gailhard, Saint Sauveur, Lafont, La Colombe, Desgranges, La Marade, Badiou, Prolas et

Beaud, tous chanoines de ladite église, Mondit Sieur abbé de Saint-Pierre-Latour président.

Sur la réquisition et exposé de Monsieur le Sindic, Messieurs ayant pris en considération l'état périclitant de cette église, l'insuffisance de la fabrique dont les revenus très-modiques, sont épuisés chaque année par les frais d'entretien, occasionnés surtout par la vétusté d'un édifice qui ne se soutient qu'à force de soins et de précautions toujours couteuses, et qui ne sont cependant que des palliatifs qui ne vont pas à la source du mal; se voyant d'ailleurs dans l'impossibilité de fournir par eux-mêmes aux réparations actuelles de ladite église, dont le devis estimatif, fait par l'ordre de Monseigneur l'intendant, à la requête de son subdélegué, se porte à la somme de soixante quatorze mille cent quatre vingt seize livres : pourquoi ils auroient eu recours aux bontés du roi, et prié Monseigneur leur évêque de solliciter un secours qui leur est absolument nécessaire; sur quoi, ledit seigneur évêque auroit répondu qu'après en avoir conféré avec les ministres de Sa Majesté, il donne avis à la compagnie, que pour obtenir ce secours, il faut necessairement que le chapitre fasse un effort pour fournir de sa part une contribution pour lesdites réparations; et que, sans cette condition, il serait même inutile de mettre sous les yeux de Sa Majesté la demande du chapitre.

Sur quoi, Mesdits Sieurs, voyant la triste impossibilité où ils sont de prélever une somme considérable sur la manse capitulaire, attendu les grandes dépenses qu'ils ont été obligé de faire dans ces dernières années pour prévenir la ruine entière d'une partie de l'église et qui se sont portées à plus de trente mille livres, dont le chapitre paye encore l'intérêt en partie, comme il conste par les comptes des trésoriers et sacristains ; auxquelles dépenses lesdits sieurs supplient très-humblement sa majesté d'avoir quelqu'égard ont de voix et opinion uniforme conclu et délibéré.

1° de prélever la première année sur la manse capitulaire la somme de trois mille livres.

2° Comme il a été observé que l'état de vétusté de ladite église ne saurait permettre de prolonger longtemps lesdites réparations, sans s'exposer aux plus grands dangers, Mesdits Sieurs ont de même de voix et opinion uniforme, conclu et délibéré de faire dès cette première année, sous le bon plaisir de Sa Majesté, un emprunt de la somme de douze mille livres pour lequel emprunt, il ont commis Messieurs les Sindic et Trésorier, à qui ils ont donné au nom du corps tous pouvoirs à ce nécessaires, auxquelles deux sommes ajoutant celle de six mille livres données par ledit seigneur évèque, dont quatre mille livres pour acquit de son droit de chappe, et deux mille livres dont il veut bien faire présent à son église ; lesdites sommes font ensemble celle de vingt un mille livres, qui est offerte par Mesdits Sieurs pour contribuer auxdites réparations dans le cas où il plairaît à sa Majesté de leur accorder les secours demandés.

Ainsi délibéré, fait et passé au Puy, au lieu susdit, en presence des sieurs François Ranc et François Augustin Bresson, praticiens au palais, habitans dudit Puy, soussignés avec Mondit Sieur abbé, président, Rousson abbé de Saint Pierre Latour, Ranc, Bresson, Assezat notaire ; signé à l'original : du Puy le 21 octobre 1778.

Archives nationales, G⁹ 658.

IX

SANS DATE [APRÈS 1778]

Devis des réparations à faire pour changer de place l'escalier qui primitivement aboutissait dans le chœur de l'église

*cathédrale du Puy pour le remplacer par deux entrées laté-
rales.*

Premièrement, sera fait deux escaliers en forme de fer à cheval ; un à chaque cotté de la Porte principale Dorée pour
monter à la nef de ladite église.

Ledit escalier aura de largeur six pieds trois pouces, les
marches auront de largeur quatorze pouces, en pierre de taille ;
— hauteur des marches six pouces, — il y aura dix huit marches en pierre de taille, comme cy-dessus est énoncé.

PREMIER ART.

Il sera fait un mur à chaque cotté de l'escalier, pour supporter le terrin et les marches dudit escalier.

L'épesseur de trois pieds au rez-de-chaussée de cave sera
fait une porte en pierre de taille de trois pieds de largeur, auteur six pieds six pouces, pour communiquer aux deux caves ;
il sera fait une voûte pour le passages desdites deux caves : la
voûte aura cinq pieds de largeur, hauteur cinq pieds et demi.
Ladite voûte passera par dessous l'escalier en fer à cheval, ledit
passage sera pavé ; et sera fait une porte à chaque cotté de
l'entrée desdites caves, et l'ont peut ce servir de la pierre de
taille des portes de ladite cave pourvû qu'elle soient de bonne
qualité aussi bien de la porte en bois que sa ferrure.

ART. 2.

A la maitresse Porte Dorée les deux battants de ladite porte
seront ouverts et ce plieront et seront acollés le long du mur
joignant l'escalier afin que les escaliers soient plus à découvert
et faire la ferremente nécessaire pour lesdites portes.

ART. 3.

A l'arivée de l'escalier, à neuf sera fait une hauteur d'appui
en fer du cotté de l'escalier pour monter a l'orgue et autant du
cotté du confessional ; sera fait une autre hauteur d'appuis du
cotté des escaliers derrière le banc de MM. les officiers de justice de la hauteur de deux pieds huit pouces.

ART. 4.

Il faudra démolir les murs de chaque cotté de l'escalier et
faire un arceau en pierre de taille et une partie des voûtes
rempentes au dessus de la première marche desdits escaliers
pour supporter la chapelle de Saint André et percer les voûtes
des caves pour faire passer les escaliers et remplir le vuide
de l'ancien escalier, et faire dix toises de pavé en pierre de
taille pour placer dessus l'ancien desdits escaliers ou à chaque cotté, fournir pierre à chau et sable, main d'œuvre, cintre, ferrement, dix neuf cent six livres, cy....... 1906 l.

ART. 5.

Sera fait un perron chantorné à six marches en comptant la
chaîne du pavé du sanctuaire pour placer la balustrade en
fer. Lesdits escaliers ont de largeur six toises. Lesdites marches auront quatorze pouces de largeur et six pouces de hauteur en pierre de taille avec la mouchette de salie. Il y a cent
soixante six pieds de marches comptant la chau et sable, main
d'œuvre huit cent et quarante neuf livres, cy........ 849 l.

ART. 6.

Il sera fait deux pilastres en pierre de taille de la hauteur
de treize pieds quatorze pouces et deux pieds neuf pouces de
largeur, épesseur un pied huit pouces, lesdits pilastres seront
revalés avec moulure, et sera sculpté un trophée d'Église à
chaque cotté desdits pilastres, lesdits pilastres serviront de
soutient à la balustrade en fer et au mur de parpin derrière le
trône de Monseigneur l'évêque et derrière le banc de MM. les

célébrans, fournir pierre à chaux, sable, et main d'œuvre, deux
cent trente livres, cy............................ 230 l.

ART. 7.

Sera fait un mur de parpin en pierre de taille de l'épesseur
de huit pouces, ledit mur sera fait derrière les estalles de
MM. les Chanoines et derrière le trône de Monseigneur l'é-
vêque et derrière le banc de MM. les célébrants, ledit mur
aura quinze pieds d'hauteur, en tout il y a vingt deux toises dix
huit pieds montent cinq cent cinquante livres....... 550 l.

ART. 8.

Déplacement du maitre autel et le remplacer à l'endroit
destiné : fournir plâtre, mortier, mastic, main d'œuvre, ferremente et polissage, huit cent livres, cy............ 800 l.

ART. 9.

Il sera fait deux portes en pierre de taille de chaque cotté
du cœur pour entrer au sanctuaire avec quatre marches, l'ont
ce servira des anciennes portes de fer qui sont à la pille du
sanctuaire : fournir, pierre à chaux, sable et main d'œuvre
septante deux livres, cy......................... 72 l.

ART. 10.

Il faut abaisser le pavé du sanctuaire de la marche pour descendre au cœur, pour le mettre à niveau du cœur, et replacer
ledit pavé et fournir et taille et pavés, en pierre de taille,
dessous l'autel qu'on transportera plus bas, cent cinquante
livres, cy..................................... 150 l.

ART. 11.

Les etalle de la boissure du cœur seront démontées et
replacées, excepté qu'il faut faire à neuf les etalles et boisure cintrée au fond du cœur, l'on pourra se servir des con-
solles des estalles et fournir le bois de noyer et le bois de la
charpente de l'estrade et ferremente et main d'œuvre seize
cent livres, cy .... 1,600 l.

ART. 12.

Sera fait une tribune de chaque cotté du cœur. Le derrière
des dites tribunes, sera fait une clauzon en planche à double
joint pour deffendre les vents qui pourroit pénétrer au cœur.
Les planchers des tribunes seront doublés, et par dessous
la dite tribune sera fait un arceau en bois en ance panier, et
plafonné de chaque cotté. Dessous les dites tribunes il sera
pratiqué un escalier en vis pour monter aux dites tribunes en
bois, fournir bois, cloux, croches, main d'œuvre, cinq cent
dix livres, cy............................. .... 510 l.

ART. 13.

Sera boisé le banc des célébrans comme la boisure du
cœur, excepté les estalles, sera fait un banc à dossier ou
banquette, avec ses marchepieds ; tout fourny main d'œuvre,
cent soixante deux livres, cy..................... 162 l.

ART. 14.

Déplacer le tronc et le replacer, faire le marche pied en
bois de noyer, fournir cloux, croches et ferremente à la charpente du marche pied, cent cinquante livres, cy..... 150 l.

ART. 15.

Déplacer l'autel de marbre des Saints Innocents, et celuy
de Saint-Donin et les placer contre les pilles hor du sanctuaire, cent quarante livres, cy.................. 140 l.

ART. 16.

Déplacer l'autel de Saint-Jean et celuy de Saint-Laurent et

faire deux autels à neuf unis avec leurs marchepieds en bois,
cent dix livres, cy.............................. 110 l.

Art. 17.

Boucher les trous des pilles, et murs et les crépir et induire
et blanchir le dedans du cœur et des quatre chapelles et du
sanctuaire, fournir à chau et sable, main d'œuvre, trois
cent dix livres, cy............................. 310 l.

Art. 18.

Faire la balustrade du sanctuaire en fer. La balustrade
aura douze pieds d'hauteur et trente trois pieds de largeur, il
sera fait une porte en fer au milhieu de quatre pieds six
pouces de largeur, auteur neuf pieds huit pouces et au dessus
de la porte sera fait un couronnement avec des armoiries à
double face; deux vazes au dessus des pilastres de la porte en
fer. Les barraux montant auront douze pouces en quarré,
les traverses auront un pouce d'épesseur et un pouce six
lignes de largeur, la balustrade sera peinte, deux mille quatre
cent livres, cy................................ 2,400 l.

Art. 19.

Il sera fait un domme ou bardaquain au dessous de l'arseau
en bois où il y aura quatre rideaux qui seront attachés au
pavillon, aux pilles avec un gros flos, et les rideaux pendant
le long des pilles jusques prés de la balustrade. Si l'ont veut
ont peut faire les rideaux en toille avec la couleur qu'on
jugera à propos de leur mettre, et seront aussy durable que
le bois et plus naturel ; et pardessus le domme sera placé
l'Asomption de la Sainte Vierge qui est actuellement au
gibet, dans un ciel avec des anges dans les nuages, avec des
têtes de chérubin parmi les nuages. Le domme paroitra du
cotté du cœur. Ledit dome sera terminé du cotté du cœur
par un plumé ou une égrette et au dessous de l'arseau sera
garnÿ en planche pour suivre le contour de l'arseau et des
rideaux le tout sera peint avec la couleur qu'on jugera à
propos : fournir échafaux , bois , ferremente , couleur et
main d'œuvre six cent livres, cy................. 600 l.

Art. 20.

Pour démolir les murs autour du cœur ou transporter le
marrin et main d'œuvre, cent livres, cy............. 100 l.

Art. 21.

Sera permis à l'entrepreneur de ce servir de mathériaux
bons et vallables pourvû qu'ils soient de bonne qualité et de
suivre le plan et élévation et profil du sᵗ Portal ayné architecte
qui a fait les plans et élévations et qui donnera les autres dimensions à l'entrepreneur. Le tout sera fait et parfait suivant
les plans et dessins d'élévations et suivant le devis cy dernier
énoncé moyennant le prix et somme de dix mille six cent
trente neuf livres.

Observation. — Que le port des matériaux couteron plus
qu'à la Basse ville, si l'on déplace les colonne de marbre du
sanctuaire, il faudra remplir le vuide en massonnerie, cres-
pir et blanchir. L'on peut placer lesdites colonnes qui sont
autour du sanctuaire, l'une chaque cotté des pilastres où sont
les trophées d'église attenante à la balustrade en fer ; autre
deux colonne au petit autel hor du cœur faisant face au
bénitier, et les (sic) et deux à chaque pille près du maitre
autel et une au cotté du pilastre qui fait face au bas cotté.
Il sera mis sur le pilastre deux anges qui portent une bobè-
che pour tenir un cierge, au dessus du pilastre suivant le
dessin : Ces anges sont à la sacristie de MM. les chanoines,
les autres seront placés à la pille des deux petits autel
hor du cœur ce fairont face.

Archives de la Haute-Loire. G 162.

X

15 VENTOSE AN 2

*Cathédrale du Puy sous la Révolution. — Arrêté du repré-
sentant du peuple Raynaud dans la Haute-Loire et la Lozère, concluant à la démolition de tous les clochers des
églises du departement de la Haute-Loire, sauf celui de la
Cathédrale du Puy.*

Vu la pétition de la municipalité du Puy, exposant qu'il
existe encore dans toutes les églises servant de temple au fana-
tisme et à l'erreur, des autels et autres monuments, rappelans
encore aux regrets des personnes égarées par des ministres
fourbes et imposteurs, des signes qui nourrissent leurs espé-
rances; tels sont ceux qui frappent la vue et qui élevés au-
dessus des chaumières et habitations semblent annoncer aux
fanatiques que le temple érigé à la Raison n'est que le résultat
de l'effervescence des esprits, et que ceux consacrés à des préjugés et à des prestiges anciens renaîtraient pour anéantir le
premier, qui seul doit suffire pour servir d'asyle aux vertus
civiques et morales.

Considérant que les mesures les plus promptes doivent être
employées pour soustraire à la vue des bons citoyens, qui ne
veulent désormais reconnaître que la raison pour guide dans
leurs sentiments et leur conduite, ces signes qui leur repro-
chent constamment leurs erreurs.

Considérant enfin qu'il est de la plus grande sagesse d'enlever aux hommes, qui se servent de tous les moyens pour éga-
rer ceux que la bonne foi laisse tromper souvent, les objets qui
peuvent servir de prétexte pour fomenter tous les troubles et
la désunion dans les opinions qui doivent nécessairement,
pour l'ordre public et la félicité commune, d'après les décrets de l'Être Éternel, se réunir dans un centre commun ;
et voulant donner à la municipalité du Puy les témoignages
ineffaçables de la confiance qu'elle mérite, arrête :

1° Tous les ci-devant autels placés dans les temples dépendant de la municipalité du Puy seront démolis et abattus.

2° La municipalité est aussi autorisée à faire abbattre tous
les clochers qui se trouveront élevés au-dessus desdits temples ;

3° Les cloches qui se trouveront dans lesdits clochers seront
remises à la surveillance de l'administration du district ; desquelles il sera fait inventaire, dans lequel il sera fait mention
du poids pour être tenues, de conformité aux décrets de la con-
vention, à la disposition du Ministre de la guerre.

4° Le clocher du temple de la Raison, dans lequel est placé
un horloge utile au public, sera seul excepté et seul conservé.

5° Comme ce clocher affecte une forme pyramidale, de
laquelle on peut tirer parti pour consacrer à la mémoire les
glorieux événements de la Révolution Française, et rappeler à
la postérité l'heureuse époque où l'esprit humain a passé de
l'abime des préjugés à la jouissance insatiable de la raison. En
conséquence, la municipalité prendra les mesures pour mettre
à profit la structure de ce clocher, surmonté déjà d'un coq qui
est le symbole de la surveillance, et lequel est mouvant pour
fixer les regards sur tous les côtés, afin de surveiller le salut
de la République.

6° La municipalité du Puy nommera pour cet effet une
commission dans laquelle seront les hommes d'art, et laquelle
s'occupera aussi de faire mettre en réserve tous les objets provenant de la démolition ordonnée par le présent qui pourraient être utiles; elle est en conséquence invitée de mettre
dans le plus court délai à exécution le présent arrêté qui sera
publié et affiché dans toute l'étendue de son territoire

7° Les articles 1er, 2e, 3e et enfin le 6e seront communs à toutes les municipalités du département de la Haute-Loire, pour être mis à exécution sans délai : déclare que les municipalités qui contreviendraient aux dispositions du présent seront regardées et déclarées comme suspectes et déclarées comme telles.

8° Charge l'administration du département de la Haute-Loire de faire imprimer le présent arrêté pour le faire passer aux administrations de districts et celles-ci aux municipalités.

Au Puy le 15 ventôse an 2 de la République une et indivisible

Signé : Solon Reynaud.
Arch. nat. AD XVI, 45.

XI

31 AOUT 1848

Rapport de Viollet-le-Duc envoyé au Puy par le Ministère en 1848 pour vérifier les travaux exécutés par Mallay.

Monsieur le Ministre,

Chargé par vous d'examiner les travaux de restauration exécutés et à exécuter dans la cathédrale du Puy, je me suis rendu dans cette ville. Après une visite scrupuleuse du monument, en présence de Monsieur Mallay architecte, après avoir pris connaissance du dossier de l'affaire et des diverses observations auxquelles ces travaux ont donné lieu, j'ai dû vous rendre un compte aussi exact et détaillé, qu'il m'a été possible, des travaux faits, des sommes dépensées et des réparations qu'il est nécessaire de terminer le plus promptement possible. J'ai dû m'attacher à éclairer votre administration sur la direction à imprimer à ces derniers travaux, aussi bien que sur leur degré d'urgence.

L'Eglise N.-D. du Puy est peut-être le monument du Midi de la France qui présente le plus d'intérêt. Outre son aspect pittoresque et l'immense renommée dont il jouit depuis des siècles, il donne aux artistes et aux archéologues une histoire complète de l'architecture civile et religieuse de ce pays du xe au xiiie siècle. Cet immense édifice, qui, avec ses dependances, couvre une portion notable de la ville du Puy, est formé d'une agglomération de constructions variées auxquelles il fallait conserver leur caractère artistique, leur âge, leur physionomie, leur importance relative : c'était une tâche difficile. M. Mallay, l'architecte de ce monument, je le dirai tout d'abord, n'a pas failli à la mission qui lui a été confiée : si parfois quelques détails de ces vastes constructions donnent matière à des critiques fondées, il faut reconnaître, cependant, que le bien l'emporte de beaucoup sur le mal, que les difficultés vaincues sont immenses, que les sommes dépensées sont minimes, si on les compare aux résultats obtenus, et que les quelques erreurs commises seront facilement réparables au moyen de dépenses insignifiantes.

J'aurai l'honneur de mettre sous vos yeux, Monsieur le Ministre, l'examen détaillé des dépenses auxquelles les travaux déjà exécutés ont donné lieu, et les observations que ces travaux m'ont suggérées. Je ne reviendrai pas sur les découvertes successives faites par M. Mallay dans l'édifice même, soit pendant l'étude du projet de restauration, soit pendant l'exécution des travaux : des rapports circonstanciés de M. l'architecte expliquent et mettent au jour ces découvertes dont l'importance ne saurait être contestée. Je rappellerai seulement que l'intérieur de l'église N.-D. du Puy, défiguré par des adjonctions successives, des réparations maladroites, embarassé de cloisons, de distributions modernes, se trouvait réduit à la moitié de sa surface environ. Le sanctuaire rétréci par des décorations en cloisonnage, les piliers de la coupole centrale (dite clocher Angélique), augmentés par des renforts accolés le long de leurs parois, étaient complètement méconnaissables.

En faisant ses premiers travaux de sondage, M. l'architecte s'aperçut bientôt, que toutes les maçonneries anciennes soutenant le clocher angélique étaient écrasées et lézardées. En démolissant les cloisons et murs qui encombraient les transepts, il découvrit les tribunes et les niches qui terminent ces transepts au rez-de-chaussée, et les fort curieuses peintures qui décoraient ces vieilles murailles.

La construction centrale de l'édifice était tellement mauvaise que M. l'Architecte dut la démolir et la remonter à neuf. C'est ainsi que le clocher angélique, les deux dernières travées de la nef, le sanctuaire, le transept Sud, la partie supérieure du transept Nord, ne présentent plus aujourd'hui que des constructions entièrement neuves. Plus tard, la grande façade occidentale, qui menaçait de s'écrouler, fut complètement démolie jusques et y compris les fondations, ainsi que les deux premières travées de la nef. Aujourd'hui, la reconstruction de cette portion importante de la Cathédrale du Puy touche à son terme.

EXAMEN DES RESTAURATIONS ACHEVÉES

Abside. — Les travaux exécutés au sanctuaire firent découvrir la portion la plus ancienne de la cathédrale du Puy. Ce sont les restes d'une abside carrée qui paraît être du ixe ou xe siècle. Une portion importante de cette abside primitive est à découvert aujourd'hui extérieurement et restaurée avec soin. Son soubassement est entièrement composé de grandes pierres sculptées provenant d'un monument gallo-romain. La partie intérieure du sanctuaire, qui comme plan, ne s'accorde nullement avec ces murs extérieurs, est semi circulaire et a été complètement refaite à neuf. Ce sanctuaire s'arrange mal avec les restes de l'abside carrée du xe siècle et ne s'éclaire que par de doubles fenêtres qui donnent un faux jour. Je ne saurais dire si cette restauration est fidèle, n'ayant pu voir les constructions anciennes autrefois cachées sous une décoration au siècle dernier ; mais il est certain que l'aspect n'en est pas heureux.

Clocher angélique. — Le clocher angélique, ou plutôt la coupole centrale, repose aujourd'hui sur quatre piliers dont la disposition curieuse n'a pu être reconnue qu'au milieu de constructions plus modernes. La restauration de ces piliers et du couronnement intérieur et extérieur du clocher est fort bien exécutée. Je ne saurais regarder comme heureuse la restitution de la calotte intermédiaire percée d'un œil immense à travers lequel on aperçoit l'intérieur du clocher.

Cette calotte a tout le caractère d'une construction des deux derniers siècles ; elle n'est nullement en rapport avec la gravité toute primitive de cet intérieur. Une balustrade d'un goût fort équivoque ne contribue pas peu à lui donner l'aspect d'une adjonction moderne. D'ailleurs, je ne connais pas un seul exemple d'une disposition pareille dans des monuments du moyen âge, soit du Midi, soit du Nord de la France.

Autrefois, cette voûte hémisphérique était seulement percée d'un œil de deux mètres de diamètre environ, destiné seulement au passage des cloches ; je doute même que cette calotte intermédiaire fût antérieure au xvie siècle. M. l'architecte a cru qu'il ferait sagement d'agrandir cette ouverture, afin de laisser voir l'intérieur du clocher angélique. En examinant cette restauration sous le point de vue archéologique, l'architecte a eu le tort, je crois, en faisant subir un aussi notable changement à la construction existante, de ne pas rentrer d'une manière plus rigoureuse et plus franche dans le caractère primitif de l'édifice. En outre, je le répète, ce changement est malheureux en ce qu'il dérange l'unité de tout l'intérieur de la cathédrale.

Quant au clocher angélique lui-même M. l'architecte, en le reconstruisant, a cru devoir l'élargir d'un mètre environ, afin de le faire porter en plein sur les quatre arcs doubleaux et les quatre piles du transept. Cette modification était peut-être nécessaire, ce clocher portant autrefois à faux, ainsi que me l'a affirmé M. Mallay. Le soubassement de la coupole a dû être élevé de plus d'un mètre au-dessus de son ancien niveau, de manière à ce que son bandeau inférieur fût dégagé au-dessus des faitages des combles de la nef. M. l'architecte a, enfin, terminé ce clocher par une couverture en plomb posée sur la calotte supérieure. J'ai peine à croire qu'originairement ce clocher ait dû être ainsi terminé, mais cette restauration ne saurait être blâmée : elle ne préjuge rien, elle n'ajoute rien à ce qui existait ; elle termine cette coupole de manière à ne pas charger les constructions inférieures. M. l'architecte a agi dans ce cas avec discrétion et prudence.

Transept Nord. — La partie supérieure et la tribune du transept Nord ont dû être construites à neuf ; cette tribune dont une amorce était visible encore avant la restauration a pu être remontée à coup sûr. Les deux culs-de-four qui terminent ce transept sont à peu près intacts, ils ont été maintenus avec soin par M. Mallay et conservent encore des traces de peintures du plus haut intérêt. Le pignon de ce transept réparé à l'extérieur est une reproduction fidèle de la construction primitive. Je ne saurais omettre ici une observation importante sur la balustrade qui couronne les tribunes des transepts. Cette balustrade n'est nullement dans le style des constructions des XIe et XIIe siècles. C'est un ornement de frise ou de tailloir grandi à la taille d'un garde-fou. Ce qui peut convenir à un ornement de petites dimensions, ne saurait s'appliquer à une balustrade. D'ailleurs, toutes les balustrades des XIe et XIIe siècles qui subsistent encore sont presque toujours pleines et d'une simplicité extrême : ce sont des dalles posées de champ et couronnées d'une moulure, ou décorées de zigzags peu saillants, quelquefois d'une arcature aveugle.

Les balustrades placées à l'intérieur de la cathédrale du Puy soit sur les tribunes, soit à la coupole inférieure du clocher angélique, sont en désaccord complet avec la sévérité excessive de cet intérieur et elles ne sont appuyées sur aucun exemple connu.

Transept Sud. — Le transept Sud a été presque entièrement reconstruit suivant la donnée primitive. Il existe sur le flanc de ce transept un porche fort beau du XIIe siècle surmonté d'une chapelle du XIIIe. On ne saurait trop louer M. l'architecte d'avoir restauré ce porche en conservant avec le plus religieux respect toute la construction primitive, toutes les sculptures ; là, rien n'a été déplacé ou démonté, aucune sculpture ancienne n'a été altérée, et cependant, la consolidation de cette belle partie de l'église du Puy est assurée. La même attention n'a pas été apportée à la restauration de l'intérieur de la chapelle bâtie sur ce porche. M. l'architecte a voulu refaire en bois la voûte autrefois en pierre de cette chapelle, il a donc ainsi appliqué à une construction de bois des formes qui ne conviennent qu'à la pierre : c'était fausser l'esprit des constructions du XIIIe siècle. M. l'architecte, ne comprenant pas la structure de ces voutes a construit des berceaux (voir fig. 1) [1] partant des arcs doubleaux AC sur les arcs BD, et de ceux-ci sur les formerets EF. Les nervures ou arcs ogivés diagonaux AFEC ne portent rien et laissent un vide

entre eux et la voûte. Ce parti bizarre et qui n'est justifié, ni par des exemples, ni par la raison, ne saurait être conservé. Certains ornements du XVe siècle, placés également sous le formeret sud EF, ne sont nullement motivés dans une chapelle construite originairement d'un seul jet.

Nef. — Les deux dernières travées de la nef touchant le clocher angélique ont été reconstruites à neuf dès le sol. Ces deux travées, copiées scrupuleusement sur les restes des constructions anciennes, sont aujourd'hui complètement terminées et couvertes ; cette restauration est bien faite, elle offre extérieurement une curieuse disposition reproduite fidèlement et d'une façon fort intelligente, par M. l'architecte.

RESTAURATIONS COMMENCÉES ET NON TERMINÉES.

On connaît l'admirable disposition de la façade occidentale de la cathédrale du Puy. Un immense escalier, qui commence au sommet d'une rue escarpée en avant de cette façade, s'enfonce sous le sol de l'église et vient le percer à quelques mètres du maître autel : c'était l'entrée principale de l'église. Ce portail et les deux premières travées de la nef y attenant ont été élevées postérieurement au reste de l'édifice, vers le milieu du XIIe siècle.

Toute cette bâtisse hardiment projetée sur le rampant de la montagne avait été malheureusement fondée sur un sol composé de roches éboulées parmi des terrains de transport. Dès le XIIIe siècle déjà, ce sol non consistant avait cédé sous la pression de la façade, car vers la fin de ce siècle ou le commencement du XIVe, on s'était cru obligé, pour maintenir le portail, de bâtir un immense contrefort ou arc boutant qui venait l'étayer à la gauche de la porte centrale.

Ce moyen arrêta probablement l'effet qui s'était produit dans les constructions, car jusqu'en 1838, la façade parut se maintenir. A plusieurs reprises, cependant, on jugea nécessaire de relier entre eux les claveaux des arcs des portes et fenêtres de la façade par des crampons en fer, parce que ces claveaux tendaient, par suite du surplomb des murs, à tomber en avant. Ces signes non équivoques d'une destruction prochaine s'aggravèrent encore, il y a quelques années. Les deux premières travées de la nef parurent suivre le mouvement de la façade, se séparèrent du reste de la construction de l'église et causèrent aussi des désordres tellement graves que le péril devint imminent.

Après un examen attentif, M. l'Inspecteur général Caristie et M. Mallay, pendant une visite qu'ils firent au Puy, reconnurent qu'il n'y avait d'autre remède à apporter au mal que de démonter la façade, les deux travées à la suite, et de remettre le tout sur des fondations bien établies. Ce projet excita, il faut le dire, des réclamations très vives, de la part des archéologues et des admirateurs de ce beau monument. Dans un but que, du reste, on ne saurait trop louer, les opposants prétendirent que la façade occidentale pouvait être maintenue par des reprises en sous œuvre, des chaînages et, au besoin, par la construction d'un autre contrefort semblable à celui du XIVe siècle. « Démonter la façade, disait-on, c'est la détruire à tout jamais, c'est en briser les curieuses sculptures, c'est entreprendre une tâche dont l'issue est douteuse ; puis enfin, cette façade démontée, qui sait quand on la reconstruira ? Mieux vaut un admirable édifice en ruines, mais debout encore, qu'un chantier de pierres étiquetées. »

M. l'architecte de la cathédrale du Puy persista dans son projet, et il fit sagement : la suite l'a prouvé. La façade occidentale ne pouvait être reprise : vouloir entreprendre une tâche aussi périlleuse, c'était montrer non de la hardiesse,

---

1. Cette figure n'a pu être retrouvée par nous. Nous avons cependant cru devoir reproduire sans modification le texte du rapport.

mais de l'ignorance, et de la témérité ; les surplombs étaient effrayants, les constructions disloquées ne pouvaient être chaînées. Et d'ailleurs, la façade eût-elle été réparable, ces chaînages eussent-ils pu être placés, les parements bouclés, rattachés à des massifs sans consistance, quels moyens employer pour remplacer un sol qui s'affaissait par un terrain solide ? Il faut donc, à mon avis, reconnaître que M. l'Architecte, en persistant dans son projet de démolition et de reconstruction, montra qu'il avait parfaitement étudié cette partie du monument.

Aujourd'hui, cette façade tout entière et les deux premières travées de la nef sont reconstruites sur des fondations nouvelles qu'il a fallu établir à une profondeur considérable. Ce travail fait grand honneur à M. Mallay. Conduit avec prudence et activité pendant que les deux seules travées de la nef étaient soutenues par un système d'étaiement bien combiné, il a été mené à fin sans qu'il se soit manifesté le moindre mouvement à la réunion des constructions anciennes avec les nouvelles.

Sous le rapport de la solidité, ce travail est irréprochable ; comme art, M. Mallay, averti par de précédentes critiques, a su conserver à cette façade son aspect grandiose et original, en s'abstenant de modifier les anciens détails, de corriger les irrégularités primitives, et en replaçant autant que possible toutes les sculptures déposées à leur place.

Ces constructions, à peine achevées aujourd'hui et non couvertes encore, sont les dernières qui aient été entreprises par M. Mallay. Toutes les fenêtres du sanctuaire, de la chapelle Sud du xve, des transepts, du clocher angélique, et des deux dernières travées de la nef, ont été décorées par des vitraux neufs sortis des ateliers de M. Thévenot de Clermont. Des grisailles sont placées dans toutes les parties hautes ; des figures de prophètes, d'évêques, et un grand vitrail de Notre-Dame entourée d'un arbre de Jessé et des sujets légendaires relatifs à l'histoire de la Vierge remplissent toutes les fenêtres basses.

M. Thévenot a mis un grand soin, et a fait preuve d'un talent non contestable dans l'exécution de ces verrières. On pourrait lui reprocher, cependant, d'avoir adopté un style qui est peu en harmonie avec un édifice dont la sévérité toute primitive touche à la barbarie ; les grisailles semblent appartenir au style le plus fleuri du xiiie ; les figures ont un air de famille avec l'École florentine des xive et xve siècles qui jure avec ces énormes piliers, ces chapiteaux grossiers et ces murailles nues construites en pierres rugueuses. En outre, l'aspect général de ces verrières est trop sombre pour un édifice dont les fenêtres sont très petites. J'ai soumis ces diverses observations sur place à M. Thévenot ; lui-même les avait prévenues, aussi son intention est-elle de faire à ses vitraux des modifications qui devront les mettre plus en harmonie avec l'architecture. Il remplacera les fonds trop sombres des figures, il introduira une plus grande quantité de verre blanc dans ses bordures et fera des changements notables à quelques accessoires et draperies des personnages.

Voici le relevé de tous les travaux que je viens de décrire :

Transept Nord	6,512 80
Transept Sud	33,533 42
Couverture et voûte	4,860 »
Clocher angélique	62,291 84
Porche Sud coté de l'Évêché	7,133 46
Armature des coupoles	4,070 93
Couverture des coupoles	10,269 60
Réparations de l'intérieur	21,000 »
Vitraux	26,444 »
Chaînages généraux	29,329 30
Forage pour passer les chaînes	3,118 08
Entailles pour passer les chaînes	1,002 40

Bois pour étaiements	5,041 89
Étaiements de la grande façade et voûtes	29,377 »
Béton façade	4,000 »
Maçonnerie en moellon. Fondations	3,000 »
Fondations de la façade pierre	46,334 »
Élévation de la façade et travées à la suite	132,000 »
Voûtes de la façade et travées à la suite	4,440 »
Tailles et plus values	22,000 »
Réparations des deux travées côté du clocher	24,700 »
Massifs sous les étais	10,300 »
TOTAL	490,718 72
A déduire pour vieux matériaux réemployés	40,000 »
A déduire le rabais 13 o/o	55,155 70
Somme dépensée	395,563 01

Des obstacles de toute nature ont rendu la tâche de M. Mallay souvent dangereuse et toujours difficile. On doit donc reconnaître que cet architecte a fait preuve d'un zèle et d'un dévouement rares pour diriger un travail qui exigeait, plus qu'aucun autre, des soins de tous les instants, une connaissance approfondie des constructions de cette époque et de ces contrées. Je dois dire que cette restauration est faite même avec trop d'habileté en général, pour que l'on puisse laisser subsister certains détails qui prêtent trop évidemment à la critique. Avec des changements d'une importance minime, relativement aux travaux achevés, on ferait disparaître ces détails qui nuisent évidemment à l'ensemble de l'œuvre.

Je pense que l'administration devrait demander à M. Mallay :

1º La suppression de la coupole inférieure du clocher Angélique. Cette construction bâtarde ne me paraît pas pouvoir subsister, c'est une tache dans ce monument. Il eût été bien préférable que le clocher ou dôme supérieur portât directement sur les quatre arcs doubleaux du transept. L'Église, qui est beaucoup trop sombre, y eut gagné de l'air, du jour et de la lumière. Le conseil des bâtiments civils avait déjà insisté sur l'avantage d'une disposition analogue à celle-là, il est fâcheux que M. Mallay n'ait pas cru devoir se rendre à ces observations ;

2º De changer les balustrades qui surmontent les deux tribunes du transept après avoir soumis à la Commission des projets de modifications de cette coupole et de ces balustrades.

Travaux restant a faire.

D'importants travaux doivent encore être entrepris, pour terminer complètement, non seulement la restauration de la cathédrale, mais aussi celles de ses dépendances.

Du côté Nord et sur le flanc de la nef, s'élève un cloître fort remarquable par son ancienneté et sa riche architecture. Ce cloître est dominé à l'est par un bâtiment dit de la maîtrise, et à l'ouest par une immense construction fortifiée du xiiie siècle, et qui est du plus beau caractère. Ces dépendances n'ont pas encore été restaurées. En outre, dans la cathédrale même, les deux travées non reconstruites et le porche du Nord ont besoin de quelques réparations.

Restauration des deux travées anciennes de la nef. — Pendant mon séjour au Puy, j'ai cru devoir engager M. l'architecte à respecter toutes les irrégularités qui existent dans les deux seules travées conservées de la nef. En effet, ces deux travées, les 3e et 4e, sont de construction primitive mais modifiées par des reprises et percements faits aux xiie et xiiie siècles. Les bas côtés, au lieu d'être percés de fenêtres plein cintre, reçoivent du jour, au nord, par une rose sans meneaux, au sud, par de grandes fenêtres du xiiie.

Les corniches de la nef diffèrent de celles des deux dernières travées touchant le clocher angélique par leur niveau et leur profil.

La toiture des bas côtés, plus élevée que celle de ces dernières travées, couvrait un véritable triforium dont l'ouverture pratiquée au milieu de la triple arcature qui règne sous les coupoles, prenait jour sur la nef. Nous avons fait déboucher ces ouvertures fermées avec des platras enduits. M. l'architecte en a constaté l'existence, et il m'a promis de modifier son projet suivant cette donnée et de profiter de cette curieuse découverte. Les filets de l'ancien comble des bas côtés sont encore en place, et rien n'est plus simple que de restaurer cette portion de l'édifice en respectant toutes les traces des modifications successives qu'elle a subies.

Porche du Nord. — Le porche bien conservé, construit au xiiie siècle et surmonté d'une salle de la même époque couronnée d'un pignon, n'a besoin que de réparations peu importantes. Quelques pierres devront être remplacées à la tête du pignon, et je pense que l'administration engagera M. l'architecte à ne faire là que le strict nécessaire, et surtout à ne pas changer les chapiteaux qui s'y voient, ces sculptures fussent-elles même quelque peu dégradées. Le pignon de la salle bâtie sur ce porche, composé d'une grande arcade simple, en portion de cercle, n'est pas planté dans l'axe de cet arc. Il résulte un vide sur les reins de l'arc, du côté droit : ce vide a été rempli par un mur peu élevé en pierre, portant un appentis. M. l'architecte pense pouvoir détruire ce mur qui est en apparence inutile et flanque le pignon d'une manière assez fâcheuse.

J'observerai à ce propos que je regarderais la destruction de ce mur comme dangereuse pour la stabilité de l'arc du porche. En effet, si ce mur est démoli, le pignon viendra porter de tout son poids sur les deux tiers de l'arc seulement, et laissera vide le troisième tiers. Cette charge inégale sur un arc d'une portée considérable peut en entraîner la ruine. Il me paraît donc prudent d'engager M. l'Architecte à ne pas détruire cette portion de mur, dont l'existence ne saurait être indifférente à la conservation de l'arc.

Cloître. — Quoique le cloître de la cathédrale du Puy ait, au premier abord, un grand caractère d'unité ; en l'examinant avec une scrupuleuse attention, et malgré la régularité de son plan, on est facilement amené à reconnaître qu'il a été construit à d'assez longs intervalles. Ainsi, toute la galerie du midi engagée aujourd'hui parmi les constructions du siècle dernier, et deux travées à l'est et à l'ouest, sont évidemment antérieures au xie siècle. Une portion de la galerie Est, et la galerie Nord datent du xie siècle. Toute la galerie Ouest, sauf une travée, a été bâtie pendant le xiie siècle. La construction, les matériaux, les sculptures portent l'empreinte de ces trois époques différentes. Il est donc fort important que la restauration de ce cloître conserve religieusement ces différences si intéressantes pour l'étude de l'histoire de l'art ; et ce cloître a grand besoin d'être restauré. Là, tout fragment de sculpture a un intérêt, tel fruste qu'il soit, il ne doit être ni remplacé ni déplacé. Toute irrégularité est une indication, toute bizarrerie une transition. Certaines mutilations même ont leur sens, car elles dénotent les reprises des constructions successives. Là, il faut s'abstenir de tout arrangement, de toute interprétation. Je ne saurais trop insister auprès de votre administration, Monsieur le Ministre, pour que les recommandations les plus détaillées soient transmises à M. l'Architecte, lorsqu'il s'agira d'entreprendre la restauration de ce cloître. J'ai cru devoir en dresser un état actuel [1] partiel au moyen de dessins faits à la chambre claire, et par conséquent d'une exactitude incontestable. Je réunis ces dessins à ce rapport, afin que votre rapport puisse appuyer ses prescriptions sur des données certaines.

Une loge du xive siècle formée de colonnes de pierre supportant des sablières et un comble en bois terminaient au premier étage les galeries Ouest et Nord du cloître. Aujourd'hui ces loges, probablement en mauvais état, ont été murées. M. l'Architecte projette la réparation de ces loges et la démolition des murs qui chargent outre mesure l'arcature du cloître. Ce projet me paraît fort sage.

Grand escalier de la cathédrale. — Pendant le dernier siècle, l'ancienne entrée de la cathédrale du Puy, débouchant en face de l'autel à travers le dallage de la nef, avait été supprimée.

M. Mallay a fait exécuter des fouilles dans l'église, qui lui ont donné, de la manière la plus positive, la place de cette ouverture qu'il doit restaurer dans sa forme primitive. Vers le milieu du grand escalier qui monte sous la nef s'ouvrent deux issues : l'une, à droite, communiquant avec l'évêché, l'autre, à gauche, débouchant dans le cloître. Cette belle disposition qui paraît du reste conforme (au moins quand à l'escalier principal) à ce qui existait autrefois, produira le plus grand effet, et l'on doit désirer qu'elle soit promptement mise à exécution. Pour l'escalier aboutissant au cloître, je ferai observer, cependant, que le sol extérieur de l'Église forcera l'architecte à placer un certain nombre de marches dans le cloître même, ce qui détruira le plain-pied des galeries. Il serait fort à désirer que M. l'Architecte pût étudier l'arrivée de cet escalier de manière à éviter un inconvénient aussi sérieux. Un cloître est un promenoir, dans les galeries duquel on ne peut raisonnablement établir des marches qui deviennent de véritables casse-cous. Puis, ce qui tendrait à devoir déranger la disposition primitive de ce cloître me paraît devoir être repoussé ; et, dans le cas où il serait impossible de faire arriver l'escalier sans empiéter sur les galeries, je crois qu'il serait mieux de supprimer cette entrée qui n'est pas absolument nécessaire, puisqu'il en existe une autre à l'angle Sud-Est de ce cloître.

Bâtiment dit de la Maîtrise. — Au rez-de-chaussée de ce bâtiment est une immense salle qui communique par une belle porte et quatre arcades à jour dans la galerie Est de ce cloître. Cette salle, voûtée en berceau ogival, est terminée à son extrémité Sud par un mur décoré d'une grande fresque du commencement du xive siècle, et représentant le crucifiement, Saint Jean, la Vierge, des prophètes et des anges parmi lesquels on en distingue deux qui tiennent au-dessus du christ le soleil et la lune. Cette peinture découverte depuis peu sous un enduit, quoique très endommagée, ne laisse pas que d'être fort belle et fort rare, à cause de sa grande dimension, et de son caractère byzantin. On ne saurait trop engager M. l'Architecte à prendre toutes les précautions nécessaires pour assurer autant que possible sa conservation.

Au-dessus de cette salle, appelée salle des morts, et qui certainement par sa disposition à proximité et en communication directe avec le cloître, était une salle capitulaire, se trouvait autrefois une autre salle couverte par une charpente, et terminée à son extrémité Nord par une belle cheminée du xiie siècle. On distingue encore, au-dessus du manteau de cette cheminée et sur les murailles, de nombreuses traces de peintures du xiiie siècle, parmi lesquelles on remarque un roi et une reine jouant aux échecs et entourés de quelques personnages. Aujourd'hui, cette salle est divisée par des cloisons et des faux plafonds ; ce sont de véritables taudis. Le pignon Nord de ce bâtiment est fort beau ; à l'extérieur, des fenêtres du xiie siècle, d'une charmante, proportion s'ouvrent dans la salle haute ; et le tuyau de la cheminée, dont j'ai parlé, est un petit monument très gracieux qu'on ne saurait conserver avec trop de soin. Tout ce corps de bâtiment a besoin de réparations assez peu importantes, mais toutes les hideuses distributions

1. Nous avons reproduit, pl. xvii, ce dessin de Viollet-le-Duc qui nous a été communiqué par son fils.

du premier étage et un appentis qui le masque du côté de l'Est devraient disparaître.

Bâtiment de la salle des états ou des mâchicoulis. — Ainsi que je l'ai dit plus haut, le long de la galerie ouest du cloître, s'élève un grand bâtiment fortifié. Originairement, ce bâtiment construit au XIIe siècle, ne s'élevait que de six mètres environ au-dessus de la galerie du cloître ; on distingue encore de ce côté les corbeaux qui portaient la corniche primitive. A l'intérieur, une grande salle voûtée en berceau ogival, renforcé d'arcs doubleaux portant sur des colonnes engagées et éclairée par de longues fenêtres au couchant, prenait toute la hauteur de ce bâtiment. Au XIIIe siècle, on jugea à propos de fortifier ce bâtiment ; il fut alors exhaussé et couronné de grands mâchicoulis et de créneaux, flanqué de contreforts, et couvert probablement par un comble dont la construction s'accordait avec tout ce système de défense. Du côté de l'ouest, cette forteresse, bâtie en tuf volcanique d'une couleur sombre, intacte comme si elle sortait des mains de l'ouvrier, est d'un aspect que l'on ne saurait décrire. Elle se reliait, il y a encore quelques années, avec une tour énorme nommée la Tour Saint-Mayol; on prétendit que celle-ci menaçait ruine et l'on ne crut pouvoir la conserver : elle fut démolie, malgré de vaines réclamations.

La salle qui contient le bâtiment fortifié fut divisée par un plancher pendant le siècle dernier; on établit une chapelle au rez-de-chaussée, et une partie notable du premier étage fut destinée à servir de salle des États du Velay. Cette salle est ornée de tapisseries fleurdelisées de la fin XVe du siècle. Les vieilles murailles, crépies et décorées d'ornements du plus mauvais goût, ne conservent rien de leur caractère primitif que la forme générale.

Actuellement, cette salle sert d'école pour les garçons. Quant à la partie supérieure du bâtiment, elle est couverte aujourd'hui par un grand comble provisoire, qui déborde les créneaux et mâchicoulis. Il y a là une disposition ancienne à retrouver, et la refection de cette couverture ne saurait être entreprise légèrement: elle doit être le sujet d'un projet tout spécial qui pourra être examiné avec le plus grand soin.

Grand clocher. — Au Nord-Est du chœur, pendant le XIe siècle, il a été construit un grand clocher plus bizarre que beau. Jusqu'à présent, M. l'Architecte n'y a exécuté aucun travail de restauration. Ce clocher, dont la construction est solide et bonne, n'a besoin que de quelques réparations peu importantes : sa base, qui porte sur quatre piles isolées, déblayée des cloisons et bouchements qui la défigurent, pourra facilement reprendre sa physionomie première qui est fort originale. Des tombeaux du XIVe siècle, accolés aux parois de ce clocher à l'intérieur, ne devront pas être enlevés. M. l'Architecte pensait les supprimer, c'est un projet qu'on ne saurait laisser exécuter.

Travaux de sculpture. — Toutes les restaurations de sculptures ont en général été faites avec soin et fidélité, surtout celles antérieures au XIIe siècle. J'ai cependant rencontré dans les chantiers des chapiteaux et fragments anciens qui auraient pu être remis en place. M. l'Architecte ne m'a pas paru attacher à cette partie si importante du monument l'importance qu'elle doit avoir. Ces sculptures ne devraient être remplacées que quand il est tout à fait impossible de laisser subsister les fragments anciens. C'est un principe dont il ne faudrait pas se départir. J'ai remarqué aussi plusieurs chapiteaux anciens remis en place après avoir été retouchés et grattés: c'est là du véritable vandalisme. Il est nécessaire que, dans l'avenir, et quand il s'agira surtout de la réparation du cloître, M. Mallay s'abstienne de remplacer ou de faire retoucher des sculptures inimitables, non à cause de leur perfection, mais de leur style. J'ai examiné tous les chapi-

teaux, clefs et corniches sculptés du cloître. Aucun de ces fragments n'a besoin d'être remplacé ; je dis *aucun*, et il est à désirer que l'administration insiste d'une manière absolue sur ce point. Il existe dans ce cloître, comme sous le clocher, des tombeaux mutilés des XIVe et XVe siècles d'un grand intérêt. Je pense également que M. l'Architecte ne doit faire subir aucune modification aux objets curieux.

Accessoires. — On rencontre dans les magasins de la cathédrale des objets provenant de l'église, et quelques-uns de ces objets sont uniques en France. En voici l'inventaire, savoir :

Deux grandes portes en Mélèze ou Cédre datant du XIe siècle probablement, à quatre vantaux chaque, représentant découpés dans le bois des sujets de l'Histoire Sainte, entourés de riches bordures. Provenant de la cathédrale, ces portes, peintes autrefois, sont fort détériorées dans leur partie inférieure. Cependant, les sujets et les ornements sont encore parfaitement visibles. C'est là un exemple de boiserie unique peut-être en Europe, car je ne sache pas qu'il existe rien de semblable, d'aussi complet et original, ni en Allemagne, ni en Italie, ni en Angleterre. Les fameuses portes de bois de l'Alhambra, beaucoup plus modernes, du reste, peuvent seules peut-être rivaliser avec ces curieux objets. Ce serait un acte de barbarie inqualifiable de toucher de quelque façon que ce soit à ces portes. Les replacer, c'est risquer de les voir dégrader de plus en plus et se perdre en peu de temps, et pourrait-on les replacer sans les réparer ? Cela est douteux. Je pense donc que le meilleur parti à prendre, c'est de disposer ces admirables restes, soit dans le musée de la ville, soit dans une partie de l'église, à l'abri des mains profanes et de faire poser des copies, qui du reste sont faciles à faire, dans les baies anciennes.

Des fragments d'une porte du XIIe siècle consistant en deux lions de bois du caractère le plus étrange, et deux têtes de lion en bronze, tenant autrefois des anneaux en fer pour ouvrir et fermer la porte. Ces fragments proviennent de la grande porte du porche sud, ils sont d'un grand intérêt, et doivent être replacés tels quels en s'abstenant de toute restauration ou arrangement qui pourrait en altérer le caractère.

Une grille du XIIe siècle, admirable de style et de conservation, placée en face la porte du porche Nord et s'ouvrant dans un ancien passage communiquant avec le cloître. On ne saurait trop recommander la conservation de cet objet à l'architecte.

Quelques fragments d'une belle grille du XVe siècle, autrefois placée dans le cloître et aujourd'hui déposée avec assez peu de respect dans un magasin, pêle-mêle avec des ferrailles. M. l'architecte devrait être invité à reposer cette grille à son ancienne place, elle est fort belle et sera perdue si elle reste ainsi sans emploi. Je le répète à dessein, M. l'architecte n'a pas paru attacher à ces objets l'importance qu'ils méritent. Entassés dans des magasins avec d'autres objets dont la valeur est nulle, il m'a fallu les demander et les découvrir pour ainsi dire. Si je n'en eusse pas connu l'existence, je ne les aurais pas vus. Je crois que des observations devraient être adressées à ce sujet à M. Mallay. Tous les objets qui tiennent à l'industrie de ces époques reculées sont devenues d'une grande rareté, grâce à cette indifférence qui chez nous les a laissés se perdre ou pourrir dans des dépôts, sous le prétexte que cela n'était pas de mode ou était en mauvais état. Il est encore temps de retrouver et de conserver tant de fragments curieux qui remplissent les coins obscurs des églises ou des sacristies. Les architectes auxquels le gouvernement accorde sa confiance, en mettant sous leur direction la restauration ou l'entretien de nos monuments, doivent donner l'exemple du respect pour ces vieux témoins de notre ancienne industrie, restes dont on peut souvent encore tirer plus d'un bon enseignement et bien des moyens pratiques d'une grande simplicité. Ceci m'amène à dire un mot du trésor de la cathédrale, relégué aujourd'hui dans un mauvais grenier, et exposé à toutes les chances de destruction.

Trésor.

Inventaire. — 1º Une bible et nouveau testament, époque carlovingienne, de Théodulphe, évêque d'Orléans. Tout le nouveau testament est écrit en encre d'argent sur pages teintées en pourpre avec gardes en étoffes de soie, de laine et de lin de l'époque. C'est un admirable manuscrit, grand format, avec quelques encadrements peints;

2º Un rouleau manuscrit du xvᵉ représentant une Chronologie universelle depuis la création du monde jusqu'à la Résurrection de Notre-Seigneur, bien conservé : c'est un manuscrit fort rare avec vignettes et lettres enluminées ;

3º Un manuscrit vulgaire, heures du xvᵉ siècle ;

4º Les cierges qui ont été apportés, dit-on, par les anges pour servir à la consécration de la cathédrale du Puy. Ces cierges sont formés de morceaux de toiles roulés et collés en cônes allongés, de o m. 40 de longueur ; ils sont enduits d'une couche de cire verte et couverts de dessins faits à la pointe, ils paraissent être antérieurs au xiiᵉ siècle ;

5º Un plat en étain fort beau, de l'époque de la Renaissance ;

6º Deux très jolies clefs de la Renaissance ;

7º Un petit reliquaire en mauvais état, contenant un Dyptique en ivoire, d'un côté le Christ, et de l'autre la Vierge à mi-corps.

Un local convenable devrait être affecté le plus tôt possible à ces objets qui sont d'un grand intérêt.

Peintures.

Il existait au-dessus des tribunes du transept, sur les murs de l'Eglise, des peintures fort curieuses dont quelques fragments existent encore. Malheureusement, ces peintures étaient faites sur des constructions qui tombaient en ruines. M. Mallay a dû les détruire pour remonter presque entièrement les deux extrémités des transepts. Il en a fait faire des copies réduites dont les doubles sont déposés au musée de la ville du Puy. Cette collection représente une suite de sujets de l'Ancien et du Nouveau testament, dont quelques-uns concordent entre eux : des prophètes, des anges et des martyrs. Elles paraissent toutes, sauf une qui est du xivᵉ siècle, avoir été faites dans les xiiᵉ et xiiiᵉ siècles, fortement empreintes du caractère grec, elles étaient d'un grand style et précieuses. Il est à regretter qu'à l'époque où M. Mallay s'est cru obligé de détruire ces restes, il n'ait pas demandé au ministère de l'Instruction publique, ou à celui de l'intérieur, qu'un artiste fût envoyé pour les copier avec soin et sur une échelle assez grande ; car les copies existantes sont faites par une main inhabile et par une personne peu versée dans la connaissance de ces œuvres de l'art primitif. A mon avis, M. l'architecte a fait trop bon marché de ces œuvres si rares, il eut été possible d'en avoir au moins de bonnes copies.

Voici le relevé des travaux à exécuter pour compléter la restauration de la cathédrale. Dans ce relevé, n'est pas comprise la restauration du bâtiment dit de la maîtrise, où pourrait être disposé le trésor, et des magasins destinés à contenir tous les fragments de sculpture ou objets anciens qui, n'ayant pu être replacés tous, doivent être conservés.

Travaux restant à faire.

Grand escalier devant et sous la nef	29,823 99
Grille pour être placée le long de l'hôpital	8,640 »
Galerie communiquant à l'évêché	7,423 »
Galerie du cloître (communication)	12,345 31
Restauration du cloître	14,652 »
Restauration du clocher	11,529 95
Grande façade	26,675 76
Voûtes	2,417 »
Vitraux	16,812 »
Réparation des deux travées conservées	12,669 56
Portes	500 »
Jointoiement de la façade des machicoulis	1,580 »
	145,062 33
Imprévus, 1/10ᵉ	14,506 27
Total	159,568 60
A déduire le rabais excepté sur les vitraux	18,339 80
Reste à exécuter	141,228 80
Plombs à poser pour cheneaux, etc.	16,000 »
Total	157,228 80

Il serait à désirer que M. Mallay fût à même de terminer promptement tous les travaux de grosse restauration, tels que : la façade, l'escalier, la restauration des voûtes et les vitraux de la partie qui va être achevée. L'Eglise du Puy est aujourd'hui encore, à moitié occupée par les ouvriers, il serait d'une sage économie de pouvoir couvrir, vitrer et déblayer l'intérieur des murs provisoires et étais, avant la mauvaise saison qui commence de bonne heure en ce pays. Outre que cela serait nécessaire, pour que l'exercice du culte pût se faire convenablement, en retardant l'achèvement des travaux, on risquerait de laisser détériorer quelques-unes des parties déjà restaurées de l'édifice.

Ce serait donc une somme de 61,822 fr. 65 qu'il faudrait allouer dans ce but.

Escaliers	29,823 99
Voûtes	2,417 »
Travées anciennes restaurées	12,669 56
Vitraux	16,812 »
Total	61,822 55

Soit sur l'exercice 1848, soit sur l'exercice 1849. Je dois répéter ici que les travaux ont été conduits avec économie, que M. Mallay a su éviter ces indécisions, ces demi-mesures qui sont si dispendieuses. Les constructions, bien faites, représentent au premier abord une somme plus considérable en apparence, que celle dépensée. Il y a tout lieu de croire que les devis généraux ne seront pas dépassés.

Sauf les quelques observations de détail que j'ai cru devoir vous soumettre, Monsieur le Ministre, observations que je regarde cependant comme importantes, le travail de M. Mallay donne de bonnes garanties à votre administration : tous les fonds alloués sont sagement employés, il y a donc lieu de mettre cet architecte à même de terminer rapidement une œuvre qui conserve l'un des plus beaux monuments de la France méridionale, et qui ne peut que faire honneur à l'administration qui l'a entreprise.

Je suis avec respect, Monsieur le Ministre, votre très obéissant serviteur.

VIOLLET-LE-DUC.

Paris, le 31 août 1848.

Archives du Ministère des cultes, dossier de la Cathédrale du Puy.

ERRATA

Page 3, note 5 : *après* 1726, *lire, au lieu de* ;.
Page 4, 12ᵉ ligne : *supprimer* la virgule *après* Doue.
Page 4, 10ᵉ ligne de la note : *avant* Viaye, *lire, au lieu de*.
Page 9, 20ᵉ ligne : *après* faces, *lire, au lieu de*.
  42ᵉ ligne : *supprimer* la virgule *après* centrale.
  50ᵉ ligne : *supprimer* la virgule *après* Ainay.
Page 11, 42ᵉ ligne : *supprimer* la virgule *après* gauche.
  43ᵉ ligne : *supprimer* la virgule *après* Lardeyrol.
Page 12, 24ᵉ ligne *supprimer* la virgule *après* latéraux.
Page 15, 4ᵉ ligne *lire* passage *au lieu de* passsage.
Page 22, 26ᵉ ligne : *supprimer* la virgule *après* système.
Page 23, 17ᵉ ligne : *supprimer* la virgule *après* Puy.
  24ᵉ ligne : *supprimer* la virgule *après* corbeille.
  26ᵉ ligne : *supprimer* la virgule *après* démon.
Page 28, note 2 : *supprimer* p. 622.
Page 51, 9ᵉ ligne : *supprimer* la virgule *après* base.
Page 54, 7ᵉ et 8ᵉ lignes : *au lieu de* souffler *lire* souffler.
Page 74, 10ᵉ ligne : *ajouter* une virgule *après* édifice.
  43ᵉ ligne : *ajouter* une virgule *après* vestibule.
Page 76, 28ᵉ ligne : *ajouter* une virgule *après* archivolte.
Page 9², 12ᵉ ligne : *supprimer* la virgule *après* interrompue.
Page 120, 16ᵉ ligne : *supprimer* la virgule *après* bas côtés.

Page 124, 3ᵉ ligne : *supprimer* la virgule *après* romanes.
  9ᵉ ligne : *supprimer* la virgule *après* précieuses.
Page 125, 52ᵉ ligne : *au lieu de* fig. 219-223 *lire* fig. 217, 218 et 221.
Page 127, 14ᵉ ligne : *au lieu de* Chalancon, *lire* Chalencon.
Page 128, 26ᵉ ligne : *au lieu de* supportent, *lire* supportaient.
Page 130, 4ᵉ ligne *supprimer* la virgule *après* monument.
  6ᵉ ligne : *supprimer* la virgule *après* Pébrac.
Page 131, 21ᵉ ligne : *ajouter* une virgule *après* absidioles.
Page 132, 15ᵉ ligne : *ajouter* une virgule *après* tailloirs.
Page 134, 41ᵉ ligne : *supprimer* la virgule *après* toiture.
Page 138, 2ᵉ ligne : *supprimer* la virgule *après* intérieur.
Page 140, 20ᵉ ligne : *supprimer* la virgule *après* pente.
Page 145, dernière ligne : *supprimer* la virgule *après* coupole.
Page 146, 41ᵉ ligne : *ajouter* de la voûte *après* brisée.
Page 150, 24ᵉ ligne : *au lieu de* voûte, *lire* voûtée.
Page 153, fig. 297 : *lire* partie *au lieu de* porte.
Page 170, 40ᵉ ligne : *supprimer* la virgule *après* damier.
  43ᵉ ligne : *supprimer* la virgule *après* prononcée.
Pl. xliv et xlviii *bis* : *au lieu de* Sainte-Claire, *lire* Saint-Clair.
Pl. xciv : *au lieu de* Saint-Germain-la-Prade, *lire* Saint-Germain-Laprade.
Pl. cviii, nº 2 : *au lieu de* Saint-Julien-d'Anse, *lire* Saint-Julien-d'Ance.
Pl. cix : *au lieu de* Rozier *lire* Rosier.

Les pièces justificatives nᵒˢ 1 à 4, p. 177 et 178, sont extraites des archives du Vatican.

Saint-Agrève (Ardèche), arr. de Tournon, 4 note.

Saint-Andéol (Haute-Loire) (?), 3.

Saint-André-de-Chalencon (Haute-Loire), cant. de Bas, 3, 4 note, *église* xi*, xii* s., 127, 141.

Saint-André-de-Lardeyrol (Haute-Loire), com. de Saint-Étienne-Lardeyrol, 3.

Saint-André-des-Effangeas (Ardèche), cant. de Saint-Agrève, 2 note.

Saint-Angel (Corrèze), cant. d'Ussel, *église* xi*, xii* s., 10 note.

Saint-Aventin (Haute-Garonne), cant. de Bagnère-de-Luchon, *église* xii* s., 20 note.

Saint-Badel. Voir Sembadel.

Saint-Benoit-sur-Vais (Haute-Loire), com. de Vais, cant. du Puy, *chapelle*, 4 note.

Saint-Berain (Haute-Loire), cant. de Langeac, 2, 4 note.

Saint-Bertrand-de-Comminges (Haute-Garonne), arr. de Saint-Gaudens, *cloître* 52 note.

Saint-Blaise de Genzac ou de Jonzac (Hte-Loire), com. de Cussac, cant. de Solignac-sur-Loire, *prieuré*, *église* xii* s., 25, 142 fig. 264 à 266.

Saint-Bonnet-le-Château (Loire), arr. de Montbrison, 2.

Saint-Bonnet-le-Froid (Haute-Loire), cant. de Montfaucon, 2, 3, 3 note.

Saint-Chaffre. Voir Monastier.

Saint-Chef (Isère), cant. de Bourgoin, *clocher* xii* s., 123 note.

Saint-Christophe-sur-Dolaizon (Hte-Loire), cant. de Solignac, 3, 4, 4 note, *église* xii* s., 9, 12, 21, 22, 142, 143, fig. 267 à 269, pl. LXXXIII.

Saint-Didier-d'Allier (Haute-Loire), cant. de Cayres, 2, 3, 4 note, *église du xv* s. construite d'après les procédés romans*, 7, 21, fig. 7.

Saint-Didier-la-Séauve (Haute-Loire), arr. d'Yssingeaux, 3, *église* xii* s., 9, 19, 143, 144, 165, fig. 270 à 272.

Sainte-Foy (Loire), cant. de Boën, *église* xii* s., 9.

Sainte-Marie-de-Basac (?), 2 note.

Sainte-Marie-des-Chazes (Haute-Loire), cant. de Langeac, *abbaye*, *église* xii* s., p. 11, 14, 19, 21, 25, 173, fig. 9, 14, 17, 19, pl. CXVII, *bis*, *vierge noire*, 25, fig. 21.

Saintes (Charente-Inférieure), *église Saint-Eutrope* xii* s., 21 note.

Sainte-Sigolène (Haute-Loire), cant. de Monistrol, 3, 3 note.

Saintes-Maries-de-la-Mer (Les) (Bouches-du-Rhône), arr. d'Arles, *église* xii* s., 12 note.

Saint-Étienne (Loire), 135.

Saint-Étienne-de-Combriol, paroisse dans le mandement de Lardeyrol, probablement le même que St-Étienne-Lardeyrol, 144.

Saint-Étienne-Lardeyrol (Hte-Loire), cant. de Saint-Julien-Chapteuil, 3, 4 note, *église* xii* s., 8, 11, 14, 17, 18, 144, 145, 168 note, fig. 273 à 276, pl. XCI, XCII.

Saint-Ferréol (Haute-Loire), cant. de St-Didier-la-Séauve, 2, 3, 3 note, 4 note.

Saint-Flour (Cantal), *diocèse*, 2, 5 note.

Saint-Fortunat-du-Monastier (Haute-Loire), com. et cant. du Monastier, 4 note.

Saint-Front (Haute-Loire), cant. de Fay-le-Froid, 2, 3, 3 note, *église* xi*, xii* s., 9, 12, 16, 17, 21, 146, 146 note, 147, fig. 277 à 279, pl. XCIV.

Saint-Gabriel (Bouches-du-Rhône), com. et cant. de Tarascon, *chapelle* xii* s., 12 note.

Saint-Geneys-près-Saint-Paulien (Haute-Loire), cant. de Saint-Paulien, 3, 4 note, *église* xii*, xvi* s., 147.

Saint-Georges-l'Agricol (Haute-Loire), 3, 4 note; *église*, xii*, xvii* s., 11 note, 15, 147, 147 note, 148, fig. 280.

Saint-Germain-Laprade (Haute-Loire), cant. du Puy, 3, 3 note, 4 note, *église* xi*, xii* s., 15, 18, 21, 23, 24, 148, 148 note, 149, fig. 281, 283, 284, 286, 287, pl. XCVI, CVI.

Saint-Germer (Oise), cant. du Coudray, *église* xii* s., 23, 46 note.

Saint-Guilhelm-du-Désert (Hérault), cant. d'Aniane, *église* xii* s., 88.

Saint-Haon (Haute-Loire), cant. de Pradelles, 2, 4 note, *église* xii* s., 8, 12, 16, 20, 20 note, 149, 150, fig. 288, pl. XCII *bis*.

Saint-Hilaire-Cusson-La-Valmitte (Loire), cant. de Saint-Bonnet-le-Château, 2, 3, 4 note, *église* xi*, xii*, xvi* s., 22, 127, 141, 150, 151, fig. 289 à 292.

Saint-Hostien (Haute-Loire), cant. de Saint-Julien-Chapteuil, 3, 4 note.

Saint-Jacques-de-Compostelle, Espagne, 58.

Saint-Jean-de-Nay (Haute-Loire), cant. de Loudes, 2, 3, 4 note.

Saint-Jean-du-Monastier. Voir Monastier.

Saint-Jean-Lachalm (Haute-Loire), cant. de Cayres, 2, 4 note, 8, *église* xii* s., 10 note, 12, 16, 18, 18 note, 20, 150, 151, 151 note, 152, fig. 293 à 296, pl. XCVII.

Saint-Jean-Roure (Ardèche), cant. de Saint-Martin-de-Valamas, 4 note.

Saint-Jean-Solivieux (Loire), arr. de Montbrison, *crypte* xi* s., 90 note.

Saint-Jeures (Haute-Loire), cant. de Tence, 3, 3 note; *église* xii*, xv* s., 6, 19, 22, 153, 153 note, fig. 297 à 301.

Saint-Julien-Chapteuil (Haute-Loire), arr. du Puy, 3, 4 note; *église prieurale* xii* s., 21, 23, 26, 34 note, 153, 153 note, 154, 155, 156, fig. 302 à 308, pl. XCIII, *église Saint-Robert*, 156.

Saint-Julien-Chaspinhac. Voir Chaspinhac.

Saint-Julien-d'Ance (Haute-Loire), cant. de Craponne, 3, 3 note, 4 note, *église* xii*, xvi* s., 18, 156, 156 note, pl. CVIII, n° 2.

Saint-Julien-de-Boutières (Ardèche), cant. de Saint-Martin-de-Valamas, 4 note.

Saint-Julien-du-Pinet (Haute-Loire), cant. d'Yssingeaux, 3, 4 note, *église* xii* s., 156, 157.

Saint-Julien-La-Tourette (Haute-Loire), com. de Saint-Pal-de-Mons, cant. de Saint-Didier, *église*, xi* s., 157, fig. 309, 310, 311.

Saint-Julien-Molhesabate (Haute-Loire), cant. de Montfaucon, 4 note.

Saint-Just-Chomelix (Haute-Loire), cant. d'Allègre, 3, 4 note.

Saint-Just-Malmont (Haute-Loire), cant. de Saint-Didier-la-Séauve, 4 note.

Saint-Léger (Haute-Loire), cant. de La Chaise-Dieu, 3, 4 note.

Saint-Marcel, voir Espaly.

Saint-Martin-de-Fugères (Haute-Loire), cant. du Monastier, 3 note, 4 note, *église xv* siècle construite d'après les procédés romans*, 7.

Saint-Martin-de-Valamas (Ardèche), arr. de Tournon, 4 note.

Saint-Maurice-de-Lignon (Haute-Loire), cant. de Monistrol, 3, 3 note, *église* xii*, xvii* s., 157, fig. 312.

Saint-Maurice-de-Roche (Haute-Loire), com. de Roche-en-Régnier, cant. de Vorey, 3, 4 note; *église* xii* s., 6, 9, 10, 11, 12, 13, 16, 21, 22, 25, 88, 97, 134 note, 158, 163, fig. 313 à 315, pl. XCV.

Saint-Médard-d'Allier (Haute-Loire), com. de Saint-Haon, cant. de Pradelles, 3.

Saint-Médard-de-Chateauneuf (Haute-Loire), com. et cant. du Monastier, 4 note.

Saint-Michel-de-Cuxa (Pyrénées-Orientales), *église*, 20 note, 133 note.

Saint-Michel-de-l'Ecluse (Piémont), 85.

Saint-Nectaire (Puy-de-Dôme), cant. de Champeix; *église* xii* s., 124 note; *statue de Saint Baudime* 124.

Saint-Omer (Pas-de-Calais), *église Saint-Bertin* xii* s., 46 note.

Saintonge, région, *églises*, 15.

Saint-Orens (Haute-Garonne), cant. de Castanet, *église* xi*, xii* s., 14.

Saint-Pal-de-Mons (Haute-Loire), cant. de Saint-Didier-la-Séauve, 3, 3 note, 4, 157.

Saint-Pal-de-Murs (Haute-Loire), cant. de la Chaise-Dieu, 2, 3, 4 note.

Saint-Pal-en-Chalencon (Loire), cant. de Saint-Bonnet-le-Château, 3, 4 note, 159, 159 note.

Saint-Paul-de-Tartas (Haute-Loire), cant. de Pradelles; *église* xii* siècle, 8 note, 12, 19, *enfeu* xii* s., 25, fig. 24.

Saint-Paul-près-Monlet (Haute-Loire), com. de Monlet, cant. d'Allègre, *chapelle disparue*, 4 note.

Saint-Paul-trois-Chateaux (Drôme), arr. de Montélimar, *église* xii* s., 155 note.

Saint-Paulien (Haute-Loire), arr. du Puy, 1, 2 note, 3, 4, 4 note 30, *archiprêtré* 3, 3 note, 4, 4 note, 93; *collégiale*, 3, *siège de l'évêché*, 29, *église Saint-Georges* xii*, xvii* s., 4 note, 6, 10, 10 note, 17, 19, 21, 23, 24, 79, 97 note, 159, 160, 161, 162, fig. 316 à 322, pl. XCIX, XCIX bis, *enfeu* 25, fig. 323, *sculptures romaines*, 26 note, *église N.-D. du Haut-Solier*, 4 note, *hôpital*, 6 note, 18, 128, 163, pl. CVIII, n° 6.

Saint-Pierre-de-Reddes (Hérault), com. du Poujol, cant. de Saint-Gervais, *église*, 88.

Saint-Pierre-de-Salettes (Haute-Loire), cant. du Monastier, 2, 2 note, 4 note. Voir Salettes.

Saint-Pierre-des-Macchabées (Ardèche), cant. de Sutilleu, 4 note.

Saint-Pierre-du-Champ (Haute-Loire), cant. de Vorey, 3, 4 note, *église* xii*, xvii* s., 17, 22, 23, 163.

Saint-Pierre-Eynac (Haute-Loire), cant. de Saint-Julien-Chapteuil, 3, 4 note, *église* xi*, xii* s., 8, 14, 15, 17, 18, 19, 20, 163, 164, fig. 324; pl. C, CI, CVIII, n° 8.

Saint-Privat-d'Allier (Haute-Loire), cant. de Loudes, 2, 3, 4 note, *église* xii* s., 11, 13, 16, 164, 165, fig. 325 à 327.

Saint-Quentin (Haute-Loire), com. de Saint-Quentin-Chaspinhac, cant. du Puy, 2 note, 3, 4, 4 note, 109, *église* xi* s., 165.

Saint-Quentin-Chaspinhac, voir Chaspinhac.

Saint-Rambert (Loire), arr. de Montbrison, *église*, xi*, xii* s., 9, 11, 11 note, 12 note, 111, 130 note, 134 note, *prieur* 150.

Saint-Rémy (Haute-Loire), com. de Vergezac, cant. de Loudes, 3, 4 note, *église* xii*, xiii* s., 6, 17, 23, 24, 165, 165 note, 166, fig. 328 à 331, pl. XCVIII.

Saint-Restitut (Drôme), cant. de Saint-Paul-Trois-Châteaux, *église* xi*, xii* s., *sculptures*, 148.

Saint-Romain (Haute-Loire), com. de Siaugues-Saint-Romain, cant. de Langeac, 2, 3.

Saint-Romain-Lachalm (Haute-Loire), cant. de Saint-Didier-la-Séauve, 3, 3 note, 4 note, 118 note, *église* xi*, xii* s., 166.

Saint-Romain-le-Désert (Ardèche), cant. de Saint-Agrève, 4 note.

Saint-Romain-le-Puy (Loire), cant. de Saint-Rambert, *crypte* xi* s., 90 note, *prieur*, 118 note.

Saint-Sauveur-en-Rue (Loire), cant. de Bourg-Argental, 2, *église*, 1061 à 1110, 7, 9, 11, 13, 23, 135, fig. 5, 7, 8.

Saint-Vénérand (Haute-Loire), cant. de Sau-

TABLE DES PLANCHES HORS TEXTE

1. Les planches 57 à 61 ont dû être retouchées d'après le monument lui-même, certains détails des dessins étant invisibles sur les photographies qui ont servi à les exécuter.

TABLE DES FIGURES INTERCALÉES DANS LE TEXTE

Le plus grand nombre de ces dessins sont l'œuvre de M. Félix Thiollier : je dois pourtant le n° 130 à M. Paul Borel, les n°s 27, 36, 37, 100 et 103 à M. Joseph Fayon; les n°s 15 à 23 de la planche CIX bis à M. Léon Giron; les n°s 148 à 152 à M. Henri Gonnard; le n° 108 à M. Martin; les n°s 3, 4, 5, 7, 8, 10, 11, 15, 131, 133, 134, 140, 141, 153, 158, 159, 169, 170, 172, 173, 176, 177, 183, 188, 202, 203, 207, 216, 233, 234, 235, 236, 241, 242, 245, 247, 248, 251, 259, 260, 262, 264, 265, 266, 267, 271, 273, 274, 275, 281, 282, 293, 297, 299, 302, 305, 312, 328, 329, 332, 333, 338, 339, 342, 343, 347, 348 à M. Mathieu Montuclard; le bandeau de la page 5 et les n°s 47, 50, 54, 62, 70, 75, 82, 138, 139, 155, 161, 175, 178, 180, 181, 182, 184, 208, 209, 212, 213, 214, 239, 246, 283, 285, 286, 287, 300, 301, 307, 308, 317, 319, 320, 321, 322, 323, 324, 330, 336, 337, 340, 346, 349, 353, 354, à M. Émile Noirot [1]; les n°s 84, 86, 87, 89, 90, 91, 107, 215, 253, 331 à M. Joannis Rey; le n° 261 à M. Paul Tardieu; enfin les n°s 104, 105, 111, 192, 193, 195, 197, 288, 313, 314 et 325 à M. Pierre Verdier.

1. Les dessins sont des copies des croquis originaux exécutés d'après nature par M. Noirot. Ces croquis primitifs exécutés au crayon et plus intéressants que ces copies n'ont malheureusement pas pu être reproduits.

TABLE DES MATIÈRES

N. D. DU PUY

N. D. DU PUY

N. D. D3 Puy

N. D. du Puy